Marion Hövelmeyer
Pandoras Büchse

Marion Hövelmeyer (Dr. phil.) arbeitet als wissenschaftliche Assistentin an der ›Weserburg – Museum für moderne Kunst‹ in Bremen. Zu ihren Forschungsschwerpunkten zählen Körper-, Kreativitäts- und Geschlechterkonstruktionen sowie Dispositionen von ›high‹ und ›underground‹ in der Kunst der Moderne.

Marion Hövelmeyer

Pandoras Büchse.
Konfigurationen von Körper und Kreativität. Dekonstruktionsanalysen zur Art-Brut-Künstlerin Ursula Schultze-Bluhm

[transcript]

Diese Veröffentlichung lag dem Promotionsausschuss Dr. phil. der Universität Bremen als Dissertation vor.
Gutachterin: Prof. Dr. Sigrid Schade.
Gutachterin: Prof. Dr. Silke Wenk.
Das Kolloquium fand am 28.04.2006 statt.

Bibliografische Information der Deutschen Bibliothek
Die Deutsche Bibliothek verzeichnet diese Publikation in der Deutschen Nationalbibliografie; detaillierte bibliografische Daten sind im Internet über http://dnb.ddb.de abrufbar.

Umschlaggestaltung & Innenlayout:
Kordula Röckenhaus, Bielefeld
Umschlagabbildung: © Marion Hövelmeyer, 2007
Lektorat & Satz: Marion Hövelmeyer
Druck: Majuskel Medienproduktion GmbH, Wetzlar
ISBN 978-3-89942-633-5

Gedruckt auf alterungsbeständigem Papier mit chlorfrei gebleichtem Zellstoff.

Besuchen Sie uns im Internet:
http://www.transcript-verlag.de

Bitte fordern Sie unser Gesamtverzeichnis und andere Broschüren an unter:
info@transcript-verlag.de

Inhalt

„The point, then, is to recast the figure of Pandora, her action and its fearful consequences in such a way that the literal topography of her structure can shift from the register of the imaginary and the iconic into the register of the symbolic."*

(Laura Mulvey)

ZUR EINFÜHRUNG

Diese Forschungsarbeit behandelt Konzeptionen von Körper und Kreativität, darin enthaltene geschlechtsstereotype Einschreibungen, eine verheißungsvolle mythische Thematik – oft benannt mit den Schlagworten ‚der Mythos der Pandora'[1] – sowie die Art-Brut-Künstlerin Ursula Schultze-Bluhm.

Mit einer historischen Positionierung der Kunstrichtung Art-Brut und der Künstlerin Schultze-Bluhm möchte ich den Einführungsteil dieser Forschungsarbeit beginnen. Ich folge dabei bereits einer diskursanalytischen Perspektive, die es mir ermöglicht strategische Implikationen und konstituierende Wirkungen der Kunstgeschichtsschreibung aufzuzeigen. Denn, folgt man Michel Foucault, so sind Diskurse „als Praktiken zu behandeln, die systematisch die Gegenstände bilden, von denen sie sprechen."[2] Die Kunstgeschichtsschreibung, die *ein* Untersuchungsfeld dieser Forschungsarbeit ist, bezeichnet somit keine ihr vorgelagerten Dinge, sondern schafft diese, indem und während sie sie verhandelt. Eine ausführliche Erläuterung dieses diskursanalytischen Ansatzes findet sich in dem zwischen diesem Einführungsteil und den beiden Hauptteilen platzierten Methodenkapitel.

Die Aufgabe dieses Einführungsteils und des sich anschließenden Methodenkapitels besteht darin Basisfragen zu klären, wie etwa die, worum es sich bei der Art-Brut handelt, bzw. was den Diskurs der Art-Brut kennzeichnet, woraus sich das geschlechtsspezifische Erkenntnisinteresse speist und welche strukturelle und hypothetische Brisanz ‚dem

---

* Zitat der vorangehenden Seite: Mulvey, Laura: Pandora: Topographies of the Mask and Curiosity. In: Colomina, Beatriz (Hg.): Sexuality & Space. Princeton Papers on Architecture. 1/1992, S. 66.

1 Aus Gründen einer zugänglicheren Verständlichkeit verwende ich an einigen Stellen dieser Forschungsarbeit Schlagwortformulierungen wie beispielsweise ‚der Mythos der Pandora'. Ich setze solche Formulierungen in ‚Klammern', um auf eine inhärente Formelhaftigkeit und Verallgemeinerungstendenz aufmerksam zu machen. Eine Problematisierung dieses Sachverhaltes findet sich in dem Kapitel *Mythos Pandora – Mythos Büchse* dieser Forschungsarbeit.

2 Foucault, Michel: Archäologie des Wissens. Frankfurt a.M. 1981, S. 74.

Mythos der Pandora' im Rahmen dieser Arbeit beigemessen wird. Der Charakter dieses Einführungsteils und des sich anschließenden Methodenkapitels ist nicht überblickhaft oder zusammenfassend, sondern hinführend und herleitend. Ich werde für die Art-Brut konstitutive Körper- und Kreativitätsvorstellungen, mit ihnen verknüpfte Geschlechterdichotomien, sowie Aspekte poststrukturalistischer und psychoanalytischer Theorien sukzessive zu einem komplexen Gewebe zusammenführen, das als Fundament spezifischer, weiterführender, sich in den beiden Hauptteilen anschließender, dekonstruktiv perspektivierter Analysefelder fungiert.

Die Art-Brut

Ich beginne also mit der Art-Brut, d.h. mit dem kunst- und kulturgeschichtlichen Feld, in dem die Künstlerin Schultze-Bluhm verortet ist. Ich beginne mit der Analyse eines Diskurses, in dem es um Postulierungen von inside und outside, Verbildung und Echtheit geht.

Die Dichotomie von Art-Brut und Art-Culturel

Die Art-Brut fällt in die Nachkriegsjahre der Moderne. Als aktuell gilt sie Mitte der 1940er bis Ende der 1960er Jahre. Es handelt sich um eine Zeit – und dieses gilt insbesondere für die 1950er Jahre – in der in Deutschland ein vehementer Streit[3] um Abstraktion und Gegenständlichkeit geführt wird und es handelt sich um eine Zeit, die durch einen gewissen Nachholbedarf charakterisiert ist. Während die erste documenta im Jahr 1955 eine Ausstellung der klassischen Moderne ist, konzentriert sich die vier Jahre später stattfindende documenta II auf Kunst nach 1945. Im Zentrum der kulturpolitischen Bemühungen steht ein Ringen um eine Akzeptanz abstrakter Kunst, das sich gegen massive Vorurteile richtet, die nicht zuletzt aus der nationalsozialistischen Diskreditierung abstrakter Kunst als ‚entartet' stammen. Bauhaus, Dada und Surrealismus rücken nun unter verändertem Vorzeichen ins Zentrum des Interesses aber auch derzeit neue Positionen wie beispielsweise das amerikanische Action Painting, die monochrome Malerei des Franzosen Yves Kleins oder die Leinwandschnitte des Italieners Lucio Fontana.[4] Die abs-

3 Beispielsweise der Disput zwischen Karl Hofer und Willi Baumeister. Vgl.: Schmied, Wieland: Ausgangspunkt und Verwandlung. Gedanken über Vision, Expressionismus und Konstruktion in der deutschen Kunst 1905-1985. In: Joachimides, Christos M.; Rosenthal, Norman; Schmied, Wieland (Hg.): Deutsche Kunst im 20. Jahrhundert. Malerei und Plastik 1905-1985. München 1986, S. 55.

4 Vgl. ebd.

trakte Kunst wird nicht nur salonfähig, sondern zur dominanten Richtung im Kunstbetrieb der 1950er Jahre.

Jean Dubuffet (1901-1985), der als Begründer der Art-Brut gilt, sammelt etwa ab 1945 vornehmlich in Frankreich, in der Schweiz, in Deutschland und zwischenzeitlich auch in den USA Arbeiten von sogenannten Outsidern, wie beispielsweise psychisch Kranken, Gefängnisinsassen oder schlicht Einsamen, allesamt Autodidakten. Mit diesen Arbeiten gründet er die Collection de l'Art-Brut, die 1949 erstmals in Paris gezeigt wird und in die 1954 Arbeiten von Schultze-Bluhm aufgenommen werden. Diese Sammlung, die sukzessive von Dubuffet erweitert wird, geht 1972 ins schweizerische Lausanne und ist seit dem dort öffentlich zugänglich. In seiner Eröffnungsrede zur Pariser Ausstellung macht Dubuffet deutlich, dass er die Art-Brut nicht zur abstrakten Kunst gerechnet sehen möchte, sondern sie gar als ihr Gegenteil begreift. In fulminanter Weise stellt Dubuffet die Art-Brut einer kulturellen Kunst gegenüber und versieht sie mit spezifischen Klischees. Er charakterisiert sie als Kunst von vitalen Dummen, während er eine etablierte Kunst als Ergebnis von verbildeten Intellektuellen versteht. Dubuffet ignoriert dabei das Konzepthafte seiner Definition und ebenso das kulturhistorische Klima, in dem dieses Konzept gedeiht. Er legt dar:

„Wir verstehen [unter der Art-Brut] Werke von Personen, die durch die Künstlernatur keinen Schaden erlitten haben, bei denen also der Nachahmungstrieb, im Gegensatz zu dem, was bei den Intellektuellen geschieht, wenig oder keinen Anteil hat, so dass die Autoren alles (Gestaltungsgegenstand, verwendetes Material, Mittel der Umsetzung, Formelemente, Schreibarten) aus ihrem eigenen Inneren holen und nicht aus den Schubladen der klassischen Kunst oder der Kunstrichtung, die gerade in Mode ist."[5] „Die Kunst, sie nährt sich nicht von Ideen!"[6] „Es lebe der Dummkopf! Er ist unser Mann!"[7]

Anlässlich einer weiteren Ausstellung erklärt Dubuffet 1959:

„Es entspricht der Absicht von ‚Art-Brut', dem, was das Abendland (ein wenig lautstark) seine ‚Kultur' nennt, entgegenzutreten, mit ihr völlig aufzuräumen."[8]

5 Dubuffet, Jean: Vorwort zum Katalog der Ausstellung in der Galerie Renè Drouin. Paris 1949. In: Presler, Gerd: L'Art-Brut. Kunst zwischen Genialität und Wahnsinn. Köln 1981, S. 165. Einschub M.H.

6 Ebd. S. 163.

7 Ebd. S. 162.

8 Dubuffet, Jean: Vorwort zum Katalog ... a.a.O., S. 167.

Eine von Dubuffet postulierte „kulturelle Kunst“,[9] die der Art-Brut gegenübergestellt ist, wird von ihm nicht spezifiziert, sondern in verallgemeinernder Weise als Kultur des Abendlandes, als Klassische Kunst und Mode-Kunst verstanden. In historischer und programmatischer Hinsicht werden disparate und zum Teil gegensätzliche Strömungen unter der Megavorstellung einer Kulturkunst subsumiert. Dubuffet konstruiert eine Dichotomie von innerkultureller Kunst und Art-Brut als außerkultureller Kunst.

In nachträglichen Theoretisierungen zur Art-Brut wird diese Polarisierung beibehalten. Als einer ihrer wichtigsten Vertreter ist Michel Thèvoz, der derzeitige Leiter der Collection de l'Art-Brut zu nennen. Er schreibt in seinem 1990 erscheinenden Buch „Art-Brut. Kunst jenseits der Kunst:“

> „Art-Brut ist die Kunst von Menschen, die der Bildung völlig fremd gegenüberstehen, eine Kunst, die aus den Ghettos unserer Gesellschaft kommt [...]. Ohne Kenntnis oder in bewusster Ablehnung der künstlerischen Traditionen und der zeitgenössischen Strömungen erfinden die Schöpfer der Art-Brut völlig frei [...].“[10]

Handelt es sich bei der Art-Brut nun um etwas, das mit Kunst nichts zu tun hat, das aber dennoch Kunst ist? Ist die Art-Brut gar keine Kunst, oder ist sie ein Paradox? Es ist die Konzeption der Art-Brut, die widersprüchlich ist und nach einer theoretischeren Erklärung verlangt: Begreift man die Art-Brut als das ‚Andere' der Kunst, oder noch komplexer als das ‚Andere' der Kultur, so bleibt dieses ‚Andere' auf das, wovon es abgegrenzt wird, immer bezogen. Dieser Bezug bewirkt weitaus mehr als ein unterschwelliges Weitertransportieren der Vorstellung des Etablierten, er bewirkt stetig seine Verfestigung. Foucault hat diesen Zusammenhang in seinen Untersuchungen zu Kultur und Vernunft ausführlich beschrieben.[11] Die Art-Brut kann also nicht unabhängig von Kunst und Kultur verstanden werden. Indem sie sich als ihr Gegenteil begreift ruft sie deren Prämissen, die für die Art-Brut als eine Art Negativ fungieren, immer wieder auf. Dass das im Falle der Art-Brut nicht unbeabsichtigt geschieht, lässt sich einem weiteren Aufsatz Thèvoz' entnehmen. Unter dem Titel „Einige Klarstellungen“ wird dort ein Ersetzen beschrieben, durch das die Art-Brut zur ‚eigentlichen' Kunst nobilitiert wird:

9 Ebd. S. 161.

10 Thèvoz, Michel: Art-Brut. Kunst jenseits der Kunst. Aarau in der Schweiz 1990, Klappentext.

11 Siehe: Foucault, Michel: Wahnsinn und Gesellschaft. Eine Geschichte des Wahns im Zeitalter der Vernunft. Frankfurt a.M. 1969.

„Vielleicht wird es sich zeigen, dass sich ‚Art-Brut' überhaupt nicht in einer Randposition befindet [...] [Die] professionelle Kunst ‚Art-Culturel' sollte als Randgebiet und Vorort der Kunst angesehen werden."[12]

Offensichtlich ist die Konstruktion der Art-Brut als „Kunst jenseits der Kunst" im Kontext einer nicht weiter präzisierten kulturpolitischen Erneuerungbestrebung zu bewerten.

Eine kunsthistorische Vergleichsanalyse bringt weiteres Licht in das Aufeinanderbezogensein von Art-Brut und Art-Culturel. Ein Blick ins kunsthistorische Umfeld der Art-Brut lässt spezifische Ähnlichkeiten zu Kunstströmungen erkennbar werden, die keineswegs als „jenseits" positioniert sind. Es lässt sich aufzeigen, dass sich bestimmte Programmatiken dieser Strömungen in der Konzeption der Art-Brut wiederfinden. Die Künstlergruppe COBRA beispielsweise spricht sich 1949 für eine Kunst aus, „die Vernunft nicht zulässt"[13] und nimmt damit eine in Bezug auf die antiintellektualistische Haltung der Art-Brut vergleichbare Position ein, bevor Dubuffet diese formuliert. Eine spätere Ausgabe eines COBRA-Magazins[14] befasst sich explizit mit der Art-Brut und einige Mitglieder von COBRA stehen mit Dubuffet, wie auch mit Schultze-Bluhm in Kontakt.[15] Wenngleich bei COBRA eine gewisse Skepsis gegenüber derzeit etablierten Kunstrichtungen feststellbar ist positioniert sich die Gruppe – im Gegensatz zur Art-Brut – innerhalb einer kunsthistorischen Kontinuität,[16] die dem Ziel folgt mit einer „herrschenden Ästhetik"[17] zu brechen. Weitaus konkreter als die Art-Brut zählt COBRA zu diesen Kunstrichtungen Dekoration, Klassizismus, Abstraktion, einen surrealistischen Intellektualismus und das Bauhaus. Verwandtschaftsbezüge werden dagegen hergestellt zur sogenannten Volkskunst, Naiven

12 Thèvoz, Michel: Einige Klarstellungen. In: Presler, Gerd: L'Art-Brut. Kunst zwischen Genialität ... a.a.O., S. 172.

13 Cobra-Magazin. Ausgabe 4, 1949, o.S. Zit. bei: Müller, Richard: Die Cobra-Periode. In: Musée Cantonal des Beaux-Arts; u.a. (Hg.): Cobra 1997-1998, Lausanne, München 1997, S. 64. Siehe auch: Caprile, Luciano: Der unschuldige Wandale. In: Ders.: Asger Jorn. Milano 1996, S. 38.

14 Vgl.: Stuijvenberg, Coll. Karel P. van (Hg.): Cobra Liège '93. Musée d'art Moderne. Liège 1993, S. 39.

15 Vgl.: Weiss, Evelyn (Hg.): Bernard Schultze. Das große Format. München 1994, S. 227.

16 So wird im COBRA-Manifest eine Kontinuität vom Impressionismus, über den Kubismus und Konstruktivismus bis hin zum Neoplastizismus formuliert, die durch eine Verweigerung gegenüber „ästhetischen Idealvorstellungen" gekennzeichnet sei. Siehe: Nieuwenhuys, Constant: COBRA-Manifest. Zit. bei: Stokvis, Willemijn: Cobra. Eine internationale Bewegung in der Kunst nach dem Zweiten Weltkrieg. Braunschweig 1989, S. 30.

17 Ebd.

Kunst, Primitiven Kunst und den Arbeiten von Kindern und Geisteskranken,[18] die wiederum das Gros der Art-Brut ausmachen. Verbindungen zieht COBRA auch zum kunstimmanent diskutierten Informel bzw. Art-Autre der 1950er und 1960er Jahre, worunter eine gegenstandslose Kunst der Formauflösungen und Farbströmungen verstanden wird. Zu dieser Kunstrichtung werden beispielsweise Arbeiten des Ehemannes Ursula Schultze-Bluhms, Bernard Schultzes, und interessanterweise Jean Dubuffets gerechnet.

In seiner Rede von 1951 relativiert Dubuffet die ‚jenseits'-Positionierung der Art-Brut, indem er sie auf eigene künstlerische, seiner eigenen Polarisierung zufolge als innerkulturell zu bezeichnende Arbeiten bezieht. In widersprüchlicher Weise verknüpft Dubuffet Aspekte seiner Art-Brut-Programmatik mit der Art-Culturel.[19] Unter der Überschrift „Antikulturelle Standpunkte"[20] spricht er von „meiner Malerei",[21] als einer Sprache, die „nicht abstrakt und unkörperlich"[22] sei. Indem er die Begriffe „abstrakt" und „unkörperlich" parallelisiert, wendet sich Dubuffet gegen eine aus der frühen Neuzeit stammende Aufteilung in Körper und Geist und gegen ein damit verbundenes Primat der Immaterialität. Insbesondere seine künstlerischen Arbeiten mit dem Titel „Matèriologies", die um 1960 entstehen und worunter Bilder mit dem Charakter amorpher Materialität zu verstehen sind, üben daran Kritik.[23]

In dieses Feld gehören auch die Arbeiten Antoni Tàpies, der sich u.a. durch die Materialexperimente Dubuffets und das Informel inspirieren lässt. Es ist nicht verwunderlich, wenn in Teilen der Rezeption Tàpies Arbeiten nach 1945 als mit der Art-Brut verwandt charakterisiert[24] werden, erklärt dieser doch „[s]einer Verachtung für die akademische Kunst Ausdruck zu verleihen."[25] Material stellt hier ein prädestiniertes künstle-

---

18 Vgl.: Schneede, Uwe M.: COBRA-Chronologie. In: Kunstverein Hamburg (Hg.): COBRA 1948-51. o.O., o.J., S. 9ff.

19 Siehe hierzu auch: Gorsen, Peter: Kunst und Wahn in der Perspektive des 20. Jahrhunderts. In: Thomashoff, Hans-Otto; Naber, Dieter (Hg.): Psyche und Kunst. Katalog zur Ausstellung anläßlich des XI. Weltkongresses für Psychiatrie in Hamburg 1999, Stuttgart, New York 1999, S. 15. Des Weiteren: Hölscher, Thomas: Art-Brut und Art-Culturel. In: Bachmayer, Hans Matthäus (Hg.): Art-Brut. Eine andere Kunst – Blickfeld und Wirkung. Augsburg 1993, S. 30.

20 Dubuffet, Jean: Antikulturelle Standpunkte. In: Franzke, Andreas: Jean Dubuffet. Basel 1975, S. 66.

21 Ebd.

22 Ebd. S. 67

23 Vgl.: Franzke, Andreas: Jean Dubuffet. ... a.a.O.

24 Siehe beispielsweise: Franzke, Andreas; Schwarz, Michael: Antoni Tàpies. Werk und Zeit. Stuttgart 1979.

25 Tàpies, Antoni zit. bei: Franzke, Andreas: Tàpies. München 1992, S. 23.

risches Mittel der Rebellion gegen eine ästhetische Tradition dar. Sie wird als ein amorphes Niederes verstanden, das in der Lage sei, eine als dominant empfundene Form zu verunreinigen. In der Herleitung des Begriffes Informel aus dem französischen „informe“ klingt dieses Rebellionsmoment an.[26]

Das Aufbegehren von Art-Brut, COBRA und Informel gegen eine verhasste Klassik und Teile der klassischen Moderne, vor allem aber die Vehemenz und Dringlichkeit ihres Vorbringens lässt darauf schließen, dass es nicht nur um Rangeleien inner- und außerhalb des Kunstsettings, bzw. eine Verschiebung oder Erweiterung seiner Gesetzmäßigkeiten geht, sondern dass dieses symptomatisch ist für etwas Umfassenderes, wie sich im Folgenden zeigen wird.

Ursprünglichkeit und Unmittelbarkeit in der Moderne

> „Kunstwerke leben von der Sehnsucht ursprünglich zu sein, nicht sie selber sind schon der Ursprung [...].“[27]
> (Peter Gorsen)

Es führt mich dieser Verdacht in ein Faszinationsfeld, für das der Begriff ‚primitiv‘ repräsentativ ist. Als Gegenentwurf zu ‚zivilisatorisch‘ wohnt dem Begriff ‚primitiv‘ eine universalisierende Synthesefunktion inne.[28] Um ihr auf die Spur zu kommen, möchte ich Wechselwirkungen zwischen Kunstgeschichte, Psychiatrie und Psychoanalyse und von ihnen ausgehende Verschiebungen nachzeichnen. Die Perspektive der Analyse ist auf eine Kreativitätsvorstellung gerichtet, nach der die Kunst der Moderne und eben auch die Art-Brut in der Lage seien, etwas ‚Ursprüngliches‘, bzw. mit den Worten Dubuffets ‚Rohes‘[29] und ‚Nicht-Kulturelles‘ zu sehen geben zu können.[30]

26 Vgl.: Wagner, Monika: Das Material der Kunst. Eine andere Geschichte der Moderne. München 2001, S. 11, 39, 41, 191.

27 Gorsen, Peter: Das Bild Pygmalions. Kunstsoziologische Essays. Reinbek bei Hamburg 1969, S. 182.

28 Vgl.: Price, Sally: Primitive Kunst in zivilisierter Gesellschaft. Frankfurt, New York 1992, S. 75-76.

29 Vgl.: Dubuffet, Jean: Vorwort zum Katalog ... a.a.O., S. 167.

30 Eine Herausarbeitung von Vereinfachungen und zum Teil Widersprechungen einer sich auf die Psychoanalyse beziehenden und diese missverstehenden Kunsthermeneutik findet sich in dem Literaturbericht von: Schade, Sigrid: Unbewußte Ästhetik – Ästhetik des Unbewußten. Zur psychologi-

Das Interesse einer ersten, westlichen Primitivismus-Phase zu Beginn des 20. Jahrhunderts, die wesentlich durch die Evolutionsforschung seit Mitte des 19. Jahrhunderts und die Trieblehre Freuds seit Beginn des 20. Jahrhunderts geprägt ist, gilt sogenannten Stammes- und prähistorischen Künsten, sowie einer Kunst von Kindern. Erstere werden zu dieser Zeit unter der Überschrift einer phylogenetischen Regression, letztere unter der einer ontogenetischen Regression verhandelt.[31] Mit dem Begriff primitiv, als dessen Synonyme die Bezeichnungen einfach, naiv und grob fungieren,[32] werden diese Regressionsvorstellungen synthetisiert. Die europäische Kunst, allen voran der Expressionismus, propagiert eine Gegenüberstellung von Kultur und Natur. ‚Ursprüngliche', d.h. nicht kulturell bedingte ‚Naturerfahrung', sowie ‚überhistorische und -kulturelle Wirklichkeiten' gelten als ‚direkt' darstellbar.[33]

Durch den expressionistischen Universalitätsansatz beeinflusst veröffentlicht 1922 der Psychiater Hans Prinzhorn eine Abhandlung über eine Psychologie der Gestaltung, in dem sich Passagen finden, die den Sichtweisen Dubuffets recht nahe stehen: „Ohne Zwischenschaltung eines intellektuellen Apparates", liest es sich dort, sei „Seelisches [...] unmittelbar"[34] erfassbar. Und weiter:

> „Von der These ausgehend, dass bildnerische Gestaltungskraft in jedem Menschen angelegt ist, müssen wir Tradition und Schulung als äußere Verbrämung des primären Gestaltungsvorganges ansehen [...]."[35] „ [Es läuft] planlos aber zwangsläufig wie alles Naturgeschehen, die Urform eines Gestaltungsprozesses"[36] ab, basierend auf einem „dunkle[n], triebhafte[n] Drang."[37]

---

schen und psychoanalytischen Deutung von Kunst und Kreativität. In: Fragmente. Schriftenreihe zur Psychoanalyse. Bd. 20/21, 1986.

31 Vgl.: Neumann, Eckhardt: Künstlermythen. Eine psycho-historische Studie über Kreativität. Frankfurt a.M., New York 1986, S. 225.

32 Vgl.: Rubin, William: Der Primitivismus in der Moderne. Eine Einführung. In: Ders. (Hg.): Primitivismus in der Kunst des zwanzigsten Jahrhunderts. Museum of Modern Art. New York, München 1984, S. 10-15.

33 Vgl.: Gordon, Donald E.: Deutscher Expressionismus. In: ebd. S. 385. Und: Lichtenstern, Christa: Im weiten Schaffen von Nietzsche und Heraklit: André Massons Verwandlungsdarstellungen in der Mythologie de la nature und verwandten Zeichnungsalben der Jahre 1938-40. In: Sprengel-Museum Hannover; u.a. (Hg.): Die Erfindung der Natur: Max Ernst, Paul Klee, Wols und das surreale Universum. Freiburg im Breisgau 1994, S. 239.

34 Prinzhorn, Hans: Bildnerei der Geisteskranken. Heidelberg, New York 1968 (1922), S. 17.

35 Ebd. S. 350.

36 Ebd. S. 348.

37 Ebd. S. 18.

Offensichtlich ist Prinzhorns Suche nach einer ‚echten' Kunst nach dem Ersten Weltkrieg der Dubuffets nach dem Zeiten Weltkrieg nicht unähnlich. Der von Dubuffet veranschlagte Traditionsbruch erweist sich als ein Anknüpfen an bereits nahezu 30 Jahre zuvor gebrochene Tabus. In der Prinzhorn und Dubuffet trennenden Zeit des Nationalsozialismus mit ihrer antimodernen Propaganda führt diese, um den Begriff des ‚Primitiven' gruppierte Kreativitätskonzeption zu allerschlimmsten Diffamierungen, wie sich an der ab 1938 gezeigten Ausstellung „Entartete Kunst" festmachen lässt. Aus der von Prinzhorn von 1919 bis 1921 zusammengetragenen Prinzhorn-Sammlung, die zu diesem Zeitpunkt ca. 5000 Arbeiten von Psychiatriepatienten umfasst, werden Exponate ausgewählt, um mittels einer vergleichenden Präsentationsstrategie expressionistische, surrealistische und dadaistische Künstler als ‚geisteskrank' zu diskreditieren.[38] Auch für die Nachkriegsjahre ist eine sich durch Berührungsängste auszeichnende Diskriminierung der Arbeiten von Psychiatriepatienten feststellbar. Erst anlässlich der documenta 5 1972 ist die sogenannte psychopathologische Kunst innerhalb einer kulturpolitisch wichtigen Ausstellung vertreten.[39]

Eine zweite Primitivismusphase, die zur ersten spezifische Umartikulationen ausweist, ist auf die 1950er Jahre zu datieren. Die Verwirrungen der Nachkriegsjahre sind durch ein Vermeiden von Politik- und Gesellschaftsbezügen charakterisiert. Stattdessen wird eine ‚primitive', ‚wilde', und als ‚echt' apostrophierte Kunst propagiert. Dubuffet veranschlagt

> „brennende, innere Spannung, grenzenlose[n] Erfindergeist, höhere Trunkenheit, völlige Freiheit und Irrsinn [...]

als „wesentliche [...] Kennzeichen wahrer Kunst."[40] In der Bezeichnung Art-Brut, die sich aus dem englischen ‚brute': „tierisch, triebhaft"[41] und

38 Vgl.: Brand-Claussen, Bettina: Das Museum für psychopathologische Kunst in Heidelberg. Von den Anfängen bis 1945. In: Hayward Gallery (Hg.): Wahnsinnige Schönheit. Prinzhorn-Sammlung. London 1997, S. 18. Und: Roh, Franz: ‚Entartete' Kunst im Dritten Reich. Hannover 1962. Des Weiteren: Grasskamp, Walter: Die unbewältigte Moderne. Kunst und Öffentlichkeit. München 1994, S. 81.

39 Siehe hierzu: Grasskamp, Walter: ‚Entartete Kunst' und die documenta 1. Verfemung und Entschärfung der Moderne. In: Ders.: Die unbewältigte ... a.a.O., S. 76-119.

40 Dubuffet, Jean: Vorwort zum Katalog ... a.a.O., S. 167.

41 Mesinger, Heinz; Rüdenberg, Werner: Langenscheidts Großes Schulwörterbuch Englisch-Deutsch. Berlin 1977, S. 156.

dem lateinischen ‚brutus': „unbearbeitet, roh"[42] herleiten lässt, erfährt dieses Konzept eine Verschlagwortung. In einigen kunstwissenschaftlichen Abhandlungen wird die These vertreten, die Gewalttaten des Krieges hätten zu einem Interesse an einer Kunst geführt, die einen gewissen Urschmerz thematisiere.[43] Ins Blickfeld geraten mystische Themen und Mystifizierungseffekte, die zu einem gegenüber der ersten Primitivismusphase universelleren und weniger „konkreten"[44] Kunstbegriff führen.

Mystifizierungstendenzen sind auch hinsichtlich der Konzeption von Künstlerschaft wirksam. Dubuffet bezeichnet die Künstler der Art-Brut als „Heilige der Kunst", die „das Schöpferische, rein und unverfälscht" „erglänz[en]"[45] ließen. Zusammen mit dem vorherigem Zitat Dubuffets ergibt sich eine Vorstellung vom Künstler, der im Zustande totaler Begeisterung, quasi halb wild halb wahnsinnig, gottähnlich ein ‚Werk' vollbringe.[46] Es handelt sich um die Reaktualisierung eines neuzeitlichen Genieentwurfs, der in der platonischen und neuplatonischen Lehre wurzelt, in der Renaissance reformuliert und vorangetrieben wird und in der romantischen Bewegung des späten 19. Jahrhunderts gipfelt. Zu dieser Zeit entsteht eine Vorstellung vom Geisteskranken, der ein der Natur nahes Wesen sei, fern gesellschaftlicher und moralischer Restriktionen und fern einer Unterwerfung unter die Vernunft.[47] Dieser Entwurf geht über Prinzhorn hinaus in eine spätere, partiell psychoanalytisch motivierte, Subjektvorstellung ein, nach der es das Unbewusste des Künstlers sei, das Kreativität hervorbringe. Wenngleich diese Konzeption zu einer

„Destabilisierung des Momentes der Selbstgewissheit und der Selbstkontrolle in der traditionellen Subjektposition führ[t], wenn die Handschrift des Künstlers nun an dem festgemacht wird, was als nicht-intentional angesehen"[48]

---

42 Bayerische Akademie der Wissenschaften; Deutsche Akademie der Wissenschaften zu Berlin (Hg.): Mittelalterliches Wörterbuch Bd. 1, München 1967, S. 1594.

43 Vgl.: Varnedoe, Kirk: Abstrakter Expressionismus. In: Rubin, William (Hg.): Primitivismus ... a.a.O., S. 633.

44 Ebd. S. 677.

45 Dubuffet, Jean: Vorwort zum Katalog ... a.a.O., S. 167.

46 Vgl.: Kris, Ernst; Kurz, Otto: Die Legende vom Künstler. Ein geschichtlicher Versuch. Frankfurt a.M. 1980, S. 74-75.

47 Vgl.: Douglas, Caroline: Inside out – das Innere zuerst. In: Hayward Gallery (Hg.): Wahnsinnige Schönheit Prinzhorn-Sammlung. London 1997, S. 37.

48 Schade, Sigrid; Wenk, Silke: Inszenierungen des Sehens: Kunst, Geschichte und Geschlechterdifferenz. In: Bußmann, Hadumod; Hof, Renate (Hg.): Genus – zur Geschlechterdifferenz in den Kulturwissenschaften. Stuttgart 1995, S. 356.

wird, wird eine unhinterfragte Mystifizierungstendenz weitertradiert, die sich – lässt man die Zeit des Nationalsozialismus einmal außer Acht – bis weit in die Nachkriegsjahre hinein fortschreibt. Im Konzept der documenta 5 (1972) beispielsweise, die u.a. in die Abteilungen „Bildnerei der Geisteskranken" und „Selbstdarstellungs-Prozesse" aufgeteilt ist und an der neben anderen Jean Dubuffet teilnimmt, sind Künstlerschaftsmystifizierungen explizit auffindbar. Im Katalog zur Ausstellung benennt der Kurator und Künstler Harald Szeemann sein Motto der „Individuelle[n] Mythologien." Es handele sich, so stellt er in seinem gleichnamigen Buch mit Bezug auf die Art-Brut dar, um ein „Feld subjektiver Mythenbildung mit dem Anspruch auf Allgemeingültigkeit."[49] Eine „Vermählung des Gewussten mit dem Wissen und dem Unbewussten"[50] geschehe ebenso wie eine „Selbstfindung im Chaos"[51]. In der Rezeption zu Schultze-Bluhm spielt der Begriff der „Individuelle[n] Mythologien" eine zentrale Rolle[52]. Die damit verknüpften, auf die Künstlerin bezogenen Mystifizierungen werden an späterer Stelle behandelt.

Ontologien von Kreativität und Weiblichkeit

Ist nun die Art-Brut als vermeintlich antiintellektuelle, ursprüngliche und intuitiv motivierte (Nicht)Kunst geschlechtlich bzw. weiblich konnotiert? Diese Frage führt mich zu einer Analyse des Subtextes der Art-Brut-Konzeption. Es gilt zu fragen, welche impliziten Aussagen über Weiblichkeit an welchen Stellen der Proklamierungen auffindbar sind und welche Wirkungen von ihnen ausgehen?

In Dubuffets Propagierungen gegen eine wie auch immer definierte traditionelle Kunst finden sich Metaphern, die keineswegs als rebellisch, sondern als traditionskonform zu bewerten sind. Gemeint ist eine Bedeutungsuntermauerung von Kunst mittels Bezügen zu spezifischen Weiblichkeitsimaginationen. Analogisierungen von Kunst und Weiblichkeit stellen einen etablierten[53] Modus des Manifestierens im Kunstbetrieb dar. Dubuffet operiert mit den Klischees der käuflichen Hure, als Metapher für eine heuchlerische Art-Culturel, und des unverdorbenen Bauernmäd-

49 Szeemann, Harald in: documenta 5. Befragung der Realität, Bildwelten heute. Neue Galerie Schöne Aussicht, Museum Fridericianum Friedrichsplatz. Kassel 30.6.-8.10.1972. Ausstellungskatalog, Gütersloh 1972, o.S.

50 Szeemann, Harald: Individuelle Mythologien. Berlin 1985, S. 157.

51 Ebd. S. 87.

52 Beispielsweise bei: Schmid, Karlheinz: Nachruf. Ursula Schultze-Bluhm. In: Kunstzeitung Nr. 33, Mai 1999, S. 6.

53 Siehe hierzu: Wenk, Silke: Versteinerte Weiblichkeit; Allegorien in der Skulptur der Moderne. Köln, Weimar, Wien 1996, S. 134f.

chens, als Metapher für eine ,wahre', antibürgerliche Art-Brut. Er erklärt 1949:

„Beim Künstler [...] wie auch bei der Geliebten ist es so: Machen sie es berufsmäßig, entsteht ein wenig der klägliche Eindruck, ertappt worden zu sein."[54] „Als ich begann Art-Brut zu sammeln, war das wie ein verschlamptes, dreckiges, ungeschicktes Bauernmädchen zur Tochter zu haben."[55] „Die wahre Kunst ist immer da, wo man sie nicht erwartet."[56]

In einer späteren Rezension findet sich ein weiteres Weiblichkeitsklischee. Es ist der Kurator Paolo Bianchi, der 1989 eine Abhandlung zur Art-Brut unter dem programmatischen Titel „Bild und Seele"[57] publiziert. Programmatisch deshalb, weil die Konzipierung des Bildes, als Leistung der „Seele" auf einer „Vorstellung von der Unmittelbarkeit des Bedeutens"[58] basiert. Suggeriert wird eine ,sich ausdrückende Natürlichkeit', die nicht nur konstitutiv ist für den Begriff des Bildes, sondern ebenso für den Begriff des Weiblichen. Ich komme im Verlauf der Arbeit auf die Programmatik der „Unmittelbarkeit" immer wieder zurück. Bianchi agiert mit dem Stereotyp des Mütterlichen, das, ähnlich wie das des Bauernmädchens, mit einer ,Ursprünglichkeitsassoziation' belegt ist. Im Zentrum der nun folgenden Ausführungen Bianchis mit dem Untertitel „Vom Paradigmenwechsel in der Kunst [...]"[59] steht die Darlegung einer essenzialistischen, d.h. den Körper als materiellen Urgrund verstehenden Kreativitätskonzeption:

„Beim Künstler im Bereich der Art-Brut und Outsider-Kunst lässt sich eine beinahe typische Wesensart nachweisen, nämlich der Hang zum Ungewissen, Dunklen, Archaischen, Marginalen, Sinnlichen, Unbewussten, Wasserverwandten, Weiblichen, Bildhaften, Seelischen, die Suche nach Freiheit, Liebe und Geborgenheit, die Verbundenheit zum Wasser, zur Natur, Geburt, zum Wachsen, Reifen, Leben, Tod, Körper, Geist, zur Seele."[60] „Die große Akkumulation einer ,besonderen' Qualität von Wasser, dieser gewissermaßen innere Vulkan im Zeichen eines hohen Potentials an Empfindungen, Gefühlen, Unbewusstem,

---

54 Dubuffet, Jean: Vorwort zum Katalog ... a.a.O., S. 163f.
55 Dubuffet, Jean zit. bei: Szeemann, Harald: Individuelle Mythologien. ... a.a.O., S. 147.
56 Dubuffet, Jean: Vorwort zum Katalog ... a.a.O., S. 164.
57 Bianchi, Paolo: Bild und Seele. Über Art-Brut und Outsider-Kunst im Zentrum Europas, oder: Vom Paradigmenwechsel in der Kunst im Wasserzeichen der Kunst. In: Kunstforum International. 1989, Bd. 101.
58 Wenk, Silke: Versteinerte Weiblichkeit ... a.a.O., S. 32.
59 Bianchi, Paolo: Bild und Seele. ... a.a.O.
60 Ebd. S. 93.

Weiblichem, würde eigentlich ein ideales Fruchtwasser abgeben [...], der Idee des [...] Matriarchats zur Geburt verhelfen."[61]

Der von Bianchi veranschlagte „Paradigmenwechsel" ist weder hinsichtlich der dargelegten Kreativitätsvorstellung noch hinsichtlich des impliziten Weiblichkeitsentwurfes haltbar. Die Idee von ‚Mutter Natur' als ‚Spenderin des Lebens' und ‚Erneuerin der Kultur' ist keineswegs neu und im zwanzigsten Jahrhundert insbesondere in primitivistisch orientierten Kunstströmungen virulent.[62] Sehen wir uns die Konzeption genauer an: Heterogene, nicht spezifizierbare Komplexe, wie beispielsweise „Unbewusste[s]", „Weibliche[s]", „Bildhafte[s]" und „Leben" sind additiv verknüpft. Die Diffusität der Rhetorik untermauert den Anschein, es würden Aussagen über ein „Wesenart[iges]" gemacht, das unhinterfragbar sei. Eine vorkulturelle und unhistorische Kausalität wird konstruiert und mit einer weiblichen Konnotation versehen. Es handelt sich um das Konzept eines ‚universellen, kreativen, weiblichen Urgrundes', in dem mit einer Essenzialisierung operiert wird, die durch Assoziationen an ‚weibliche Körpervorgänge', wie etwa dem Gebären und Nähren und an den ‚weiblichen Körper', als ‚Ort' des Emotionalen und „Dunklen" gewährleistet wird. Letzteres verleiht dem Konzept eine Portion Abenteuerlust. Als Utopie einer ‚Welt' mit mehr „Geborgenheit" ist eine ‚weibliche Körpernatur' einer männlichen Zivilisationskultur gegenübergestellt. Weibliches gilt als das ‚Andere' der Kultur. Es steht für ein Physisches und damit in Korrelation zur oben behandelten Materialprogrammatik. Dieser Zusammenhang kann mit ‚stofflich-leiblich-weiblich' tituliert werden. „Das Material der Kunst"[63] und eine „Materialität des Körpers":[64] beides wird als ‚Rohstoff' verstanden, beides steht für ein bislang Niederes, Amorphes, das eine Aufwertung zur ‚schöpferischen Matrix' erfährt und beides wird über den Begriff des Weiblichen repräsentiert.

Welche Auswirkungen hat die Materialprogrammatik auf die Konzeption des Weiblichen? Kehren wir zurück zu Dubuffet. In seiner Art-Brut-Definition operiert er mit der Metapher einer verkannten Frau:

„Die richtige Frau Kunst, nur keine Angst, dass die mit einem Schild herumrennt! [...] Sie läuft überall herum, jeder ist ihr auf seinem Weg schon einmal

61 Ebd. S. 89.

62 Vgl.: Maurer, Evan: Dada und Surrealismus. In: Rubin, William (Hg.): Primitivismus in der ... a.a.O., S. 564f.

63 Wagner, Monika: Das Material der Kunst. ... a.a.O.

64 Zimmermann, Anja: Skandalöse Bilder, skandalöse Körper. Abjekt Art vom Surrealismus bis zu den Culture Wars. Berlin 2001, S. 84.

am Tage begegnet, sie hat zehnmal täglichen an allen Straßenecken angerempelt.“[65]

Ist das Bild der orientierungslosen Frau durch das eines orientierungslosen Mannes austauschbar? In Dubuffets Entwurf geht es nicht um die Aufwertung einer unspektakulären ‚Frau von nebenan‘. Stattdessen enthält seine Rede eine tradierte, neuzeitliche, von der Romantik bis ins 20. Jahrhundert[66] reichende paradigmatische Konzeption, die ‚naturhafte‘ Weiblichkeit als „Medium männlicher Genialität“[67] fortschreibt. Die Art-Brut-Konzeption einer materialorientierten, ‚ursprünglichen‘, bisweilen rüpelhaften Kunst beinhaltet eine Dichotomie von weiblich konnotierter Kreativität und männlich konnotierter Künstlerschaft, die nur in eine Richtung gehend miteinander verbunden sind: Weibliche Kreativität fungiert als Qualifikationsmerkmal männlicher Künstlerschaft. Weibliche Kreativität sei das, was im männlichen Künstler wirke.[68] Auf eine weibliche Künstlerschaft hingegen, ist sie nicht perspektiviert. Mit dem zitierten Vorstellungsbild einer banalen, alltäglichen Weiblichkeit wird eine Kreativität propagiert, die „überall“ und für „jede[n]“ zugänglich sei, also eine Kreativität, die keiner Professionalisierung unterliege. Eine Revolution hinsichtlich der Konzeption männlicher Künstlerschaft ist dies nicht. Die Vorstellung vom formenden, männlichen Künstler, als demjenigen, der mit ‚weiblicher Rohheit und Ursprünglichkeit‘ agiere und sich in ‚niedere Materie‘ einschreibe, bleibt unangetastet.

Es stellt sich nun die Frage was geschieht, wenn eine Künstlerin in diesen Diskurs eintritt. Zu welchen Problemen und Verwicklungen, Umgehungen und Persiflagen kommt es möglicherweise? Wie geht sie um mit dieser Geschlechterhypothek und wie wird sie rezipiert?

Das Künstlerpaar Ursula Schultze-Bluhm und Bernard Schultze

Das Gefüge von weiblich konnotierter Kreativität und männlich konnotierter Künstlerschaft kann besonders anschaulich in der Gegenüberstellung einer Künstlerin und eines Künstlers herausgearbeitet werden. Die Zuordnungen Schultze-Bluhms zu der als marginal definierten Art-Brut

---

65 Dubuffet, Jean: Vorwort zum Katalog ... a.a.O., S. 163f.

66 Vgl.: Wenk, Silke: Mythen von Autorschaft und Weiblichkeit. In: Hoffmann-Curtius, Kathrin; dies. (Hg.): Mythen von Autorschaft und Weiblichkeit im 20. Jahrhundert. Beiträge der 6. Kunsthistorikerinnen-Tagung, Tübingen 1996, S. 26.

67 Schade, Sigrid; Wenk, Silke: Inszenierungen des Sehens ... a.a.O., S. 342.

68 Vgl.: Wenk, Silke: Mythen von Autorschaft und Weiblichkeit. ... a.a.O., S. 26.

und Bernard Schultzes zu dem als etabliert geltenden Informel lassen offensichtliche Geschlechterdichotomien erwarten. Nicht zuletzt ist auch die persönliche Beziehung Ursula Schultze-Bluhms zu Bernard Schultze relevant, wie sich zeigen wird. Ich setze im Folgenden die Diskursanalyse als Rezeptionsanalyse fort und beziehe zur Rezeption in Wechselwirkung stehende sogenannte Selbstbeschreibungen bzw. -inszenierungen der Künstlerin und des Künstlers ein.

Das Künstlerpaar sei zunächst – der Rezeption folgend – vorgestellt: Ursula Bluhm wird 1921 in Mittenwalde (Mark) geboren. 1938 verlegt sie ihren Wohnsitz nach Berlin, 1949 nach Frankfurt und 1968 nach Köln. Ab 1950 hält sich die Künstlerin regelmäßig in Paris auf, sie reist nach Thailand, Guatemala, Hongkong und Bali und unternimmt in den 1960er Jahren drei Reisen nach New York. Jean Dubuffet nimmt Arbeiten von Ursula Bluhm 1954 in seine Collection de l'Art-Brut auf, nachdem sie bereits selbst seit drei Jahren Art-Brut-Arbeiten sammelt. Mit Beginn der 1960er Jahre stellen sich regelmäßige Ausstellungen in Paris und Frankfurt ein, 1977 nimmt sie an der „documenta 6" teil und 1979 an der „Biennale."[69] Sie stirbt 1999 in Köln im Alter von 77 Jahren.[70]

Mit einer Synthetisierung sogenannter naiver Malerei und ‚phantastisch-poetischer' Kurzgeschichten beginnt Ursula Bluhm 1950 ihre künstlerische Arbeit. Etwa acht Jahre später richtet sich ihr Interesse auf Malerei-Objektverbindungen, die als Assemblagen bezeichnet werden. Sie wendet sich mythologischen Themen zu, denen ‚Magisches', ‚Visionäres' und ‚ewige Gültigkeit' zugeschrieben werden.[71] Über Bild-Text- und Bild-Objekt-Kombinationen hinaus gehören Objekt- und begehbare Rauminstallationen zu ihrem sich entwickelnden Repertoire. Ihre Arbeitsweise ist sorgfältig, geplant, in Umrissen vorgezeichnet.[72] Die gemalten und/oder geklebten Strukturierungen sind kleinteilig, ornamentierend und zumeist das gesamte Bild bzw. Objekt bedeckend. ‚Banales', wie z.B. Federn oder Schnuller, ist oft mit ‚Brutalem', wie z.B. Zähnen oder blutähnlicher Farbe, kombiniert.[73]

69 Vgl.: Fehlemann, Sabine; u.a.; Van der Heydt Museum Wuppertal (Hg.): Ursula, Retrospektive, Werke 1951-1992. München 1992, S. 197.

70 Vgl: Schmid, Karlheinz: Nachruf. Ursula Schultze-Bluhm ... a.a.O.

71 Vgl.: Ruhrberg, Karl: Mythen der Wirklichkeit. In: Fehlemann, Sabine; u.a.; Van der Heydt Museum Wuppertal (Hg.): Ursula, Retrospektive, Werke ... a.a.O., S. 31ff.

72 Vgl. ebd. S. 33.

73 Vgl. ebd. Und: Stachelhaus, Heiner: Je phantastischer, umso realer. In: Fehlemann, Sabine; u.a.; Van der Heydt Museum Wuppertal (Hg.): Ursula, Retrospektive, Werke ... a.a.O., S. 39.

Bernard Schultze heiratet die Künstlerin 1955, nachdem sie sich 1949 in der Kulturabteilung des Amerika-Hauses, in dem sie einer Bürotätigkeit nachgeht und er eine Kindermalklasse unterrichtet, kennenlernen.[74] Die Beziehung zu Bernard Schultze nimmt im weiteren Verlauf einen öffentlichkeitswirksamen Stellenwert ein. Das Künstlerpaar arbeitet in einem gemeinsamen Atelier und stellt zusammen aus. 1983 erhalten beide den Kunstpreis „Wormland“ in München.

Bernard Schultze ist der bekanntere von beiden, er wird als bedeutender Repräsentant der deutschen Nachkriegskunst rezipiert. Als Vertreter des vom Kunstmarkt anerkannten Informel ist er mit ausgrenzenden Diffamierungen inner- und außerhalb der Kunstszene im Vergleich zu seiner der Art-Brut zugezählten Ehefrau weniger konfrontiert. Bernard Schultze wird 1915 in Westpreußen geboren und ist von 1939 bis 1945 Soldat in Russland und Afrika. Im Gegensatz zu seiner autodidaktisch arbeitenden Ehefrau studiert er in den 1930er Jahren an den Kunstakademien in Berlin und Düsseldorf. Ende der 1940er Jahre fällt ihm Prinzhorns Buch „Bildnerei der Geisteskranken“[75] in die Hände.[76] Beeinflussen lässt er sich des Weiteren von Willi Baumeisters Buch „Das Unbekannte in der Kunst“,[77] dem surrealistischen Ansatz der „ècriture automatique“, als Verfahren eines vermeintlich von rationaler Kontrolle unbeeinflussten Sich-treiben-lassens, sowie dem amerikanischen Action Painting. Seine Suche nach neuen künstlerischen Konzepten ist durch eine durch die Kriegsgeschehnisse verursachte gesellschaftspolitische Identitätssuche bedingt, die aber als solche nicht benannt wird. Ein Vermeiden politischer Auseinandersetzung durch eine Wendung ins „Unbekannte“ bzw. Unbewusste, mit der gehofft wird, etwas allgemeingültig Zukunftsweisenden zu finden, ist ein nicht nur für die Arbeiten dieses Künstlers gültiges Charakteristikum der deutschen Nachkriegsmoderne und auch konstitutiv für die Arbeiten Schultze-Bluhms. Die Begegnung mit Wols 1951 inspiriert Bernard Schultze zu einer tachistischen, farbfleckigen Malerei. Zehn Jahre später verfolgt er mit seinem „Migof“-Konzept eine Verräumlichung dieser Malerei: aus Farbflecken werden Objekte. Seine Arbeiten erinnern bisweilen an abstrakte Landschaften und biologische Gebilde. In der Rezeption ist von „submariner Vege-

74 Vgl.: ebd. S. 197.

75 Prinzhorn, Hans: Bildnerei der Geisteskranken ... a.a.O.

76 Siehe: Schultze, Bernard in: Weiss, Evelyn (Hg.): Bernard Schultze. Das große Format. München 1994, S. 223.

77 Baumeister, Willi: Das Unbekannte in der Kunst. Stuttgart 1947.

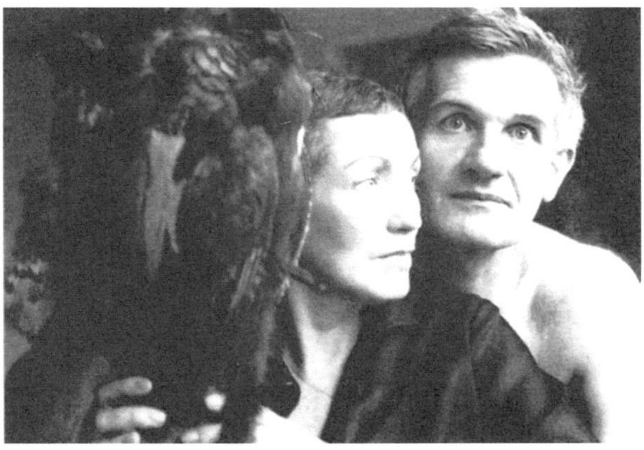

Abb. 1: Ursula Schultze-Bluhm und Bernard Schultze. Einladungspostkarte der Galerie Schlüter, 1975.

tation“[78] und „psychophysische[n] Organismen“[79] die Rede. Der Künstler ist unter anderem an der „documenta 2“ (1959), der „documenta 3“ (1964) und der „documenta 6“ (1977) beteiligt. 1972 wird er Mitglied der Akademie der Künste in Berlin, die er zwanzig Jahre später aufgrund der geplanten Zusammenlegung mit der Ostberliner Akademie wieder verlässt. Er lebt bis heute in Köln.[80]

Strategien der Intimisierung

Meine jetzige Leitfrage lautet, zu welchen Auswirkungen und Umgangsweisen das Gefüge von weiblich konnotierter Kreativität und männlich konnotierter Künstlerschaft bei Ursula Schultze-Bluhm und Bernard Schultze führt?

Die Abb. 1 zeigt eine Postkarte der Berliner Galerie Schüler, mit der 1975 zu einer Ausstellung Schultze-Bluhms eingeladen wird. Zu sehen ist eine aus dem Bild heraus ins Leere schauende Künstlerin. Ein von ihr gehaltener ausgestopfter Vogel verdeckt teilweise ihr Gesicht und ihren Oberkörper. Von hinten wird die Künstlerin von ihrem Ehemann umfasst, der direkt und auffordernd die Kamera bzw. die Betrachtenden an-

78 Wedewer, Rolf: Tendenzen des Nach-Tachismus. In: Belgin, Tayfun (Hg.): Informel. Malerei und Skulptur nach 1952. Museum am Ostwall, Dortmund. Köln 1997, S. 226.

79 Belgin, Tayfun: Was ist Informel. Eine Annäherung über Bildkategorien. In: Ders.: Informel ... a.a.O., S. 39.

80 Vgl.: Weiss, Evelyn (Hg.): Bernard Schultze. Das große ... a.a.O., S. 219ff.

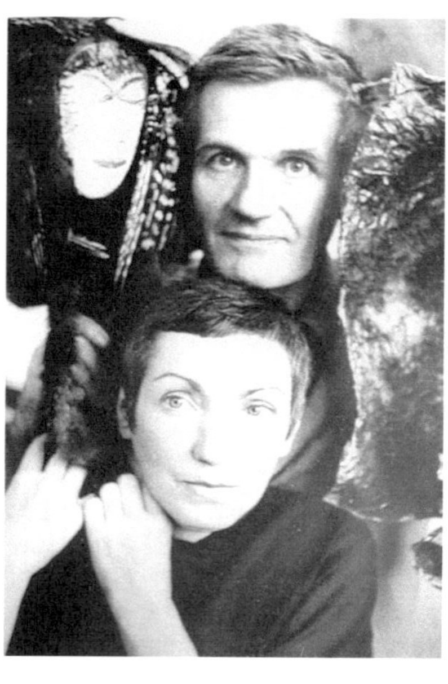

Abb. 2: Ursula Schultze-Bluhm und Bernard Schultze, Szenerie von 1969.

sieht. Ein vergleichbares Arrangement findet sich auf einem weiteren PR-Foto von 1969 (Abb. 2). Hier ist ein Federbündel höher und weniger perspektivisch positioniert und bildet so mit den Gesichtern des Künstlerpaares ein annähernd ebenflächiges Dreiecksverhältnis. Vor allem ist das Federbündel durch eine künstlerische Arbeit Schultze-Bluhms ausgetauscht. Dabei handelt es sich um ein ovales, vermutlich steroporähnliches Gebilde, auf das ein Gesicht gemalt ist. Diese Arbeit stammt aus dem Jahre 1966 und trägt den Titel „C'est moi." Beide Abbildungen geben vor, die Künstlerin einmal privat zu zeigen, in ihrer unmittelbaren Beziehung zu ihrem Ehemann und zu einer ihrer künstlerischen Arbeiten. Es ist jedoch nicht nur die Szenerie gestellt, sondern ebenso das durch sie hervorgerufene Versprechen von Innigkeit und Authentizität. Der Titel „C'est moi" scheint seine Gültigkeit auf das Gesamtarrangement zu erweitern: er bezeichnet in Abb. 2 nicht länger eine künstlerische Arbeit, sondern eine Programmatik, innerhalb derer die Künstlerin denselben Status einnimmt wie ihr sogenanntes Selbstportrait. Die Künstlerin und ihr künstlerisches Objekt sind hinsichtlich dieser Programmatik austauschbar: Beide stehen für ein Sich-zu-erkennen-geben, das ins Leere läuft, beide repräsentieren etwas, auf dem der Wunsch der Betrachtenden unkommentiert zur Ruhe kommt, beide stehen im Dienste eines Authen-

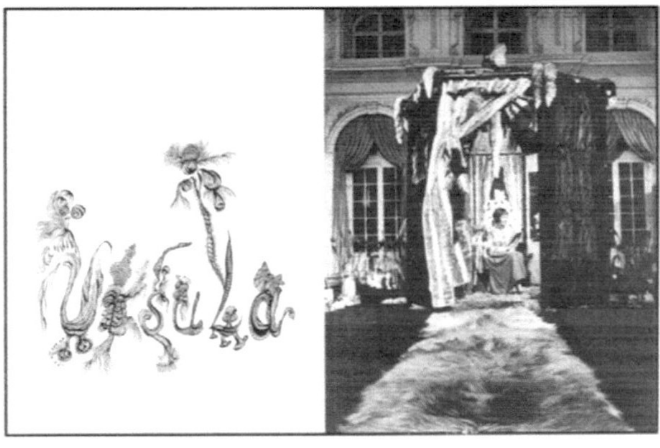

Abb. 3: Von Ursula Schultze-Bluhm gestaltetes Katalogcover von 1974.

tizitätsversprechens. Ich komme auf diese Problematik an späterer Stelle dieser Arbeit zurück. Wenn nun das Bild der Künstlerin mit dem Bild einer ihrer Arbeiten kongruent ist, wie lautet dann die Funktion Bernard Schultzes in diesem Zusammenhang? Der Blick des Künstlers richtet sich aus beiden Abbildungen heraus stringent an die Betrachtenden. Es ist sein Blick, der ein zur-Ruhe-kommen nicht gestattet, stattdessen wirft er zurück, was die Betrachtenden tun. Bernard Schultze geht mit ihnen eine Allianz ein: beide nehmen die Künstlerin in die Mitte und beide scheinen sich über etwas zu verständigen. Der Abbildung Bernard Schultzes obliegt eine mehrschichtige Versicherungsfunktion: Der renommierte Künstler attestiert seiner Frau eine künstlerische Qualität, die sich dadurch auszeichne, dass sie authentisch sei. Auf den Abbildungen ist die Künstlerin so arrangiert, als sei sie ein ‚Inniges' des Künstlers. Als sei es der Künstler, der ein ‚Inneres' den Betrachtern zur Schau gibt und gleichzeitig dem Arrangement aus dem Hintergrund heraus Halt gibt. Hinsichtlich der Ausgangsfrage lässt sich in Bezug auf die Künstlerin eine spezifische Funktion formulieren: Ihr Bild repräsentiert ein mit Authentizität und Intimität assoziiertes kreatives Potential. Demgegenüber repräsentiert das Bild des Künstlers eine zu Handlung und Verhandlung in der Lage seiende Subjektposition. Eine unnahbare Weiblichkeit fungiert als Metapher einer nur schwer zu definierenden, unbekannten Kreativität, die der Künstler habe. Ursula Schultze-Bluhm repräsentiert eine weibliche Kreativität in einem Konzept männlicher Künstlerschaft, für das Bernard Schultze bürgt. Die Künstlerin kann sich in eine Konzeption männlicher Künstlerschaft, die für eine Etablierung in der Kunstszene

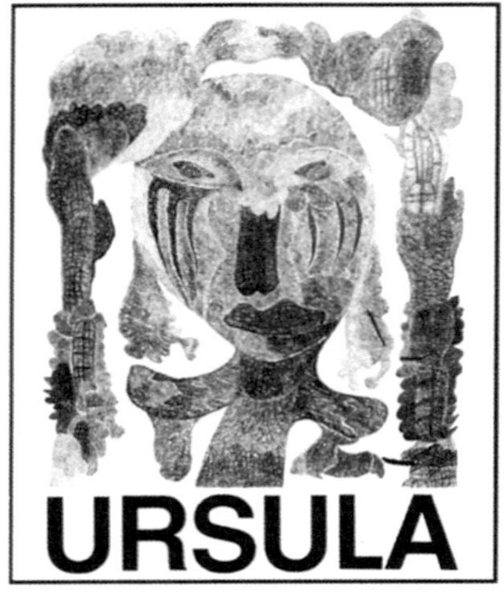

Abb. 4: Von Ursula Schultze-Bluhm gestaltetes Katalogcover von 1980.

unverzichtbar ist, nicht einschreiben. Dieses Dilemma führt bei ihr zu einer PR-Strategie, in der ein Rekurs auf männliche Künstlerschaft als Subtext mitläuft.

Einen weiteren Aspekt der Intimisierung stellt die Rezeption der Künstlerin unter ihrem Vornamen „Ursula" dar.[81] Die Abb. 3 zeigt das Cover eines Ausstellungskataloges von 1974. Links ist ein von der Künstlerin gestalteter Schriftzug zu sehen und rechts ein Foto, dass die Künstlerin sitzend in einer ihrer Rauminstallationen zeigt. Der Schriftzug „Ursula" suggeriert, die Künstlerin selbst sei im Kunstwerk bzw. im Katalog. Er apostrophiert an anderer Stelle künstlerische Arbeiten als Selbstportraits (Abb. 4). Im Falle eines Künstlers dürfte diese Praxis kaum anzutreffen sein. „Wer würde es wagen, mit ‚Ich, Egon' ein Buch zu überschreiben, das Schiele gewidmet ist?"[82] Die Reduzierung auf den Vornamen kommt einem Versprechen von (weiblicher) Nähe gleich, die auf Kosten einer

81 Kerstin Kolter hat diese Benennungspraxis bereits in einer Gegenüberstellung von Sonia und Robert Delaunay thematisiert. Siehe: Kolter, Kerstin: Frauen zwischen ‚angewandter' und ‚freier' Kunst. Sonia Delaunay in der Kritik. In: Lindner, Ines; u.a. (Hg.): Blick-Wechsel: Konstruktionen von Männlichkeit und Weiblichkeit in Kunst und Kunstgeschichte. Berlin 1989, S. 207-208.

82 Berger, Renate: zit. bei: ebd. S. 208.

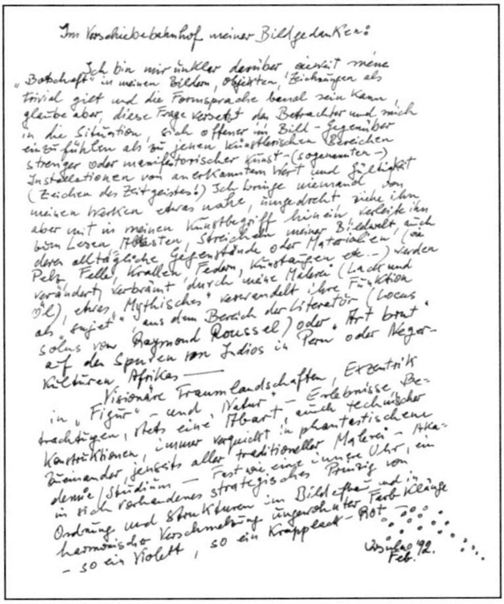

Abb. 5: Schriftpassage Ursula Schultze-Bluhms von 1972.

„Achtungsdistanz“[83] geht, mit der Künstlerinnen nicht rechnen können. Eine Untermauerung dieses Phänomens findet sich in einer Schriftpassage Schultze-Bluhms, die sich wie eine persönliche Tagebuchaufzeichnungen liest (Abb. 5). Darin plädiert die Künstlerin für eine „offener[e]“[84] Einfühlung, die den Betrachtern ermöglicht werden solle. Sie schreibt:

„Ich bin mir unklar darüber, wieweit meine ‚Botschaft’ in meinen Bildern, Objekten, Zeichnungen als trivial gilt und die Formsprache banal sein kann [...].“[85]

Die Begriffe „trivial“ und „banal“ verweisen auf geschlechtlich markierte Tätigkeitsbereiche bzw. Kunstrichtungen. Eine Bewertung als „trivial“ kann als synonym für dilettantisch, kunsthandwerklich und volkskundlich gelesen werden. Ein Rezensent schreibt über Schultze-Bluhm:

---

83 Ebd.

84 Schultze-Bluhm, Ursula: Im Verschiebebahnhof meiner Bildgedanken, 1992. In: Fehlemann, Sabine; u.a.; Van der Heydt Museum Wuppertal (Hg.): Ursula, Retrospektive, Werke … a.a.O., S. 17.

85 Ebd.

„Wenn ich zögernd an die Tatsache erinnere, dass Ursula eine Künstlerin, eine Frau ist, dann nicht aus einer patriarchalischen Arroganz, sondern weil ich [...] auf den Zusammenhang mit der Volkskunst aufmerksam machen möchte: dort ist die gestaltende Frau eine Selbstverständlichkeit: sie näht und strickt und klöppelt, aber sie malt auch – nicht nur kleine Ostereier, sondern auch große Flächen über dem Kamin und modelliert aus Ton und Teig. Manche von diesen Bereichen beherrscht die Frau allein.“[86]

Des Autors angebliches Zögern kann nicht über eine abwertende Klassifizierung hinwegtäuschen: Mit der Verortung der Künstlerin im Bereich der Volkskunst wird ein in der Moderne zentraler Dualismus von sogenannter ‚hoher Kunst' und ‚Kunsthandwerk' verfestigt.[87] Darin eingeschrieben ist eine hierarchische Unterscheidung von männlich konnotierter Schöpfung und weiblich konnotierter Kreativität. Während erstere als ‚innovativ' angesehen wird, gilt letztere als ‚bloß reproduktiv'.[88] Anstatt daran zu „erinner[n], dass Ursula eine Künstlerin, eine Frau ist“, sollte der Rezensent lieber zu bedenken geben, was dieses kulturhistorisch bedeutet: nämlich zugeordnet zu werden zu „‚private[n]' Arbeitssphären“ und „‚niederen' Künsten“ bzw. „typisch weiblichen Tätigkeit[en].“[89]

Die aus der Schriftpassage stammenden Begriffe „trivial“ und „banal“ führen in ein weiteres Bedeutungsfeld. Schultze-Bluhm legt an anderer Stelle dar, dass es in ihrer künstlerischen Arbeit darum gehe, etwas „ganz für [s]ich zu malen“ bzw. „bauen.“[90] In einer Rezension heißt es:

„Ursula malt ihre Bilder, um sich zu verstecken. Vor wem? Vor der Welt? Vor den anderen oder vor sich selbst? [...] Vor allem? Sie verbirgt sich, sie entzieht sich, indem sie malt – und sie will doch, wie das sich versteckende Kind, aufgesucht und gefunden werden.“[91]

---

86 Spielmann, Peter in: Museum Bochum, Kunstsammlung; u.a. (Hg.): Ursula. Bilder, Objekte, Zeichnungen. Ausstellungskatalog. Bochum 1979, o.S.

87 Ich verweise erneut auf Kerstin Kolter, die die Auswirkungen dieses Dualismus exemplarisch in Bezug auf das Künstlerpaar Sonia und Robert Delaunay untersucht. Siehe: Kolter, Kerstin: Frauen zwischen ... a.a.O.

88 Vgl: Schade, Sigrid; Wenk, Silke: Inszenierungen des Sehens ... a.a.O., S. 351ff. Siehe außerdem: Parker, Roszika; Pollock, Griselda: Old mistresses. Women, art and ideology. London 1981, S. 50ff, 82.

89 Ebd. S. 358-359.

90 Schultze-Bluhm, Ursula in: Romain, Lothar; Bluemler, Detlef (Hg.): Künstler. Kritisches Lexikon der Gegenwartskunst. Ursula. Ausgabe 5, 1989,
S. 2.

91 Schmied, Wieland: Ursulas blühende Phantasie. In: Museum Städtische Kunstsammlung Bonn (Hg.): Ursula, Bilder, Objekte, Zeichnungen. Bonn 1969, o.S.

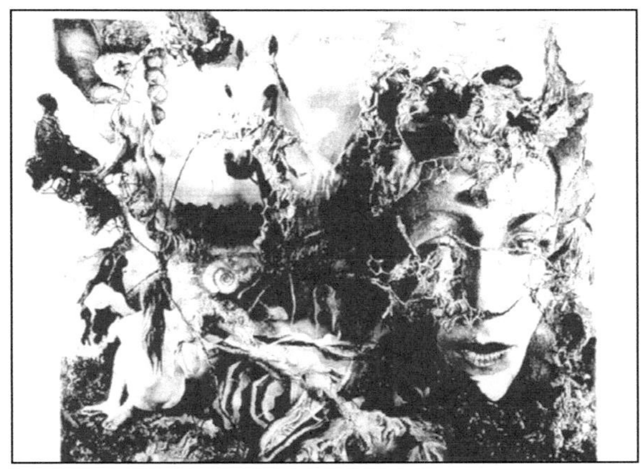

Abb. 6: Bernard Schultze: „Paysage avec Ursula“, 1970.

Der hier skizzierten Vorstellung ist eine Reinfantilisierung eingeschrieben. Eine „trivial[e]“ Kunst ist mit einer Position des kindlich-seins verknüpft.[92] Weibliche Künstlerschaft wird in Verbindung gebracht mit etwas Unschuldigem und Spielerischem. Als eines ihrer Merkmale wird eine Wendung nach innen, bzw. eine Regression zum ‚inneren Kinde' bestimmt. Die Künstlerin spricht von „eigenste[r] Kind-Darstellung.“[93] Bernard Schultze bestätigt die angebliche Infantilität seiner Ehefrau und charakterisiert sie als labil, indem er von „großen Ängsten frühester Kindheit“[94] spricht. Die Position des Kommentierenden wird Ursula Schultze nicht zugestanden. In dem von mir gesichteten Rezeptionsmaterial sind Aussagen von ihr zu den Arbeiten oder der Person Bernard Schultzes nicht auffindbar. Offensichtlich gilt die Künstlerin als ungeeignet, als Referenz für ihren Ehemann zu fungieren.

92 Eine solche Verknüpfung findet sich bereits bei: Hartlaub, Gustav Friedrich: Der Genius im Kinde. Zeichnungen und Malversuche begabter Kinder. Breslau 1922. Der Autor vertritt einen weitläufigen Begriff des Magischen, der Analogien zum Begriff der „Individuellen Mythologien“ der Nachkriegszeit aufweist. Er legt dar, die Kunst der Kinder sei naiv, instinktiv, willenlos, unschuldig und „am wenigsten kunstmäßig.“ Siehe S. 23ff.

93 Schultze-Bluhm, Ursula zit. bei: Stachelhaus, Heiner: Über Ursula. In: Romain, Lothar; Bluemler, Detlef (Hg.): Kritisches Lexikon der Gegenwartskunst. Ursula. Ausgabe 5, 1989, S. 3.

94 Schultze, Bernard: Auf einem Tisch liegt die Leinwand. 1978, in: Museum Bochum, Kunstsammlung; u.a. (Hg.): Ursula, Bilder, Objekte, Zeichnungen. Ausstellungskatalog, Bochum 1979, o.S.

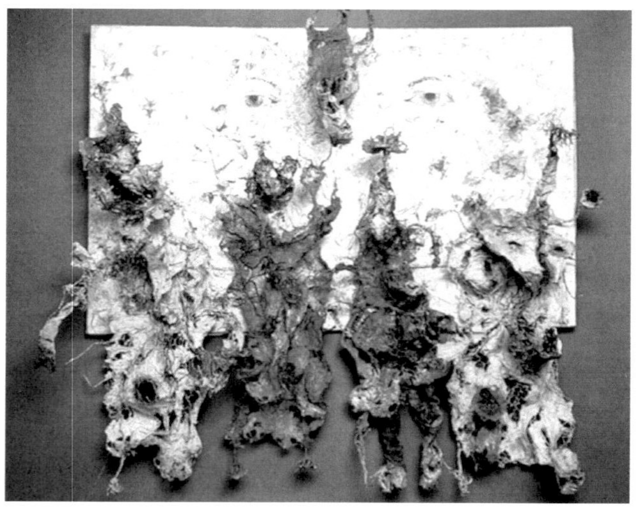

Abb. 7: Bernard Schultze:
„Migof-Ursula-Ahnentafel", 1963.

Bernard Schultzes Bezugnahmen auf seine Ehefrau erstrecken sich auch auf seine künstlerischen Arbeiten. Der umgekehrte Fall findet sich hier ebenfalls nicht. In seiner Assemblage „Paysage avec Ursula" (Abb. 6) von 1970 sind in der linken Bildhälfte u.a. zwei sitzende, weibliche Rückenakte, ein Pferdekopf sowie amorphe, organische Strukturen erkennbar. Männliche Figuren sind nicht abgebildet. In der rechten Bildhälfte ist das gemalte Portrait Ursula Schultze-Bluhms zu sehen, das von einem Drahtgeflecht umgeben ist. Das Portrait der Ehefrau ist Bestandteil eines Bildes, in und mit dem der Künstler eine Ineinssetzung von Natur und Weiblichkeit propagiert. Ich komme auf diese Verknüpfung im Verlauf der Arbeit zurück. In einer weiteren Assemblage Bernard Schultzes mit dem Titel „Migof-Ursula-Ahnentafel" (Abb. 7) von 1963 sind über einem in den Betrachterraum hineinragenden Drahtgeflechten zwei gemalte Augen erkennbar, die zu Spekulationen darüber einladen, ob es sich um diejenigen Ursula Schultze-Bluhms handeln sollen. Die Bezugnahme auf die Ehefrau ist hier Bestandteil einer religiösen Inszenierung, mit der nach „Ahnen", also ‚urhaften' Vorfahren gefragt wird. Wenngleich Bernard Schultze in beiden Fällen eine Grenzüberschreitung im Sinne einer Erweiterung des Tafelbildes[95] anstrebt, ist sein Rekurs auf Weiblichkeit

95 Siehe hierzu: Schultze, Bernard: Ein durchaus deutsches Erbe. Immer wird der Machensvorgang in meinen Arbeiten bestimmt vom ‚unter dem Diktat des Unbewußten'. In: KUNSTmagazin. 20. Jg. III. Mainz 1980, S. 46. Des

eine äußerst konservative Rhetorik, wie sich noch genauer zeigen wird. Ursula Schultze-Bluhm ist Bestandteil dieser Rhetorik und zwar als Bildhaftes, und nicht als Künstlerin. ‚Sie' ist ‚sein' Medium, bzw. Metapher für eine (weibliche) Kreativität in einer Konzeption (männlicher) Künstlerschaft.

Geschlechtsstereotypien und Künstlerschaft

Es soll die Konzeption männlicher Künstlerschaft näher beleuchtet werden. Die Rezeption weist Bernard Schultze eine wichtige, kunsthistorische Aufgabe zu. Es heißt, er betreibe eine „systematische Umdeutung und Neufassung der Kunst unserer Vergangenheit."[96] Er selbst schildert, es seien „Nachholbedarf"[97] und „Euphorie",[98] durch die seine „Generation" nach 1945 gekennzeichnet sei. Dem „Wichtigste[n] damals",[99] dem Surrealismus, habe er sich angeschlossen.[100] Pollock, Wols und Baumeister, aber auch Altdorfer, Menzel[101] u.a. seien wichtige Bezugsquellen für ihn. „Wieder stellt sich da Kunstgeschichte [...] ein[102] und „[e]in durchaus deutsches Erbe[103] sind Aussagen, mit denen der Künstler seine Arbeit kommentiert. Bernard Schultze ist mit ‚Wichtigem' beschäftigt, er ist kunsthistorisch positioniert und auf die Arbeit seiner Kollegen bezogen.

Ursula Schultze-Bluhm hingegen wird als ‚heimatlos' beschrieben.[104] Ihr Ehemann benennt eine „ihr gänzlich fremde[], fast feindliche[] Kunst-Umwelt" und bezeichnet die Haltung seiner Ehefrau als durch „Abwehr" und „Rückzug"[105] gekennzeichnet. In einer Rezension heißt

Weiteren beispielsweise: Romain, Lothar: Über Bernard Schultze. In: Ders.; Bluemler, Detlef: Künstler. Kritisches Lexikon der Gegenwartskunst. Bernard Schultze. Ausgabe 3, o.J., S. 10.

96 Budde, Rainer: Spuren im Labyrinth. In: Weiss, Evelyn (Hg.): Bernard Schultze. Das große Format. München 1994, S. 26.

97 Schultze, Bernard: Ein durchaus deutsches Erbe ... a.a.O., S. 46.

98 Schultze, Bernard zit. bei: Tayfun, Belgin (Hg.): Informel. Malerei und Skulptur nach 1952. Museum am Ostwall, Dortmund. Köln 1997, S. 270.

99 Schultze, Bernard zit. bei: Stachelhaus, Heiner: Zur Situation der Kunstkritik in den 50er Jahren. In: Ullrich, Ferdinand (Hg.): Kunst des Westens. Deutsche Kunst 1945-1960. Köln 1996, S. 171.

100 Schultze, Bernard: Ein durchaus deutsches Erbe ... a.a.O.

101 Schultze, Bernard zit. bei: Tayfun, Belgin (Hg.): Informel. Malerei und Skulptur ... a.a.O. Des Weiteren vgl.: Schultze, Bernard zit. bei Stachelhaus, Heiner: Zur Situation ... a.a.O.

102 Schultze, Bernard zit. bei: Weiss, Evelyn (Hg.): Bernard Schultze ... a.a.O., S. 262-263.

103 Schultze, Bernard: Ein durchaus deutsches Erbe ... a.a.O.

104 Vgl.: Schmid, Karlheinz: Nachruf. Ursula Schultze-Bluhm ... a.a.O.

105 Schultze, Bernard: Auf einem Tisch liegt die Leinwand ... a.a.O.

es, in „Ursulas Werk spiel[e] Geschichte keine Rolle.“[106] Sie gehöre „zu den Künstlern, die ohne Vorbild, ohne Vergleich am Zeitgeist vorbeimalten. [...] [K]unsthistorische Schubladen“ seien „ohnehin bedeutungslos.“[107] Schultze-Bluhm reagiert darauf mit einer Strategie des Sichentziehens. Sie legt dar:

> „Ich flüchte in eine Traum-Situation. Tages- und Nachtphantome umringen mich. Ich schlafe in den Spannungen der Konflikte meines Ichs zu meiner Umwelt.“[108]

Anstelle einer kunsthistorischen Verortung, wie sie Bernard Schultze für sich in Anspruch nimmt, betont die Künstlerin „[v]isionäre Traumlandschaften, Exzentrik in Figur und Natur.“[109] Wenngleich beide, Ursula Schultze-Bluhm sowie Bernard Schultze, Vertreter einer Kunst sind, die verspricht, „Unbekanntes“[110] spontan und unmittelbar zu sehen geben zu können, ist eine Geschlechterpolarisierung implizit: während die Künstlerin „flüchte[t]“, lässt der Künstler „[s]ich treiben.“[111] Als würde *sie* in „Traumlandschaften, Exzentrik [...] und Natur“ verschwinden und *er* ‚aufbrechen zu neuen Ufern'.

Das ‚moderne' Konzept, dass Kunstproduktion ein Wagnis und ihr Endergebnis nicht im Vorfeld planbar sei, auf das die Rezeption Bernard Schultzes rekurriert, ist weit weniger revolutionär hinsichtlich des impliziten Entwurfes von (männlicher) Künstlerschaft, als zunächst zu vermuten wäre. Auch wenn als Agens nicht mehr der Wille des Künstlers gilt, ist dies zwar eine Irritation hinsichtlich des neuzeitlichen Subjektmodells, nicht aber, zumindest nicht in gleichem Maße, eine des agierenden und reflektierenden Meisters. Die Vorstellung, dass ein Künstler ‚aus sich selbst schöpfe', ist bis in die Renaissance rückdatierbar. Sie ist in Zusammenhang zu betrachten mit einem zu dieser Zeit zunehmend von Hof und Kirche unabhängig werdenden Künstler, der mit neuen Legiti-

---

106 LeVitte Harten, Doreet: Das Kommende oder Ur-sula. In: Fehlemann, Sabine; u.a.; Van der Heydt-Museum Wuppertal (Hg.): Ursula, Retrospektive ... a.a.O., S. 21.

107 Schmid, Karlheinz: Nachruf. Ursula Schultze-Bluhm ... a.a.O.

108 Schultze-Bluhm, Ursula zit. bei: Romain, Lothar: Wo Schein und Sein einander zusetzen. In Fehlemann, Sabine; u.a.; Van der Heydt-Museum Wuppertal (Hg.): Ursula, Retrospektive ... a.a.O., S. 27.

109 Schultze-Bluhm, Ursula: Im Verschiebebahnhof meiner Bildgedanken. In: ebd. S. 17.

110 in Anlehnung an Baumeister, Willi: Das Unbekannte in der ... a.a.O.

111 Schultze, Bernard: Ein durchaus deutsches Erbe ... a.a.O., S. 46.

mations- und Existenzfragen konfrontiert ist.[112] Ist er im Mittelalter ein reproduzierender Handwerker, so wird er mit Beginn der frühen Neuzeit als ‚Schöpfer' mit Autonomie und Autorität konzipiert. Der Künstler als ‚Schöpfer' wird gottähnlich: er ahmt nicht mehr nach, sondern ‚schöpft' aus seinem Geist.[113] Er „gibt eine ‚Idee' zu sehen, die [...] ohne seine Vision und ohne sein Werk unsichtbar bliebe."[114] „Schöpfer und Schöpfung sind untrennbar verbunden",[115] d.h. das ‚Werk' gilt als von persönlichen Eigenarten des Künstlers durchdrungen. Das hat auch Einfluss auf die Entstehung sogenannter Künstlerviten,[116] in denen zunehmend individuelle und lebensgeschichtliche Aspekte des Künstlers Berücksichtigung finden und für die Bewertung seiner Arbeit herangezogen werden. Gegen Ende des 19. Jahrhunderts mündet diese Tendenz darin, „das Kunstwerk immer mehr als ‚seelische' Leistung des Künstlers"[117] anzusehen. Die Entwicklung der Psychoanalyse führt im weiteren Verlauf dazu, Kunst als ‚Ausdruck' des Unbewussten zu propagieren, in das der Künstler eintauche. Das Unbewusste wird zu einem „zu erobernde[n] Terrain",[118] und die Auseinandersetzung mit ihm zur Abenteuerreise.

In der Rezeption Bernard Schultzes zeigt sich, dass diese Aspekte neuzeitlicher Künstlerschaft in der an Grenzüberschreitung interessierten Kunst der Moderne aktuell sind.

„Wir standen gleichsam vor einer Reise ins Unbekannte, der Weg war voller Risiken des Scheiterns."[119] „[Ich] geriet in eine Panik des horror vaccui und versuchte mich zu befreien."[120] „[Das] erregende Spiel, Einfall und Kontrolle in

112 Siehe hierzu: Warnke, Martin: Hofkünstler. Zur Vorgeschichte des modernen Künstlers. Köln 1985.

113 Vgl.: Wenk, Silke: Männlichkeit und Schöpfertum. Eine feministische Intervention in mythische Verflechtungen von Kunst und Technowissenschaften. In: Brand, Angelika; Wagner, Kirsten (Hg.): KUNSTringt. Oldenburg 1997, S. 60.

114 Schade, Sigrid; Wenk, Silke: Inszenierungen des Sehens ... a.a.O., S. 355.

115 Kris, Ernst; Kurz, Otto: Die Legende vom Künstler. Ein geschichtlicher Versuch. Frankfurt a.M. 1980, S. 164.

116 Als Beginn dieser Form der Kunstgeschichtsschreibung gelten die Künstlerviten Vasaris. Vgl.: Schade, Sigrid; Wenk, Silke: Inszenierungen des Sehens ... a.a.O., S. 352ff.

117 Kris, Ernst; Kurz, Otto: Die Legende vom Künstler ... a.a.O., S. 158.

118 Schade, Sigrid; Wenk, Silke: Inszenierungen des Sehens ... a.a.O., S. 357.

119 Schultze, Bernard in: Tayfun, Belgin (Hg.): Informel. Malerei und Skulptur ... a.a.O., S. 271.

120 Schultze, Bernard zit. bei: Romain, Lothar: Unter dem Diktat des Unbewußten. In: Ders.; Wedewer, Rolf: Bernard Schultze. München 1991, S. 28.

rasender Folge hatte begonnen. Das war die Stimulanz, deswegen war Malen Ersatz für Leben."[121]

lauten die Worte, mit denen Bernard Schultze seine ‚waghalsige' Arbeit beschreibt. Sie sei ‚Schöpfung', im Sinne einer „metamorphorisch Farbfleck aus Farbfleck gebärenden Malerei",[122] legt er an anderer Stelle dar und ein Rezensent führt aus, seine Arbeit sei „stellvertretend für das Universum, Symbol eines unbegrenzten geistigen Raumes." Sie strebe „eine reine Idee an, welche sich gegen die Mühsal des Daseins"[123] stelle.

Ganz anders die Rezeption zu Ursula Schultze-Bluhm. „Jene sind die Tätigen, diese die Leidenden [...]"[124] heißt es dort. Die Künstlerin überlasse sich „dem Sinnlichen", „dem Unbewussten"[125] und werde „zunehmend ängstlicher."[126] Sie selbst sagt, sie sei dabei, „am Grat von Wirklichkeit und Traum zu wandeln."[127] Der Dynamik des Künstlers wird eine Schwachheit der Künstlerin gegenübergestellt. Wo *er* sich Herausforderungen stellt, leidet *sie* „an sich selbst."[128] Wo *er* agiert, ist *sie* verletzbar. Wo *er* Abenteurer in weiblich konnotierten Kreativitätsgefilden ist, geht *sie* verloren.

In dem oben skizzierten Künstlerschaftskonzept ist auch eine mythologische Schöpfungsvorstellung virulent. Bezug genommen wird auf die Figur des Prometheus, wie die folgenden Zitate Bernard Schultzes implizit deutlich werden lassen:

---

121 Schultze, Bernard zit. bei: Weiss, Evelyn: Bernard Schultze. In: Belgin, Tayfun; Museum am Ostwall, Dortmund (Hg.): Informel. Malerei und Skulptur nach 1952. Köln 1997, S. 146.

122 Schultze, Bernard: Ein Durchaus deutsches Erbe ... a.a.O., S. 57.

123 Budde, Rainer: Spuren im Labyrinth. In: Weiss, Evelyn (Hg.): Bernard Schultze. Das große Format. München 1994, S. 26.

124 Hahne, Heinrich in: Museum Bochum, Kunstsammlung; u.a. (Hg.): Ursula, Bilder, Objekte, Zeichnungen. Bochum 1979, o.S.

125 Ebd.

126 Stachelhaus, Heiner: Über Ursula. In: Romain, Lothar; Bluemler, Detlef (Hg.): Künstler. Kritisches Lexikon der Gegenwartskunst. Ursula. Ausgabe 5, 1989, S. 3.

127 Schultze-Bluhm, Ursula: U. sagte zu U. In: Kunstverein für die Rheinlande und Westfalen, Düsseldorf (Hg.): Ursula. Werke 1960-1974. Düsseldorf 1974, o.S.

128 Ruhrberg, Karl: Mythen der Wirklichkeit. In: Fehlemann, Sabine; u.a.; Van der Heydt Museum Wuppertal (Hg.): Ursula, Retrospektive, Werke ... a.a.O., S. 34.

„[Ich] schuf [...] mir meine eigenen Wesen, Menschengebilde, nachdem mir die Begrenzung des Verwandelns von schon Vorfabriziertem eine Fessel bedeutete."[129]

Seine „Gebilde", so erklärt er, stünden „zwischen den anderen Geschöpfen [...], zwischen Tier, Pflanze, Mensch."[130] In einer Rezension über den Künstler findet sich eine Passage, in der als eines dieser „Geschöpfe" „das Weib" genannt wird:

„Kurz, dort fand wie bei der Entstehung der lebendigen Welt der Übergang von elementaren biologischen Formen zu den Pflanzen und insbesondere zu den höheren Tiergattungen seine Vollendung. Dann tauchten die vorsintflutlichen grässlichen Ungeheuer und schließlich das Ungeheuer der Ungeheuer, das vollkommenste, das Meisterstück auf: der Mensch selbst. [...] Der Mensch – oder genauer gesagt – jenes perfektionierte menschliche Wesen, jenes Meisterstück aller Meisterwerke: das Weib."[131]

Die Idee des ‚aus sich selbst heraus' bzw. ohne göttlichen Beistand erschaffenden Menschen, die hier erkennbar ist, wird seit der Renaissance durch die Figur des Prometheus repräsentiert. Beispielsweise entwirft Goethe in seinem „Prometheus Fragment" von 1773 einen einsamen Protagonisten, dessen ganzes Interesse sich auf die Herstellung eines weiblichen Geschöpfes richtet,[132] das er als „drollig Mitteldig von Tier und Gott"[133] bezeichnet. Der Prometheusstoff findet sich bereits in antiken Erzählungen, die zumeist als „Grundformen"[134] bezeichnet werden. So schildert Hesiod in seiner Dichtung über die Weltentstehung, der „Theogonie", und in seinem Lehrgedicht „Werke und Tage" einen mit dem Götteroberhaupt Zeus konkurrierenden Prometheushelden.[135] Die Reformulierung der antiken Prometheuserzählung in der Renaissance ist im

129 Schultze, Bernard: Ein durchaus deutsches Erbe ... a.a.O., S. 57.

130 Schultze, Bernard: Zit. bei: Weiss, Evelyn (Hg.): Bernard Schultze. Das große Format ... a.a.O., S. 234.

131 Pierre, José: Le luxuriant miroir des vantés essentielles. In: Museum Bochum (Hg.): Bernard Schultze 1960-1970. 1970.

132 Vgl.: Vogel, Gerhard: Der Mythos von Pandora. Die Rezeption eines griechischen Sinnbildes in der deutschen Literatur. Hamburg 1972, S. 83-86.

133 Goethe zit. bei: Diener, Gottfried: Pandora – Zu Goethes Metaphorik. Entstehung, Epoche, Interpretation des Festspiels. In: Frankfurter Beiträge zur Germanistik, Bd. 5. Berlin, Zürich 1968, S. 209.

134 Siehe beispielsweise: Vogel, Gerhard: Der Mythos von Pandora ... a.a.O., S. 6.

135 Siehe: Schirnding, Albert von (Hg.): Hesiodus: Theogonie. Werke und Tage. München 1991.

Kontext einer Programmatisierung autarker Künstlerschaft zu sehen, die in der Aufklärung vorangetrieben[136] und bis ins 20. Jahrhundert hinein gültig ist. Ich komme darauf im Verlauf dieser Arbeit ausführlich zu sprechen. Im Folgenden soll zunächst der Frage nachgegangen werden, ob es adäquate mythologische Vorlagen auch für die Künstlerin gibt.

Von Ursula zu Pandora

In der Rezeption Schultze-Bluhms wird insbesondere auf die mythologische Figur der Pandora Bezug genommen. Die Künstlerin wird als „moderne Pandora"[137] und „Pan-Ursula"[138] benannt. Der mythologische Rekurs ist in der Rezeption weitaus expliziter als bei Bernard Schultze, was rückschließen lässt, dass es sich um ein mit einem eindringlichen Anliegen versehenes Profil handelt. Dieses herauszuarbeiten ist Aufgabe dieser Forschungsarbeit. Ich möchte damit hier beginnen unter der Fragestellung, ob die Figur der Pandora als Folie für eine moderne, weibliche Künstlerschaft dient oder für etwas anderes?

In der Rezeption Schultze-Bluhms heißt es, Pandora sei „die erste Frauengestalt" und eine „Quelle des Bösen." Sie gehöre „in die Zeit, bevor Kategorien existierten" und sei „die Personifizierung" einer „urweltlichen, hermaphroditischen Einheit" bzw. eines „mystischen Einssein[s]", von dem Schultze-Bluhm „angezogen"[139] sei. An weiterer Stelle heißt es, „bestimmende[r] Zug" in den Arbeiten der Künstlerin, sei neben

> „der Angst, ihre Aggression, die sich selbst als Kampf des Femininen gegen die Weltordnung des Mannes, ihre Ziele, ihre Worte und ihre Funktion begreif[e]."[140]

Wenngleich im letztgenannten Beispiel die Figur Pandora nicht explizit genannt ist, wird auf sie angespielt. Es ist von einem ‚weiblichen Potential' die Rede, das die Grenzen einer ‚männlichen Welt' gefährde. Die Entstehung des Konzeptes von Weiblichkeit als Gefahrenmoment und Herausforderung zugleich, das – wie sich noch zeigen wird – im 20. Jahrhundert eine große Rolle spielt, ist mit der Konstituierung neuzeitlicher, männlicher Künstlerschaft in Zusammenhang zu betrachten.[141] So ist Pandora beispielsweise in Goethes „Prometheus-Fragment" das Geschöpf des Prometheus. *Sie* ist *seine* „zentrale Bezugs- und Dialogfigur"

---

136 Vgl.: Wenk, Silke: Mythen von Autorschaft und ... a.a.O., S. 25.
137 Eine moderne Pandora. In: Süddeutsche Zeitung Nr. 285, 11.-12.12.1982, S. 15.
138 Ebd.
139 LeVitte-Harten, Doreet: Das Kommende oder ... a.a.O., S. 23.
140 Schmied, Wieland: Ursulas blühende Phantasie ... a.a.O., o.S.
141 Vgl.: Wenk, Silke: Mythen von Autorschaft und Weiblichkeit ... a.a.O.

und eine Herausforderung, mittels derer dieser eine Schöpfungsautorität „zu begründen sucht.“[142]

Die mythische Aufgeladenheit der Figur Pandora dürfte auch auf den antiken Stoff zurückzuführen sein, der im 18. Jahrhundert reaktualisierend umformuliert wird. In Hesiods Erzählungen ist Pandora ein weiblicher Prototyp, ein ‚Urweib', mit der sich Zeus an Prometheus für dessen Raub des Feuers rächt. Sie gilt als dumm und böswillig, wird von dem Schmiedegott Hephaistos aus Ton geformt, mit Leben versehen und auf die Erde gesendet. Da es ihr nicht gelingt Prometheus zu verführen, wird sie Ehefrau seines Bruders. In seinem Hause öffnet sie ein verbotenes Gefäß, aus dem Übel wie Alter, Krankheiten Irrsinn und Leidenschaften herausströmen und von nun an die Menschheit plagen.[143] Anders als in der humanistischen Reformulierung ist Pandora in der antiken Version eine Unheilbringerin, eine dämonische Verführerin bzw. eine Hure. Ab Ende des 19. Jahrhunderts wird diese Weiblichkeitsimagination zu einem äußerst begehrten, künstlerischen Thema. Auch dieses wird sich noch zeigen.

Das in der Rezeption Schultze-Bluhms propagierte, oben genannte „mystische Einsseins“ führt zu einer weiteren Charakterisierung der Pandorafigur. Es heißt dort, die Künstlerin führe zu „Untiefen“, „zum Ursprung“[144] und in

> „eine weibliche, von Phantasien, Traum und Sinnlichkeit beherrschte Gegenwelt, die einer männlich-technischen Phantasie tötenden Existenzform entgegengesetzt [sei]“

und die eine „feminine Utopie“[145] sei. „[U]rwüchsig[keit]“ und „Intuition“[146] seien Grundeinstellungen der Künstlerin. Erkennbar ist der Entwurf einer ‚anderen' Welt, die unbestimmt und nicht kulturell sei. Es soll eine naturhafte und gefühlvolle Welt und ein Ort ursprünglichen Seins sein. Ein „Territorium des Weiblichen“[147] jenseits einer gesellschaftli-

142 Ebd. S. 26.

143 Vgl.: Ranke-Graves, Robert von: Griechische Mythologien, Quellen und Deutung. Bd. 1, Hamburg 1960, S. 128f.

144 Eine moderne Pandora. In: Süddeutsche Zeitung Nr. 285, S. 15, 11. -12.12.1982.

145 Rodiek, Thorsten: Das Bild der Frau in der Plastik nach 1950. In: Wilhelm-Lehmbruck-Museum der Stadt Duisburg (Hg.): Das Bild der Frau in der Plastik des 20. Jahrhunderts. Oberhausen 1986, S. 149.

146 Fehlemann, Sabine; Schäfke, Werner; Salzmann, Siegfried: Vorwort in: Ursula ... a.a.O., München 1992, S. 7.

147 Weigel, Sigrid: Die nahe Fremde – das Territorium des ‚Weiblichen'. Zum Verhältnis von ‚Wilden' und ‚Frauen' im Diskurs der Aufklärung.

chen Ordnung, die als männlich apostrophiert ist. Das Dasein in dieser Welt geschehe quasi vegetativ, ohne ‚geistiges' Dazutun. Als weibliche Kunstschaffende wird Schultze-Bluhm eine besondere Affinität zu dieser Welt zugesprochen. Ihr wird eine reproduktive Kreativität zugewiesen, die ‚aus dem Bauch heraus komme'.

Insgesamt ist in der Pandorafigur ein Gefahren- bzw. Krisenmoment (Pandora als Hure) mit einem Hoffnungsaspekt (Pandora und Mütterlichkeit) verknüpft. Beide, auf den weiblichen Körper bezogene Konzepte fungieren als Beschreibungsmodi, innerhalb dessen die Künstlerin zum Faszinosum wird. Pandora und Ursula sind Titel für eine vermeintlich weibliche Wesenhaftigkeit und Mysteriösität.

Haupthypothesen und Methodik

Die bislang herausgearbeiteten Weiblichkeitspolitika, d.h. die weibliche Konnotation von Kreativität in der Kunst des 20. Jahrhunderts, die Stigmatisierung ‚nicht professioneller' Kunst als weiblich, die kunsthistorische Diskriminierung von Künstlerinnen sowie die Mythisierung von Weiblichkeitsimaginees, werden im Rahmen dieser Arbeit mit einem dekonstruktiven Anliegen behandelt. Es geht um eine Hinterfragung kategorieller Weiblichkeitszuschreibungen. Es geht nicht darum, über Weiblichkeit zu reflektieren, sondern über Ideologien, Wünsche und Strategien, die diese konstituieren. Es geht nicht um eine Aufwertung von Weiblichkeit, sondern um ihr Aufschmelzen. Es geht um ein Herausarbeiten von Ontologisierungspraktiken und ein Entleeren ihrer Wirkung.

Basierte die Diskursanalyse im Einführungsteil auf Rezeptionsanalysen, so werden diese in den beiden, sich nach diesem Methodenkapitel anschließenden Hauptteilen erweitert um sogenannte Werkanalysen. Die Diskursanalyse, die diese Forschungsarbeit zu leisten beabsichtigt, bezieht sich somit insgesamt auf Schrift- und Bildexponate. Ich werde diese Verknüpfung sogleich erläutern. Bezogen auf die in den beiden Hauptteilen beabsichtigten Werkanalysen bedeutet das soeben veranschlagte Aufschmelzen bzw. Entleeren in den künstlerischen Arbeiten Schultze-Bluhms nach Verdoppelungen, Zuspitzungen, Ironisierungen, Umkehrungen und Persiflierungen hinsichtlich der herausgearbeiteten Weiblichkeitspolitika zu suchen. Vergleichbare dekonstruktive Erörterungen sind bislang sowohl in Bezug auf die Arbeiten Schultze-Bluhms als auch in Bezug auf die Art-Brut ausgeblieben. Beide Bereiche, die sich durch eine Fülle an Naturalisierungen auszeichnen, erfahren durch die

---

In: Koebner, Thomas; Pickerodt, Gerhard (Hg.): Die andere Welt. Studien zum Exotismus. Frankfurt a.M. 1987.

hier vorliegende Arbeit eine dekonstruktive Bearbeitung und Reaktualisierung.

In diesem Methodenkapitel soll die Anlehnung des feministischen Erkenntnisinteresses an poststrukturalistische und spezifische psychoanalytische Ansätze erläutert werden. Es handelt sich dabei um Theorieansätze, mit denen Subjektivität, Natur und Geschlecht als Effekte des Diskurses, als Produkte der Kultur bzw. als „bedeutungsunterworfene Größe[n]"[148] behandelt werden.

In der weit gefächerten Fragestellung dieser Arbeit, die insgesamt durch feministische, diskursanalytische, poststrukturalistische, psychoanalytische, kunsthistorische, kunstsoziologische und kulturwissenschaftliche Gesichtspunkte motiviert ist, fungiert die Pandorathematik als ‚roter Faden'. Beginnend mit der Erläuterung ihrer strukturellen und rhetorischen Funktion möchte ich nun aufzeigen, welche Theorieansätze ich heranziehe, in welche Relationen ich sie zur Pandorathematik setze und zu welchen vier Haupthypothesen mich diese Relationen führen.

Die Ausführlichkeit, mit der ich im Folgenden meine methodischen Grundlagen darlege, basiert zum einen auf der Komplexität der herangezogenen Theorien selbst. Zum anderen soll dieses den beiden Hauptteilen vorangestellte Methodenkapitel als Grundriss fungieren, mit dem – dieses gilt insbesondere für die psychoanalytischen Anteile dieser Arbeit – Prioritäten, Differenzierungen und Relationen gesetzt werden, die sich in den beiden Hauptteilen wiederfinden werden.

Mythos Pandora - Mythos Büchse

Das Faszinierende und Mysteriöse an Mythen besteht gemeinhin darin, dass sie für Überlieferungen besonders ‚tiefer Wahrheiten' gehalten werden. Sie gelten zumeist als etwas jenseits des logischen Denkens, das Erklärungen über ein etwaiges Wesenhaftes liefern könne.[149] Weiblichkeit – d.h. in expliziter Hinsicht weibliche Protagonistinnen und in impliziter Hinsicht die weibliche Konnotation, die dem Nichtrationalen anhaftet – ist eine bevorzugte mythische Repräsentation: der Mythos ist in dieser Hinsicht weiblich. Im Umkehrschluss wird Weiblichkeit durch Mythisches charakterisiert, sie wird selbst zum mythisch ‚Anderen', zum Mythos Weiblichkeit: Weiblichkeit ist in dieser Hinsicht Mythos. Wenn es,

148 Tickner, Lisa: Feminismus, Kunstgeschichte und der geschlechtsspezifische Unterschied. In: Kritische Berichte 2/1990, S. 10.

149 Zur Gegenüberstellung von Mythos und Logos siehe u.a.: Weigel, Sigrid: Die Stimme der Medusa. Schreibweisen in der Gegenwartsliteratur von Frauen. Dülmen 1987, S. 269.

wie Roland Barthes bemerkt, „keine ewigen [Mythen]“[150] gibt, dann gibt es auch nichts mythisch Weibliches, jedenfalls nichts, was ‚wesenhaft‘ wäre.

Nach Barthes ist der Mythos eine Verschleierungsstrategie ohne Realbezug. Er „verbirgt nichts und stellt nichts zur Schau. Er deformiert.“[151] Er operiert als „Ideologie“,[152] als „Form“[153] und als Modus. Er ist dort Aussage, wo er „System“[154] ist: „Der Mythos wird nicht durch das Objekt seiner Botschaft definiert, sondern durch die Art und Weise, wie er diese ausspricht.“[155] Wenn etwas mythisch sein kann, dann nur eine Praxis der Verkettung.[156] Und wenn es eine Möglichkeit der Entmythisierung geben kann, dann *als* diese Praxis der Verkettung:

> „Die beste Waffe gegen den Mythos ist in Wirklichkeit vielleicht, ihn selbst zu mythifizieren, das heißt einen künstlichen Mythos zu schaffen.“[157] „Die Macht des zweiten Mythos besteht darin, den ersten als angeschaute Naivität zu setzten.“[158]

Glaubt man ‚dem Mythos der Pandora‘, ist Weiblichkeit rätselhaft, hinterhältig und verführerisch. Sie übergeht Ordnungen und stellt eine Herausforderung für Männer dar. Misstraut man ‚dem Mythos der Pandora‘, so fragt man nach der Praxis der Verkettung, die zum ‚Mythos Weiblichkeit‘, zum ‚Mythos Pandora‘ führt, und treibt sie fort ins Leere.

Der Mythos suggeriert eine Äquivalenz von Kultur und Natur. Er „verwandelt“ nach Barthes „Geschichte in Natur.“[159] Er gibt vor „aus der ‚Natur‘ der Dinge [...] hervorzugehen“, doch kann er „nur eine geschichtliche Grundlage haben.“[160] Anstatt diese „Grundlage“, diesen sich verändernden kulturellen Kontext, der in unterschiedlichen Erzählungen für spezifische Schwerpunktverlagerungen sorgt, transparent zu machen, behauptet der Mythos Universalität. Die sprichwörtlich gewordene ‚Büchse der Pandora‘ beispielsweise wird in der Neuzeit hervorgehoben und nach dem Zweiten Weltkrieg nahezu gänzlich ihres narrativen Kontextes enthoben. Sie wird zu einem eigenständigen Topos. Durch die Assoziierung

---

150 Barthes, Roland: Mythen des Alltags. Frankfurt a.M. 1996, S. 86.
151 Ebd. S. 112.
152 Ebd. S. 130.
153 Ebd. S. 85.
154 Ebd. S. 92.
155 Ebd. S. 85.
156 Vgl. ebd. S. 92.
157 Ebd. S. 121.
158 Ebd. S. 122.
159 Ebd. S. 113.
160 Ebd. S. 86.

mit dem weiblichen Geschlecht erfährt sie eine Essentialisierung. Sie wird zu einem ‚Symbol', das behauptet, schicksalsträchtige Ereignisse, die unmittelbar mit dem weiblichen Körper zu tun hätten, zu bezeichnen. In der Analogisierung von ‚Büchse' und weiblichem Geschlecht enthalten ist die Proklamierung einer Unmittelbarkeit zwischen Kultur und Natur. In dem 1999 populär gewordenen Spielfilm „Notting Hill" beispielsweise gibt es einen Dialog zwischen einem ‚schrägen Typen' namens Spiky und seinem unglücklichen Mitbewohner William Thacker (gespielt von Hugh Grant), der sich in ‚die schönste Frau der Welt' (gespielt von Julia Roberts) verliebt. Der Dialog zwischen Spiky und Thacker kann als Beleg für die Vernatürlichung der ‚Pandorenbüchse' gelten:

Thacker: „Ich habe die Büchse der Pandora geöffnet, und es war Unheil darin."
Spiky: „In der Schule hatten wir auch eine, die Pandora hieß. Aber ich konnte noch nicht mal bis zu ihrer Büchse vorstoßen."[161]

Ich komme zu meiner ersten Haupthypothese: ‚Der Mythos der Pandora'[162] gibt für Schultze-Bluhm und ihre künstlerischen Arbeiten eine faszinationsreiche Matrize ab. Die jeweiligen Bezugnahmen der Künstlerin auf diese Matrize affirmieren weitestgehend die bislang herausgearbeiteten Weiblichkeitsstereotypien und fungieren im Hinblick auf die Etablierung der Künstlerin in die Kunstgeschichtsschreibung als Profilierungspfade. Die Frage ist mit Barthes gesprochen, ob bestimmte mythische Verkettungspraktiken der Künstlerin als „Waffe gegen den Mythos", als Mythifizierung des Mythos bzw. als „künstlicher Mythos" gedeutet werden können? Ich werde dieses nachweisen, indem ich den Begriff des Mythos weiter fasse. Ich frage nicht, ob ‚der Mythos der Pandora' „als angeschaute Naivität" gesetzt wird, sondern ob durch ihn, d.h. durch spezifische Rekurse der Künstlerin auf ihn, moderne Büchsenmythen zum Überlaufen gebracht werden? Ich werde präzisierend herausarbeiten, dass ‚Pandora' und ‚Büchse' weitaus mehr als Motivspezifika in mythischen Erzählungen sind, sondern im 20. Jahrhundert paradigmatische

161 Zit. bei: Renger, Almut-Barbara; Musäus, Immanuel: Vorwort, in: Dies. (Hg.): Mythos Pandora. Texte von Hesiod bis Sloterdijk. Leipzig 2000, S. 15.

162 Gleichwohl bislang herausgearbeitet wurde, dass es sich um historisch zu unterscheidende mythische Erzählungen handelt, in denen den Figuren ‚Pandora' und ‚Büchse' variierende Bedeutungen zukommen, halte ich an der Formulierung ‚der Mythos der Pandora' fest. Ich weise mit dieser Formulierung auf die durch Mythisierung bedingte Komplexität hin und kennzeichne sie durch die ‚Klammersetzung' als weiterhin zu untersuchenden Komplex.

Konstituente in der Konzeptionierung von Weiblichkeit und den Konfigurationen von Körper und Kreativität sind. Mythisch ist also nicht nur ‚der Mythos', sondern der moderne Diskurs um Weiblichkeit, Körper und Kreativität. Es ist dieser Komplex, der Gegenstand meiner Demythisierung sein wird.

Pandoras Büchse: ein Konstrukt mit Containerfunktion

‚Pandoras Büchse' fungiert in modernen Reformulierungen als Behältnis für Wildhaftes, das einem vermeintlich rationalen, bürgerlichen und – wie sich zeigen wird – männlich konnotierten Individuum gegenübergestellt ist. In einem 1894 von Frank Wedekind verfassten Theaterstück mit dem Titel „Die Büchse der Pandora" wird ein künstlerisches Leitmotiv formuliert, nach dem es darum gehe „animalische Instinkte" zur Hervorbringung „einer großen gewaltigen Kunst"[163] zugänglich zu machen. An diesem Stück lässt sich beispielhaft die Verknüpfung der beiden bislang aufgebauten Themenkomplexe aufzeigen: Die an die Art-Brut erinnernde, aber über sie hinaus gültige Vorstellung einer ‚wahren, wilden' und weiblich konnotierten Kreativität ist mit der ebenfalls weiblich konnotierten ‚Büchse der Pandora' verbunden. Über dieses explizite Beispiel hinaus lassen sich kulturanthropologische Konzeptionen des 20. Jahrhunderts aufzeigen, die, implizit mit Gefäßvorstellungen operierend, in einer gewissen Nähe zur ‚Büchse der Pandora' stehen. Zwischen ‚Pandoras Büchse' und modernen Büchsenvorstellungen existiert dabei kein kontinuierlicher Zusammenhang. Eher handelt es sich um wiederkehrende Anspielungen, die jedoch als solche nicht wirksam wären, gäbe es nicht die konsens- und sinnstiftende Basisvorlage der ‚Büchse der Pandora'. Ihrer Eingebundenheit in eine Pandoraerzählung enthoben, ist die ‚Büchse' in der Moderne ein eigenständiges, paradigmatisches, mal explizites mal implizites Vorstellungsbild, mit dem Ideologien von Subjektivität und Grenzüberschreitung transportiert werden. Dieses Vorstellungsbild konstituiert auch Innen und Außen, sowie damit verbundene Geschlechterdualismen. Es gilt mithin Konzeptionen weiblich konnotierter Körper als verschließbare Behälter zu analysieren. Die somit veranschlagte Komplexität führt mich vordringlich in das Feld der Psychoanalyse, die, indem sie danach fragt, wodurch das moderne Subjekt verfasst ist, dieses zugleich konstituiert. Der psychoanalytische Diskurs hält für mich sowohl weiterführendes Untersuchungsmaterial als auch methodi-

---

163 Wedekind, Frank: Die Büchse der Pandora. In: Strich, Fritz (Hg.): Frank Wedekind. Ausgewählte Werke. Bd. 2, München 1923, S. 136. Wedekind schrieb das Stück von 1892 bis 1894, aufgeführt wurde es 1905 von Karl Kraus in Wien.

sche Instrumentarien bereit. Ersteres bedeutet, psychoanalytische Konzepte als kulturhistorisch gewordene und als Gegenstände einer Diskursanalyse zu begreifen. Letzteres stellt Grundlagen für eine psychoanalytische Strukturanalyse bereit. Um diese, für diese Forschungsarbeit äußerst wichtige Differenzierung und die strukturelle Bedeutung, die ich ‚der Büchse der Pandora' im Verlauf dieser Arbeit beimesse zu veranschaulichen, zeige ich im Folgenden zunächst zwei psychoanalytische Konzeptionen (1a, 1b) auf, die an der Generierung moderner Büchsenmythen mitwirken. Anschließend stelle ich zwei psychoanalytische Ansätze (2a, 2b) vor, die diese Konstituierungen hinterfragen, indem sie nach der Funktion moderner, weiblich konnotierter Container fragen.

• Psychoanalytische Generierungen ‚weiblicher Containerhaftigkeit':
Meine ersten Belege (1a) stammen aus der Psychoanalyse Sigmund Freuds, der bekanntlich als ‚Entdecker' des Unbewussten gilt. Die Bezüge auf mythologische Figuren, mit denen Freud das Unbewusste als weiblich apostrophiert sind zahlreich.[164] Es finden sich drei Passagen, in denen Freud mit weiblich konnotierten Gefäßvorstellungen operiert: Zunächst ist es die Bezeichnung „dark continent",[165] mit der Freud das Unbewusste und die weibliche Sexualität betitelt und als „ewig unverständlich und geheimnisvoll"[166] bezeichnet. Das Es, die Triebinstanz des psychischen Apparates, die weitestgehend mit den Inhalten des Unbewussten kongruent ist,[167] beschreibt Freud mit den Worten:

„*Es* ist der dunkle, unzugängliche Teil unserer Persönlichkeit. [...] Wir [...] nennen es ein Chaos, einen Kessel voll brodelnder Erregungen."[168]

Freud erläutert hier das Unbewusste bzw. das Es, in denen sich undurchsichtige, vitale Prozesse abspielen sollen, mit einer Gefäßmetaphorik (der Kessel). Weiblich konnotiert ist sowohl der Ort dieses Gefäßes (da wo es dunkel ist) als auch das, was sich in ihm abspielt (das Brodeln). In „Das Motiv der Kästchenwahl" benennt Freud drei, nach seinen Worten „für

164 Vgl.: Vogt, Rolf: Psychoanalyse zwischen Mythos und Aufklärung oder: Das Rätsel der Sphinx. Frankfurt a.M. 1986, S. 121.

165 Freud, Sigmund: Die Frage der Laienanalyse. In: Freud, Anna (Hg.): Gesammelte Werke, Bd. 14 (1925-1931), S. 241.

166 Freud, Sigmund: Bemerkungen zur Theorie und Praxis der Traumdeutung. In: ebd. Bd. 12 (1917-1920), S. 168.

167 Siehe: Laplanche, J.; Pontalis, J.-B.: Das Vokabular der Psychoanalyse. Frankfurt a.M. 1996, S. 147.

168 Freud, Sigmund: Neue Folge der Vorlesungen zur Einführung in die Psychoanalyse. In: Freud, Anna (Hg.): Gesammelte Werke, Bd. 15 (1940-1952), S. 80, Hervorh. M.H.

den Mann unvermeidliche[] Beziehungen zum Weibe."[169] Es ist seine Absicht einen Projektionsmechanismus aufzuzeigen, der durch die Beziehung des Jungen zur Mutter charakterisiert ist und das Verhältnis des späteren Mannes zu Frauen determiniert. Freud vergleicht drei Kästchen, die einem Protagonisten zur Auswahl stehen, mit drei mythologischen Weiblichkeitsbildern: der „Gebärerin", die für die Mutter stehe, der „Genossin", die für die der Mutter ähnlichen Geliebten stehe, und der „Verderberin",[170] die für „Mutter Erde"[171] stehe, zu der der Mann im Tod zurückkehre. Des Weiteren findet sich eine Analogisierung von Gefäßen und Frauen, die Freud in der Traumdeutung vornimmt und die in „Das Motiv der Kästchenwahl" ebenfalls eine Rolle spielen. Er schreibt:

„Wenn wir es mit einem Traum zu tun hätten, würden wir sofort daran denken, dass die Kästchen auch Frauen sind, Symbole des Wesentlichen an der Frau und darum der Frau selbst, wie Büchsen, Dosen, Schachteln, Körbe usw."[172]

Die vier Gefäßtypen, die hier genannt werden, ebenso wie „Schmuckkästchen", „Türe", Tor" u.a. seien nach Freud „Symbole" für das weibliche Genitale, das darstellbar sei

„durch all jene Objekte, die seine Eigenschaft teilen, einen Hohlraum einzuschließen, der etwas in sich aufnehmen kann."[173]

Hingegen seien „Schränke, Öfen", „Zimmer" und „Haus[]" Traumsymbole mit „Beziehung auf den Mutterleib."[174] Man muss festhalten, dass – auch wenn Freuds Anliegen ein analytisches ist – er mit seinen Gefäßmetaphoriken und -deutungen eine Reformulierung eines mythologischen Weiblichkeitsbegriffes betreibt, die vollkommen unanalysiert bleibt. Weiblichkeit als etwas Gefäßhaftes *ist*, *bleibt* und *wird* bei Freud zum Mythos.

Ein weiterer Beleg (1b) findet sich in der durch die Freudsche Psychoanalyse beeinflussten Theorie Julia Kristevas, in der die weibliche Konnotation des Unbewussten nicht – wie bei Freud – in mythisierender, sondern essenzialisierender Weise erfolgt. Kristeva beansprucht eine bei

169 Freud, Sigmund: Das Motiv der Kästchenwahl (1913). In: Grubich-Simitis, Ilse (Hg.): Sigmund Freud. Das Motiv der Kästchenwahl. Faksimileausgabe, Frankfurt a.M. 1977, S. 37.

170 Ebd.

171 Ebd.

172 Ebd. S. 28.

173 Freud, Sigmund: Vorlesungen zur Einführung in die Psychoanalyse. In: Freud, Anna (Hg.): Gesammelte Werke, Bd. 11 (1916-1917), S. 157f.

174 Ebd.

Freud nicht thematisierte präödipale Phase, in der der Säugling noch nicht sich von Objekten unterscheidendes Subjekt ist und symbiotisch mit der Mutter lebt, als Konstituens der Symbolischen Ordnung. Es geht ihr um eine Subjekttheorie, die einen „Schauplatz der vorsymbolischen Funktionen freilegt."[175] Der Ordnung der objektivierenden Sprache, die Kristeva das „Symbolische" nennt, stellt sie eine primärprozesshafte, motorische Organisation gegenüber, die sie das „Semiotische" nennt. Beide „Modalitäten" zusammen konstituieren nach Kristeva den „Prozess der Sinngebung"[176] und damit das Subjekt. Unter dem „Semiotischen" versteht sie rhythmisch fließende „Energieabfuhren",[177] die an die Trieblehre Freuds angelehnt sind.[178] Von dort übernimmt Kristeva u.a. den Dualismus der Oral- und Analtriebe, für die das Es „Reservoir"[179] ist. Zentral in der Theorie Kristevas ist, dass diese Triebe auf den mütterlichen Körper gerichtet sind, der die Funktion eines „Sammelbecken[s]"[180] habe. „Insofern kann man sagen", legt Kristeva dar,

> „dass der mütterliche Körper das symbolische Gesetz vermittelt, welches die gesellschaftlichen Verhältnisse regelt, und dass dieser Mutterkörper im Zeichen von Destruktion, Aggression und Tod zum Fundament der Auflage wird."[181]

Der Stellenwert des mütterlichen Körpers ist in dieser Konzeption äußerst komplex. Auf der einen Seite wird er mit dem Ausklingen des Ödipuskomplexes, der die Mutter-Kind-Dyade beendet, für beide Geschlechter zu einem verbotenen und verdrängten Ort. Auf der anderen Seite wird ihm eine lebenslange Transitfunktion zwischen Triebenergien und symbolischer Ordnung zugewiesen. Nach Kristevas Vorstellung ist es die Kunst, die diese Transitfunktion fortwährend gewährleisten könne, indem sie eine „Semiotisierung des Symbolischen"[182] ermögliche. Kunst wird definiert als „ungestüme, semiotische Verausgabung" und als „eine Praxis, die gegen die symbolische Einfassung angeht"[183] und „den Trieb frei[legt]."[184] „Kunst", erklärt Kristeva an anderer Stelle,

---

175 Kristeva, Julia: Die Revolution der poetischen Sprache. Frankfurt a.M. 1978, S. 38.

176 Ebd. S. 35.

177 Ebd. S. 38.

178 Vgl. ebd. S. 36.

179 Laplanche, J.; Pontalis; J.-B.: Das Vokabular ... a.a.O., S. 528.

180 Kristeva, Julia: Die Revolution ... a.a.O., S. 233, Anm. 25.

181 Ebd. S. 38f.

182 Ebd. S. 88.

183 Ebd.

184 Ebd. S. 89.

„verwandelt Sprache in Rhythmen und Anomalien in stilistische Figuren. Kunst ist Inzest in der Sprache: Abhängigkeit vom Körper der Mutter, die Verbindung zur präödipalen Phase.“[185]

Dieser Ansatz beinhaltet eine Kreativitätskonzeption, die mit einer Dualität von außerkulturellem Körper und symbolischer Ordnung operiert. Der Entwurf eines mütterlichen Körpers basiert auf der Vorstellung eines Körpers im ‚Rohzustand', der weiblich markiert ist. Indem Kristeva diesem Körper ein immerwährendes Rebellionsmoment zuweist, definiert sie Weiblichkeit als Negativität, als das, was die symbolische Ordnung verdränge, was sich an ihren Rändern befände und sie bedrohe.

Den soeben zusammengetragenen Aspekten aus den Theorien Freuds und Kristevas sind modernen Pandoramythen analoge Gefäßvorstellungen implizit. Die psychoanalytische Gleichsetzung von Weiblichkeit mit einem als außer- bzw. vorkulturell gedachten Unbewussten und Körper definiert Weiblichkeit als gefahrvoll und gefäßhaft.

• Psychoanalytische De-Generierungen ‚weiblicher Containerhaftigkeit':
Ich möchte nun zwei psychoanalytische Ansätze mit einer jeweils strukturellen Perspektive vorstellen, die ich mit dem Ziel einer methodischen Erweiterung und Präzisierung meines bisherigen diskursanalytischen Vorgehens heranziehe. Ich werde dieses anschließend mit meiner zweiten Haupthypothese präzisieren.

Mein erster Ansatz (2a) stammt aus der Theorie Christa Rohde-Dachsers, die mit ihrer Arbeit „Expedition in den dunklen Kontinent“[186] eine Art Psychoanalyse der Psychoanalyse betreibt. Rohde-Dachser fragt gewissermaßen nach dem Unbewussten der freudschen Theorie und zielt damit auf die Funktion des Weiblichen für das mit Verdrängung beschäftigte Subjekt ab. In ihren „Überlegungen zur Asymmetrie des Geschlechterverhältnisses“[187] kommt sie zu dem Schluss, dass das Weibliche „als Ergänzungsbestimmung eines sich als absolut setzenden Männlichen (=Menschlichen) in Erscheinung tritt.“[188] Dem zugrunde liegt eine „Abwehrkonstellation“, innerhalb derer diesem Weiblichen

„das aus der männlichen Selbstdefinition Ausgeklammerte, Verpönte, Abgewehrte zugewiesen wird.“[189]

---

185 Kristeva, Julia: Produktivität der Frau. Interview mit Eliane Boucqney 1975. In: Alternative. 19. Jg, Nr. 108/109, 1976, S. 171.

186 Rohde-Dachser, Christa: Expedition in den dunklen Kontinent. Weiblichkeit im Diskurs der Psychoanalyse. Berlin 1992.

187 Ebd. S. 95.

188 Ebd.

189 Ebd.

Ein weibliches Unbewusstes ist demnach Korrelat eines männlichen Subjekts. Zur Veranschaulichung des projektiven Stellenwertes des Weiblichen in diesem Strukturgefüge operiert Rohde-Dachser mit dem Begriff der „Containerfunktion." Sie schreibt:

„Das ‚Weibliche' bekommt für das Männliche [...] eine Art Containerfunktion, deren Erhaltung für die Stabilität [des] Geschlechterarrangements von zentraler Bedeutung ist."[190]

Die Funktion des Weiblichen ist also die, Container zu sein. Mit dem Begriff der „Containerfunktion" wird an die Stelle einer ontologisierenden Ineinssetzung von Weiblichkeit und Gefäßhaftigkeit eine systemische Bedingtheit von Weiblichkeit, die diese als Ansammlung von Zuschreibungen erkennbar werden lässt, gesetzt. Rohde-Dachser betont die Validität dieser Containerfunktion auch außerhalb des psychoanalytischen Settings:

„Weiblichkeitsentwürfe in [der] Kunst und solche in der Theorie der Psychoanalyse entstammen dem gleichen kollektiven Unbewussten und können deshalb in gewissen Grenzen auch zu ihrer gegenseitigen Auslegung herangezogen werden – nicht um sich gegenseitig zu legitimieren, sondern um sich auf diesem Wege zur Aufklärung zu bringen."[191] „Die Weiblichkeitskonstruktionen im Patriarchat bringen das kollektiv Abgewehrte, dem weiblichen Container Zugewiesene in eine kulturell akzeptable Form, um es gleichzeitig in eine festgefügte Schablone zu pressen. Das als weiblich Definierte wird auf diese Weise stillgestellt, immobilisiert, konserviert, die Stabilität des ‚Containers' gesichert."[192]

‚Pandora mit ihrer Büchse' ist eine solche „kulturell akzeptable Form." Sie ist ein Weiblichkeitsentwurf, der Projektionen des männlich konnotierten Subjekts containerisiert. In dem Maße, in dem ‚Pandoras Büchse' Gefahrenquelle ist, wähnt das patriarchale Subjekt sich in Sicherheit.

Als weiteren Ansatz (2b) führe ich Laura Mulveys Aufsatz „Pandora: Topographies of the Mask and Curiosity"[193] an. In ihrer direkten Bezugnahme auf das Pandorathema analogisiert die Autorin mittels des Begriffs der Topographie ‚Pandoras Büchse' mit dem weiblichen Körper. Mulvey versteht beide als Räume:

190 Ebd.

191 Ebd. S. 96.

192 Ebd. S. 95.

193 Mulvey, Laura: Pandora: Topographies of the Mask and Curiosity. In: Colomina, Beatriz (Hg.): Sexuality & Space. Princeton Papers on Architecture. 1/1992, S. 53ff.

„ [...] the box has a spatial structure that relates back to the topography of Pandora herself [...] The reverberations of connotation between Pandora and her box depend on contiguity: both the juxtaposition of the figure to the box and the topography of the female body as an enclosing space link metonymically to other enclosing spaces. But the reverberations also depend on substitution."[194]

Es geht um eine topologische Struktur innerhalb derer ‚Pandora', ‚Büchse' und Körper die gleiche räumliche, weiblich konnotierte Position einnehmen. Diese Position ist nicht mit dem Unbewussten gleichzusetzen, etwa in der Weise, in der Freud von einem „dark continent" spricht, sondern das Unbewusste konstituiert die topologische Struktur. Mulvey legt dar:

„I want to consider the image of the female body as a sign and to try to analyze it in terms of space. That is, as a topography, as a phantasmagoric projection which attempts to conceal, but in fact reproduces, the relation of the signifier ‚the female body' to psychic structures."[195]

Der weibliche Körper (bzw. ‚Pandora' und ‚Pandoras Büchse') kann nach Mulvey nicht nur als Bildvorstellung verstanden werden, sondern als analysierbares Symptom:

„This symptom, concocted out of the unconscious by the process of condensation and displacement, shares with the unconscious mind a tendency to conceal its workings in the guise of spatial imaginary [...]."[196]

Mulvey hebt hervor, dass das Geheimnisvolle und Kuriose, das ‚Pandora' und ‚ihrer Büchse' anhaftet, unmittelbar mit Raumvorstellungen verbunden ist und in dieser Weise auf den weiblichen Körper zu beziehen ist. Zentral ist eine imaginäre Aufteilung in ein Außerhalb und ein Innerhalb des Raumes,[197] die den Wunsch evoziert zu öffnen, zu überschreiten und hinein zu sehen:[198]

The „recurring division between inside and outside is central not only to understanding representations of femininity in socially constructed fantasy, but also illustrates the uses of psychoanalytic theory for feminism."[199]

194 Ebd. S. 63.
195 Ebd. S. 57.
196 Ebd. S. 61.
197 Vgl. ebd. S. 58.
198 Vgl. ebd. S. 57.
199 Ebd. S. 60.

Die Autorin verschaltet den mit Lust besetzten Wunsch nach Grenzüberschreitung mit der psychoanalytischen Bedeutung des weiblichen Körpers, der als Quelle von Angst und unaufhörlicher Bedrohung das Subjekt auf ein ursprüngliches Trauma verweist. Dieses Trauma bleibt jedoch in der topologischen Struktur, in der ein männlich konnotiertes Verlangen einem weiblich konnotierten Raum gegenübersteht, verborgen.[200] Mulvey liest den Pandorastoff als Repräsentation einer psychischen Struktur, in der Weiblichkeit, neben einem mit Gefahr assoziierten Raum auch für Grenzüberschreitung steht:

„Pandora's curiosity represents a transgressive desire to investigate the enigma of femininity.“[201]

‚Pandoras Büchse' steht für einen weiblich konnotierten Raum, der mit der ihm anhaftenden Warnung „Danger – Keep Out“[202] eine Lust antreibt, die aus ‚sicherer' Entfernung auf Entdeckung aus ist. Ich werde diese Disposition im nächsten Kapitel weiter ausführen.

An dieser Stelle möchte ich die zusammengetragenen psychoanalytischen Büchsenkonzeptionen sortieren. Ihr jeweiliger Stellenwert innerhalb dieser Forschungsarbeit wird nun durch meine zweite Haupthypothese kenntlich: ‚Pandoras Büchse' kann in der Moderne als repräsentativ für die Konstituierung einer Geschlechterdichotomie gelesen werden, innerhalb derer Weiblichkeit Ergebnis und Faktor psychischer Verdrängungen und damit Konstruktion ist. ‚Pandoras Büchse' ist als Symptom zu begreifen, mit Hilfe dessen Geschlechterdualismen als Positionierungen *in* und *von* Räumen analysierbar werden. Daraus können Rückschlüsse auf unbewusste Projektionsprozesse gewonnen werden, innerhalb derer Weiblichkeit als Container fungiert. Assoziiert ist dieser Container mit Weiblichkeitsimaginationen, die bisweilen psychoanalytisch motiviert sind: Zum einen ist es die Gleichsetzung des Containers mit dem weiblichen Körper, indem beide als (lustvoll) zu öffnende Gefäße begriffen werden. Zum anderen ist es die Vorstellung, es seien weibliche Inhalte, die dort deponiert seien, im Sinne einer verloren geglaubten körperlichen Kausalität. Der weibliche Container fungiert als vermeintlich außerkulturelles Basislager des (männlichen) Subjekts, das den Wunsch nach Einblick hegt. In meinen Analysen der künstlerischen Arbeiten Schultze-Bluhms und ihrer Inszenierungen als Künstlerin werde ich zum einen die Gültigkeit dieser topologischen Projektionsstruktur nachwei-

200 Ebd. S. 68.

201 Ebd. S. 66.

202 Ebd. S. 61.

sen. Zum anderen werde ich Dekonstruktionseffekte eines auf die Spitze getriebenen Containertums herausarbeiten. Gegenstände meiner Untersuchungen sind die als Pandoraschränke betitelten Altarinstallationen Schultze-Bluhms.

‚Pandoras Büchse' nimmt in dieser Forschungsarbeit auch einen organisatorischen Stellenwert ein. Sie ist in der Weise ein rhetorisches Mittel, als sie als Vorstellungsbild im Hintergrund die Analysen der jeweiligen Kapitel zusammenbindet. Sie kann als ‚Korpus' verstanden werden, an dem sich die, die beiden Hauptteile dieser Arbeit strukturierenden Symptombereiche aufzeigen lassen: Neben dem Inneren der ‚Pandorabüchse' ist es ihr Grenzbereich und die dort angesiedelten Überschreitungs- und Verführungsmomente, die im Zentrum der Untersuchungen stehen.

Vom Begehren nach Spektakulärem

‚Pandoras Büchse' ist Bestandteil einer Projektionsstruktur, die sich ihrerseits durch Verheimlichung auszeichnet. Das Verborgene, von dem die ‚Büchse der Pandora' berichtet, bringt sie selbst hervor. Mit dem Ziel dieses näher herauszuarbeiten, beziehe ich mich nun auf Jacques Lacans Konzeption des Begehrens. Die für das 20. Jahrhundert charakteristische Vorstellung von der (weiblichen) Grenzüberschreitung, die Kunst in der Lage sei zu vollziehen, lässt sich – gestützt auf die Lacansche Theorie – einer (Psycho-) Analyse zuführen, die zugleich Repräsentationskritik ist, denn: Repräsentation ist bei Lacan das, was das Subjekt konstituiert. Es selbst ist nicht nur „repräsentierend", sondern immer schon „repräsentiert."[203] Das Subjekt ist nichts Substanzielles, sondern wird prozesshaft durch eine Symbolische Ordnung hervorgebracht, die Lacan als eine umfassende Zirkulation von Bedeutungen versteht. Der aus der durch den Pandorastoff perpetuierten Vorstellung eines begrenzten, verbotenen, unheilbringenden und weiblich konnotierten Sektors ableitbare Analysekomplex lässt sich auf dieser Theoriebasis wie folgt skizzieren: Die Faszination an der Thematik der Grenzüberscheitung ist eine begehrensgeleitete, d.h. Resultat einer psychischen Struktur, in die das Subjekt immer schon eingebettet ist und aus der heraus es begehrt. Damit ist gewissermaßen die Unendlichkeit einer Symbolischen Ordnung abgesteckt, die keine Grenzüberschreitung zulässt: Der Körper beispielsweise, als ein jenseits des Symbolischen imaginierter Ort, ist auf der Ebene der Repräsentation Ergebnis der symbolischen Ordnung und nicht seine Alternative. Ebenso ist ein weiblich apostrophiertes Außerkulturelles kein Pendant eines männlich konnotierten Symbolischen, sondern eines seiner Ef-

203 Widmer, Peter: Subversion des Begehrens. Jacques Lacan oder die zweite Revolution der Psychoanalyse. Frankfurt a.M. 1990, S. 53.

fekte. Vermeintlich durch Grenzüberschreitung zu erreichende ‚andere Orte' sind für das Subjekt unverzichtbare, durch Begehren disponierte, imaginierte Stabilisationscontainer. Wenngleich alles, was sich nicht imaginieren lässt, bei Lacan „nicht einfach nichts"[204] ist, ist es symbolisch nicht zirkulierend und damit nicht existent. Es ist unbestimmbar und nicht substanziell.

Ich möchte einige Aspekte des Lacanschen Begriffsregisters genauer betrachten. Lacan bestimmt das Begehren als zentral für das Einnehmen einer Subjektposition. Den Begriff führt er in seiner Abhandlung über das „Spiegelstadium"[205] ein, auf das ich an späteren Stellen dieser Arbeit genauer zu sprechen komme. Es geht mir hier darum kenntlich zu machen, dass das Subjekt ab dem Zeitpunkt, in dem es zu einem solchen wird, durch einen „Rest an Unbefriedigtsein" determiniert ist. „Dieser Rest lässt sich als ‚Ort' des Begehrens bezeichnen."[206] Das Begehren ist auf ein Verlorengeglaubtes bezogen. Es ist ein Sehnen nach einer Symbiose, die als solche nie erlebt wurde und nicht erlebbar ist, denn die Erfahrung des Getrenntseins ist Vorraussetzung für das Subjekt, bzw. für den Austritt aus der Mutter-Kind-Dyade und den Eintritt in die Symbolische Ordnung. Das Begehren ist unerfüllbar,[207] ausweglos und muss immer neu im Symbolischen substituiert werden. Es ist nicht durch Objekte erzeugt, sondern die (bisweilen spektakulären) Objekte sind durch Begehren erzeugt. Das gleiche gilt für das Symbolische,[208] das im Umkehrschluss das Begehren strukturiert.[209] Gibt es nun bei Lacan etwas, das jenseits dieses Zirkelschlusses stünde, etwas das die Vorstellung eines Ursprünglichen bzw. Außerkulturellen stützen könnte? Zunächst einmal ist hervorzuheben, dass die moderne, den kunsthistorischen Diskurs bestimmende Favorisierung des Unbewussten als außerkulturellen Ort, mit Lacan nicht haltbar ist. Bei ihm ist das Unbewusste etwas, das vom Symbolischen mit umfasst wird. „Das Unbewusste ist strukturiert wie eine Sprache",[210] heißt es bei Lacan. Es stellt sich her über Bedeutungsverschiebungen und -verdichtungen, die der Autor als signitiv betont, indem

204 Ebd. S. 96.

205 Siehe Lacan, Jacques: Das Spiegelstadium als Bildner der Ichfunktion. In: Haas, Norbert (Hg.): Jacques Lacan. Schriften I, Weinheim, Berlin 1991.

206 Widmer, Peter: Subversion des Begehrens ... a.a.O., S. 47.

207 Vgl. ebd. S. 28.

208 Vgl.: Lummerding, Susanne: ‚Weibliche' Ästhetik? Möglichkeiten und Grenzen einer Subversion von Codes. Wien 1994, S. 82.

209 Vgl.: Widmer, Peter: Subversion des Begehrens ... a.a.O., S. 47.

210 Lacan, Jacques: Die vier Grundbegriffe der Psychoanalyse. In: Haas, Norbert (Hg.): Das Seminar von Jacques Lacan. Buch XI, Olten 1978, S. 26.

er die linguistischen Begriffe „Metonymie“ und „Metapher“[211] verwendet. Außerkulturell könnte nur etwas sein, dass weder bewusst noch unbewusst ‚gewusst' werden kann. Bei Lacan ist dies das Reale. Es ist jenseits des Symbolischen und doch für dieses konstitutiv, denn das Symbolische stellt sich über die Negation dessen her, „was es nicht ist.“[212] Das Reale ist nicht repräsentierbar und kann nur verfehlt werden. Es ist aber die Instanz, die das Subjekt kontinuierlich bedroht und es veranlasst, sich immerwährend über seine Bedrohtheit mittels Imaginationen[213] hinwegzutäuschen. Körper beispielsweise, seien sie nun ‚ganz' oder fragmentiert,[214] sind solche Imaginationen. Lacan betont, „dass sie sich auf keinen wirklichen Körper beziehen.“[215] Dennoch ist in seiner Konzeption eine solche Beziehung angedeutet. So kann das Reale „etwas Körperliches“ sein, etwa der frühkindliche, und damit verlorene Körper der Mutter. Aber es wäre dann ein „körperlich Reale[s]“[216] und somit nicht repräsentierbar und auch nicht – etwa wie es Kristeva mit ihrem oben dargelegten Konzept des Semiotischen propagiert – in das Symbolische integrierbar. Das Reale ist bei Lacan vollends verloren. Es ist dennoch Motor und Ziel des Begehrens, das sich ihm anzunähern sucht und dabei ins Leere läuft. Die Kontinuität dieser Begehrensdisposition wird durch die Instanz des Phallus gewährleistet. Ihm ist das Reale unterworfen, durch ihn wird es mortifiziert[217] und zugleich in gewisser Weise „zum Existieren“[218] gebracht. Er selbst ist unexistent, er ist bedeutend ohne selbst bedeutet werden zu können. Der Phallus bringt das Subjekt zum Vorschein und lässt es implizit erkennbar werden als Effekt des Symbolischen.[219] Er verweist so auf eine leere Stelle im Subjekt, die nicht repräsentierbar ist. „Der Phallus bezeichnet die Fülle am Ort einer Leere.“[220] Indem er be-

---

211 Vgl.: Lacan, Jacques: Das Drängen des Buchstabens im Unbewußten oder die Vernunft seit Freud. In: Haas, Norbert (Hg.): Jacques Lacan. Schriften II, Olten 1975, S. 30ff.

212 Lummerding, Susanne: Zur Illusion des Bewußtseins, ‚sich sich sehen zu sehen'. In: Sturm, Martin; Tholen, Georg Christoph (Hg.): Phantasma und Phantome. Gestalten des Unheimlichen in Kunst und Psychoanalyse. Offenes Kulturhaus Linz 1995, S. 76.

213 Vgl.: Widmer, Peter: Subversion des Begehrens ... a.a.O., S. 60.

214 Zur Funktion des Körperbildes siehe: Lacan, Jacques: Das Spiegelstadium als Bildner ... a.a.O., S. 67.

215 Lacan, Jacques: Die Familie. In: Haas, Norbert (Hg.): Jacques Lacan. Schriften III. Olten 1980, S. 69.

216 Widmer, Peter: Subversion des Begehrens ... a.a.O., S. 57.

217 Vgl. ebd. S. 71.

218 Ebd. S. 70.

219 Siehe: Lacan, Jacques: Die Bedeutung des Phallus. In: Haas, Norbert (Hg.): Jacques Lacan. Schriften II. Olten, Freiburg 1975, S. 119ff.

220 Lang, Hermann: zit. bei: Postl, Gertrude: Weibliches Sprechen. Feministische Entwürfe zu Sprache und Geschlecht. Wien 1991, S. 120.

deutet, verdeckt er etwas, das es nicht gibt: nämlich ein Wesenhaftes des Subjekts, das ein Außerhalb des Symbolischen wäre. Das Subjekt ist einem unerfüllbaren Mangel unterworfen, der Stimulus eines unaufhörlichen Begehrens ist. Dieses Begehren ist insofern phallisch, als es durch den Phallus strukturiert ist.[221]

Nähern wir uns Schultze-Bluhm und ihren künstlerischen Arbeiten. Welche analyserelevanten Modifizierungen können aus der Theorie Lacans hinsichtlich der durch die Pandorathematik mitaffizierten Vorstellung einer außerkulturellen und weiblich konnotierten Gefährdung gewonnen werden? Wer oder was gefährdet denn nun das Subjekt? Es ist jedenfalls nichts, was nicht nichts wäre: Wenn ‚der Pandoramythos' von einer Büchse unbenennbaren Inhaltes erzählt, dann ist dies alles andere als nichts, es ist recht vollgefüllt. ‚Die Büchse der Pandora' kann keine Metapher für den Ort des Realen sein, denn dieses hat keinen Ort. Und auch die Gefahr, von der der Mythos berichtet, ist keine. Um das Subjekt zu gefährden, müsste sie Mangel sein, aber sie ist das Gegenteil: sie ist Spektakel. ‚Der Mythos der Pandora' ist eine Imagination, innerhalb derer weitere Imaginationen zirkulieren. Er ist Effekt des Symbolischen und Substitut des Phallus. Wenn es einen Verweis auf einen Mangel gibt, dann ist er in der Beziehung des Subjekts zu ‚diesem Mythos' angesiedelt. D.h. das Subjekt erfährt seinen Mangel in seinem Begehren, für das der Pandorastoff Objekt ist. Es ist nicht dieses Objekt, das Ursache von Gefahr wäre, sondern es ist das, was es verfehlt. Was das Subjekt ängstigt, ist eine

> „Begegnung mit dem ‚Mangel des Mangels' [...], jene der übermäßigen Nähe zu einer Instanz, die keinerlei Objekthaftigkeit aufweist und auch nicht veräußerbar ist."[222]

Indem, und nur indem ‚der Mythos der Pandora', wie auch die Arbeiten Schultze-Bluhms, Setzungen im Symbolischen sind, eröffnen sie die „Möglichkeit, der [...] Gefahr bzw. der Angst zu begegnen."[223] Wenn also diese Setzungen Spektakuläres bedeuten, etwa indem sie von einer außerkulturellen Gefahr erzählen, dann sind sie Lockmittel für das Begehren, das glaubt ‚seiner Sache' näher zu kommen. Indem sie ‚diese Sache' aber notwendigerweise verfehlen, sind sie Gefahrenquelle. Das Spektakel, das das Subjekt im Pandorastoff immer wieder begehrt, ist im Grunde ein Beziehungsdrama, in dem es selbst steckt. Es ist Resultat ei-

221 Vgl.: Lummerding, Susanne: Zur Illusion des Bewußtseins ... a.a.O., S. 82.

222 Ebd. S. 75f.

223 Ebd. S. 76.

nes Begehrens, das gewissermaßen eine Angstlust ist. Dass dieses Spektakel nicht zufällig weiblich apostrophiert ist, lässt sich mit Hilfe des Konzeptes des Phallus darlegen. Da der Phallus, bzw. der ihm anhaftende fundamentale Mangel es ist, der das Begehren strukturiert, stehen für das Subjekt zwei Geschlechterpositionen zur Auswahl: Zum einen ist es die Position des ‚Phallus-Habens', die der Illusion gleichkommt, ohne Mangel zu sein und die konstitutiv ist für die Genese des männlichen Subjektstatus'. Zum anderen ist es die Position des ‚Phallus-Seins', die der Illusion gleichkommt Ziel des Begehrens eines anderen zu sein und die konstitutiv ist für die Genese des weiblichen Objektstatus'.[224] In diesem Modus hat die Frau kein eigenes Begehren, sondern ist Objekt des Begehrens des Mannes und damit Phallus. Die Position des männlichen Subjekts der symbolischen Ordnung ist somit äußerst privilegiert: Weiblichkeitsimaginationen sind Objekte seines Begehrens und Verortungen seines Mangels. Die Spektakel, für die ‚Pandora' und ‚Pandoras Büchse' stehen, sind durch und durch nach seinem Geschmack.

Ich komme zu meiner dritten Haupthypothese: Die Altarinstallationen Schultze-Bluhms sind Objekte, die Spektakuläres zur Aufführung bringen. Als Substitute des Phallus sind sie Schauplätze für eine Fülle zirkulierender Bedeutungen *und* Orte der Leere. Dem zugrunde liegt eine Begehrensdisposition, die in den Altarinstallationen insbesondere durch Verknüpfungen von Lust- und Schreckensobjekten aufrechterhalten wird. Auf Seiten der Betrachtenden bewirken diese Arrangements eine ambivalente Faszination: Insbesondere die Zur-Schaustellung von Nichteindeutigem, Regellosem, Gewalthaftem und Ekelhaftem erweckt in ihnen die Illusion, sich einem vermeintlich Realen anzunähern. Da jedoch die Betrachtung von den Subjekten und der Schrecken von den Objekten ausgeht, ist nicht ‚wirklich' Gefahr im Verzuge. Die Szenerie ist ganz und gar eine der symbolischen Ordnung. Die Faszination an der Angst liegt gerade in der Sicherheit, keiner ‚Realgefahr' ausgesetzt zu sein. Die Dosis des Mangels, der sich das Betrachtersubjekt im Schrecken aussetzt, ist so gering, dass sie dieses stabilisiert. Ich werde die Altarinstallationen Schultze-Bluhms hinsichtlich des männlich konnotierten, vermeintlich souveränen Subjekts als dekonstruktiv bewerten, indem ich sie als mangel- und begehrensdisponiert analysiere. Hinsichtlich des weiblich konnotierten Objektstatus' lese ich die Arbeiten der Künstlerin als Fülle von Zuschreibungen *und* als entleerende Übertreibungen.

---

224 Vgl. ebd. S. 84f. Und: Widmer, Peter: Subversion des Begehrens ... a.a.O., S. 90ff.

Die Praxis diskursiver Verflechtungen

Die Analyse des Begehrens nach einer vermeintlichen Überschreitung des Symbolischen ist im Rahmen dieser Forschungsarbeit, neben dem soeben dargelegten psychoanalytischen Instrumentarium, durch diskurstheoretische Überlegungen gestützt. Mit Michel Foucault, als Vertreter einer strukturalistischen Kulturphilosophie, ist das Symbolische als Produkt und Produktion von Diskursen begreifbar, zu denen es kein Außerhalb gibt, auch nichts, was etwa vergleichbar wäre mit dem Lacanschen Realen. Das Begehren, so wie Foucault es versteht, ist ein Produkt des Diskurses. Dieser strukturiert es nicht nur, wie bei Lacan, sondern er generiert es.[225] Diskurse und ihre Formationen sind Praktiken. Sie wirken nicht repressiv, sondern produktiv. Sie unterdrücken nichts, sondern konstituieren: das Subjekt, sein Begehren und seine „Gegenstände."[226]

Ich möchte genauer herausarbeiten, was die Foucaultsche Diskurstheorie hinsichtlich der im Zentrum dieser Arbeit stehenden Analysekomplexe von Kunst, Körper, Kreativität und Weiblichkeit präjudiziert. Diejenige Kunst des 20. Jahrhunderts, die, wie die Art-Brut, auf ‚Ursprünglichkeit' und ‚Unmittelbarkeit' bzw. ‚Rohheit' besteht, muss mit Foucault als Ergebnis moderner, sich verflechtender Diskurse um Subjektivität, Körper und Weiblichkeit verstanden werden. Diese Kunst ist in diesem Sinne das Produkt all derer, bisweilen heterogener Diskurse, die auf sie Anspruch erheben[227] oder die für sie als autorisierende Referenzen fungieren. Darüber hinaus ist sie selbst Generator kontinuierlicher Diskursivität. Sie ist so oder so „Teil einer diskursiven Formation",[228] die ein System zur Konstituierung von ‚Wahrheit', ‚Natur' und ‚Originalität' ist. Sie ist ein Ort permanenter Bedeutungsrezeption und -produktion, der mit anderen kulturellen und sozialen Orten im Austausch steht. Dieses Verständnis konterkariert einen künstlerischen Souveränitätsanspruch, der auf einer vermeintlich besonderen Bildhaftigkeit gründet ist. Sigrid Schade und Silke Wenk haben in Anlehnung an Foucaults Diskursbegriff[229] herausgearbeitet, dass Bild, bzw. „Anzuschauende[s]" und Wort/Schrift, bzw. „Kommentar" als „ein[] Text zu entziffern"[230] sind. In

225 Vgl.: Foucault, Michel: Der Wille zum Wissen. In: Ders.: Sexualität und Wahrheit. Bd. I, Frankfurt a.M. 1977, S. 101.

226 Foucault, Michel: Die Archäologie des Wissens. Frankfurt a.M. 1973, S. 74.

227 Vgl.: Tickner, Lisa: Feminismus, Kunstgeschichte und ... a.a.O., S. 6.

228 Schade, Sigrid; Wenk, Silke: Inszenierungen des ... a.a.O., S. 345.

229 In Anlehnung an Foucaults Diskursverständnis als summerische Produktionen. Siehe: Foucault, Michel: Archäologie des Wissens. Frankfurt a.M. 1981, S. 74.

230 Schade, Sigrid; Wenk, Silke: Orte und Weisen des Zu-Sehen-Gebens im kunsthistorischen Diskurs. In: Kritische Berichte. 4/1993, S. 6.

ihrer Bezugnahme auf Barthes semiologische Abhandlung „Ist die Malerei eine Sprache?“,[231] der ich zur Untermauerung der Argumentation hier kurz folge, stellen sie klar, dass die Trennung von Bild und Wort/Schrift eine „stillschweigend wirkende Zensur“[232] impliziert, die es zu analysieren gilt.[233] „Das Bild“, so heißt es bei Barthes,

> „existiert nur in der Erzählung, die ich von ihm wiedergebe; oder: in der Summe und der Organisation der Lektüren, zu denen es mich veranlasst: Ein Gemälde ist immer nur seine eigene vielfältige Beschreibung. Man sieht, wie nahe und gleichzeitig fern dieses Abschreiten des Bildes durch den Text, durch den ich es konstituiere, von einer als Sprache angesehenen Malerei ist [...] ‚Das Bild hat a priori keine Struktur, es hat Textstrukturen [...] deren System es ist‘.“[234]

Das Bild ist kein visueller Code, „es ist die Variation einer Kodifizierungsarbeit“ und die „Generierung von Systemen“,[235] oder, wie Foucault sagen würde, Produkt und Produktion diskursiver Praktiken.[236]

Ich bleibe bei Foucault. In seiner Abhandlung „Der Wille zu Wissen“[237] versteht er den Diskurs als eine Produktion von Wissen, die auch eine der Macht ist. Zur Bezeichnung dieses Zusammenhanges führt er hier den Begriff des „Dispositivs“[238] ein. Macht steht bei Foucault für kein repressives, ideologisches System, sondern für komplexe, strategische Verknüpfungen, die wissens- und begehrengeleitet sind. Das Subjekt ist der Macht, bzw. der ‚Wirklichkeit‘, die sie schafft, unterworfen. Foucaults „Wissens- und Machtdispositive“[239] sind an ein humanistisches Sexualitätsparadigma gekoppelt. Sexualität ist wie ein Geflecht zur Manifestation von Wissen und wie ein Medium zur Reproduktion von Macht. Ihre Diskursivierung als etwas, das unterdrückt sei, ruft ein ergründen wollendes Begehren auf, das sich in Geständnispraktiken und Geheimniskonzeptionen zu Erkennen gibt. Das Sexualitätsdispositiv ist ein diskursiv erzeugtes System, das Wahrheit als etwas Geheimes und Gestehbares postuliert. Gestehbar ist aber nur das, was dieses Dispositiv

---

231 Barthes, Roland: Ist die Malerei eine Sprache. In: Ders.: Der entgegenkommende und der stumpfe Sinn. Frankfurt a.M. 1990, S. 157ff.

232 Schade, Sigrid, Wenk, Silke: Orte und Weisen ... a.a.O., S. 6.

233 Vgl. ebd. S. 7.

234 Barthes, Roland: Ist die Malerei eine Sprache ... a.a.O., S. 158. Im letzten Teil des Zitates, der in ‚’ gesetzt ist, zitiert Barthes Jean-Louis Schefer. Siehe auch: Wenk, Silke: Männlichkeit und Schöpfertum ... a.a.O., S. 64.

235 Barthes, Roland: Ist die Malerei eine Sprache ... a.a.O.

236 Vgl: Foucault, Michel: Archäologie des Wissens ... a.a.O.

237 Foucault, Michel: Der Wille zum Wissen ... a.a.O.

238 Ebd. S. 35ff.

239 Ebd. S. 125.

selbst produziert. In seiner historischen Analyse führt Foucault die mittelalterliche, christliche Beichte,[240] neuzeitliche gesundheitspolitische Instrumente wie beispielsweise Medizin, Justiz, Pädagogik und Psychiatrie,[241] ebenso wie den Einfluss der sich gegen Ende des 19. Jahrhunderts entwickelnden Psychoanalyse[242] als maßgeblich für das Sexualitätsdispositiv an. Sein Austragungsort ist der Körper; er ist es, dem Geständnisse versucht werden abzuringen und er ist es, der vermeintlicher Ort der Wahrheit ist. Foucault erläutert ihn als Produkt der Macht, indem er ihn als einen von vier wissensstrategischen Komplexen des Sexualitätsdispositivs begreift. Er spricht von der „Hysterisierung des weiblichen Körpers“ und schreibt:

> „[D]er Körper der Frau wurde als ein gänzlich von Sexualität durchdrungener Körper analysiert – qualifiziert und disqualifiziert; aufgrund einer ihm innewohnenden Pathologie wurde dieser Körper in das Feld der medizinischen Praktiken integriert; und schließlich brachte man ihn in organische Verbindung mit dem Gesellschaftskörper (dessen Fruchtbarkeit er regeln und gewährleisten muss) und mit dem Leben der Kinder (das er hervorbringt und das er dank einer die ganze Erziehung währenden biologisch-moralischen Verantwortlichkeit schützen muss): die ‚Mutter‘ bildet mitsamt ihrem Negativbild der ‚nervösen Frau‘ die sichtbarste Form dieser Hysterisierung.“[243]

Es ist der weibliche Körper, der ein bevorzugter, strategischer Schauplatz diskursiver Praktiken ist. Praktiken, die Körper und Weiblichkeit als vermeintlich ursprüngliche und natürliche Orte dramatisieren bzw. hysterisieren.

Mit meiner vierten und letzten Haupthypothese setze ich, die in meinen anfänglichen Erörterungen herauspräparierte, für die Art-Brut konstitutive Vorstellung einer ursprünglichen Kreativität, deren Quelle der weibliche Körper sei, in Zusammenhang mit dem Foucaultschen Sexualitätsdispositiv. ‚Ursprüngliche Kreativität‘ ist so als Produkt diskursiver Hysterisierung des weiblichen Körpers zu verstehen und zu analysieren. ‚Die Büchse der Pandora‘ ist in der Moderne *die* repräsentative Figuration einer über den Körper definierten und so mit Geständnisgelüsten versehenen Weiblichkeit.[244] Die Dekonstruktion dieses Körper-Weiblich-

240 Ebd. vgl. S. 47.
241 Ebd. vgl. S. 43.
242 Ebd. vgl. S. 73.
243 Ebd. S. 126.
244 Ich verweise auf eine soziologische Forschungsarbeit zur Geschlechterdifferenz, in der ebenfalls Körperkonstruktionen mit Hilfe des Foucaultschen Diskursbegriffes analysiert und in Teilen auf ‚Die Büchse der Pan-

keits-Komplexes erfolgt als Rekonstruktion sich verflechtender und wechselseitig konstituierender Diskurse. Meine kunsthistorischen Analysen sind auf ein mit den Arbeiten Schultze-Bluhms verwobenes Textkonglomerat gerichtet, dessen ex- und implizite Sinnsphären mich im Wesentlichen zu vier Wissensstätten leiten werden: neben der bereits behandelten Psychoanalyse sind dies die Medizin, die Biologie und die christliche Religion. Auf sie ist das Bedeutungsgeflecht rückführbar, innerhalb dessen die Arbeiten der Künstlerin und ihre sogenannten Selbstinszenierungen diskursivierbar, aber auch dekonstruierbar sind. Letzteres wird durch die Frage verfolgt, in welcher Weise und in welchem Ausmaß die unterschiedlich lokalisierbaren Weiblichkeitscodes bei Ursula Schultze Bluhm variiert, miteinander konfrontiert oder gar zusätzlich hysterisiert werden, was einer grotesken Übertreibung bzw. Entmachtung der hier relevanten diskursiven Verflechtungspraktiken gleichkommt.

Die Systematisierung meiner so definierten Diskursanalyse verhält sich in den sich nun anschließenden Hauptteilen dieser Forschungsarbeit wie folgt: Der Begriff der Konfigurationen, mit dem die beiden Hauptkapitel überschrieben sind, umfasst ein Arrangement im- und explizit erkennbar werdender Diskursfiguren, die auf ein neuzeitliches bzw. modernes Konzept von Weiblichkeit als Körper-Behältnis verweisen und vom ‚Mythos der Pandora' ableitbar sind. Diese Diskursfiguren, die in den nachfolgenden Subkapiteln beispielsweise benannt werden als *Figuren des Öffnens, Figuren des Inneren* und *Figuren des Schöpferischen*, sind als Produkte sich verflechtender, korrelierender und bisweilen disparater Diskurse zu verstehen. Sie sind strategische Stationen, an denen rekonstruierbar wird, dass die Rede über den Körper in der Moderne eine Rede über das Subjekt ist, über die Kreativität, die dieses angeblich aus seinem Inneren schöpft und über Weiblichkeit. Ich werde aufzeigen *wie* diskursive Verflechtungen geschehen und ich werde aufzeigen *wie* sie gestört werden können.

dora' bezogen werden. Siehe: Ossege, Barbara: MutterHure. Weiblichkeit im Wechsel der Diskurse. Pfaffenweiler 1998.

PANDORAS BÜCHSE - KÖRPERKONFIGURATIONEN

„Ziel dieser Untersuchung ist es jedenfalls, zu zeigen, wie sich Machtdispositive direkt an den Körper schalten [...].“[1]
(Michel Foucault)

Der Körper ist in der Moderne ein vielbesprochener und -beschworener Gegenstand. Dieses gilt ebenso für den Körper in der sogenannten Postmoderne. In diesem Spektrum angesiedelte Bedeutungsverschiebungen ändern an dem zentralen wissenskategorialen Status des Körpers kaum etwas. In dem für das 20. Jahrhundert paradigmatischen anthropologischen Feld, in dem der Körper konstituiert wird, fungiert dieser mal als unhinterfragbares Naturfaktum, mal als Subjektgarant und mal als Reproduktionsmedium. Dass Vorstellungen von einem natürlichen oder ganzen Körper in jüngerer Zeit zunehmend fragwürdig werden, ist nicht nur auf die neueren Medizin- und Gentechnologien mit ihren erweiterten Transplantationsmöglichkeiten und DNA-Technologien zurückzuführen, und ebenso wenig zu reduzieren auf die endlos erscheinenden virtuellen Körpersimulationen in den Neuen Medien. Eine weitaus radikalere Irritation des Körpers stammt aus dem Feld der poststrukturalistischen Theorie und der daran orientierten Genderforschung, die den Körper als einen kulturell codierten begreift und als ideologisches Medium von Herrschafts- und Geschlechtskategorisierungen analysiert.

Ein zentraler theoretischer Bezugspunkt dieser Genderforschung ist der von mir im Vorfeld erläuterte Ansatz Foucaults, nach dem der Körper als Schauplatz diskursiver „Praktiken“[2] und als deren Effekt zu begreifen ist. Es sind dekonstruktivistisch orientierte Theoretikerinnen, die ab Mitte der 1980er Jahre die Diskursivität des Körpers gegen moderne, zumeist auf den weiblichen Körper bezogene Naturalisierungs- und On-

1 Foucault, Michel: Der Wille zum Wissen ... a.a.O., S. 180
2 Foucault, Michel: Archäologie des Wissens ... a.a.O., S. 74.

tologisierungseffekte[3] ins Feld führen. Eine der konsequentesten und wohl bekanntesten dieser Theoretikerinnen ist Judith Butler.[4] In ihrem Anfang der 1990er Jahre erscheinenden Buch „Gender Trouble"[5] legt sie dar, dass

> „der Körper kein ‚Seiendes' ist, sondern eine variable Begrenzung, eine Oberfläche, deren Durchlässigkeit politisch reguliert ist [...]."[6]

Der Körper ist ganz und gar Diskursivität, die ihn wahrnehmbar und intelligibel macht. Es ist diese, von Foucault übernommene und bei Butler fortgeführte Diskursivität, die den Körper mit dem Effekt produziert, er sei außerhalb des Diskurses. Wenn Butler sagt, dass „der Körper kein ‚Seiendes' ist," dann konterkariert sie jegliche Vorstellung, die besagt, es gäbe eine körperliche Materialität, die gewissermaßen Gegensatz von Diskursivität sei. Dass es gerade anders herum ist, expliziert Butler besonders in ihrem drei Jahre später erscheinenden Buch „Bodies that Matter."[7] Demnach ist der Körper gleichwohl als „etwas ganz und gar Materielles" zu begreifen, aber

> „Materialität wird als [...] Wirkung von Macht, als die produktivste Wirkung von Macht überhaupt [...] gedacht [...]."

Eine „Materialität des Körpers"[8] ist Ergebnis eines sich materialisierenden diskursiven Machtfeldes. Dessen Modus ist eine Praxis des Zitierens und Wiederholens, für die bei Butler der Begriff der Performativität steht:

---

3 Die Kritik richtet sich sowohl gegen eine patriarchale Hegemonie als auch gegen einen sich dazu in Gegenposition platzierenden Feminismus der 1960er Jahre, in dem Vorstellungen des Körpers als vermeintlichen Wahrheitsort und/oder Geschlechtsgaranten fortgeschrieben werden.

4 Als weitere Dekonstruktivistinnen vornehmlich der 1980er Jahre seien beispielsweise Donna Haraway, Elisabeth Gosz und Barbara Vinken genannt. Ihre Ansätze sind zu differenzieren von einer Leibphilosophie, die zwischen einem sinnlich erfahrbaren ‚wirklichen' Körper und ‚äußeren' Körperbildern unterscheidet. Zu den Vertreterinnen dieses Feldes gehören u.a. Barbara Duden, Elisabeth List, Farideh Akashe-Böhme.

5 Butler, Judith: Gender Trouble. Routledge 1990. Dt. Übers.: Das Unbehagen der Geschlechter. Frankfurt a.M. 1991.

6 Dies.: Das Unbehagen der Geschlechter ... a.a.O., S. 204.

7 Dies.: Bodies that Matter. New York 1993. Dt. Übers.: Körper von Gewicht. Berlin 1995.

8 Dies.: Körper von Gewicht ... a.a.O., S. 22.

„Die diskursive Performativität produziert offenbar das, was sie benennt, um ihren eigenen Referenten zu inszenieren, um zu benennen und zu tun, zu benennen und zu machen. [...] Als eine diskursive Praxis [...] konstituieren performative Äußerungen einen Locus diskursiver Produktionen."[9]

Butlers Diskurstheorie wäre für die dekonstruktivistische Geschlechterforschung nicht von so großem Interesse, würde sie keine – und an dieser Stelle geht sie eindeutig über Foucault hinaus – Entnaturalisierung „kultureller Konfigurationen von Geschlecht und Geschlechtsidentität"[10] implizieren. Es sind, – so Butler –

„die regulierenden Normen des ‚biologischen Geschlechts', die in performativer Wirkungsweise die Materialität der Körper konstituieren und, spezifischer noch, das biologische Geschlecht des Körpers, die sexuelle Differenz [...] materialisieren."[11]

Butlers performative Akte materialisieren also nicht nur den Körper, sondern auch eine Geschlechterbinarität. Kein Bezug auf den Körper ist denkbar, der keine Geschlechterdifferenzierung beinhielte, oder anders gesagt: die sich wiederholenden diskursiven Praktiken, die den Körper konstituieren, sind immer geschlechtsspezifisch. Der Körper – so Butler – ist

„eine Bezeichnungspraxis in einem kulturellen Feld der Geschlechter-Hierarchie und der Zwangsheterosexualität [...]."[12]

Im Feld der Kunstpräsentation und -wissenschaft lässt sich die seit Mitte der 1980er Jahre zunehmende Relevanz poststrukturalistischer Ansätze und ihre Verknüpfung mit kritischen, um den Begriff des Weiblichen kreisenden Fragestellungen ebenfalls exemplarisch skizzieren. So stellen die 1985 in Wien gezeigte Ausstellung „Kunst mit Eigen-Sinn, internationale Ausstellung aktueller Kunst von Frauen" und die zugehörige Publikation[13] kontroverse, künstlerische und theoretische Positionen zum Verhältnis von feministischer und ästhetischer Theorie (Teresa de Lauretis),[14] Feminismus und sogenannter Grenzüberschreitung (Peter Gor-

9 Ebd. S. 148.
10 Dies.: Das Unbehagen der Geschlechter ... a.a.O., S. 218.
11 Dies.: Körper von Gewicht ... a.a.O., S. 22.
12 Dies.: Das Unbehagen der Geschlechter ... S. 204.
13 Siehe: Eiblmayr, Silvia; Export, Valie; Prischl-Maier, Monika (Hg.): Kunst mit Eigen-Sinn. Aktuelle Kunst von Frauen. Texte und Dokumentation. Wien, München 1985.
14 Lauretis, Teresa de: Ästhetik und feministische Theorie. In: ebd. S. 201ff.

sen),[15] und Feminismus und sogenannter Postmoderne (Craig Owens)[16] vor, um einige Themenschwerpunkte aufzuzeigen.[17]

Während der Körper in den im Kontext der Ausstellung „Kunst mit Eigen-Sinn“ stattfindenden Erörterungen um eine etwaige „weibliche Ästhetik“[18] lediglich beiläufig thematisiert wird, ist er in einer 1994 stattfindenden Ausstellung mit dem Titel „Andere Körper“[19] explizit. Sigrid Schade, die Kuratorin der Ausstellung, erklärt in ihrem Katalogtext den Körper und das ‚Andere' als binäre, gleichsam illusionistische Positionen, die unter diskurspolitischen Gesichtspunkten zu hinterfragen sind.

„[D]ie eingebildete ‚Ganzheit' und ‚Vollständigkeit' eines Körperbildes [...], das die einzelnen Subjekte vom ‚eigenen' Körper entwickeln, [entsteht] um den Preis von Abspaltungen, die den ‚Anderen' zugeschrieben werden [...],“[20]

erläutert Schade die im Zentrum der Ausstellung stehende Themenstellung, die u.a. psychoanalytisch motiviert ist. Zugrundegelegt wird eine Subjektkonstitution, die auf dem Vorstellungsbild des ‚eigenen' und ‚ganzen' Körpers auf der einen Seite basiert. All das, was nicht mit diesem Bild kongruent ist, wird zur Generierung einer stabilen Subjektposition abgespalten und auf die andere Seite bzw. den ‚Anderen' projiziert. Dieser Projektionsprozess ist mit den von mir im Vorfeld erläuterten und im weiteren Verlauf dieser Arbeit anzuwendenden psychoanalytischen De-Generierungsansätzen verwandt.

Obgleich sie sich nicht auf Butler bezieht, operiert Schade zudem mit einem ihrer Theorie vergleichbaren diskurskritischen Ansatz. Sie versteht

---

15 Gorsen, Peter: Feminismus und ästhetische Grenzüberscheitung. In: ebd. S. 99ff.

16 Owens, Craig: Der Diskurs der Anderen: Feminismus und Postmoderne. In: ebd. S. 75ff.

17 Ein umfassenderer Überblick über im Rahmen der Ausstellung gehaltene Vorträge liefert die Rezension von: Schade, Sigrid: Verzeichnungen. Wo treffen sich Ästhetik und die Theorie des Weiblichen in den 80er Jahren des 20. Jahrhunderts? Über das Symposium „Weibliche Ästhetik: Fiktion, Idee oder realistisches Projekt?“ 29.-31.3.1985, Museum des 20. Jahrhunderts, Wien, anlässlich der Ausstellung „Kunst mit Eigen-Sinn.“ In: Fragmente. Schriftenreihe zur Psychoanalyse. Bd. 20/21, S. 245ff.

18 Ebd.

19 Siehe: Schade, Sigrid (Hg.): Andere Körper. Katalog der Ausstellung im Offenen Kulturhaus Linz, 22.9.-30.10.1994. Wien 1994. Siehe auch: Angerer, Marie-Luise (Hg.): The Body of Gender. Körper, Geschlecht, Identitäten. Wien 1995, als Dokumentation des gleichnamigen Symposions im Rahmen der Ausstellung „Andere Körper.“

20 Schade, Sigrid: Andere Körper. Kunst, Politik und Repräsentation in den 80er und 90er Jahren. In: Dies. (Hg.): Andere Körper ... a.a.O., S. 10.

– mit Foucault – den Körper als einen diskurspolitischen und machtstrategischen Schauplatz:

„Jeder Einsatz des Körpers als Zeichen von Natur, Ursprung oder Authentizität muss die Kritik verfehlen. Konsequent ist eine kulturkritische Auseinandersetzung erst, wenn sie die Konventionen und Konstruktionen anerkennt, die die jeweiligen historischen Positionierungen des Körpers ausmachen [...].“[21]

„Der Körper“, schreibt sie an späterer Stelle,

„der sich in Symbolsystemen bewegt, verkörpert, materialisiert sie, es gibt für ihn kein Außerhalb des Symbolischen [...].“[22] [...] Kein Reden von oder über den Körper kann eine Körpernatur bezeichnen, insofern wir uns beim Reden immer schon in der Symbolsprache der Kultur befinden [...] Ein sprechender Körper ist eben bereits ein besprochener Körper.“[23]

Unter den am Körper interessierten Disziplinen nimmt die Kunstgeschichte eine wichtige, konstituierende Funktion ein, denn es sind Körper, und unter ihnen insbesondere weibliche Körper, die ihre „Hauptgegenstände“[24] sind. Schade hebt hervor, dass

„[g]erade am Körperbild und dessen Konstruktion [sich] zeigt, wie die ästhetische Praxis der Kunst mit anderen Disziplinen (Anatomie, Medizin u.a.) verbunden ist. Der sexualitätsproduzierende Diskurs, wie ihn Michel Foucault analysiert hat, durchläuft die ästhetischen Praktiken und wird von ihnen zugleich vervielfältigt und fortgeführt.“[25]

Wie nun und mit welchen Effekten geschehen diese Vervielfältigungen und Fortführungen, diese *Konfigurationen* des Körpers durch die künstlerischen Arbeiten Schultze-Bluhms und welche Relation von Körper und ‚Anderem' ist daraus bestimmbar? Und vor allem: Welche, möglicherweise mit einer dekonstruktiven Qualität belegte *Konfigurationen* des

21 Schade, Sigrid: Andere Körper. Kunst, Politik und Repräsentation ... a.a.O., S. 17.

22 Schade, Sigrid: Körper zwischen den Spiegeln. Selbst-Inszenierungen in Videos, Filmen und Kunst von Frauen. In: Barz, Sabine; u.a. (Hg.): KörperBilder – KörperPolitiken. Bremen 1998, Ausgabe 11, S. 45.

23 Ebd. S. 38.

24 Schade, Sigrid; Wenk, Silke: Inszenierungen des Sehens: Kunst, Geschichte und Geschlechterdifferenz. In: Bußmann, Hadumod; Hof, Renate (Hg.): Genus – zur Geschlechterdifferenz in den Kulturwissenschaften. Stuttgart 1995, S. 346.

25 Ebd. S. 391.

Weiblichen sind diesen Arbeiten implizit und welche Relation von Weiblichkeit und ‚Anderem' ist daraus bestimmbar? Und außerdem: Wie sind diese *Konfigurationen* mit ‚der Büchse der Pandora' verwoben und inwieweit lässt sich daraus ‚die Büchse der Pandora' als Symptom bestimmen? Diese Leitfragen werden in nun folgenden, in drei Figurenschwerpunkte gegliederten und von den Schrankinstallationen Schultze-Bluhms abgeleiteten Detailanalysen bearbeitet.

Figuren des Öffnens

> „ [...] the inside/outside polarization is [...] derived from [...] a disturbance, iconographically represented in images of the female body, symptomatic of the anxieties and desires that are projected onto the feminine within the patriarchal psyche."[26]
> (Laura Mulvey)

Unter dem Untersuchungsschwerpunkt des *Öffnens* werde ich eine Analogisierung von Weiblichkeit und Grenzüberschreitung hinsichtlich topologischer Gesichtspunkte analysieren. In der im 20. Jahrhundert zahlreich reformulierten mythischen Erzählung nach Hesiod ist es Pandora, die von Zeus auf die Erde gesandt wird um Prometheus für den Diebstahl des Feuers zu bestrafen. Als Ehefrau seines Bruders öffnet sie dort ein verbotenes Gefäß, ‚die Büchse der Pandora' und fortan wird die Menschheit von Übeln, wie Alter, Wehen, Krankheiten, Irrsinn, Laster und Leidenschaften geplagt.[27] Es handelt sich um eine Szenerie, in der Weiblichkeit mit Grenzüberschreitung, im Sinne einer Übertretung einer patriarchalen Ordnung sowie einer Öffnung eines Behältnisses verknüpft ist. Weiblichkeit ist als Gefährdung und Unsicherheitsfaktor konzipiert. Pandora gilt als Unheilbringerin, weil sie unbefugt einen Gefäßraum öffnet. Ich werde anhand der künstlerischen Arbeiten Schultze-Bluhms nun zeigen, dass in dieser Vorstellung eines Gefäßraumes Analogien zum weiblichen Körper enthalten sind. Ich untersuche eine topologische Struktur des 20. Jahrhunderts, in der der weibliche Körper so etwas ist wie eine Pandorenbüchse, die mit spezifischen Modi der Zugänglichkeit

26 Mulvey, Laura: Pandora: Topographies of the Mask ... a.a.O., S. 57.

27 Vgl.: Schirnding, Albert von (Hg.): Hesiod. Theogonie, Werke und Tage ... a.a.O., S. 89/91. Vgl. auch: Ranke-Graves, Robert von: Griechische Mythologien ... a.a.O., S. 128f.

belegt ist. Es sind diese Modi, die die Geschlechterdichotomie regulieren. Sie sind Bestandteil moderner *Körperkonfigurationen*, innerhalb derer das Verhandeln über ‚innen', ‚außen' und ‚öffnen' das Subjekt konstituieren.

Das Prinzip der Büchse

Schultze-Bluhms Bezugnahmen auf ‚den Mythos der Pandora' weisen Spezifika auf. Explizite Anleihen werden durch die Wahl der Titel hergestellt, mit denen die Künstlerin ihre im Mittelpunkt der Untersuchung stehenden Schrank- bzw. Altarinstallationen benennt. Zu ihnen zählen „Der große Schrank der Pandora" (Abb. 8.1 u. 8.2), „Der kleine Schrank der Pandora" (Abb. 9.1 u. 9.2), „Der Pandora-Schrank mit den vielen Gesichtern" (Abb. 10.1 u. 10.2), der „Pandora-Tierschrank" (Abb. 11.1 u. 11.2) und der „Pandora-Schrank mit Kopf" (Abb. 12.1 u. 12.2). Durch die Betonung des Gefäßes bzw. des Schrankes und das Aussparen anderer mythischer Erzählpassagen, wie etwa derjenigen, die über die Erschaffung Pandoras berichten, wird Pandora aus ihrem Überlieferungskontext herausgelöst und auf ‚ihre Büchse' reduziert. Das herauspräparierte Gefäßmotiv wird von Schultze-Bluhm zudem überdimensional dargeboten: Sie inszeniert es als Schrankobjekte, deren durchschnittliche Maße in geschlossenem Zustand durchschnittlich ca. 100/150/40 cm betragen und die auf schwarzen Metallgestellen drapiert sind, so dass eine Gesamthöhe von ca. 180 cm erreicht wird. Die Künstlerin bezieht sich auf das Pandoragefäß im Sinne einer visuellen Strategie. Sie stellt ihre Pandoraschränke mal geschlossen und mal geöffnet zur Schau, so dass eine Betonung des Öffnungsmomentes erfolgt. Dieses wird unterstrichen durch zwei mittig aufklappbare Türen, die aus der mythischen Entfernung des Pandorabüchsendeckels eine raum- und zentralperspektivische Öffnung der Schauobjekte werden lassen. Ich komme hierauf im nächsten Kapitel zurück.

Folgt man diesem einladenden aber nicht interaktiven, also nicht durch die Hand der Betrachtenden forcierbaren Öffnungsgestus, finden sich im Inneren der Schränke meist weitere, kleine Schrankfächer. In der Arbeit „Pandora-Tierschrank" (Abb. 11.2) beispielsweise ist die Anordnung eines solchen Innenschränkchens wiederum mittig, der Schrankhöhe nachgehend angeordnet, während in der Arbeit „Der große Schrank der Pandora" (Abb. 8.2) drei kleinere Kästchen um einen Mittelpunkt platziert sind, die allesamt wiederum zu öffnen sind. Das Motiv der zu öffnenden ‚Büchse' ist bei Schultze-Bluhm also durch Wiederholung, quasi Verschachtelung betont. ‚Was mag wohl dahinter sein, vielleicht ist da drinnen noch etwas und noch etwas?' Mit diesen Worten lässt sich eine (im

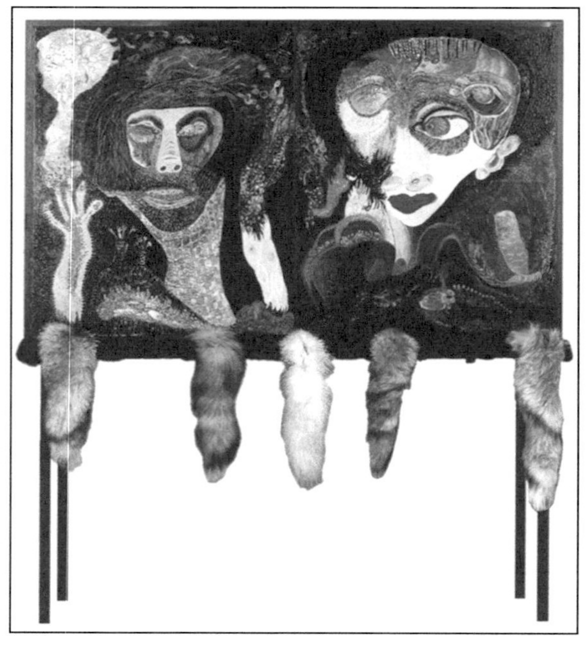

Abb. 8.1: Ursula Schultze-Bluhm: „Der große Schrank der Pandora“, 1966.

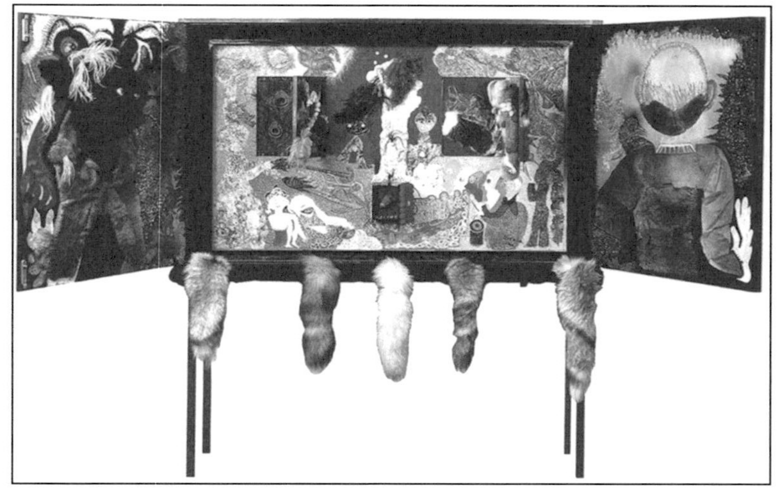

Abb. 8.2: Ursula Schultze-Bluhm: „Der große Schrank der Pandora“, 1966, geöffnet.

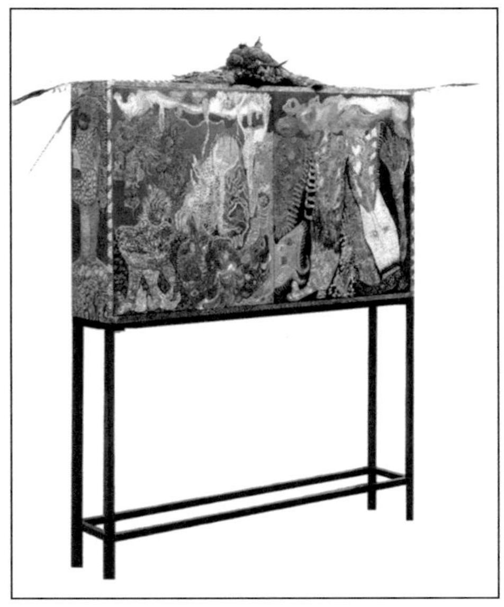

Abb. 9.1: Ursula Schultze-Bluhm: „Der kleine Schrank der Pandora", 1968.

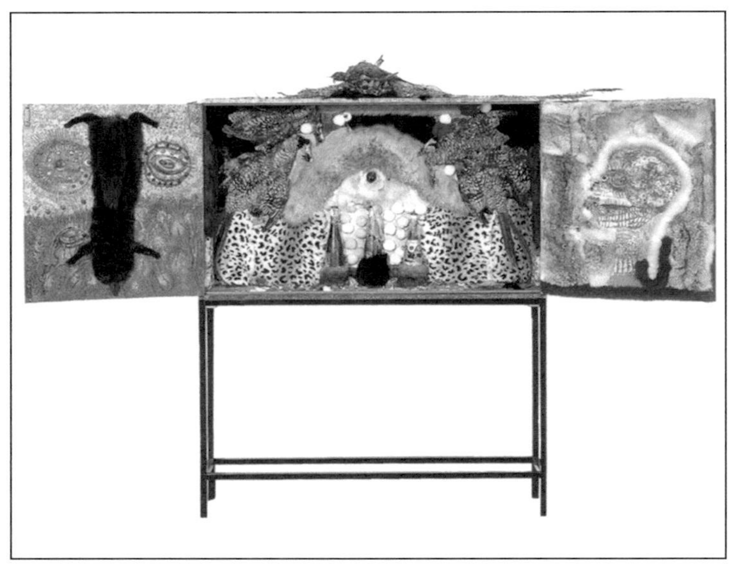

Abb. 9.2: Ursula Schultze-Bluhm: „Der kleine Schrank der Pandora", 1968, geöffnet.

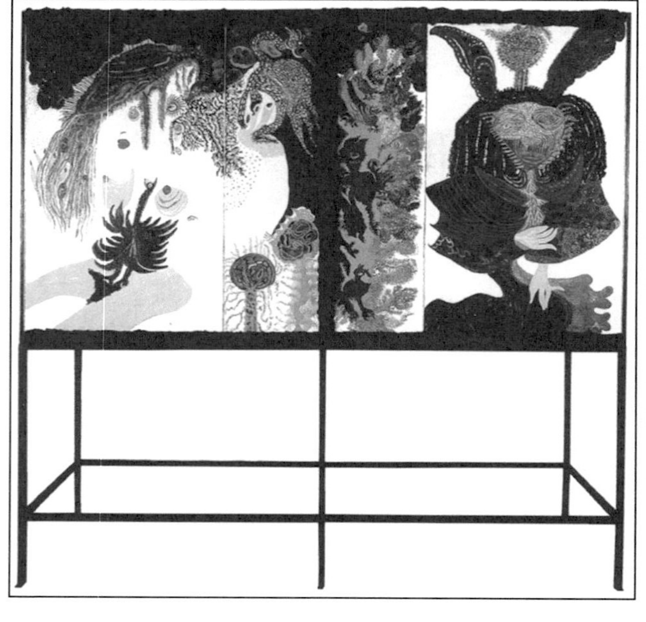

Abb. 10.1: Ursula Schultze-Bluhm: „Der Pandora-Schrank mit den vielen Gesichtern", 1969-1977.

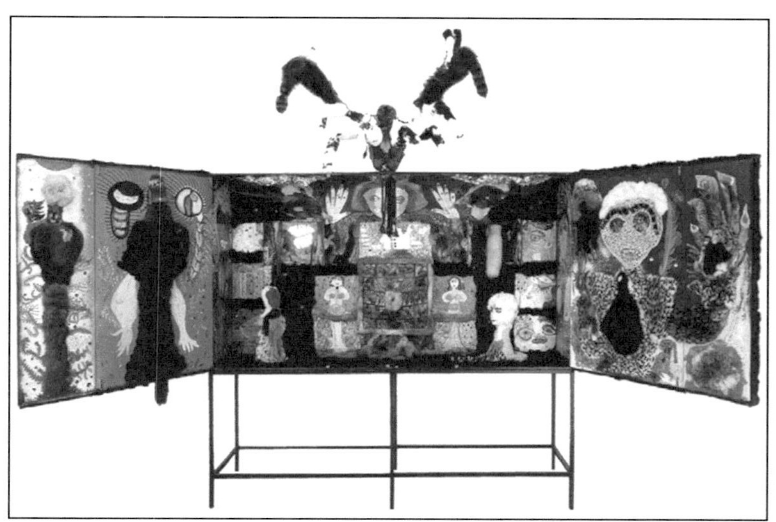

Abb. 10.2: Ursula Schultze-Bluhm: „Der Pandora-Schrank mit den vielen Gesichtern", 1969-1977, geöffnet.

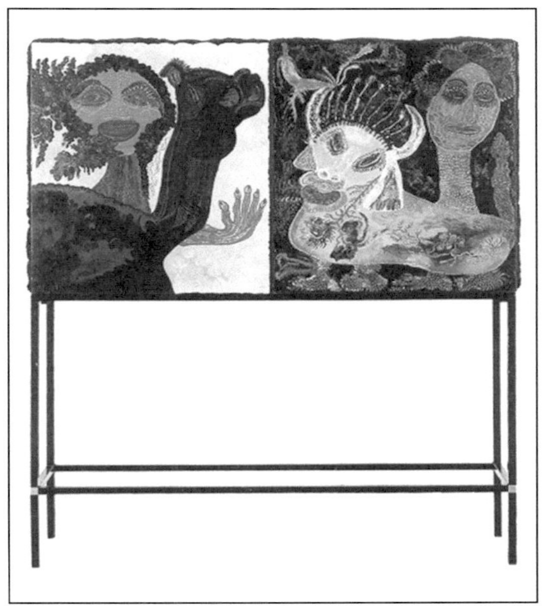

Abb. 11.1: Ursula Schultze-Bluhm: „Der Pandora-Tierschrank", 1972.

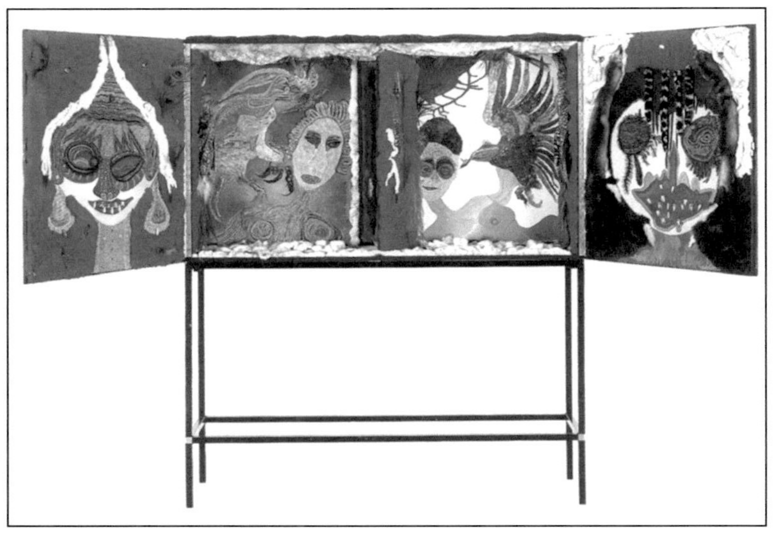

Abb. 11.2: Ursula Schultze-Bluhm: „Der Pandora-Tierschrank", 1972, geöffnet.

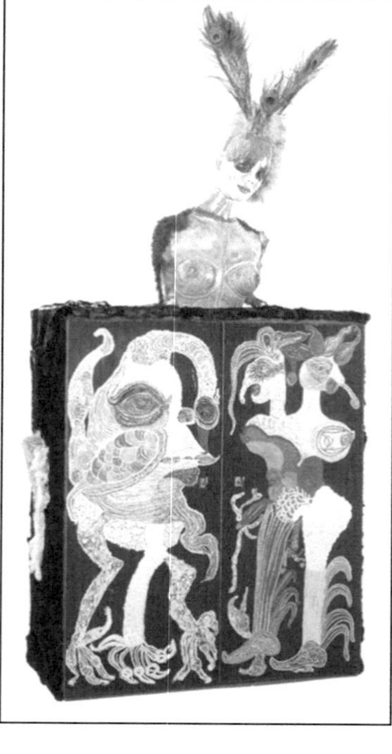

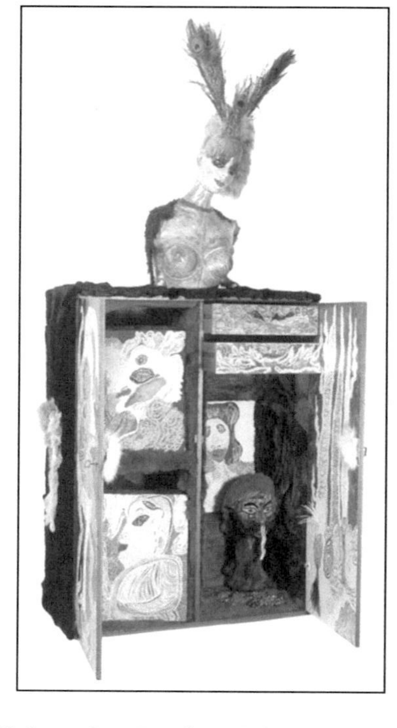

Abb. 12.1: Ursula Schultze-Bluhm: „Der Pandora-Schrank mit Kopf“, 1973. Abb. 12.2 (rechts): geöffnet.

Lacanschen Sinne) begehrengeleitete, wie auch (im Foucaultschen Sinne) begehrenerzeugende Strategie beschreiben, die evoziert durch immer tiefer eindringendes Schauen etwas möglicherweise Verborgenes geboten zu bekommen. Schultze-Bluhms Verschränkungsstrategie ist ein Spiel mit Öffnungsgelüsten, die an die Erwartung eines innig Verwahrten geknüpft sind. Sie ruft ein Enthüllungs- und Entdeckungsbegehren auf Seiten der Betrachtenden auf. Durch das Moment der Wiederholung wird gegenüber der mythischen Vorlage stärker die Begehrensdisposition der Schauenden hervorgehoben. Ist es ‚im Mythos' Pandora, die stellvertretend geheime Gefilde eröffnet, so sind es hier die Betrachtenden, die damit auf ihre begehrengeleitete Schaulust verwiesen werden.

Der etwaige Dekonstruktionsaspekt, der sich in der Verschachtelungsstrategie andeutet, lässt sich anhand Schultze-Bluhms Assemblagetechnik mit Pelzen bekräftigen. In der Arbeit „Der große Schrank der Pandora“ (Abb. 8.1 u. 8.2) sind sie etwa fuchsschwanzähnlich an der unteren Rahmenkante des Schrankes angebracht, so als würden sie aus dem Schrankinneren hervorquellen. Die Szenerie der herunterbaumelnden

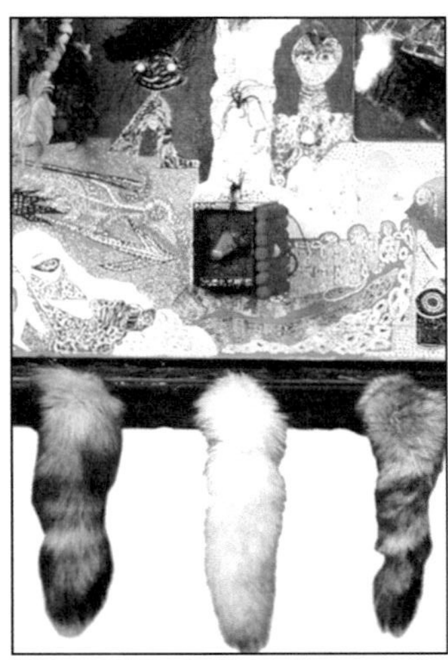

Abb. 8.3: Ursula Schultze-Bluhm: „Der Große Schrank der Pandora", 1968, Detail.

Pelze wirkt grotesk ornamentierend, insbesondere in Zusammenhang mit dem unteren, kleinen Innenkästchen, das mit roten Schaumstoffkugeln beklebt ist und aus dem ein roter nasenähnlicher Plastikgegenstand herausragt (Abb. 8.3). Eine Nase ist ein Fetisch,[28] ebenso wie Pelz,[29] heißt es bei Freud und weiter:

„der Fetisch ist ein Penisersatz [...], nicht der Ersatz eines beliebigen, sondern eines bestimmten, ganz besonderen Penis [...], [nämlich] des Weibes (der Mutter), an den das Knäblein geglaubt hat und auf den es [...] nicht verzichten will. Der Hergang ist also der, dass der Knabe sich geweigert hat, die Tatsache seiner Wahrnehmung, dass das Weib keinen Penis besitzt, zur Kenntnis zu nehmen. Nein, das kann nicht wahr sein, denn wenn das Weib kastriert ist, ist sein eigener Penis bedroht."[30]

Wenngleich sich durch Schultze-Bluhms Arrangement der Plastik- und Pelzobjekte Assoziationen an Penisse, hinsichtlich des Innenkästchens gar an einen erigierten Penis aufdrängen mögen, möchte ich den Fokus weiterhin auf die zu untersuchende Begehrensstruktur gerichtet halten,

---

28 Vgl.: Freud, Sigmund: Fetischismus. In: Freud, Anna (Hg.): Gesammelte Werke, Bd. 14 (1925-1931), S. 311.

29 Vgl. ebd. S. 314.

30 Ebd. S. 312.

die sich hier mit Freud als eine fetischistische beschreiben lässt. Entscheidend ist in diesem Zusammenhang weniger, dass der Fetisch Ersatz für den Penis ist, als das er *Ersatz* ist. In seiner Theorie des Fetischismus macht Freud klar, dass dem Fetisch eine Schutz-, gar eine Triumphfunktion obliegt.[31] Der Fetisch steht im Dienste des Fixierens, des Festhaltens eines Ersehnten.[32] Die Kastrationserfahrung des „Knäbleins", von dem Freud spricht – und man muss Freud nicht nur an dieser Stelle, sondern grundsätzlich den Vorwurf machen, in seinen Analysen lediglich das männliche Kind und damit ein patriarchales Erkenntnisinteresse im Sinn zu haben – diese Kastrationserfahrung ist derart traumatisch, dass sie zur Grundlage einer Substitutionsstruktur wird. Innerhalb dieser Struktur ist es möglich, zu begehren, ohne enttäuscht zu werden, zu besitzen, ohne aufgeben zu müssen. Auch wenn Freud das eine mit dem anderen verbindet: Der Fetisch ist hier weniger als Repräsentant des Penis hervorzuheben, denn als Modus des Begehrens, eines verschobenen, weniger gefährlichen Begehrens. Schultze-Bluhms Fetischisierung der Pandora-Schränke ist applizierend und explizit. Sie ist eine Betonung von Kasten und Kästchen, eine Überbordung des ‚Pandora-Gefäßes', eine Übertreibung von: ‚hier gibt's was, gleich kommt was, endlich!'. Vor allem aber, und an dieser Stelle bewerte ich die Schrankinstallationen Schultze-Bluhm als dekonstruktiv, wirkt diese übertriebene Fetischisierung entleerend und ernüchternd, denn der Fetisch ist ein Instrument des Leugnens und nicht des Bescherens. Das, was der Fetisch verheißt zu sehen zu geben, also das, was bei Freud der weibliche Penis ist, kann nicht preisgegeben werden, ist nicht existent, reine Illusion und Resultat begehrender, narzisstischer Schaulust.

Schultze-Bluhms Strategie des Verschachtelns und Fetischisierens spielt mit der Begehrensdisposition der Betrachtenden, mit ihrem Blick und ihren Projektionsgelüsten. Ich möchte dieses Dekonstruktionsmoment als relevant für den gesamten, weiteren Verlauf dieser Forschungsarbeit festhalten. Alle weiteren, sich zunehmend auf das ‚Innere' der Pandoraschränke beziehenden Detailanalysen können im Zweifelsfall in den Kontext dieses, als dekonstruktiv bewertbaren Effektes gestellt werden. Das gilt insbesondere für diejenigen nachfolgenden Erörterungen, aus denen sich keine dekonstruktive Bewertung ergeben wird. Schultze-Bluhms, durch Verschachtelung und Fetischisierung erzielte Übertreibung der Aufgeladenheit des ‚Pandoragefäßes' ist ein erster maßgeblicher Dekonstruktionsfaktor, der als Bezugsrahmen für spätere Erörterungen dienen kann.

---

31 Vgl. ebd. S. 313.

32 Vgl. ebd. S. 314.

Die Büchse und der Blick

Mit der Fokussierung des Gehäuses des Pandoraschrankes wird die dekonstruktive Analyse nun stärker auf die Konstituierung von Weiblichkeit bezogen. Das mythische Moment des Öffnens der ‚Büchse', dem Pandora sich nicht entziehen kann, inszeniert Schultze-Bluhm als Aufgeklapptsein zweier gleichschenkeliger Flügeltüren. Die Öffnungsbewegung ist von innen nach außen, gerade so wie bei einem Küchenschrank (Abb. 8.2). Der Blick der Betrachtenden wird durch die nach links und rechts aufgeklappten Türen auf die Mitte des Schrankinnenraumes zentriert. Der sich daraus ergebende, zu untersuchende Komplex ist der des Zusammenhanges eines geöffneten, konzentrischen Gefäßraumes, der auf einen penetrierenden Blick hin konzipiert ist. In das Moment des Öffnens sind, wie ich nachweisen möchte, nicht nur Separationen von Innen und Außen, weiblich und männlich eingewoben, sondern ist auch die Konzeption einer ‚außerkulturellen Welt' enthalten. All dies wird repräsentiert durch den weiblichen Körper. Ich werde im Folgenden eine neuzeitliche, bildliche Analogie von ‚Pandorenbüchse' und weiblichem Körper herausarbeiten.

Eine im Vergleich zu Schultze-Bluhms Inszenierung zunächst anschaulichere Analogisierung von ‚Pandorenbüchse' und weiblichem Körper liefert die 1993 ausgestellte Arbeit „The Pandora that is Pandora's Box"[33] des japanischen Künstlers Noritoshi Hirakawa (Abb. 13). Dabei handelt es sich um eine Videoinstallation, in der eine halb sitzende, halb liegende, nackte weibliche Figur, die offensichtlich eine Darstellung Pandoras ist, angestrahlt von einem hellen Scheinwerfer aus einem sie umgebenden, schwarzen Raum hervorgehoben ist. Die räumliche Perspektivierung des Betrachterblicks erfolgt durch die Ausrichtung des Lichtprojektors aus dem schwarzen Zuschauerraum heraus. Die gespreizten Schenkel der weiblichen Figur unterstützen die Zentrierung des Blicks, der durch das weiße, die Vagina bedeckende Oval zusätzlich herausgefordert wird. Die Szenerie soll hier insofern besprochen werden, als sie den veranschlagten Untersuchungskomplex belegt und die weitergehende Analyse vorbereitet. Wenngleich in den künstlerischen Inszenierungen Schultze-Bluhms und Hirakawas Differenzen auszumachen sind, gibt es symptomatische Übereinstimmungen: Die Bearbeitungen der Pandorathematik implizieren eine Reduktion auf das Büchsenmotiv. In dieser Reduktion wiederum erfolgt auf der Ebene des Blicks eine Betonung des Öffnungsmomentes, das eine Geschlechterzuschreibung reguliert. Der Raum hinter der Öffnung ist ein geheimnisvoller, weiblicher konnotierter Innenraum, der als separierter der Betrachterposition gegen-

33 Für den Hinweis auf diese künstlerische Arbeit danke ich Sigrid Adorf. Ein weiterer Dank gilt Maren Poser.

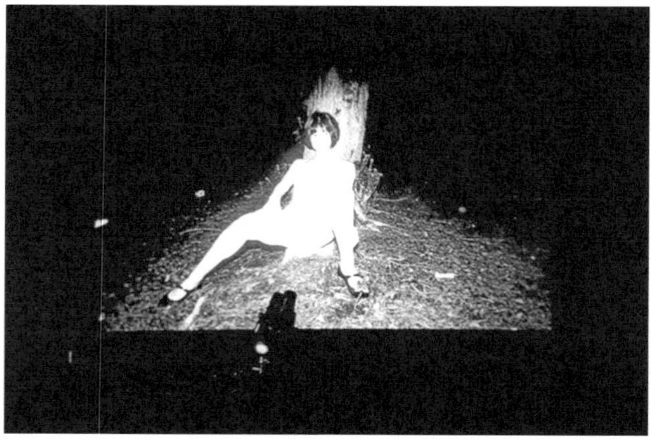

Abb. 13: Noritoshi Hirakawa: „The Pandora that is Pandora's Box", 1993.

übergestellt ist. Es geht, wie sich anhand der Arbeit Hirakawas explizieren und auf die Inszenierungen Schultze-Bluhm rückbeziehen lässt, um eine voyeuristische Konzeptionierung des weiblichen Körpers als Raum des Anderen. Weitaus mehr als um öffnen geht es hinsichtlich des Geschlechterarrangements um delegieren und begrenzen. Die Inszenierung der geöffneten ‚Pandorabüchse' als räumliches Gegenüber setzt eine ‚außen vor-', bzw. ‚im Dunkeln', also abgegrenzt bleibende Betrachtersouveränität voraus.

Sehen wir uns diese Analogie von weiblichem Körper und Raum und die dazugehörige Blickkonstitution kulturhistorisch an. Eines der wichtigsten und zugleich berühmtesten Gemälde, an dem sich die Verschränkung von weiblichem Körper, zentralperspektivischem Raum und neuzeitlichem Blick eindrucksvoll exemplifizieren lässt, ist Gustave Courbets „L'Origine du monde" von 1866 (Abb. 14). Als Ursprung der Welt, wie es der Titel verheißt, wird der weibliche Schoß dargeboten, dessen Öffnung Fixpunkt des Betrachterblicks ist. Im Fokus steht ein weiblicher, entblößter Unterleib, der besonders aufgrund seiner Öffnung von Interesse ist. Die daran geknüpfte Konzeption des weiblichen Körpers als Ursprungsort, als gebärender Urgrund und essentieller Raum, die Vorstellung einer weiblichen Körpernatur also, die ohne die Pendantvorstellung einer männlichen Geistnatur, die sie zugleich affirmiert, nicht existent wäre, ist uns bereits aus der anfänglichen Erörterung des für die Art-Brut konstitutiven Kreativitätskonzeptes bekannt. Was sich an der Arbeit Courbets spezifizieren lässt, ist die in dieser Konzeption virulente voyeuristische Perspektive, die einen geschlechterfixierten Sexualitäts-

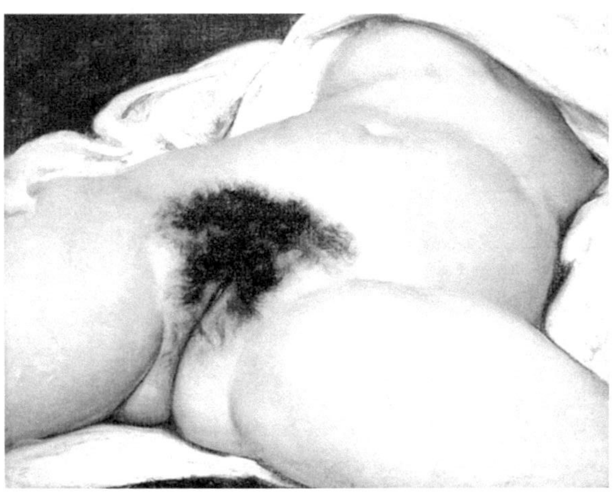

Abb. 14: Gustave Courbet: „L'Origine du monde", 1866.

diskurs determiniert. Ähnlich der Arbeit Hirakawas und mit den aufgeklappten Schranktüren Schultze-Bluhms vergleichbar, erfolgt durch die gespreizten Beine in Courbets Gemälde mehr als 100 Jahre zuvor eine paradigmatische Zentrierung des Betrachterblicks, die ein Abtasten der Öffnung nach sich zieht und ein Eindringenwollen evoziert. Der blickgeleiteten Suche nach einem ‚Ursprung', nach einer ‚naturhaften Wahrheit' obliegt eine Penetrationscharakteristik. Courbets Gemälde ist ein Objekt des voyeuristischen Blicks, ein explizites Zu-sehen-geben, ein Arrangement anatomisch verdrehter Schenkel und Körperöffnungen im Dienste der Schaulust. Es ist die Inszenierung eines weiblichen Körpers als Blickgefäß. Und es ist eine Szenerie, die mit Separierung und Autorisierung, letztendlich Verbergen einhergeht. Eindrucksvoll dokumentiert dieses die Aufbewahrungspraxis des Bildes. Bei Courbet in Auftrag gegeben wird es von einem türkischen Diplomaten, Spieler und Kunstsammler besessen, der es hinter einem grünen Vorhang verbirgt, den er nur für ausgewählte, männliche Besucher zurückzieht. Es gelangt später in die Hände eines ungarischen Barons, der es mit einem anderen Gemälde bedeckt, wird während des Zweiten Weltkrieges erst von Deutschen, dann von Russen beschlagnahmt und später an einen französischen Liebhaber verkauft, der es wiederum hinter einem Bild verbirgt, nämlich einer Vexierzeichnung des surrealistischen Künstlers André Massons mit dem Titel „Panneau-masque de L'origine du monde" von

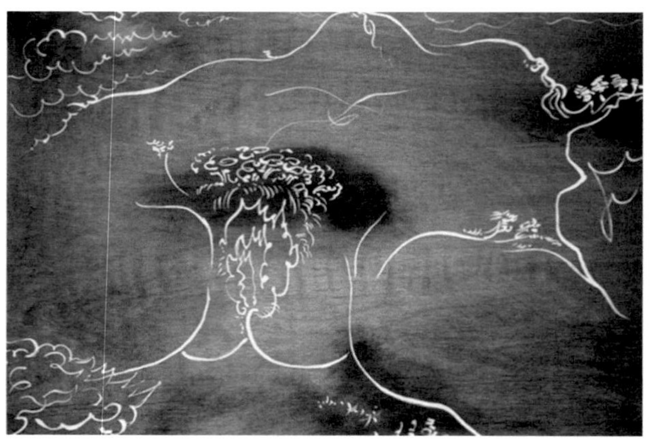

Abb. 15: André Masson: „Panneau-masque de L'Origine du monde", 1955.

1955 (Abb. 15).[34] Es handelt sich bei dieser Arbeit um die Skizzierung einer Hügellandschaft, die auf den nachgezogenen Umrisslinien eines wie bei Courbet posierten weiblichen Körpers basiert.

Ist diese für die Neuzeit konstitutive, voyeuristisch determinierte Analogisierung von weiblichem Körper und Raum im Bild auf die Schrankobjekte Schultze-Bluhms rückzubeziehen? In welcher Weise sind die Pandoraschränke weiblich konnotierte Körperräume? In ihrer Untersuchung „Pornotopische[r] Techniken des Betrachtens"[35] spricht Linda Hentschel von einem „Geschlecht des Raumes,"[36] das ein weibliches ist. Sie versteht darunter weniger eine metaphorische Synonymität, als einen strukturellen Befund, nach dem der weibliche Körper einen Raumstatus bzw. Raum einen Weiblichkeitsstatus hat.[37] Der Verknüpfung von weiblichem Körper und Raum, die – wie Hentschel nachweist – auf visuelle Apparate der Moderne zurückzuführen ist, wohnt eine Konstruktion unabgeschlossener ‚Welten' inne, die als ein Anderes des sich

34 Zum detaillierteren, historischen Verbleib des Courbet-Gemäldes siehe: Nochlin, Linda: The Origin of the World. In: Faunce, Sarah; dies. (Hg.): Courbet Reconsidered. New Haven, London 1988, S. 176ff. Außerdem: Metken, Günter: Gustave Courbet. Der Ursprung der Welt. Ein Lust-Stück. München, New York 1997, S. 8ff.

35 Hentschel, Linda: Pornotopische Techniken des Betrachtens. Raumwahrnehmung und Geschlechterordnung in visuellen Apparaten der Moderne. In: Studien zur visuellen Kultur. Bd. 2, Marburg 2001.

36 Ebd. S. 10.

37 Hentschel spricht von einem „Ersetzungsverfahren zwischen weiblichem Körper und feminisiertem Raum." Ebd. S. 73.

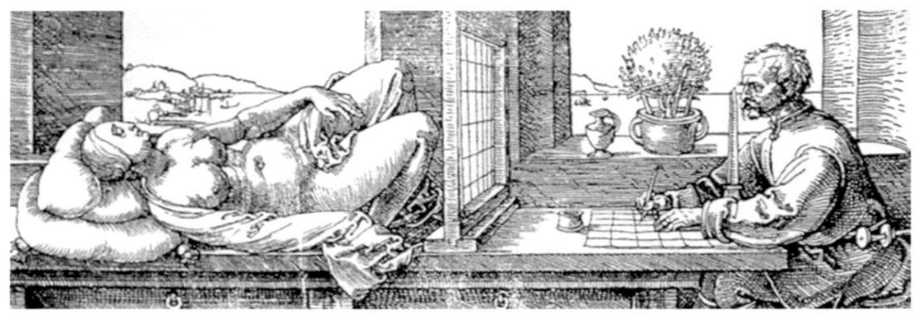

Abb. 16: Albrecht Dürer: „Der Zeichner des liegenden Weibes", 1538.

als abgeschlossen und souverän imaginierenden, neuzeitlichen Betrachtersubjekts fungieren.[38] Ich komme auf diese Subjektkonstitution im nachfolgenden Kapitel zurück. Die Statusanalogie von weiblichem Körper und Raum ist Bestandteil und Effekt „Pornotopischer Techniken," die ein sexualisiertes Sehen und eine „Lust, drin zu sein"[39] generieren. Hentschel betont, dass diese Konstellation auch auf diejenige, mit Materialkonzepten agierende Kunst der Moderne zu beziehen ist, die nicht mit bildlichen Raumillusionen operiert. Denn diese Verlagerung, so Hentschel, geschieht

> „unter Beibehaltung der Überlagerung von künstlerischem Akt und Sexualitätsakt bzw. der Wahrnehmung des zu kreierenden Objekts als weiblich."[40]

Diese, also für die Kunst des 20. Jahrhunderts ebenso konstitutive Verschränkung von weiblichem Körper und Raum, kann auf die frühe Neuzeit rückdatiert werden. Hentschel schlägt vor

> „Albrecht Dürers Holzschnitt ‚Der Zeichner des liegenden Weibes' (1538) [...] als ein ‚Vorspiel' zu Courbets ‚L'origine du monde' zu betrachten."[41]

In diesem Holzschnitt (Abb. 16) wird eine distanzierte Platzierung des Betrachters bzw. Zeichners[42] offenkundig, die bei Courbet unthematisiert und damit unbewusst bleibt:

---

38 Vgl. ebd. S. 13.
39 Ebd. S. 16.
40 Ebd. S. 27.
41 Ebd.
42 Siehe auch die Auseinandersetzungen Sigrid Schades und Silke Wenks mit dieser Arbeit Dürers, die sie als „Schlüsselbild für die Entwicklung des voyeuristischen Blicks in der Kunst der Neuzeit" bezeichnen. In: Dies.: Inszenierungen des Sehens ... a.a.O., S. 383. Des Weiteren siehe Irene Nierhaus'

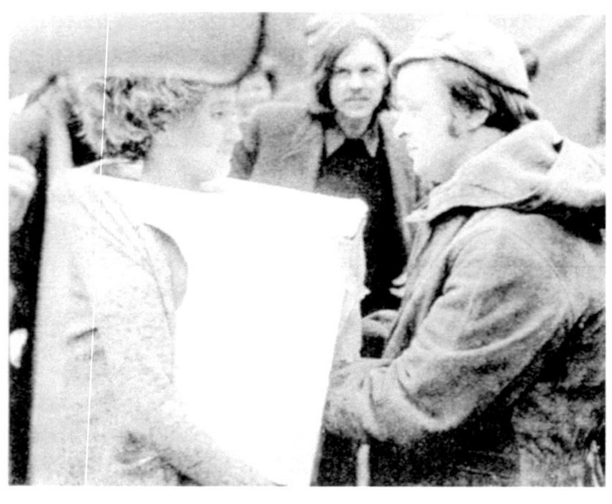

Abb. 17: Valie Export:
„Tapp- und Tastkino", 1968.

„[D]er Betrachter [ist] gegenüber dem Bild / Raum wie gegenüber dem anderen Geschlecht positioniert."[43]

Gegenüber der Arbeit Dürers ist bei Courbet, so Hentschel, der Bildraum um 90° nach links verlagert,[44] was an seiner „Feminisierung"[45] und „Sexualisierung"[46] nichts ändert, sie im Gegenteil verstärkt.

Auf die Frage, inwieweit nun in Schultze-Bluhms Schrankinstallationen eine Dekonstruktion dieses Gefüges von feminisiertem Raum und voyeuristischem Blick angelegt ist, möchte ich mit einer Betrachtung Valie Exports „Tapp- und Tastkino" von 1968 hinarbeiten, das etwa zur gleichen Zeit entsteht wie die Pandoraschränke Schultze-Bluhms. Gesellschaftspolitischer Kontext dieser Zeit ist die Frauenbewegung mit ihren Debatten um Emanzipation, sexuelle Befreiung und eine ‚Rückeroberung' des weiblichen Körpers. In dieses Feld gehört auch die in den 70er Jahren geführte Diskussion um Abtreibung, deren einprägsamstes Motto sicherlich „Mein Bauch gehört mir"[47] ist. Die Abb. 17 gibt eine Szene aus einem Aktionsfilm wieder, der eine öffentliche Performance Exports

---

Analyse des Holzschnittes in: Nierhaus, Irene: Arch6. Raum, Geschlecht, Architektur. Wien 1999, S. 48/49.

43 Hentschel, Linda: Pornotopische Techniken ... a.a.O., S. 10.

44 Vgl. ebd. S. 27.

45 Ebd. S. 8.

46 Ebd. S. 9.

47 Zit. bei: Angerer, Marie-Luise: Feministische Positionen in der Kunst und Medientheorie. In: Schade, Sigrid; Tholen, Georg Christoph (Hg.): Konfigurationen. Zwischen Kunst und Medien. München 1999, S. 455.

festhält. Es ist die Künstlerin zu sehen, deren Oberkörper von einem quader- und pappähnlichen Karton umgeben ist. Die vordere Seite des Kartongefäßes ist geöffnet. Der Protagonistin gegenüber steht ein Passant, der seine Hände durch die Öffnung steckt, um innerhalb einer ihm eingeräumten fünftel Minute das Innere des Gefäßes haptisch zu erkunden. Exports Arbeit ist eine Überpointierung der soeben hergeleiteten Verschränkung von weiblichem Körper, Raum und Voyeurismus. Ähnlich wie in Dürers Holzschnitt ist in der linken Bildhälfte eine vermeintliche Körper- und Raumhaftigkeit der Frau und in der rechten Bildhälfte eine primär mit Männlichkeit assoziierte Taxierungstätigkeit dargestellt. Aufgrund spezifischer Übertreibungen und Abweichungen ist Exports Arbeit als dekonstruktiv zu bewerten: Eine weibliche Körperhaftigkeit, ein weibliches Raum- bzw. Gefäßsein ist in einer Art und Weise übertrieben, die den Fokus zurückwirft auf den männlichen Akteur, der, aufgrund der ihm verunmöglichten Blickerkundung, in eine peinliche Grapscherposition versetzt ist. Bei Export wird haptisch ein Penetrationsmoment herauspräpariert, das als ein blickkonstituierendes ‚normalerweise' verborgen bleibt. Die Überstrapazierung neuzeitlicher, weiblicher Gefäßhaftigkeit wirkt als Irritation der Betrachterposition zurück.

Die Schrankinstallationen Schultze Bluhms nun, in denen ebenfalls mit einem taktilen Aufforderungscharakter operiert wird, implizieren einen solchen, auf die Überlagerung von weiblichem Körper und Raum ausgerichteten Dekonstruktionsaspekt nicht. Ihre Inszenierung der weit aufklappbaren Schranktüren affirmiert das neuzeitliche, zentralperspektivische Raumparadigma hinsichtlich der ihm impliziten Konzeption des Weiblichen als Gefäß- bzw. Umgebungsraum. Damit affirmiert sie auch ein mit einer Ursprungsassoziation belegtes Weiblichkeitskonzept, also eine Haltung, die im weiblichen Körper einen „L'Origine du monde" platziert und ihn zu einem Raum des „Ungewissen, Dunklen, Archaischen, [...] Sinnlichen [und] Weiblichen"[48] macht, um die anfänglich besprochene Art-Brut-Definition Bianchis zu rekapitulieren. Unterstützt wird dieses Konzept durch die Hervorhebung des Materialcharakters der Schränke und Schrankinnenräume, der im Unterschied zur Arbeit Exports nicht haptisch erfassbar ist und damit bei Schultze-Bluhm kein Instrument zur Umgehung des Blickgefüges darstellt. Im Gegenteil: ihre Pandoraschränke bedienen einen voyeuristischen Blick indem sie ihn unthematisiert lassen. Sie irritieren ihn nicht, sie verschweigen ihn. Sie geben vor, ihm bislang im Inneren Verborgenes darzubieten, ihm ‚alles' ‚sicher' sichtbar zu machen. Wie kurios die ihm zur Schau gestellten Objekte auch sein mögen, sie unterliegen seiner Kontrolle und seiner unerkannt bleibenden Lust. Dieser Blick konstituiert in seinem Interessiert-

48 Bianchi, Paolo: Bild und Seele. ... a.a.O., S. 93.

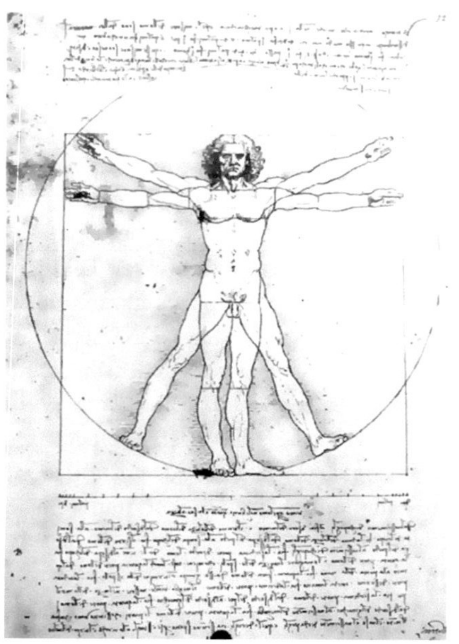

Abb. 18: Leonardo da Vinci: Proportionsfigur nach Vitruv, um 1492.

sein am Öffnen von Körperräumen stetig ein Anderes, das kulturhistorisch ein weiblich konnotiertes ist.

Das Ideal der Geschlossenheit

Neben dem soeben behandelten Gefüge von weiblich konnotiertem Körperraum und männlich konnotierter Blickpenetration ist eine weitere Geschlechtertypizität neuzeitlicher Subjektbestimmung auszumachen, auf die in einem ‚Pandoraschrank' Schultze-Bluhms angespielt wird. Untersuchungsgegenstand ist nun ein männlich konnotierter Körperbegriff, der in gewisser Weise ein Pendant zum weiblich konnotierten Körperraumkonzept ist. Es geht um den Körper des Betrachters, der sich vom weiblichen Körperraum als dem Anderen abzugrenzen sucht. Entgegen dem geöffneten weiblichen Körperraum ist dieser männliche Körper ein vermeintlich geschlossener und ideal proportionierter.[49]

Eine Repräsentation dieses Idealkörpers ist die um 1492 entstandene Proportionsfigur Leonardo da Vincis (Abb. 18), die in heutiger Zeit bei-

49 Vgl.: Hentschel, Linda: Pornotopische Techniken ... a.a.O., S. 13. Siehe auch: Schade, Sigrid; Wenk, Silke: Inszenierungen des Sehen ... a.a.O., S. 346.

spielsweise als Gesundheitslogo für Krankenversicherungen dient. Die frühneuzeitliche, geometrisierte Zeichnung eines männlichen Körpers kann als paradigmatisch gelten für einen humanistischen, anthropozentrischen Subjektbegriff und ein modernes Gesundheitsverständnis. Sehen wir uns da Vincis Arbeit, der in der westlichen Kunst- und Wissenschaftsgeschichte als einer der wichtigsten Vertreter insbesondere hinsichtlich der Verknüpfung anatomischer und ästhetischer Reflexionen gilt, genauer an: Dargestellt ist eine in Quadern aufgeteilte, homogene, muskulöse, männliche, zentralisierte Figur, deren Bauchnabel mit den jeweiligen Mittelpunkten des sie umgebenden Kreises und Quadrates zusammenfällt. Die Ausstreckung von Armen und Beinen suggeriert eine autonome Beanspruchung des geometrischen Begrenzungsrahmens und ein souveränes Agieren in ihm. Der Umgebungsraum des wohlproportionierten, geschlossenen Körpers ist klar strukturiert und definiert. In dem oberhalb und unterhalb der Zeichnung platzierten Text wird der Ingenieur Vitruv (84-27 v. Chr.) zitiert, auf dessen antike Entwürfe idealistischer Körperproportionen sich da Vinci in seiner Zeichnung stützt,[50] die er als überhistorisch markiert und im Kontext neuzeitlicher Naturalisierungspropaganda reetabliert. Das so konzipierte Bild des Körpers ist Dokument einer Verwebung historischer, anatomischer, mathematischer und künstlerischer Erkenntnisse[51] und kein Natursignum.[52] Und es ist das Bild eines männlichen Körpers. Es ist eingebunden in eine narzisstische Identifikationspolitik, innerhalb derer es als vermeintlicher Spiegel des männlichen Subjekts fungiert. Es ist Vorlage, mit der sich dieses Subjekt als ein vollständig, zentriert und unangefochten in der Welt seiendes imaginiert. Dass dieses Körperbild Konstrukt und in dieser Weise Illusion ist, oder – wie Schade hervorhebt – ein „Mythos des ‚Ganzen Körpers'"[53] ist, bleibt unhinterfragt. Ebenso das mit ihm konstituierte komplementärnarzisstisch Andere, das „Ausgegrenzte[], Abgespaltene[]" und „Verdrängte[]" in seiner „Zuweisung an das weibliche Geschlecht."[54]

50 Vgl.: Ost, Hans: Leonardo – Studien. In: Brandmann, Günther; u.a.; Beiträge zur Kunstgeschichte. Bd. 11, Berlin, New York 1975, S. 18.

51 Zum neuzeitlichen Zusammenagieren anatomischer Sezierungs- und Proportionierungspraktiken und künstlerischer Visualisierung, zur Relevanz also der an der Verbildlichung des Körpers beteiligten Künste siehe beispielsweise: Schade, Sigrid; Wenk, Silke: Inszenierungen des Sehens ... a.a.O., S. 379.

52 Zur Dekonstruktion des neuzeitlichen Bildanspruches, eine ‚Körpernatur' zu sehen geben zu können siehe beispielsweise: Ebd. S. 382.

53 Vgl.: Schade, Sigrid: Der Mythos des ‚Ganzen Körpers'. Das Fragmentarische in der Kunst des 20. Jahrhunderts als Dekonstruktion bürgerlicher Totalitätskonzepte. In: Barta, Ilsebill; u.a. (Hg.): Frauen-Bilder Männer-Mythen. Kunsthistorische Beiträge. Berlin 1987, S. 239ff.

54 Ebd. S. 247. Des Weiteren: Dies.: Andere Körper ... a.a.O., S. 10.

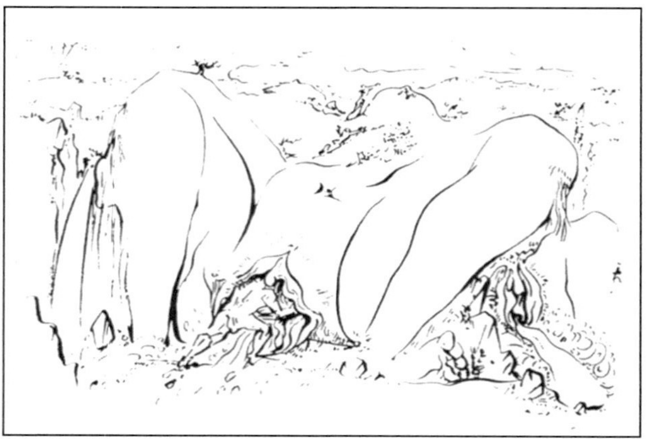

Abb. 19: André Masson, o.T., o.J.

Eine Imagination dieses Anderen, die ich – bevor ich mit meinem Rückbezug auf die Arbeit Schultze-Bluhms beginne – als zweite Vergleichsposition heranziehe und mit der ich zur Kunst des 20. Jahrhunderts komme, liefert eine weitere Zeichnung André Massons (Abb. 19). Diese unbetitelte, vermutlich aus den 1950er Jahren stammende Arbeit zeigt einen liegenden, fragmentierten weiblichen Körper, der mit der Landschaft verläuft, also unabgeschlossen, konturlos, unpräzise und offen ist. Was ihn charakterisiert ist eine passiv-wabernde Massig- und Formlosigkeit. An ihm hervorgehoben ist eine Art Loch- und Kloakenhaftigkeit, gegen die eine kleine, muskulöse Heldenfigur ankämpft. Komplementärer könnte ein Gegenentwurf zu dem behandelten neuzeitlichen Körper- und Subjektidealismus kaum sein. Aber: wenngleich diese Arbeit im Kontext derjenigen Kunst des 20. Jahrhunderts zu betrachten ist, die gegenüber der oben hinterfragten Körpertotalität als provokativ und in dieser Weise als dekonstruktiv zu bewerten ist,[55] gilt dieses nicht für den impliziten Geschlechterdualismus. Nichts in der Zeichnung Massons ist als Irritation bezüglich der Konzeption des Männlichen als autonom handelndem Subjekt ‚in' einem ‚ganzen' Körper deutbar. Und nichts ist als Dekonstruktion seines Pendants, nämlich der Konzeption des Weiblichen als ein Passives, Offenes und Undefinierbares zu versteh-

55 Gemeint ist eine Dekonstruktion des besprochenen Körpertotalitarismus, wie sie Schade in Bezug auf die aus den 1930er und 60er Jahren stammenden Arbeiten Hans Bellmers veranschlagt. Gemeint ist nicht ein etwaiger und von Schade vertretender Zirkelschluss im Sinne einer Dekonstruktion impliziter Weiblichkeitsklischees. Siehe: Schade, Sigrid: Der Mythos des ‚Ganzen Körpers' ... a.a.O.

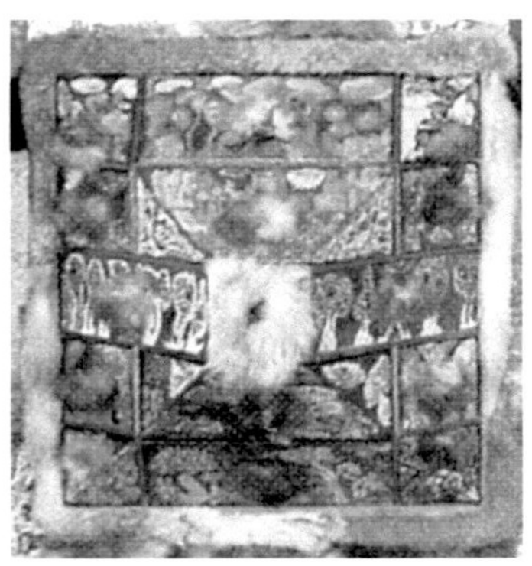

Abb. 10.3: Ursula Schultze-Bluhm: „Der Pandora-Schrank mit den vielen Gesichtern“, 1969-1977, Detail.

en. Und ebenso nichts ist aufspürbar, was die Komplementärbezüglichkeit zwischen ‚männlich-geschlossen' und ‚weiblich-offen' ins Wanken geraten ließe.

Ich komme zu einer Detailansicht aus dem Inneren des „Pandora-Schrank[es] mit den vielen Gesichtern“ von Schultze-Bluhm. Die Abb. 10.3 eröffnet einen Blick auf ein Quadrat, dessen Innenfläche in weitere quadratische, rechteckige und dreieckige Felder unterteilt ist. Im Unterschied zur Zeichnung da Vincis (Abb. 18) sind die Proportionen und Begrenzungen hier geometrisch nicht präzise, sondern verbogen und verzerrt. Der aus den sich überschneidenden Diagonalen ergebende Mittelpunkt ist so denn auch leicht nach unten gerutscht. Entgegen der Arbeit da Vincis fällt dieser Punkt nicht mit dem Bauchnabel einer im Innenbereich des Quadrates platzierten Figur zusammen, sondern mit dem einer Außenfigur (Abb. 10.4). Während da Vinci eine mit mathematischen Proportionen kompatibilisierte männliche Figur darstellt zeigt Schultze-Bluhm verschobene Geometrisierungen ‚im Bauch' einer sie umgebenden weiblichen Großfigur. Während die Verknüpfung von Figur und Geometrie bei da Vincis einen wohlproportionierten männlichen Körper zentralisiert betont die Detailarbeit Schultze-Bluhms ein essentialistisches Körperkonzept, das weiblich konnotiert ist. Während da Vincis Zeichnung das männlich konnotierte Ideal der Geschlossenheit repräsentiert affirmiert Schultze-Bluhms Detailarbeit (Abb. 10.3) die weiblich konnotierte Vorstellung eines umgebenden Unterleibes als Ursprungsort. Die Darstellung der Künstlerin ist nicht in Erwartung eines etwaigen weiblichen Anthropozentrismus zu betrachten. Sie weist nicht auf etwas

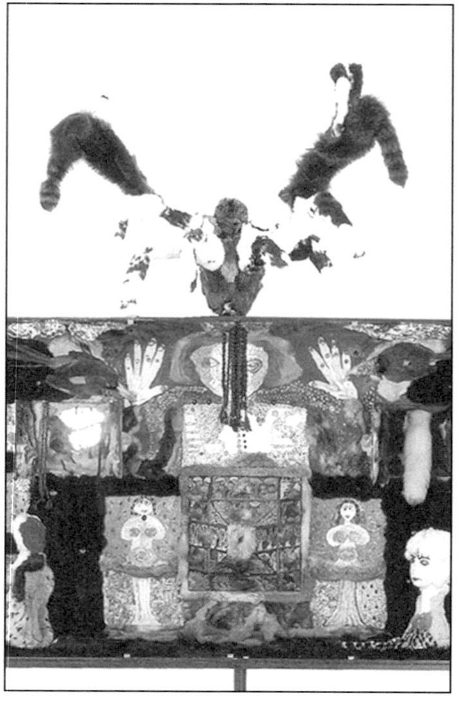

Abb. 10.4: Ursula Schultze-Bluhm „Der Pandora-Schrank mit den vielen Gesichtern“, 1969-1977, Detail.

hin, das als Pendant zum Konzept des männlichen, idealistischen Körpersubjekt zu verstehen wäre, sondern auf eine diesem Konzept implizite Komplementärposition. Dieser Position zugewiesen, ist der weibliche Körper mit Unberechenbarkeit, Labilität und Gefäßhaftigkeit assoziiert. Obgleich ihrer geometrischen Ähnlichkeit und ihrer Bezogenheit auf eine geschlechtsspezifizierte Figur ist die Detailarbeit Schultze-Bluhms mit der da Vincis nicht parallelisierbar. Sie affirmiert – und ähnelt damit weitaus eher der Arbeit Massons (Abb. 19) – eine Vorstellung weiblichen Körper- und Gefäßseins und eben nicht Subjektseins. Das ‚krumme', in die weibliche Figur verlegte Geometriefeld mag eine Groteske der Ideal-Proportioniertheit des neuzeitlichen Körper- und Subjektkonzeptes sein, insbesondere wenn man die der weiblichen Figur ‚aufgesetzten Hörner' (Abb. 10.4) wörtlich nehmend mitberücksichtigt. Es hält aber keinen Dekonstruktionsaspekt in Bezug auf die diesem Konzept komplementäre Assoziierung des Weiblichen mit Formlosigkeit, Offenheit und Gefäßhaftigkeit bereit. Stattdessen bleibt bei Schultze-Bluhm ein Antagonismus zwischen neuzeitlichem, männlich konnotiertem Idealkörper und ‚rohem', weiblich konnotiertem Gefäßkörper – ein Antagonismus, wie er den bereits behandelten Art-Brut-Definitionen Dubuffets und Bianchis implizit ist – unkommentiert. Ich komme in meiner Analyse dieser Detailarbeit zu einer ähnlichen Bewertung wie bei Masson: Die gleichwohl als Kritik des wohlproportionierten, ‚ganzen', männlich konnotierten Körpers verstehbare Deproportionierung und Umfiguration bei Schultze-Bluhm impliziert keine Dekonstruktion (s)eines weiblich konnotierten Anderen.

Die Deponierung von Verworfenem

Die soeben herausgearbeitete Befundung der Detailarbeit als Affirmation eines ‚offenen', weiblich konnotierten Körperbildes gilt generell für die Pandorainstallationen Schultze-Bluhms. Der „Pandora-Schrank mit Kopf" (Abb. 12.1) beispielsweise hebt den Unterleib einer weiblichen Figur hervor, der mit phantastisch-verzerrt-verschlungenen Körperformen bemalt ist. In seinem Innenraum (Abb. 12.2) sind weitere Verschiebungen von Kopfproportionen zu sehen, die einem humanistisch-idealistischen Konzept konträr sind. Rechts unten ist ein Styroporkopf platziert, der mit braunen und rötlichen Materialien beklebt und bemalt ist. Aus seinem Nasenbereich ragt ein schlangenartiges Objekt. Weiterhin einer Dekonstruktionsmöglichkeit auf der Spur, möchte ich erörtern, inwieweit verschlungene und fragmentierte Körperbilder durch psychoanalytische, für die Moderne paradigmatische Kontextualisierungen weiblich konnotiert und eventuell dekonstruierbar sind. Dabei geht es um die Frage, in welcher Weise ein nicht-idealistischer Körper, also ein verzerrter, ‚geöffneter' und diffuser Körper ein Anderer ist? Und es geht um die Frage, wie es zu der Charakterisierung dieses Anderen als weiblich kommt? Der Rekurs auf psychoanalytische Modelle wird deutlich machen, wie das Vorstellungsbild eines offenen, nicht abgegrenzten Körpers in der Moderne für ein weiblich konnotiertes Verdrängtes steht, das von einem nach Idealen strebenden Subjekt abgespalten wird. Wie also fungiert der geöffnete, weiblich konnotierte Körper als Container des ‚ganzen', männlich konnotierten Subjekts?

Die umrissene Fragestellung ist im Grunde eine Frage nach einem ‚außerkulturellen' Status des Körpers, der ein anderer als der idealistische ‚Kulturkörper' ist. In Art-Brut-Manier könnte dieser andere Körper als ein vermeintlich ‚roher', natürlicher oder essenzieller (miss)verstanden werden. Als psychoanalytisch ausgerichtete Frage geht es um die Relation des präödipalen, weiblich konnotierten Körpers zur subjektkonstituierenden, symbolischen Ordnung. Die in diesem Zusammenhang relevanten und zu kritisierenden psychoanalytischen Modelle sind zweischneidig. Wenngleich sie eine Binarität von männlich konnotiertem ‚Kultursubjekt' und weiblich konnotiertem ‚Naturkörper' affirmieren, liefern sie zum Teil auch radikale Hinterfragungen des sich als ideal und autonom wähnenden Subjekts. In die Theorien eingewobene Weiblichkeitskonstruktionen sind nicht explizit und ergeben sich mithin durch die Verknüpfung aufeinander aufbauender Ansätze.

Sehen wir uns diese einmal an: Eine radikale Kritik des souveränen Subjekts geht von Freuds Konzeption des Unbewussten aus. Über die Bezeichnung „dark continent,"[56] die Freud auf das Unbewusste sowie auf die weibliche Sexualität bezieht, erfolgt ein Rückwirkeffekt, der das Unbewusste als weiblich konnotiert. Ich habe dieses im Vorfeld behandelt. Hinsichtlich der Genese des vermeintlich souveränen Subjekts ist an dieser Stelle die Funktion des Unbewussten von Interesse. Freud versteht es als Instanz, die Verdrängtes aufnimmt. Seine Inhalte stammen im Wesentlichen aus dem Verdrängung evozierenden Ödipuskomplex, der Kernstück der Theorie ist. Eine präödipale Phase nimmt Freud als Instanz nicht an[57] und seine Analyse des Ödipuskomplexes ist auf das männliche, Penis-besitzende Kind zentriert. Infolge dieses Primats des Penis-Phallus verbindet Freud unausgesprochen ein undefiniertes, amorphes Präödipales mit Weiblichkeit und apostrophiert es als beängstigend und negativierend.[58] Das als männlich verstandene Subjekt ist auf dessen Verdrängung gegründet, also labil und eben nicht souverän.

Eine Verknüpfung dieses Befundes mit Körperimaginationen liefert Lacan in seiner Abhandlung über das Spiegelstadium.[59] Sowohl dieses Stadium als auch der Ödipuskomplex sind bei Lacan zentrale Stufen in der Genese des Subjekts und der Konstituierung des Unbewussten. Das präödipale Spiegelstadium verdeutlicht den Vorgang der Verdrängung in Anbindung an eine Körperbilddualität. In dem primordialen Moment, da im Spiegel eine umgrenzte eigene Gestalt, in den Worten Lacans eine „totale Form des Körpers,"[60] auf die „hin der Mensch sich projiziert"[61] wahrgenommen wird, entstehen parallel, quasi als Kehrseite der Medaille

56 Freud Sigmund: Die Frage der Laienanalyse ... a.a.O., S. 241.

57 Freuds Position ist in dieser Frage nicht ganz eindeutig und bisweilen ambivalent. Siehe: Laplanche, J.; Pontalis, J.-B.: Das Vokabular der Psychoanalyse ... a.a.O., S. 351ff, 395f.

58 Siehe: Freud, Sigmund: Über die weibliche Sexualität. In: Freud, Anna (Hg.): Gesammelte Werke, Bd. 14 ... a.a.O., S. 518, 526.

59 Siehe: Lacan, Jacques: Das Spiegelstadium als Bildner der Ichfunktion ... a.a.O.

60 Ebd. S. 64.

61 Ebd. S. 65.

„zerstückelte Körper[bilder]“[62] im Unbewussten. Die psychosexuelle Entwicklung des Subjektes ist somit durch idealistische und fragmentarische Körperbilder präfiguriert. Wie Freud geht Lacan von einer Hegemonie des männlichen Subjektes aus, womit er unausgesprochen die weibliche Konnotation des (Freudschen) Unbewussten auf fragmentarische Körperbilder überleitet. Allerdings kennzeichnet er den, das als männlich verstandene Subjekt figurierenden geschlossenen Körper als Bestandteil einer Verkennungsstruktur, als „Fata Morgana.“[63] Ich werde das Spiegelstadium an späterer Stelle erneut thematisieren.

Lacans Verständnis des zerstückelten Körpers ist, wie bereits im Vorfeld erörtert, Phallus-gebunden und damit immer nur innerhalb zirkulierender Repräsentation zu verstehen. Das Bild des fragmentarischen Körpers ist die sich unablässig formende Rückseite des ganzen Körperbildes und damit nichts, was irgendwie ‚roh‘ oder außerkulturell wäre. Dieser, das humanistische, ideale Körpersubjekt dekonstruierende Befund impliziert bei Lacan keinen Zirkelschluss auf die weibliche Konnotation des unbewussten, fragmentarischen Körpers. Diesen Rückwirkeffekt gilt es jedoch dringlich zu schlussfolgern: Wenn die das Subjekt konstituierenden ganzen und fragmentarischen Körperbilder Fiktion bzw. Kultur sind, dann gilt dieses unweigerlich auch für die ihnen anhaftenden Geschlechtszuschreibungen.

Bevor ich diese Feststellung auf die Arbeit Schultze-Bluhms rückbeziehe, möchte ich einen weiteren Ansatz berücksichtigen. Es geht nach wie vor um die Klärung, inwieweit psychoanalytische Ansätze die Vorstellung eines ‚rohen‘, fragmentarischen, körperlichen Weiblichen, das in der Funktion steht Deponie für Verworfenes zu sein, nicht nur hervorbringen, sondern auch widerlegen können? Kann das Arrangement von weiblichem Körpergefäß und phantastisch-verzerrten, weiblich konnotierten Körperproportionen, wie es in dem „Pandora-Schrank mit Kopf“ inszeniert ist, auf einen weiterführenden psychoanalytischen Sinnhorizont bezogen werden? So perspektiviert möchte ich Kristevas Konzept der „semiotische[n] chora“[64] ins Blickfeld nehmen. In ihren Bezugnahmen auf Freuds Ödipuskomplex und Lacans Spiegelstadium[65] fordert sie die Berücksichtigung eines von ihnen vernachlässigten mütterlichen Körpers und bettet diesen ein in eine Kritik des männlich konnotierten Subjekts. Wie bereits dargelegt, geht es der Analytikerin um eine subjektkonstitutive Relevanz eines „zerstückelte[n], präödipale[n]“[66] Kör-

62 Ebd. S. 67.
63 Ebd. S. 64.
64 Kristeva, Julia: Die Revolution der poetischen ... a.a.O., siehe beispielsweise S. 35.
65 Ebd. S. 55ff.
66 Ebd. S. 33.

pers, der nicht – wie bei Lacan – an das Idealbild des geschlossenen Körpers, sondern an den mütterlichen Körper[67] gebunden ist. Während der mütterliche Körper bei Lacan unwiederbringlich verloren ist, betrachtet Kristeva ihn als weiblich konnotiertes Rebellionsgebiet am Rande einer männlich konnotierten, symbolischen Ordnung. Dieses Gebiet, für das Kristeva den Begriff „chora“ verwendet, wird als ein Ort des Verdrängten, Undefinierten und Unstrukturierten verstanden. Kristeva spricht von einem „Raum,“[68] von dem Potentiale zur Negativierung gesellschaftlicher und psychischer Grenzen und damit auch des ‚ganzen' Körpers ausgehen. Die dieser Theorie implizite topologische Rhetorik affirmiert weiblich codierte Containervorstellungen und mit ihnen eine Dichotomie von weiblich konnotierten, fragmentarischen und männlich konnotierten ‚ganzen' Körperbildern. Sie verfestigt ebenso die Vorstellung einer ‚sicher zu deponierenden', diffusen und inhomogenen, das männlich konnotierte Subjekt destabilisierenden Weiblichkeit. Dass es sich hierbei sowohl um ein den psychoanalytischen Theoriediskurs durchziehendes, wie auch für die Art-Brut konstitutives Weiblichkeitsklischee handelt, sagte ich bereits.

Welche Rückschlüsse sind nun in Bezug auf die Arbeit Schultze-Bluhms zu ziehen? Die geschilderten psychoanalytischen Ansätze bieten jeweils spezifische Infragestellungen des vermeintlich souveränen Subjekts und ganzen Körpers. Im Hinblick auf eine Demontage der stereotypen Markierung des Verworfenen als weiblich sind die vorgestellten Ansätze – wie wir gesehen haben – in unterschiedlichem Grade inkonsequent. Mit dem „Pandora-Schrank mit Kopf“ (Abb. 12.1/Abb. 12.2) verhält es sich ähnlich. Zwar thematisiert Schultze-Bluhm eine Deponierung von Verworfenen, doch apostrophiert sie diese explizit als weiblich. Die verzerrten Körperproportionen sind mit betonten Augen-, Mund- oder Brustpartien versehen und in dem Schrankunterleib der weiblichen Büste untergebracht. Die sorgfältige Platzierung und Ausmalung der Figuren hinterlässt weniger den Eindruck einer Übersteigerung ins Groteske, als einer lustvollen, ordnenden Ausschmückung weiblicher Fabelwesen. Eine Irritation des Zuschauers vermag diese Inszenierung nicht zu bewirken. Vielmehr steht sie im Dienste eines Begehrens nach der Überschreitung symbolischer Körperschemata, die selbst geschlechtsdualistisch strukturiert sind.

67 Vgl. ebd. S. 38.
68 Ebd. S. 37.

Vom Defekt und vom Wiederkehrenden

„Die Kulturproduktionen des Patriarchats sind voll von Zeugnissen der Furcht vor der ‚Wiederkehr des Verdrängten', dem Wiederaufleben der Konserve, das in dieser Phantasie nur in dämonischer Gestalt erfolgen kann. [...] Die Vorstellung von der Überwindung des Weiblichen [...] ebenso wie von seiner Wiederkehr scheinen im männlichen Unbewussten also eng mit der Assoziation von Gewalt verbunden [...]"[69]
(Christa Rohde-Dachser)

Ich möchte noch einen Moment bei den Theorien Freuds und Kristevas bleiben und untersuchen, inwieweit die Öffnung des Körpers als maßgebliche Konstituierungsfigur für eine psychische und etwaige symbolische ‚Grenzüberschreitung' fungiert. Es soll die Beteiligung des psychoanalytischen Diskurses an der Verschaltung von weiblichem Körper und ausströmender ‚Pandorabüchse' nachgezeichnet werden. Im Zentrum der Untersuchung steht nun eine Störungs- bzw. Defektvorstellung, mit der der weibliche Körper belegt ist und die seine kulturelle Projektions- und Containerfunktion determiniert.

Die mit höchster Aufmerksamkeit belegte weibliche Körperöffnung, die Vagina, leitet Freud „von der Kloake"[70] ab. Er versteht die Vagina außerdem als „Wunde," die die Frau „anstatt des männlichen Gliedes"[71] habe. Zwar rezipiert Freud hier infantile Vorstellungen, doch analysiert er sie nicht im Hinblick auf eine ihnen implizite narzisstisch-patriarchale Projektions- und Diskriminierungsfunktion. Stattdessen bettet er sie in den Bezugsrahmen des Kastrationskomplexes ein, womit er die Imagination einer verwundeten, „defekten,"[72] weil kastrierten Weiblichkeit kulturtheoretisch verfestigt. Freuds der Weiblichkeit zugrunde liegendes Konzept von Mangelhaftigkeit ist in sich selbst mangelhaft, weil es nicht

69 Rohde-Dachser, Christa: Expedition in den dunklen ... a.a.O., S. 123.

70 Freud, Sigmund: Die Disposition der Zwangsneurose. In: Freud, Anna (Hg.): Gesammelte Werke, Bd. 8, Frankfurt a.M. 1942, S. 452.

71 Freud, Sigmund: Aus der Geschichte einer infantilen Neurose. In: ebd. Bd. 12, Frankfurt a.M. 1940-1952, S. 110.

72 Freud, Sigmund: Neue Folge der Vorlesungen ... a.a.O., S. 142.

psychoanalysiert ist.[73] Das gleiche gilt für die analoge Illusion Männlichkeit auszeichnender Mangellosigkeit, die komplementär entsteht. Über den Begriff der Kloake wird die weibliche Körperöffnung nicht nur mit dem Assoziationsbild einer Wunde verschaltet, sondern auch mit dem einer grenzüberschreitenden, das männlich konnotierte Subjekt gefährdenden Verunreinigung, wie Renate Schlesier in ihrem Bezug auf einige Passagen Freuds darlegt:

> „Indem Freud die männliche ‚Scheu vor dem Weibe' zu begründen versucht als die ‚Furcht' davor, ‚mit [...] Weiblichkeit angesteckt zu werden und sich dann untüchtig zu zeigen' wird die Konstruktion der Weiblichkeit als eines ‚Defekts' zum ‚Infekt' ‚vervollständigt'. Die Angst vor jenem ‚Infekt' ist jedoch im Freudschen Modell des [...] Geschlechterverhältnisses zwar Angst vor der Kastration, aber nicht vor einer Kastration *durch* die Frau, sondern eine Angst vor der Kastration als Angleichung *an* die Frau."[74]

Die herausgearbeitete Assoziierung von Weiblichkeit mit Mangelhaftigkeit, Infektion und Abscheu findet sich bei Kristeva unter verändertem Vorzeichen wieder. Von Interesse ist vor allem ihr Konzept der Abjection, mit dem sie eine gewisse Vorlage liefert für die im Rahmen dieser Arbeit zu untersuchenden Kreativitätsvorstellungen. Mit Abjection, die für Abscheu und Ekelhaftes steht, bezeichnet Kristeva Abspaltungs- und Verwerfungsprozesse, mittels derer sich das Subjekt konstituiert und aufrecht hält. Der Begriff Abject versucht eine Kennzeichnung von etwas, das weder Subjekt noch Objekt, sondern eine Bedrohung bzw. Verunklärung dieser Kategorien ist. Kristeva wagt die Definition eines nicht objektivierbaren Grenz- und Entgrenzungsphänomens,[75] dessen prädestinierteste Ursachen bzw. Effekte beispielsweise Fäkalien und Blut sind. Das Abject destabilisiert das Subjekt, indem es seine körperliche Integrität infragestellt, was ein Verlustempfinden kohärenter Identität nach sich zieht.[76] Es geht um ein Phänomen, das an der Öffnung des Körpers angesiedelt ist, die psychoanalytisch, wie bereits herauspräpariert, weiblich

---

73 Zu Freuds unkritischer Übernahme infantiler Projektionen auf den mütterlichen Bauch und weiterer ausgebliebener Psychoanalysen siehe: Schlesier, Renate: Konstruktionen der Weiblichkeit bei Sigmund Freud. Zum Problem von Entmythologisierung und Remythologisierung in der psychoanalytischen Theorie. Frankfurt a.M. 1981, besonders S. 36, S. 170.

74 Ebd. S. 170. Kennzeichnung der Freudzitate mit ‚'. Freud, Sigmund: Das Tabu der Virginität. In: Freud, Anna (Hg.): Gesammelte Werke, Bd. 12 (1917-1920), Frankfurt a.M., S. 168.

75 Vgl. Kristeva, Julia: Pouvoirs de l'horreur. Paris 1980, z.B. S. 126.

76 Siehe auch: Kubitza, Anette: Die Macht des Ekels. Zu einer neuen Topographie des Frauenkörpers. In: Kritische Berichte. Jg. 21, 1/1993, S. 43ff.

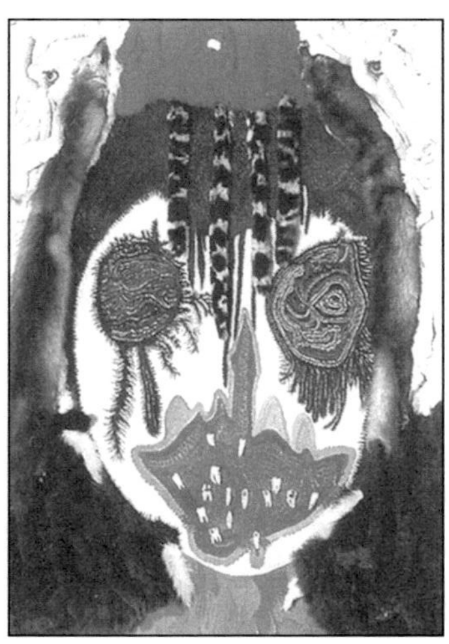

Abb. 11.3: Ursula Schultze-Bluhm: „Der Pandora-Tierschrank“, 1972, Detail.

konnotiert ist. Doch richtet Kristeva einen anderen Fokus aus als Freud. Sie stellt dar, dass die Beziehung des Subjekts zum Abject konstituiert ist durch seine frühkindliche Symbiose mit dem mütterlichen Körper, der verworfen wurde und fortwährend mittels des Empfindens von Abscheu separiert wird.

Es stellt sich die Frage, welches Verhältnis sich zwischen dem Abject und der ‚Büchse der Pandora' bestimmen lässt? Stellen die Pandorabearbeitungen Schultze-Bluhms ein Abject aus, das in der Lage wäre ein Verworfenes wiederkehren zu lassen oder auf dieses zu verweisen? Und wäre dieses Abject in der Lage eine Kritik der Geschlechtergenese zu inaugurieren? Eine Abscheu generierende Inszenierung zeigt Schultze-Bluhm beispielsweise auf der Innenseite der rechten Tür des geöffneten „Pandora-Tierschranks“ (Abb. 11.2 u. 11.3). Zu sehen ist eine Fratze mit ausufernden Augen-, Nase- und Mundöffnungen. Auf die mit blutähnlicher Farbe gestaltete Mund(höhlen)partie sind ‚echte' Zähne drapiert, die vermutlich von geschlachteten Tieren stammen. Als Vergleichspositionen ziehe ich die Aquarelle „Die Büchse der Pandora als Stillleben“ (Abb. 20) von Paul Klee und „Die Büchse der Pandora“ (Abb. 21) von Max Beckmann heran. Die Arbeit Klees zeigt eine Vase auf einer Empore, die an Kopf und Oberkörper einer stilistisch angedeuteten, menschlichen Figur erinnert. Die so gesehene Mundpartie ist als in ihrer Mitte rot markierte, vaginale Öffnung dargestellt, aus der Dämpfe ausströmen.

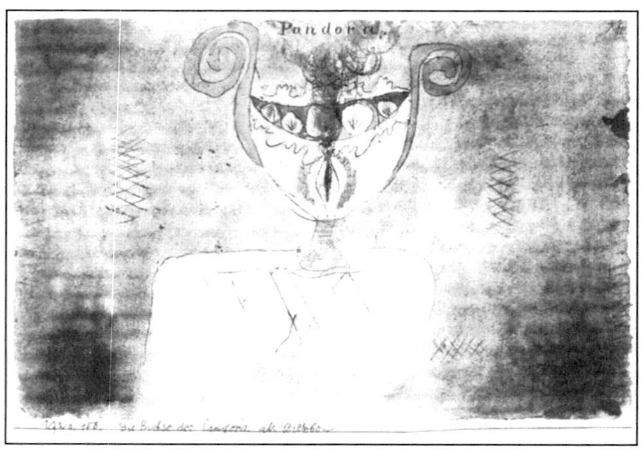

Abb. 20: Paul Klee: „Die Büchse der Pandora als Stilleben“, 1920.

Beckmann inszeniert in der unteren rechte Bildecke einen Kasten mit der Aufschrift „Pandora.“ Aus dessen Öffnung lodern Flammen, die mit umwälzenden Kreisdynamiken zusammenwirken. Die Expressivität und Düsterheit des Bildes wird in der Rezeption als Darstellung eines Kriegs- bzw. Atombombeninfernos[77] gelesen. Die Andeutung einer sexualisierten, weiblichen Körperpartie geschieht hier durch die beiden mittig angeordneten Ringe, die an Brüste erinnern. In beiden Positionen wird ein Kultur gefährdendes Moment in Zusammenhang mit einem weiblichen ‚Sexualkörper' gebracht. Durch Beckmanns Betonung brustähnlicher Formen und Klees Fokussierung einer vaginalen Form ist dieser Körper als mütterlicher Körper apostrophiert, der im psychoanalytischen Verständnis ein verworfener und offener ist.

Ausgehend von dem im Vorfeld behandelten kunstpolitischen Anspruch, künstlerische Produktionen, insbesondere aus dem Feld der Art-Brut, seien in der Lage ein ‚rohes,, weibliches ‚Urweltliches' zur Anschauung zu bringen, müssten die drei vorgestellten Positionen im Kontext der Abjectionstheorie als Medien verstanden werden, *in* oder *mit* denen Verworfenes wiederkehrt. Doch ist eine solche Wiederkehr möglich bzw. kann das Abject mit den Mitteln der Kunst zur Darstellung gebracht werden? Und wie kommt es zu der Prädestinierung weiblich konnotierter Imaginationen als Repräsentanten des Verworfenen? Die Wirkung des

77 Siehe beispielsweise: Panofsky, Dora; Panofsky, Erwin: Die Büchse der Pandora. Bedeutungswandel eines mythischen Symbols. Frankfurt, New York 1992, S. 123.

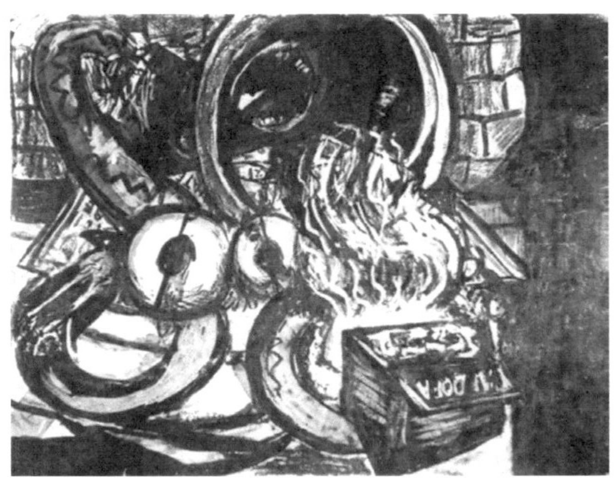

Abb. 21: Max Beckmann: „Die Büchse der Pandora“, 1936 (1947).

Ekelhaften, die von den Darstellungen Klees, Beckmanns und Schultze-Bluhms ausgeht, ist im Kristevaschen Sinne eine Nähe zu ‚etwas', das nicht objektivierbar, sondern abject ist. Kristeva geht davon aus, dass ein sich dem Symbolischen Entziehendes in den Brüchen, den Schreckensmomenten dieses Symbolischen aufscheint. Diese Momente sind aber an Verobjektivierung gebunden. Wenn der durch die künstlerischen Inszenierungen hervorgerufene Eindruck des Ekelhaften ein Verworfenes aufscheinen lässt, dann geschieht dieses nicht ohne sofortige und stetige Neuverwerfungen. In dem Moment, da es aufscheint, hört das Abject „auf zu sein, was es von seinem (Un-)Begriff her ist.“[78] Damit ist das Abject nicht nur nicht objektivierbar, sondern auch nicht ‚wiederkehrbar'. Es ist hier jedoch weniger der Kristevasche Ansatz, der zu problematisieren ist, als eine diesen und ähnliche Ansätze missdeutende Kunstpolitik. Das sich unweigerlich mit der Betrachtung der Arbeit Schultze-Bluhms einstellende Ekelempfinden sollte nicht als Beweis einer vermeintlichen, künstlerischen Unmittelbarkeit missverstanden werden, sondern als Potential zur Dekonstruktion der Betrachter- bzw. Subjektposition genutzt werden, die der Abjection unterworfen ist und nicht umgekehrt. „Der Begriff ‚Abject',“ so Schade

> „bezieht sich also eher auf eine *unvorhersehbare Reaktion* auf ein Objekt, das ‚Abject' ist nicht ein Gegenüber des Subjekts, sondern Erinnerungssymbol für

78 Menninghaus, Winfried: Ekel. Theorie und Geschichte einer starken Empfindung. Frankfurt a.M. 1999, S. 75.

das Werden des Subjekts selbst, in dem dessen Nachträglichkeit und transitorischer Status aufscheint.“[79]

Hinsichtlich seiner weiblichen Konnotation ist das Abject als nicht dekonstruktiv zu bewerten. Diese Kritik ist sowohl auf die theoretische Konzeption als auch auf die Arbeit Schultze-Bluhms zu beziehen. Das Abject kann nicht ‚ursprünglich‘ weiblich sein, weil jede Geschlechtsstereotypisierung eine kulturelle, symbolische Codierung ist, wie Butler darlegt.[80] Wenn Kristeva den verworfenen, präödipalen, mütterlichen Körper als weiblich apostrophiert, sitzt sie einer essentialistischen Strukturierung auf, die sie vollkommen unanalysiert lässt. Ebenso gibt es keinen nicht symbolischen Zusammenhang zwischen dem verworfenen, präödipalen, mütterlichen Körper und der weiblich konnotierten Darstellung Schultze-Bluhms. Wie die Arbeiten Klees und Beckmanns affirmiert Schultze-Bluhms Verknüpfung der Ekelszenerie mit der ‚Büchse der Pandora‘ eine patriarchale Containerfunktion des Weiblichen.

Fragmentierung als Repräsentationskritik

Der Ansatz der Abjection ist damit gleichwohl nicht als einer dekonstruktiven Interpretation unzuträglich zu verstehen, denn die Fragestellung kann neu ausgerichtet werden. Wenn die weibliche Konnotation des verworfenen Körpers eine kulturelle Codierung ist, dann ist diese es, die es zu dekonstruieren gilt. Die Parallelisierung von Weiblichkeit und Abjection kann mit einer ‚Abjection als Strategie‘ verschoben werden. Mit künstlerischen und kunstwissenschaftlichen Mitteln geschieht dieses seit den späten 1980er bzw. 90er Jahren im Feld der Abject-Art, die zum Teil an Kristevas[81] Ansatz der verwerfenden Konstituierung des Anderen orientiert ist. Die in der Abject-Art kursierenden, fragmentarischen und ‚obszönen‘, eben abjecten Körperbilder können durchaus denen ähneln, die in früheren Epochen, also beispielsweise in den behandelten Arbeiten Beckmanns und Klees, die ja als Kritik an geschlossenen, idealistischen Körperbildern verhandelt wurden, bereits präsent sind. Die kunsthistorische Verwendung des Begriffs des Abjecten ist in den theoretischen und künstlerischen Positionen der Moderne jedoch eine andere als in der so-

79 Schade, Sigrid: ‚Der Spuk ist durchschaut!‘ Rück-Sichten auf Darstellbarkeit von Kubin bis zur Abject-art. In: Sturm, Martin; Tholen, Georg Christoph (Hg.): Phantasma und Phantome. Gestalten des Unheimlichen in Kunst und Psychoanalyse. Offenes Kulturhaus Linz 1995, S. 71f, Hervorh. M.H.

80 Eine explizite Kritik Butlers an Kristevas Konzept des semiotischen Körpers findet sich in: Butler, Judith: Das Unbehagen der Geschlechter ... a.a.O., S. 123ff.

81 Zu nennen ist insbesondere: Kristeva, Julia: Pouvoirs de l’horreur. Paris 1980.

genannten Postmoderne. Die neueren Arbeiten werden zumeist in einem repräsentationskritischen[82] Diskurskontext verhandelt, der veränderte Bildinterpretationen inauguriert.[83] In diesen Diskurs eingebettet wird Abject-Art als eine Kunst verstanden, die kritisch zitierend[84] auf symbolische Verwerfungspraxen aufmerksam macht und so idealistische Subjekt- und Körpervorstellungen konterkariert. Die im Kontext der Abject-Art neu auszurichtende Fragestellung widmet sich nicht mehr der Vorstellung, ein Verworfenes könne mit Mitteln der Kunst zur Wiederkehr gebracht werden. Vielmehr fokussiert sie die Repräsentationskonventionen, die ein Verworfenes konstituieren[85] und kann so als Dekonstruktion ästhetischer Ekel- oder Schockstrategien wirken, wie sie in den besprochenen Arbeiten Klees und Beckmanns wirksam sind.[86]

Feministisch motiviert ist der repräsentationskritische Fokus auf die weibliche Konnotation des abjecten Körpers zu richten. Sind also Darstellungen des abjecten Körpers im Kontext der Abject-Art in der Lage die repräsentative Verknüpfung von Weiblichkeit und Abjection zu stören? Wenn ich sogleich die von 1972 stammende Detailarbeit (Abb. 11.3) Schultze-Bluhms zur Abject-Art in Beziehung setze, geschieht dieses notwendigerweise retrospektiv. Weder die Künstlerin noch ihre Arbeiten wurden ab den 1980er bzw. 90er Jahren unter dem Konzept einer repräsentationskritischen Abject-Art rezipiert. Auch wird Schultze-Bluhm in der feministischen Kunstgeschichtsschreibung der 70er Jahre nicht denjenigen Künstlerinnen zugerechnet, die mit Fragmentierungen traditioneller Weiblichkeitskonzepte experimentierten und erst mit ihren späteren Arbeiten in einen repräsentationskritischen Kontext eingebettet wurden, wie es beispielsweise bei Carolee Schneemann, Valie Export, Renate Herter oder Jo Spence der Fall ist.[87] Cindy Sherman zählt ebenfalls zu diesen Künstlerinnen. Mit ihren ‚Ekelbildern' der 1980er und 90er Jahre ist sie eines der prominentesten Beispiele einer als Repräsentations- und Geschlechterkritik verstandenen Abject-Art. Die Abb. 22

82 Unter die repräsentationskritischen Ansätze, die der Abject-art zur Verfügung stehen, fällt weniger Kristevas Abjectionstheorie als beispielsweise: Butler, Judith: Das Unbehagen der Geschlechter ... a.a.O. Und dies.: Körper von Gewicht ... a.a.O.

83 Vgl.: Zimmermann, Anja: Skandalöse Bilder, skandalöse Körper. Abject-art vom Surrealismus bis zu den Culture Wars. Berlin 2001, S. 31.

84 Ebd. S. 211.

85 Vgl. ebd. S. 83 u. 118.

86 Siehe hierzu auch Zimmermanns Bewertung der künstlerischen Arbeiten Cindy Shermans, die sie als kritischen Kommentar zu Bellmers Inszenierungen fragmentarischer Körperbilder liest. Ebd. S. 42 ff.

87 Vgl. Schade, Sigrid: Andere Körper. Kunst, Politik und ... a.a.O., S. 18. Und: Ebd. S. 27.

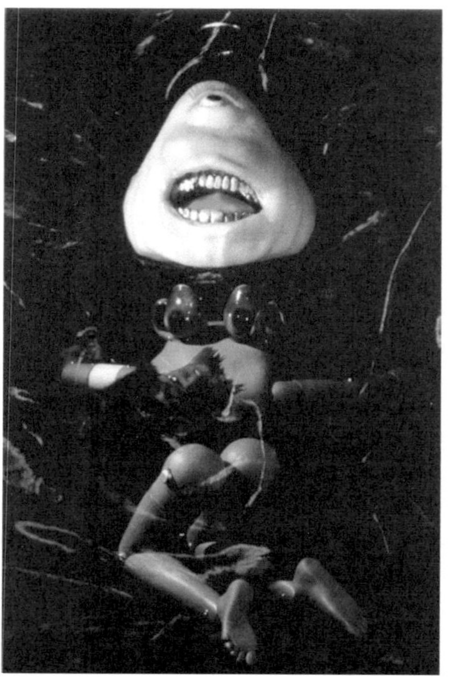

Abb. 22: Cindy Sherman, # 308, 1994.

zeigt ihre Arbeit „Untitled # 308,“ die verdreht zusammengefügte Prothesenteile in bzw. unter einem simulierten, violett glänzenden Tuch zu erkennen gibt. Im oberen Drittel ist eine unförmige, ovale Weichprothese als Kopf inszeniert, die mit nur einem Auge, einem geöffneten Mundbereich und schmutzig-fauligen Zähnen versehen ist. Die Verzerrungen bzw. Fragmentierungen im Augen- und Mundbereich sind mit denen Schultze-Bluhms (Abb. 11.3) durchaus vergleichbar. Die Konnotierung des abjecten Körpers als weiblich ist in beiden Arbeiten unterschwellig angelegt: Bei Sherman geschieht sie durch die glubschaugenähnlichen Kleinprothesen im Brustbereich der Figuration, durch die mit Weiblichkeit assoziierte, im freudschen Sinne ‚kloakenhafte' Mund- bzw. Körperöffnung und die Erotisierung der Szenerie mittels des violetten Satinstoffes. Bei Schultze-Bluhm geht die weibliche Konnotierung von den überdimensionierten blauen Augen, der rot betonten Mundpartie, den als Weiblichkeitsattributen geltenden Pelzen und der Platzierung des Kopfes in einem ‚weiblichen' Pandoraschrank aus. In beiden Arbeiten geht es um eine Verknüpfung von Weiblichkeit und abjecten Körperbildern. Im Fokus einer feministischen Repräsentationskritik sind beide künstlerischen Positionen als Diskurskontinuen zu begreifen, in und mit denen Repräsentationen abjecter Körperlichkeit assoziativ mit Weiblichkeit verkettet werden. Diese Verkettung festigt den abjecten Körper als weiblich, d.h. die den Szenerien impliziten weiblichen Konnotationen bekräftigen die Verortung des abjecten Körpers auf die Position des Anderen. Eine Dekonstruktion dieser geschlechtstypisierten Projektion könnte durch die Mittel der Wiederholung, Übertreibung oder Groteske erfolgen. Eine Übersteigerung des abjecten Körpers ins Absurde könnte so als Kritik der repräsentativen Verknüpfung von Weiblichkeit und Abjection zurückwirken. De facto geschieht dieses jedoch nur in den bzw. um die Arbeiten Shermans, denn nur sie werden im Sinne einer geschlechterkritischen Abjection als Strategie verhandelt. Es ist weniger das zur Schau gestellte Ausmaß der Obszönität, das eine künstlerische Arbeit als dekonstruktiv bewertbar und diskursivierbar prädestiniert, sondern der jeweilige Diskurs, der künstlerische Arbeiten in performativer Weise produziert, bzw. sich in und an ihnen materialisiert, wie Butler darlegt. Dieser Diskurs ist nicht nur immer epochenspezifisch, sondern selbst wiederum Ergebnis ihm historisch vorgelagerter Diskurse. So liest denn auch Zimmermann Shermans Ekelbilder als eine Verballhornung der Ekel- und Schockeffekte der ästhetischen Moderne.[88] Eingewoben in den feministischen, repräsentationskritischen Diskurs seit den 1990er Jahren ist Shermans Arbeit „Untitled # 308“ (Abb. 22) als Dekonstruktion moderner Weiblichkeitskonnotationen abjecter Körperbilder zu bewerten. Das Arrangement von Prothesenteilen, Satinstoff, Gummibacke, Einauge und schmuddeliger Körperöffnung ist repräsentationskritisch eine grotesk wirkende Verschiebung von weiblich apostrophierten Zeichen und eine Entleerung jeglichen ontologischen Anspruchs. Die Retrospektion dieser geschlechtsdekonstruktiven Abjection als Strategie auf die Arbeiten Schultze-Bluhms ist jedoch nicht ohne weiteres möglich. Sie würde eine Sezierung ihrer künstlerischen Arbeiten aus ihrem historischen Diskursnetz erfordern, die – würde sie gelingen – einer Beliebigkeit der Bedeutung Vorschub leisten würde, die wiederum einem Verlust kulturkritischen Potentials gleichkäme. Schultze-Bluhms Arrangement der Fratze mit Zähnen, Pelzen und etwaigem anderen ‚Klimbim' ist im Rahmen des Art-Brut-Kontextes als Kritik idealistischer Körperbilder zu bewerten. Die diesem Diskurskontext impliziten, bereits erörterten Propagierungen von Grenzüberschreitung, Rohheit und Mütterlichkeit konstituieren hingegen eben gerade einen weiblich konnotierten, abjecten Körper als ‚Ur-

88 Zimmermann, Anja: Skandalöse Bilder, skandalöse Körper ... a.a.O., S. 83 u. S. 244. Zimmermann setzt Shermans, aus den 1990er Jahren stammende Inszenierungen von Puppenprothesen in Bezug zu Bellmers Arrangements aus den 30ern Jahren.

sprung', ,Natur' und ,Ort der Wahrheit'. Schultze-Bluhms Pandorainstallation (Abb. 11.3) wirkt mit an dieser modernen, diskursiven Produktion des weiblich konnotierten, abjecten Körpers, der ab den 1990er Jahren einer Entleerung unterzogen wird. Sie konstruieren eine Verknüpfung von Weiblichkeit und Abjection, die erst zwanzig Jahre später Gegenstand dekonstruktiver Bemühungen ist.

Figuren des Inneren I

„Die Machtverhältnisse durchziehen das Körperinnere.“[89]
(Michel Foucault)

Ein *Inneres* ,ist' so etwas wie ein umgrenzter, erschließbarer und bisweilen kurioser Ort, so die moderne, voyeuristisch strukturierte Vorstellung. Ging es im vorherigen Teil um weibliche Konnotierungen von ,Gefäßöffnungen', Körperfragmentierungen und ,Grenzüberschreitungen', so stehen jetzt weiblich konnotierte ,Innenwelten' im Mittelpunkt der Untersuchungen. Es sind, so die Pandoraaktualisierungen des 20. Jahrhunderts, unheilvolle und spektakuläre ,Mächte',[90] die im *Inneren* deponiert sind. Es ist sozusagen der verborgene Bereich des neuzeitlichen, bürgerlichen Subjekts, der hier verortet ist und der sich ,irgendwie' zusammensetzt aus „Natur,“ „Magie,“ „Körper,“ „Wahnsinn,“ „Wildnis,“ „Kindheit,“ „Kunst“[91] und Weiblichkeit. Ausgehend von den Altarinstallationen Schultze-Bluhms werde ich die Verknüpfung dieser ja für die Art-Brut stereotypen ,Bereiche' zu einem Pandorakuriosum rekonstruieren und dabei den Fokus auf implizite Weiblichkeitskonstruktionen ausgerichtet lassen. Ich werde eine Analogie moderner Körper- und Psychekonzeptionen, letztlich die Konzeptionierung eines *Inneren*, für das der Körper Ort ,ist' herausarbeiten, die christlich und psychologisch motiviert ist. Ich werfe einen dekonstruktiven Blick in ein gleichsam gewünschtes und gefürchtetes, in jedem Fall begehrtes *Innere* der ,Büchse der Pandora'. Es wird sich zeigen, dass die Bewegung des Hinein- und Umherblickens, die unweigerlich auf die des Öffnens folgt, in gewisser Weise eine des Zurückgehens ist. Als begehreninduzierter Ort ist das *Innere* ein verlorengeglaubter und regressiver Ort, ein vermeintlicher Ort

89 Foucault, Michel: Dispositive der Macht. Über Sexualität, Wissen und Wahrheit. Berlin 1978, S. 104.

90 Vgl.: Ranke-Graves, Robert von: Griechische Mythologien ... a.a.O., S. 128f.

91 Weigel, Sigrid Die nahe Fremde – das Territorium des ,Weiblichen' ... a.a.O., S. 171.

des mütterlichen Körpers und außerkulturellen Seins. Weiterhin gelenkt sind die folgenden *Innen*sichtungen durch die Frage, ob die Inszenierungen Schultze-Bluhms – neben etwaigen subjekt- und kulturkritischen Momenten – Subversionen der essentialistischen, für die Art-Brut konstitutiven Weiblichkeitskonzeptionen inaugurieren.

Altäre als Schauplätze von Innerlichkeit

Die Rezeption attestiert den Schrankobjekten Schultze-Bluhms eine existentielle Aufgeladenheit und lässt dabei eine hohe Schreckensfaszination erkennbar werden. Die Installationen werden als Schauplätze einer „panische[n] Gewalt" und eines Ringens der Künstlerin um ihr „inneres Gleichgewicht"[92] verstanden. Ihre Schrankkunst sei volksnah und alltagspraktisch, ein „Ausdruck" menschlicher „Bedürfnisse, Wünsche, Träume, aber auch Alpträume und Ängste."[93] Ihre „Schreine und Kästchen" seien „die säkularisierte Fortsetzung der Tradition frommer Reliquiare."[94] Sie stünden wie „heidnische Altäre" [...] in einer technisierten Welt"[95] und seien „unzertrennbar" verbunden „mit der Mythologie" und „der Religion,"[96] heißt es.[97] Erkennbar ist ein Assoziationsgeflecht moderner, für die Art-Brut charakteristischer Vorstellungen über religiöse, kultische, heidnische, intuitive, und mysteriöse Praktiken bzw. Orte. Die Rezeption proklamiert eine schreckenerregende, im Sinne der Art-Brut ‚rohe' Spiritualität und deutet an, dass sie sie als Pendant einer ‚vergeistigten' christlichen Religiosität versteht. Die künstlerischen Arbeiten Schultze-Bluhms sind in ihrer Bedeutung nicht nur Ergebnis dieses Rezeptionskontextes, sondern auch Faktor. Um etwaige blasphemische und genderkritische Qualitäten herauspräparieren zu können, möchte ich einige anthropologische Aspekte des Altars näher beleuchten, die Zusammenhänge zwischen religiösen und psychischen Bewältigungsmustern aufzeigen.

---

92 Eine moderne Pandora. In: Süddeutsche Zeitung vom 11./12. 12.1982, Nr. 285, S. 15.

93 Spielmann, Peter in: Museum Bochum, Kunstsammlung ... a.a.O.

94 Ruhrberg, Karl: Kunst im 20. Jahrhundert. Das Museum Ludwig Köln. Stuttgart 1986, S. 182.

95 Eine moderne Pandora ... a.a.O.

96 Spielmann, Peter in: Museum Bochum, Kunstsammlung ... a.a.O.

97 Solche und ähnliche Beschreibungen finden sich ebenfalls in Rezeptionen anderer, mit Altarinszenierungen arbeitenden Art-Brut-Künstlerinnen wie beispielsweise Eva Wipf und Susan Walder. Siehe u.a.: Widmer, Heiny: Ex-voto-Schreine. Alchemistenschreine-Meditationsschreine. Über Eva Wipf. Und: Bianchi, Paolo; Geering, Pier: Magische Sammlerin von Objekten und Momenten. Über Susan Walder. In: Bianchi, Paolo (Hg.): Bild und Seele ... a.a.O., S. 250ff bzw. 272ff.

Die in der Rezeption auffindbare Ambivalenz von ‚schaudernd' und ‚heilig' ist keineswegs etwa in Art-Brut-Manier auf einen etwaigen Dualismus von archaisch-heidnischer und christlich-asketischer Religiosität zurückzuführen. Sie ist vielmehr in dem Begriff des Heiligen selbst angelegt, für das der Altar Ort ist.[98] Es ist der Begriff auf das lateinische „sacer" zurückzuführen, das sowohl mit „heilig," als auch mit „verflucht" und „abscheulich"[99] übersetzt wird. Auch Freud verweist in seinen kulturtheoretischen Abhandlungen auf eine solche Ambivalenz. „[E]inerseits," so Freud in seinem Buch „Totem und Tabu," in dem er den Ursprung der Religion behandelt, sei von „heilig, geweiht" zu sprechen und „andererseits [von] unheimlich, gefährlich, verboten, unrein." „Unsere Zusammensetzung," so schreibt er weiter, ergibt eine „heilige Scheu."[100] Es ist nicht die Mystifizierung einer schreckenerregenden, ‚rohen Seele', die Freud mit diesen Aussagen im Sinn hat, sondern eine Psycho- und Kulturanalyse. Er stellt klar:

> „Weder die Angst noch die Dämonen können in der Psychologie als letzte Dinge gewertet werden, die jeder weiteren Zurückführung trotzen. Es wäre anders, wenn die Dämonen wirklich existierten; aber wir wissen ja, sie sind selbst wie die Götter Schöpfungen der Seelenkräfte des Menschen; sie sind von etwas und aus etwas geschaffen worden."[101]

Freud legt eine patriarchale Konstituierung des Heiligen vor, indem er die vom Kind mit Furcht und Sehnsucht besetzte ödipuszentrierte, Gesetz und Verbot repräsentierende[102] Figur des Vaters zugrunde legt. Die Ambivalenz des Heiligen basiert demnach auf einer Ambivalenz im Verhältnis zum Vater, dessen Ordnung es gilt sich zu unterwerfen. Diese ist unantastbar und in Ehren zu halten, obwohl sie einen schmerzlichen Triebverzicht fordert. Das Heilige ist sowohl mit Verboten als auch Affekten beladen.[103] An weiterer Stelle macht Freud klar, dass die so prädestinierten patriarchal-religiösen Vorstellungen kulturelle Instrumente des Be-

---

98 Vgl.: Krause, Gerhard; Müller, Gerhard (Hg.): Theologische Realenzyklopädie. Berlin, New York 1978, S. 307.

99 Georges, Karl Ernst: Ausführliches Lateinisch-Deutsches Handwörterbuch. Aufl. 8, Bd. 2, Hannover, Leipzig 1918, S. 2440f.

100 Freud, Sigmund: Totem und Tabu. In: Freud, Anna (Hg.): Gesammelte Werke, Bd. 9 (1912-1923), S. 26.

101 Ebd. S. 34.

102 Ebd. S. 425ff. Und: Freud, Sigmund: Die Zukunft einer Illusion. In: ebd. Bd. 14 (1925-1931), S. 344.

103 Freud, Sigmund: Die Zukunft einer Illusion ... a.a.O.,S. 345. Siehe auch: Schlesier, Renate: Das Heilige, das Unheimliche, das Unmenschliche. In: Kamper, Dietmar; Wulf, Christoph (Hg.): Das Heilige: seine Spur in der Moderne. Frankfurt a.M. 1987, S. 100.

schwichtigens und Tröstens sind.[104] Spätere religionswissenschaftliche Studien knüpfen an diese Heiligenkonzeption an. Girard etwa fokussiert in seiner anthropologischen Arbeit ein Gewaltmoment, das mit einer Opferstruktur in Verbindung steht. „Es ist," so schreibt er,

> „die Gewalt, die Herz und Seele des Heiligen ausmacht."[105] „Das Spiel des Heiligen und das Spiel der Gewalt sind eins. Aber es [ist] hinzuzufügen, dass das Heilige etwas anderes enthält als die Gewalt, ja etwas, was ihr entgegengesetzt ist. Es enthält Ordnung wie Chaos, Frieden wie Krieg, Schöpfung wie Zerstörung."[106]

Als religiös legitimierte Praktik bzw. als heiliger Akt wirkt die Gewalt gesellschaftlich bindend und regulierend.[107] Das durch sie geschaffene Opfer überführt eine latente, psychische Gewalt in eine legitimierte, die kulturelle Ordnung stabilisierende Gewalt.[108]

Welche dekonstruktiven Rückschlüsse halten dieses Heiligenverständnis und die ihm impliziten strukturellen Gewalt- und Opferdefinitionen für die Altarinstallationen Schultze-Bluhms bereit? Ich möchte dieser Frage mittels eines Vergleichs eines Pandoraaltars Schultze-Bluhms mit einem Schießaltar Niki de Saint-Phalles nachgehen. Die Abb. 23 zeigt die Innenansicht der von 1970 stammenden Arbeit „Tir," die Ergebnis einer in Mailand stattgefundenen Performance (siehe Abb. 24) der französischen Künstlerin ist. Wie zu sehen ist, schoss Saint-Phalle vor einer großen Publikumskulisse mit einem Gewehr auf innerhalb des Altars angebrachte Beutel bzw. Sprühdosen, die mit roter Farbe gefüllt waren und zum Platzen gebracht wurden. Weitere innerhalb des Altars drapierte, sowohl sakrale wie profane Objekte (siehe Abb. 23), wie z.B. kleine Madonnenplastiken, ein ausgestopfter Hund (unten), eine Gummieidechse (links oben), eine kleine Gipskuh (rechts oben), eine einbeinige Puppe (mittig) und ein Kruzifix (oben) wurden von der herausspritzenden Farbe überströmt. Im Ergebnis wirkt der Altar blutbesudelt, auch sind einige Figuren durch die Schüsse zerborsten. Ein Gewaltimpetus ist augenfällig. Doch wer oder was ist Opfer dieser Gewalt? Ich komme sogleich auf diese Frage zurück. Schultze-Bluhms bereits behandelte Arbeit „Der große Schrank der Pandora" von 1966 (Abb. 8.2) gibt in sei-

104 Freud, Sigmund: Die Zukunft einer Illusion ... a.a.O., S. 338.
105 Girard, René: Das Heilige und die Gewalt. Frankfurt a.M. 1992, S. 51.
106 Ebd. S. 379.
107 Ebd. vgl. S. 18.
108 Ebd. vgl. S. 32. Siehe auch: Müller, Ulrich A.: Die Last des Ideals. Zum Gegensinn des Opfers. In: Fragmente. Schriftenreihe für Kultur-, Medien- und Psychoanalyse. Melancholie und Trauer, Heft 44/45, Juli 1994, S. 175f.

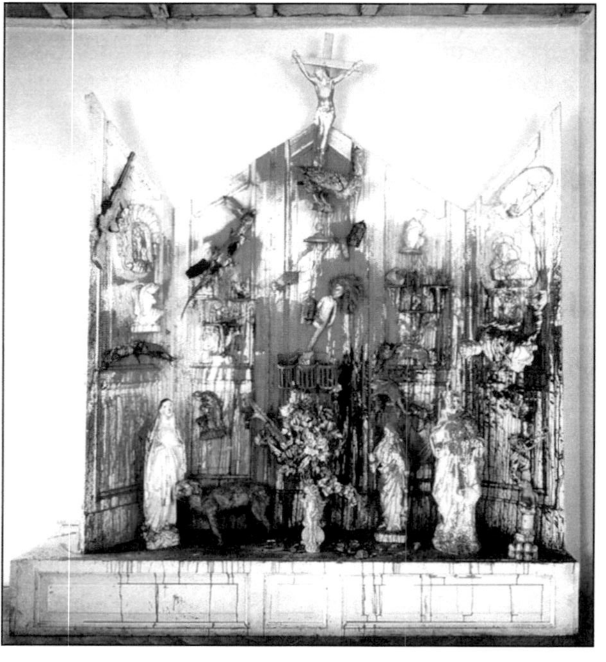

Abb. 23: Niki de Saint Phalle: „Tir", 1970.

nem Innenraum ebenfalls profane Dinge, wie z.B. Federn (links), Pelze, Spiegelscherben und gemalte Püppchen (mittig) in einem sakralen Sujet zu sehen. Objekte und Figuration sind sorgfältig bearbeitet und arrangiert. Eine etwaige Blutreminiszenz findet sich im mittleren, oberen Teil, doch dürfte sie weniger als Gewaltanalogie denn als dekoratives Moment zu verstehen sein. Die Wirkung dieser Altarinstallation ist im Vergleich zu der Saint-Phalles ‚erhaben' im Sinne von unantastbar, letztlich heilig. Schultze-Bluhms Installation funktioniert wie ein christlicher Reliquienschrein,[109] der Objekte einer distanzierten Schau preisgibt. Der Schrein bzw. die in ihm dargebotenen Schauobjekte sind in der Weise heilig, als sie auf die behandelte Ambivalenz von Verehrung und Schrecken aufsatteln und sich als kulturstabilisierende Affektdeponierung anbieten. Dass die zur Schau gestellten Dinge äußerst profan, oder wie die anfänglich dargelegte Rezeption proklamiert „heidnisch" sind, tangiert nicht die

109 Zur Geschichte und Bedeutung christlicher Reliquienschreine siehe beispielsweise: Krause, Gerhard; Müller, Gerhard (Hg.): Theologische Realenzyklopädie ... a.a.O., Bd. 29, S. 67f.

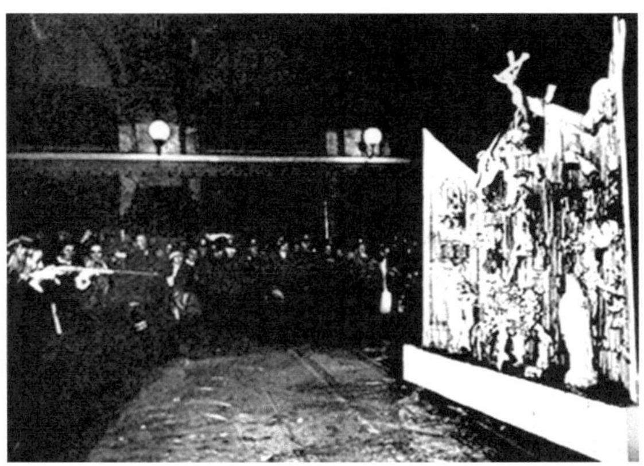

Abb. 24: Niki de Saint Phalle, Mailand 29.11.1970.

christlich-patriarchale Konstituierung des Heiligen, derer sich die Installation bedient. Anders die Arbeit Saint-Phalles. Ihre Schießaktion zerstört die Unantastbarkeit des Altars und damit seine Funktion, Ort des Heiligen zu sein. Saint-Phalle operiert zwar wie Schultze-Bluhm mit der Ambivalenz von heilig und schrecklich, doch sie verschiebt die ihr analogen Gewalt- und Opferparameter derart, dass eine genderkritische Lesart inauguriert wird. Der von ihr inszenierte Altar, der weitaus mehr als der Schultze-Bluhms durch Kruzifix und Madonnenfiguren als christlicher Hochaltar gekennzeichnet ist, ist nicht länger legitimierter Ort des Opferns, sondern selbst Opfer geworden. Ihre Arbeit bedient sich einer religiösen Gewaltstruktur und justiert sie auf ihren eigenen historischen Schauplatz. Sie ist so als Dekonstruktion eines christlich-patriarchalen, auch psychischen Struktur- und Projektionsgefüges lesbar, die in der Arbeit Schultze-Bluhms ausbleibt.

Materielle und Matriarchale Welten

„Je mehr Heilige, desto mehr Gelächter."[110]
(Jacques Lacan)

Ich möchte den Religionsschwerpunkt noch einen Moment beibehalten und neu ausrichten. Widmete sich das vorangegangene Kapitel einer in

110 Lacan, Jacques zit. bei: Kamper, Dietmar; Wulf, Christoph (Hg.): Das Heilige ... a.a.O., S. 1.

der Art-Brut-Programmatik zentralen Dichotomisierung von ‚christlich-geistiger' und ‚heidnisch-roher' Religiosität, geraten nun patriarchale bzw. matriarchale Programmatiken ins Zentrum der Analyse. Mit dieser Verlagerung wird nicht mehr eine „Vatersehnsucht"[111] als Grundlage religiösen Bedürfnisses angenommen, sondern ein Begehren nach einem Mütterlichen. Ich erinnere erneut an die bereits behandelte Art-Brut-Definition Bianchis, an der sich die zu fokussierende neuzeitliche Konzeption einer essentialistisch-schöpferischen, natürlich-materiellen Weiblichkeit festmachen lässt:

„[D]ieser gewissermaßen innere Vulkan im Zeichen eines hohen Potentials an Empfindungen, Gefühlen, Unbewusstem, Weiblichen, würde eigentlich ein ideales Fruchtwasser abgeben [...], der Idee des [...] Matriarchats zur Geburt verhelfen."[112]

Es stellt sich die Frage, ob ausgehend von den religiösen Inszenierungen Schultze-Bluhms der Utopie eines Matriarchats, mit der Bianchi operiert, eine alternative oder kulturkritische Qualität beigemessen werden kann, oder ob sie vielmehr im Dienste einer patriarchalen Containerfunktion zu bewerten ist? Um die Möglichkeit einer dekonstruktiven, im Vergleich zum vorherigen Kapitel neu ausgerichteten Perspektive zu eröffnen, werde ich nun die Aufmerksamkeit stärker an den Pandorakontext ausrichten. Es geraten dabei insbesondere Versionen und Bewertungen ins Visier, die der Figur Pandora einen ‚Schöpfungsaspekt' zuweisen.

Zunächst möchte ich die Fragestellung konkret an Schultze-Bluhms Altarinstallation „Der Pandora-Schrank mit den vielen Gesichtern" anbinden. In der geöffneten Version (Abb. 10.2) ist im Mittelteil eine quaderförmige Strukturierung mit Pelzen zu erkennen, die ordnend und ornamentierend wirkt. Sie fungiert auch als Begrenzung unterschiedlicher weiblicher Figuren (mittig, unten links und unten rechts) bzw. Profile (drei untereinander rechts). Im Zentrum des Schrankes ist eine große weibliche Figur mit nach oben gerichteten Händen erkennbar. Quasi als Kopfschmuck ist ein mit Pelzen appliziertes Geweih platziert (Abb. 10.4). Zu einer ähnlich lautenden Beschreibung veranlasst eine aus der Collection de l'Art-Brut stammende Objektinstallation namens „Justitia" (Abb. 25) des Italieners Giovanni Battista Podestà (1895-1976). Von einer betonten Rahmung und diversen kleinen, in erster Linie weiblichen Figuren umgeben ist auch hier eine große weibliche Figur zu sehen, die ihre Hände hebt. Unterhalb der rechten Hand ist ein Schwert mit einer Waage und unterhalb der linken Hand eine kindliche Figur zu sehen. In

111 Freud, Sigmund: Die Zukunft einer Illusion ... a.a.O., S. 344.

112 Bianchi, Paolo: Bild und Seele. ... a.a.O.

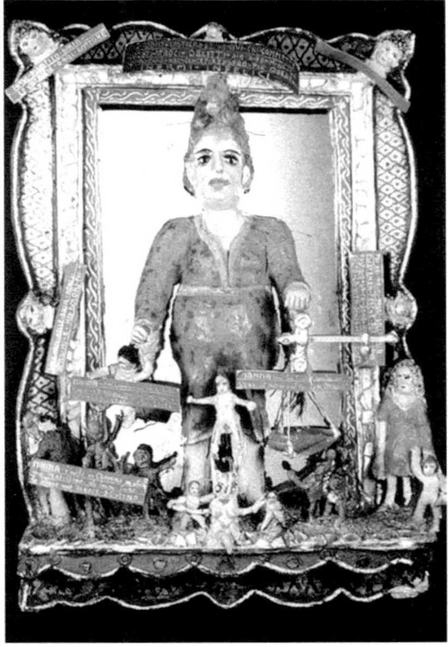

Abb. 25: Giovanni Battista Podestà: „Justicia", o.J.

die Szenerie sind mehrere rechteckige Schriftfelder eingearbeitet, deren auffälligsten die fünf roten in der unteren Hälfte der Installation sind. Die Tafeln sind mit italienischsprachigen Texten versehen, von denen drei mit der Anrufung „Mamma" beginnen. Sowohl Schultze-Bluhm wie Podestà stellen jeweils Entwürfe einer matriarchalen Ordnung aus. Beide Art-Brut-Installationen werfen die Frage auf, ob eine solche Ordnung eine gerechtere wäre, eine, die emotionalen und eventuell regressiven Bedürfnissen Zuflucht bieten könne und der eine patriarchal-kritische Relevanz beigemessen werden könne. In beiden Arbeiten augenfällig ist zudem eine sinnlich-haptische Qualität, die bei Podestà primär von den dreidimensionalen, fleischfarbenen und roten Figuren und bei Schultze-Bluhm von der Bepelzung ausgeht. Beide Positionen scheinen mit der essenzialistisch – im Sinne von körperlich-materiell – orientierten Weiblichkeitskonzeption der Art-Brut-Programmatik Bianchis kongruent.

Es kommt durch den Pandorabezug bei Schultze-Bluhm eine ‚mythologisch-archaische' Ebene hinzu. So kann auch das Geweiharrangement der Künstlerin in einer Analogie zur griechischen Pandoraversion betrachtet werden. Gerhard Fink veranschlagt in seinen „Mythologischen Studien" eine Verbindung zwischen der antiken Pandora und einer Erdgöttin,[113] die mit dem mit Tierdarstellungen versehenen Kopfschmuck begründet wird, den die Hesiodsche Pandora trägt. Es sei nicht auszuschließen so Fink, dass diese Kopfbedeckung ein

„Emblem aus dem Kult der Herrin über das Tierreich“ [ist] [...] und es sei ferner nicht unwahrscheinlich, dass [sie] in enge Beziehung zur Kultsphäre der Muttergottheit zu setzen [ist].“ [114]

Die Muttergottheit wiederum repräsentiert laut Fink die Vorstellung,

„die Erde sei die früheste Erscheinungsform des weiblichen Prinzips überhaupt, die Urmutter allen Lebens[115] [...] Auch das nicht selten anzutreffende Sagenmotiv von der Geburt aus dem Gefäß kann nur mit der Annahme einer solchen Identifikation erklärt werden.“[116]

Ein von hier gewagter Schritt in die Moderne lässt Reaktualisierungen dieses matriarchalen Pandoraentwurfs erkennbar werden. Gerhard Vogel arbeitet in seiner Literaturgeschichte des Pandoramotivs heraus, dass der Altertumsforscher Johann Jakob Bachofen (1815-1887) in seinem Buch „Das Mutterrecht“[117] eine explizit matriarchale Lesart der antiken Pandoravorlage betreibt. Es wird dargelegt, dass Bachofen die Hesiodsche Erzählung heranzieht, um eine ‚männlich-geistige' Qualität von einem ‚weiblich-materiellen' Zustand abzugrenzen.[118] Pandora fungiert bei Bachofen als Repräsentantin eines „stofflich-weiblichen Prinzips,“[119] und zwar nicht nur in Bezug auf die Antike, sondern auch auf das ausgehende 19. bzw. beginnende 20. Jahrhundert. Bei Bachofen ist das „Weib Statthalterin und Pflegerin des Mysteriösen, das als das ‚wahre Wesen *jeder* Religion'“[120] betrachtet wird. Es lässt sich eine weitere Fort- und Um-

---

113 Auf eine ‚Abstammung' der antiken Pandora von einer Erdgöttin verweisen außerdem: Hunger, Herbert: Lexikon der griechischen und römischen Mythologie. Wien 1959, S. 303. Vogel, Gerhard: Der Mythos von Pandora. Hamburg 1969, S. 12. Und: Ranke-Graves, Robert von: Griechische Mythologien. Quellen und Deutung. Hamburg 1960, z.B. S. 131.

114 Fink, Gerhard: Pandora und Epimetheus. Mythologische Studien. München 1958, S. 15.

115 Ebd. S. 14.

116 Ebd. S. 24.

117 Meuli, Karl (Hg.): Johann Jakob Bachofens Gesammelte Werke. Bd. II: Das Mutterrecht. Basel 1948.

118 Vogel, Gerhard: Der Mythos der Pandora ... a.a.O., S. 151.

119 Ebd. S. 153.

120 Heinrichs, Hans Jürgen (Hg.): Vorwort in: Ders.: Johann Jakob Bachofen. Das Mutterrecht. Eine Untersuchung über die Gynaikokratie der al-

schreibung anführen, die aufzeigt, *wie* die Vorstellung einer ,materiell-matriarchalen' Pandora in der Moderne konstituierend wirkt. Ein solches Beispiel gibt Erich Neumann mit seinem Mitte der 1950er Jahre erschienen Buch „Die große Mutter“ ab. Der Pandorabezug findet sich in dem Teil „Der negative Elementarcharakter,“ in dem die Rede ist von einem „todbringenden“[121] „Erdschoß der großen Göttin.“[122] Der Rekurs auf Pandora dient hier als Untermauerung eines von C.G. Jung entwickelten tiefenpsychologischen Ansatzes, innerhalb dessen die Vorstellung einer ,großen Mutter' als Beweis einer kollektiv-unbewussten, ,weiblichen Naturpräfiguration' (miss)verstanden wird. Wenngleich im Rahmen meiner Recherchen keine direkte Bezugnahme auffindbar war, ist eine Nähe des Weiblichkeitsverständnisses Bianchis zu diesem tiefenpsychologisch motivierten Pandoraentwurf mehr als anzunehmen.

Wie ich bislang aufgezeigt habe, steht hier im Zentrum des Bedeutungskontextes, den der Pandoraaltar Schultze-Bluhms aufruft, eine moderne Konzeption materieller, ,roher' Weiblichkeit, die als phylogenetische und/oder ontogenetische Urprägung mystifiziert wird. Bachofens, Neumans und ebenso Bianchis Matriarchatsutopien sind Resultate begehrengeleiteter Erzählpraxen, deren Weiblichkeitsontologisierungen als Rhetoriken zu begreifen sind, die im Dienste patriarchaler Wunscherfüllung und Projektion stehen. Ein Moment der Dekonstruktion der Weiblichkeitsontologisierungen ist in der vorgestellten, historischen Diskurskette nicht angelegt. Wohl aber tritt ein solches Moment in der Arbeit Schultze-Bluhms auf und es ist vollkommen banal: Die Künstlerin setzt dem ganzen buchstäblich Hörner auf (Abb. 10.4). Wir sehen ein zugepelztes Geweih, von dem herunter geflochtene Zöpfe der Pandora-Göttinnenfigur ins Gesicht hängen. Die erhobenen Hände vollbringen keine ,hehren' Taten, wie bei Podestà, auch wirken sie nicht erhaben oder dämonisch. Schultze Bluhm nutzt die u.a. für die Art-Brut charakteristischen stilistischen Elemente der Materialbetonung und der naiven Malerei und erzielt mit ihnen einen wirksamen Banalisierungseffekt: Aus einem ,materiell-matriarchalen' Weiblichkeitsentwurf wird eine Groteske. Wenngleich Schultze-Bluhms Darstellung eine patriarchalkompensatorische, in der Moderne reformulierte antike Vorstellung einer materiellen Weiblichkeit zitiert, so ist sie an dieser Stelle als groteske und damit entleerende Übertreibung lesbar.

ten Welt nach ihrer religiösen und rechtlichen Natur. Frankfurt a.M. 1975, S. XIII. Hervorh. M.H.

121 Neumann, Erich: Der negative Elementarcharakter. In: Ders.: Die große Mutter. Eine Phänomenologie der weiblichen Gestaltungen des Unbewussten. Teil II. Olten, Freiburg im Breisgau 1974 (1956), S. 167.

122 Ebd. S. 168.

Unheimliches in Pelz und Fülle

Das moderne Begehren nach einer vermeintlich anderen, geheimnisvollen und weiblichen Innenwelt erfährt durch die soeben veranschlagte Lesart ein kurzfristiges Enttäuschungsmoment, aber keine anhaltende Irritation. Zu dringlich ist sein Anliegen nach außerkultureller Erfüllung, nach Mysteriösem und Wunderbarem, zu komplex sind seine imaginären Spielarten und zu direktiv die ihnen zugrunde liegende patriarchale Geschlechterzuweisung. Der Themenschwerpunkt der materiell-sinnlichen Weiblichkeitskonstruktion scheint mir so denn auch noch nicht ausgeschöpft. Ich behalte ihn also bei und behandle ihn nunmehr unter kunstsoziologischen und psychoanalytischen Gesichtspunkten. Die obige Befundung des Pelzgeweihs als dekonstruktiv ist nicht automatisch auf weitere Pelzarrangements zu übertragen. Affirmative und dekonstruktive Tendenzen liegen in den Arbeiten Schultze-Bluhms eng beieinander und sind bisweilen kaum entscheidbar. Der Rahmen der jeweiligen Analysen und Fragestellungen ist immer wieder neu abzustecken. Ich tue dieses nun, indem ich zunächst eine weitere Schrankinstallation Schultze-Bluhms vorstelle, die den Titel „Der kleine Schrank der Pandora“ (Abb. 9.2.) trägt. Zu sehen ist auf der geöffneten linken Schranktür ein kopfüber aufgehängtes, braunes Fell, das von einem Fuchs oder einem vergleichbaren Tier stammen könnte. Die linke Tür ist mit Kaninchenfellstücken beklebt, die ein menschliches Kopfprofil aussparen. Verschieden große, bräunliche und bläuliche Puppenaugen sind so angeordnet, dass sie eine Verbindung herstellen, zwischen dem Kopf und den ihn umgebenden Fellen. Im Schrankmittelteil sind unten links und rechts leopardenfellähnliche Webpelze zu sehen. Über ihnen sind Fasanenflügel bzw. -körper mit halb abgeschlagenen und herunterhängenden Köpfen drapiert. Im Zentrum des Schrankes ist ein großes braunes Plastikauge platziert, dass von einem weiteren gräulichen Fell halbkreisförmig umrahmt ist. Unterhalb dieses Auges sind drei mit Kerzenwachs beträufelte Weinflaschen aufgestellt und jeweils von einem Pelzsockel umsäumt. Im Zwischenraum ihrer Hälse sind hellblaue, gelbe, weiße und rosafarbene Wattebausche geklebt. Links und rechts der beiden äußeren Flaschen sind weitere Plastikaugen angebracht. Auf dem Schrankboden befinden sich vor den Alkoholflaschen blaue und rote Puppenschühchen, die von Kinderspielzeug stammen dürften (Abb. 9.3). Es geht von dieser Szenerie ‚etwas Unheimliches' aus, das auf eine Ambivalenz von Kuscheligkeit und Gefährlichkeit zurückzuführen ist. Schmusige Pelzchen sind mit teilweise abgetrennten Köpfen toter Vögel überladend arrangiert, Alkoholflaschen mit Einzelteilen von Kinderspielzeug gruppiert. Als lauere gerade in der Fülle die Gefahr, im Heimeligen das Unheimliche.

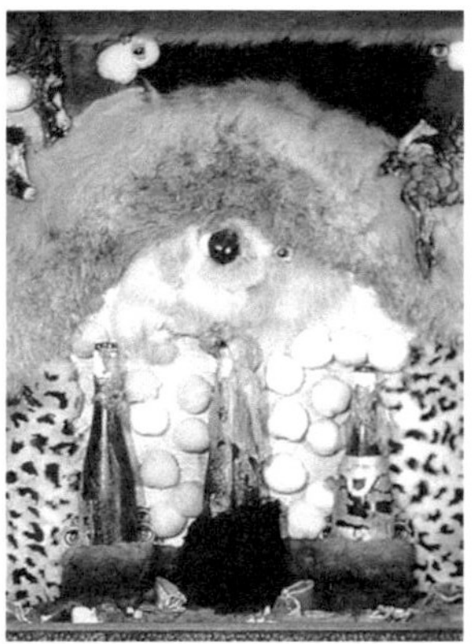

Abb. 9.3: Ursula Schultze-Bluhm: „Der kleine Schrank der Pandora", 1968, Detail.

Schultze-Bluhm verschiebt mit dieser Arbeit die patriarchale Blickkonstitution in zweierlei Hinsicht. Zum einen ist das zu Betrachtende nicht ‚passiv', denn es schaut zurück. Dieses Zurückblicken ertappt die Betrachtenden nicht nur in ihrer Schaulust, sondern es konfrontiert sie mit einer Verzerrung, die darauf beruht, dass es nicht ein homogenes, symmetrisches Augenpaar ist, das zurückblickt, sondern ein großes ‚universales' Auge und einige kleine, ‚heimliche' Augen, die dies tun. Zum anderen entgleitet das Auge der Betrachtenden ständig aus seiner Fixierung auf die zur Schau gestellten Augen und büßt so immer wieder eine Distanzierung ein. Es wird sozusagen verführt sich in die Pelze einzunisten und dort zur Ruhe zu kommen, wären da nicht die zurückblickenden Augen. Das Betrachterauge befindet sich in einer Art Stresssituation: zu gerne würde es sich in den Pelzen verlieren, doch sieht es sich dort mit dem Risiko konfrontiert, einer ‚fremden Macht' ausgeliefert zu sein, die durch die eingebüßte eigene Blickherrschaft nicht mehr auf Distanz gehalten werden kann. Gäbe es in diesem Arrangement keine künstlichen Augen, wäre der Ambivalenzkonflikt für die Betrachtenden aufgehoben. In dem Fall träfe ihr Blick auf eine Projektionsfläche, die Pelze und Fasanenköpfe am Ort des Anderen ausstellte. Die Inszenierung Schultze-Bluhms hingegen verweist das Betrachtersubjekt auf seine eigene Schaulust, die zwischen seiner Sehnsucht und Angst gefangen ist, auf eine Ambivalenz also in ihm selbst, die ihm unheimlich ist.

Mehr noch als den Blickaspekt möchte ich an dieser Stelle die haptische Qualität der Szenerie untersuchen. Wenngleich die Inszenierung nur über das Auge für die Betrachtenden wahrnehmbar ist, suggeriert sie eine haptische Dominanz. Der taktile Aufforderungscharakter ist explizit, kann aber sehr wohl mit dem Auge empfunden werden, da das schauende Abtasten der Pelze zeitgleich taktile Berührungserfahrungen aufruft. Wir finden sehr viel kuscheligen Pelz und weiche Federn vor, die nicht nur sorgsam angeordnet sind, sondern auch verdichtet und füllend. Die verschiedenen haptischen Qualitäten von Pelz, Webpelz, Watte und Federn sind detailliert nachvollzieh- und genießbar. Es wird, und hiermit stimme ich Gorsens Interpretation der „Materialsprache"[123] Schultze-Bluhms hinsichtlich ihres subjektkritischen, projektiven Potentials zu,

> „im interesse*vollen* Wohlgefallen ihrer Beschauer ein[] Hunger [ge]weck[t], über dessen Motivation eine hedonistische Psychoanalyse das Kompliment erst noch zu machen hätte: Das hier ein neuer Beschauer gefunden sei, der vor der amusischen Projektion des eigenen kindhaften Wunsches gegenüber dem Kunstwerk nicht zurückschreckt und es [...] als ein [...] privates Stück zurückeroberten Glücks zu lieben imstande ist."[124] „[Diese Liebe] wäre das ungehemmte Bewusstsein darüber, was man alles wünschen kann, das aus dem sozialen und gesellschaftlichen Ganzen des Lebens als ein Steriles herausfiele. [...] In Fortführung dieser Interpretation fiele [dieser Materialsprache] eine aufklärerische, kritisierende und auflösende Funktion gegenüber dem herrschenden patriarchalen Primat der Genitalität zu."[125]

Zieht aber dieses patriarchatskritische Verständnis eine Dekonstruktion impliziter Weiblichkeitspositionierungen nach sich? In seiner gesellschaftskritischen Betrachtung verknüpft Gorsen eine sinnlich geleitete Wahrnehmung mit einem Moment prägenitalen bzw. präödipalen[126] Ge-

---

123 Gorsen, Peter: Das Bild Pygmalions ... a.a.O., S. 103.

124 Ebd. S. 105.

125 Ebd. S. 92. Gorsens Prädestinierung des Materiellen für regressive Projektionen fußt auf einer gesellschaftskritischen Fetischkonzeption, wie er selbst auch darlegt: Siehe ebd. S. 89, 92, 103, 105. Ich vermeide den Fetischschwerpunkt hier, da ich ihn bereits an anderen Stellen vertieft habe und noch vertiefen werde. Ohne die sich hier anbietende materielle Eigenschaft des Fetisch zu ignorieren, geht es mir mit Hinblick auf die gesamte vorliegende Arbeit um ein Herauspräparieren moderner, fetischistischer Strukturen, die der Beziehung der Betrachtenden zu den Arbeiten Schultze-Bluhms sowie ihrer Rezeption zugrunde liegen.

126 Laplanche und Pontalis geben zwar zu bedenken, dass der Begriff ‚ödipal' auf eine interpersonale Beziehungssituation, während der Begriff ‚genital' auf eine sexuelle Aktivität bezogen sei. Eine synonyme Verwendung der Termini zur Bezeichnung der für die Psychoanalyse zentralen Phase der Subjektkonstituierung lassen sie hingegen gelten. Siehe: Laplanche, J.; Pontalis, J.-B.: Das Vokabular der Psychoanalyse ... a.a.O., S. 395.

nießens. In Bezug auf die Geschlechtsimplikationen dieser Wahrnehmung hält der Autor sowohl eine im Freudschen Sinne ödipal-phallische, eine unphallisch-weibliche, wie auch eine hermaphroditische Bedeutungsaufladung für möglich, die abhängig von den jeweiligen Betrachtenden sei,[127] wie er meint. Diese ‚flexible Großzügigkeit', mit der eine explizite Geschlechtskonnotation der Material- bzw. Pelzbetonung zu umgehen gesucht wird, kann in Anbetracht des zu kritisieren beabsichtigten „herrschenden patriarchalen Primat[s] der Genitalität" kaum überzeugen. Ein Multiplizieren der Geschlechtsapostrophierung hält jedenfalls keine überzeugende Dekonstruktionsbasis für das Pelzarrangement Schultze-Bluhms bereit.

Es gilt also die Auseinandersetzung mit dem genannten ödipalen Primat zu vertiefen. Um zu weiteren und neuen Erkenntnissen zu gelangen richte ich den Fokus auf Freuds Konzeption des Unheimlichen aus, die zu untersuchen die ‚unheimliche Pelzinszenierung' Schultze-Bluhms geradezu einfordert. Es wird nun schnell deutlich, dass eine Variabilität der Geschlechtscodierung psychoanalytisch unhaltbar ist.[128] Denn es „kommt vor," schreibt Freud, „dass neurotische Männer erklären, das weibliche Genitale,"[129] das durch seine Behaarung mit Pelz assoziiert ist,[130]

> „sei ihnen etwas Unheimliches. Dieses Unheimliche ist aber der Eingang zur alten Heimat des Menschenkindes, zur Örtlichkeit, in der jeder einmal und zuerst geweilt hat. ‚Liebe ist Heimweh', behauptet ein Scherzwort [...] Das Unheimliche ist also auch in diesem Falle das ehemals Heimische, Altvertraute. Die Vorsilbe ‚*un*' an diesem Wort ist aber die Marke der Verdrängung."[131]

Freud verortet das Unheimliche explizit im weiblichen Genitale und im mütterlichen Körper. Nicht mit einer Weiblichkeit als Kastrationsergebnis wird es in Verbindung gebracht, sondern mit einem weiblichen, durch Verwerfung konstituierten und für immer verlorenen Ort.[132] „Das Unheimliche", so der Analytiker noch einmal, ist

127 Vgl. Gorsen, Peter: Das Bild Pygmalions ... a.a.O., S. 110.

128 Dieses überrascht nicht allzu sehr, da Gorsens Ansatz eben gerade als Kritik der Psychoanalyse zu verstehen ist, gleichwohl direkte Bezugnahmen spärlich sind.

129 Freud, Sigmund: Das Unheimliche. In: Freud, Anna (Hg.): Gesammelte Werke, Bd. 12 (1917-1920), Frankfurt a.M. 1940-1952, S. 258f.

130 Freud, Sigmund: Drei Abhandlungen der Sexualtheorie. In: ebd. Bd. 5 (1904-1905), Frankfurt a.M. 1942, S. 54.

131 Freud, Sigmund: Das Unheimliche ... a.a.O., S. 259.

132 Siehe: Schlesier, Renate: Das Heilige, das Unheimliche ... a.a.O., S. 105.

„das Heimliche-Heimische [...], das eine Verdrängung erfahren hat und aus ihr wiedergekehrt ist.“[133]

Es steht in Zusammenhang mit einem Dämonischen, das keinerlei anthropomorphe Merkmale aufweist.[134]

Die Pelzinstallation Schultze-Bluhms, der die Rezeption „eine Begabung für das Heimliche und Unheimliche“[135] attestiert, kann dieses Unheimliche, wie etwaige andere künstlerische Arbeiten auch, lediglich als latente Beunruhigung andeuten, keineswegs jedoch ‚ausstellen'.[136] Dieses Andeuten gelingt hier, da sich auf Seiten der Betrachtenden eine ‚unheimliche' Beunruhigung einstellt. Leider aber bleibt diese patriarchal bzw. ödipal justiert. Das Moment der Beunruhigung wird nicht von der Konzeption eines verlorenen, dämonischen Mütterlich-Weiblichen entkoppelt. Um dieses zu erreichen, müssten die dem Unheimlichen zugewiesenen Weiblichkeitscodierungen als Resultate eines „patriarchalen Primat[s] der Genitalität“ (Gorsen) expliziert werden. Die Pelzassemblage Schultze-Bluhms dekonstruiert somit nicht die psychoanalytische Verknüpfung von Weiblichkeit und Unheimlichkeit, sie reaktualisiert sie.

Der mütterliche Körper als ein Geopferter

Eine andere Reaktualisierung findet mit der Altarinstallation „Büchse der Pandora“ (Abb. 26) statt. In ihrer Größe umfasst diese Arbeit etwa die Hälfte eines der bislang vorgestellten Pandoraschränke in geschlossenem Zustand. Zu sehen ist eine senkrecht aufgestellte und mit einem Pferdekopf in naivem Gestus bemalte Fläche. Vor ihrer unteren Hälfte ist ein geöffnetes, ebenfalls bemaltes „Schmuckkästchen“ arrangiert, das in den Freudschen Vorlesungen als „Symbol des weiblichen Genitales“[137] hervorgehoben wird. Auf der Innenseite des Kästchens sind sechs Schnuller sorgfältig nebeneinander gereiht. Die Szenerie kann als eine Verknüpfung genitaler und mütterlicher Weiblichkeitsstereotype verstanden werden. Obgleich eine Imagination präödipaler, mütterlich-kindlicher Symbiose aufgerufen wird, kann diese nicht ‚ausgedrückt' werden, wie ich bereits betont habe. Der Untersuchungsgegenstand an dieser Stelle ist also weniger eine präödipale Weiblichkeit, als ein sie disponierendes kul-

---

133 Freud, Sigmund: Das Unheimliche ... a.a.O., S. 259.

134 Vgl.: Schlesier, Renate: Das Heilige, das Unheimliche ... a.a.O., S. 105.

135 Stachelhaus, Heiner: Je phantastischer ... a.a.O., S. 39.

136 Zum Anspruch der künstlerischen Moderne, ‚Unheimliches unmittelbar zum Ausdruck bringen zu können' siehe auch: Schade, Sigrid: „Der Spuk ist durchschaut!“ ... a.a.O.

137 Freud, Sigmund: Vorlesungen zur Einführung in die Psychoanalyse (1916-1917). In: Freud, Anna (Hg.): Gesammelte Werke, Bd. 11 (1940-1952), S. 158.

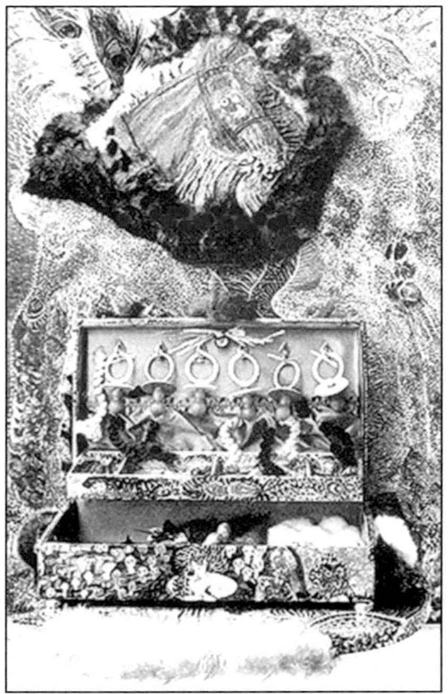

Abb. 26: Ursula Schultze-Bluhm: „Büchse der Pandora", 1966.

turpolitisches Begehren. Standen an früherer Stelle durch Dämonisierung charakterisierte Weiblichkeitsimaginationen im Zentrum, ist es nun eine positiv besetzte Weiblichkeitskonzeption. Es wird die Frage aufgerufen, ob durch diese Verlagerung eine Verschiebung der Dekonstruktionsparameter ableitbar ist, die ich zunächst aktualisieren und nachfolgend einer auf die Arbeit Schultze-Bluhms gerichteten Bewertung zuführen werde.

Ich kehre noch einmal zu Gorsen zurück. In seiner kunstsoziologischen Arbeit veranschlagt er eine positiv verstandene, kulturpolitische Bewertung weiblich konnotierter Regression und Infantilität, auf die die soeben vorgestellte Arbeit der Künstlerin mit Schnullerreihe und Pferdekopf durchaus anspielt. Nicht als individuell-psychologische Flucht gelte es diese Tendenzen zu verstehen, sondern als gesellschafts- bzw. patriarchatskritischen Maßstab tabuisierten und ersehnten Glücks.[138] Gorsens progressiver Ansatz behält die traditionelle Geschlechterdichotomie von männlicher Kulturordnung und weiblicher Gefühlswelt bei. Wenngleich

138 Gorsen, Peter: Das Bild Pygmalions ... a.a.O., S. 59f.

er eine Kritik übt am psychoanalytischen Verständnis des Regressiven als rückschrittlich und kulturabgewandt, schreibt er die latente weibliche Konnotation des Präödipalen, eines „nicht-genitale[n] Paradies[es],“[139] wie er es nennt, fort. Auch ist die kulturpolitische Tragweite, die er dem Regressiven beimisst, im Feld der Psychoanalyse keineswegs unberücksichtigt, wenn man an Kristevas Konzept des Semiotischen denkt. Regressive, als progressiv verstandene Tendenzen begründet sie mit dem Ausschluss dieses Semiotischen bzw. Präödipalen aus der Symbolischen Ordnung. Unter geschlechterkritischer Perspektive als brisant zu bezeichnen, ist die bereits herausgestellte weibliche Konnotation des Präödipalen, die von der Gesellschaftskritik nicht nur nicht berücksichtigt, sondern gar unterfüttert wird: Eine etwaige regressive Rückeroberung des Semiotischen ist bei Kristeva ein ‚Eintauchen in eine weibliche Welt des Körpers', die außerhalb des Symbolischen stehe und in gewissem Maße ‚reintegrierbar' sei. Dieser präödipale Körper ist in der Weise weiblich, da er der u.a. lustbesetzte mütterliche Körper ist, mit dem das ‚noch-nicht-Subjekt' zunächst in Symbiose lebt. An diesem Körper wird – so Kristeva – mit dem Eintritt in die Symbolische Ordnung ein „Mord“ verübt, was ihn zu einem „Opfer“[140] macht. Es ist also nicht nur ein Körpersein, das weiblich konnotiert ist, sondern auch (s)ein Opferstatus. Weiblich ist, was Verlangen stillt, ohne dass ein solches ausgesprochen werden müsste bzw. könnte. Weiblich ist ein Zustand umsorgten Angenommenseins, ohne dass dieses endlich wäre. Es ist aber im Grunde ein mit Wehmut besetztes, immer schon Verlorenes, eben Geopfertes. Die projektive Konstituierung des Weiblichen ist Kristeva durchaus bewusst. So bezeichnet sie den mütterlichen Körper als einen, der „vom betrachtenden und wünschenden Subjekt als ‚Sammelbecken' oder ‚Aufnehmendes' imaginiert wird“[141] und in der Funktion imaginärer, narzisstischer Befriedigung steht.[142] Eine selbstreflexive Konsequenz dieser Feststellung bleibt jedoch aus. Statt zu ‚revolutionieren'[143] macht die Autorin mit ihrem Modell Körper und Weiblichkeit als vermeintlich außerkulturelle und unwillkürliche Topoi erst (symbolisch) vorstellbar. Zudem positioniert sie sie innerhalb einer gegenseitigen Legitimationsbeziehung: das, was weiblich ist, ist körperlich und das, was körperlich ist, ist weiblich. Und: beides ist verloren, geopfert, ‚welch süßlicher Schmerz'.

Es zeigt sich, dass die Favorisierung eines weiblich konnotierten, frühkindlichen und mit Sinnlichkeit assoziierten Körpererlebens nicht

139 Ebd. S. 95.
140 Kristeva, Julia: Die Revolution der poetischen ... a.a.O., S. 83.
141 Ebd. S. 234, Anm. 25.
142 Ebd. S. 56.
143 In Anlehnung an: Kristeva, Julia: Die Revolution der poetischen ... a.a.O.

erst ein Charakteristikum der Arbeit Schultze-Bluhms, sondern eines des zeitgenössischen psychoanalytischen und kultursoziologischen Kontextes ist. Das in allen drei vorgestellten Positionen im Zentrum stehende Phänomen ist eine zwar gesellschaftskritische, nicht aber geschlechterkritische Relevanz ‚regredierter Körperlichkeit'. Dem impliziten Ontologisierungseffekt entgegen muss die Vorstellung einer weiblichen ‚Ur'- bzw. im Art-Brut-Sinne ‚Roh'körperlichkeit als nachträgliche und symbolische (Re)codierung verstanden werden, deren Bedeutungsaufladung Rückschlüsse auf patriarchale Regressions- und Abwehrwünsche zulässt.[144] Mit ihrer Arbeit „Büchse der Pandora" animiert Schultze-Bluhm diese Wünsche blickkonstitutionell, was durchaus als zur-Schau-Stellung ihrer imaginär-narzisstischen Disposition verstanden und in dieser Weise als dekonstruktiv bewertet werden kann. Es fehlt hingegen der Arbeit wiederum eine weiblichkeitsreflexive Stringenz, wie sie auch die behandelte zeitgenössische, kunstsoziologische und psychoanalytische Theorie vermissen lässt. Zwar sind die in der Arbeit der Künstlerin zitierten Weiblichkeitsstereotype durchaus explizit oder gar überbetont, doch bewirkt dieses keine Begehren*ent*-, sondern *-auf*ladung. Die sorgfältig nebeneinander gereihten, mütterlich-weiblich konnotierten Schnuller fungieren als patriarchale Projektionsköder und eben nicht als Groteske, die auf die geschlechterkonstruktive Codierung des Präödipalen verwiese. Das weiblich konnotierte, geöffnet dargebotene Schmuckkästchen bedient einen patriarchalen Voyeurismus, eben ohne ihn zu persiflieren. Die jeweiligen Weiblichkeitsmarkierungen der Objekte und der Szenerie insgesamt scheinen mir in ihrer nicht extrem überzogenen Dosierung gerade eine dekonstruktive Interpretation zu verhindern. Weibliches ‚kann' nicht nur, sondern ‚soll' ruhig regressiv, kindlich und banal sein; irritierend wäre, wenn es nicht so wäre. Irritierend wäre auch, wenn Männlichkeit mit Regression und Infantilität assoziiert wäre, oder wenn Geschlechterzuordnungen ad absurdum geführt würden. Schultze-Bluhms „Büchse der Pandora" ist ein Container, dessen Funktion es ist, weiblich konnotierter ‚Spielraum' für regressive, patriarchal konstituierte Begehrensgelüste zu sein. Die Arbeit provoziert gleichwohl ein Reflektieren über das opfergebeutelte, ödipale Subjekt, sie tut dieses jedoch innerhalb einer geschlechtsspezifizierten Koordination, die sie hinlänglich unkommentiert lässt.

Innenräume als regressive Orte

Es finden sich weitere, in ihren Proportionen umfangreichere künstlerische Positionen, die auf eine sehr hohe Attraktivität dieses weiblich kon-

144 Vgl.: Rohde-Dachser, Christa: Expedition in den dunklen Kontinent ... a.a.O., S. 224f.

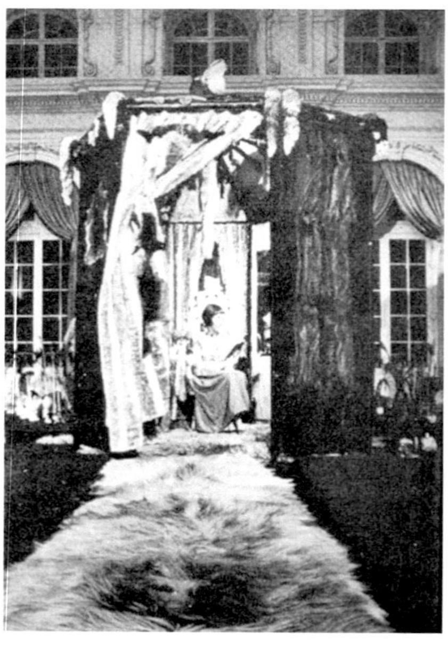

Abb. 27: Ursula Schultze-Bluhm in „Ursula-Pelz-Haus", 1970.

notierten und mit Regression besetzten ‚Spielraumes' schließen lassen. Das Konzept eines weiblich-mütterlichen Körperraumes stellt in der Moderne ein paradigmatisches und zu erstaunlich ‚naheliegenden' Materialisierungen[145] bzw. Verräumlichungen führendes Instrument dar. Die folgenden Beispiele werden – neben Schultze-Bluhms bereits behandelten Bearbeitungen des Pandorenbüchsenthemas – die Relevanz dieses weiblich-mütterlichen Körperraumes noch anschaulicher machen. Erstaunlich ist dabei, wie sehr die projektive, patriarchale Containerhaftigkeit[146] des Weiblichen bisweilen als architektonischer Weiblichkeitsraum inszeniert wird. Obwohl als eine Basis der nun im Zentrum stehenden weiblich konnotierten Körper-/Innenraumkonzeption wiederum die Psychoanalyse angeführt werden könnte – denn Freud versteht „vor allem das Zimmer," wie er schreibt, als „Symbol" mit „Beziehung auf den Mutterleib"[147] – möchte ich nicht erneut den psychoanalytischen Diskurs, sondern

145 Ich verwende den Begriff der Materialisierung hier im Butlerschen Sinne.

146 In Anlehnung an Rohde-Dachser, Christa: Expedition in den dunklen Kontinent ... a.a.O.

147 Freud, Sigmund: Vorlesungen zur Einführung in die Psychoanalyse ... a.a.O., S. 157.

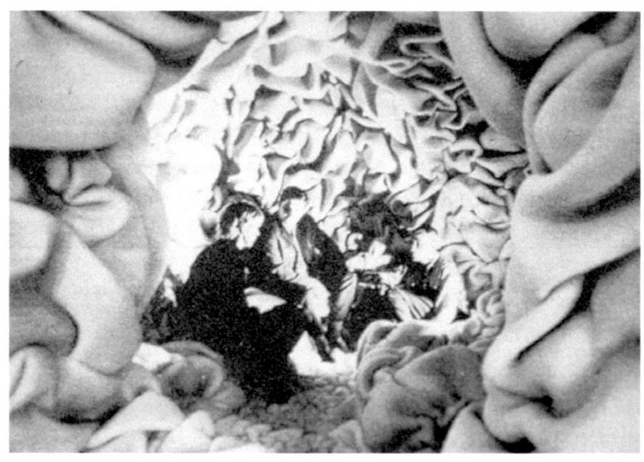

Abb. 28: Ferdinand Spindel, Wohnhöhle, 1966.

schwerpunktrelevante, kunsthistorische und raumanalytische Positionen ins Visier nehmen.

Die Abb. 27[148] zeigt die Künstlerin Schultze-Bluhm sitzend in ihrer Zeltinstallation „Ursula-Pelz-Haus“ von 1970, die eine Eisengerüst- und Holzteilekonstruktion mit Fellen ist. Ich nehme vorweg, dass ich diese Arbeit in Ermangelung persiflierender und groteskierender Elemente erneut nicht als Dekonstruktion eines weiblichen Regressions- bzw. Intimraumes verstehe, sondern als dessen Affirmation. Es soll nicht erneut die Frage der Dekonstruktion durchgespielt werden, sondern die kulturhistorische Relevanz einer modernen, weiblich konnotierten Innenraumkonzeption dargelegt und analysiert werden. Die Abb. 28 zeigt eine Wohnhöhlenkonstruktion Ferdinand Spindels von 1966, in der drei Menschen zueinandergewandt sitzen. Hinsichtlich der Suggestion von Intimität, Geborgenheit und Sicherheit ist die Szenerie mit der zuvor genannten vergleichbar, die die Künstlerin Schultze-Bluhm in ein Buch vertieft zeigt. In beiden Arrangements sind die jeweiligen, mittig und auf kleinstem Raum platzierten Personen von textilem Material umgeben. In der Arbeit Spindels ist dieses Material so in Falten drapiert, dass die Assoziation an ein Organ bzw. einen Uterus hervorgerufen wird. Die Inszenierung Schultze-Bluhms erweckt diesen Eindruck durch voreinander gehängte Pelzflächen und Felle. Beide Installationen lenken den Blick der Betrachtenden in einen engen Innenraum, in dem eine zentralperspektivische Koordination weitestgehend außer Kraft gesetzt ist. Im Unterschied zu den platzierten Personen ist diese veränderte Raumwahr-

148 Siehe auch Abb. 3.

nehmung für die Betrachtenden lediglich projektiv nachvollziehbar. Analog der Inszenierung Spindels wird Schultze-Bluhms „Pelz-Haus“ als Suggestion eines weiblich konnotierten Körperinnenraumes verstehbar. Der zugrunde liegenden Innenraumkonzeption korrespondiert eine Sehnsucht nach einem regressiven bzw. symbiotischen Ort,[149] der jedoch als verlorener Ort nicht ‚darstellbar' ist. Dass dieser Ort (innen)räumlich wiedererfahrbar sei, ist eine begehrengeleitete Illusion, die als solche in der nach Ursprünglichkeit strebenden Moderne unkenntlich bleibt. Stattdessen geht von der nicht-figürlichen Textilisierung des Innenraumes ein Naturalisierungseffekt aus, der auf die Konstruktion von Weiblichkeit rückwirkt und sie essentialisiert. In ihrem Kapitel „Interieur: das Innere und seine Ver-körperungen“[150] geht Nierhaus kulturgeschichtlichen Aspekten dieser Innenraumtextilisierung in Bezug auf ihre weibliche Konnotierung nach. Sie stellt heraus, dass die Arbeit Spindels – und diese Erkenntnisse möchte ich auf die Arbeit Schultze-Bluhms rückbeziehen – auf eine für das 19. Jahrhundert konstitutive Raumikonographie bürgerlicher Schlaf- und Damenzimmer aufsattelt.[151] Nierhaus konstatiert eine sich ab Mitte des 19. Jahrhunderts etablierende „abstrakte[] Materialästhetik,“[152] die eine naturalistische Figuration und eine nunmehr als verpönt geltende, weiblich konnotierte ‚dekorative Fülle' ablöst. Die weibliche Konnotation hingegen wird in programmatischer Weise fortgeschrieben, wie sie am Beispiel Adolf Loos' „Das Schlafzimmer meiner Frau“ (Abb. 29) ausarbeitet. In Anbetracht der textilen Wandbekleidung und der aufwendigen Bepelzung ist Loos' 1903 als Foto veröffentlichte Innenraumgestaltung für einen Vergleich mit der Inszenierung Schultze-Bluhms prädestiniert. Zu sehen ist ein Zimmer, dessen Boden mit einem Teppich und Fellen belegt ist und dessen Wände mit Batist ausgekleidet sind. Mittig angeordnet ist ein Bett, das auf einem mit Fellen belegten Sockel platziert ist. Auf Gegenstände, die dem zur Schau gestellten Materialpurismus entgegenwirken könnten – wie beispielsweise einem Bettgestell – wurde verzichtet. Bemerkenswert ist, dass Loos das Zimmer explizit als das seiner Frau kennzeichnet. Nierhaus versteht in ihrer semiologischen Deutung die verwendeten Stoffe als Verweis „auf Schleier“ und „Hymen,“ sowie die Felle als Hinweis auf „‚natürlich' Wucherndes“ und „das endlos Uterine.“[153] Der Innenraum ist demnach konzipiert

149 Zur raumarchitektonischen Relevanz von Mutterleibsutopien sei empfohlen: Härtel, Insa: Zur Produktion des Mütterlichen (in) der Architektur. Eine psychologische Textanalyse. Wien 1999, beispielsweise S. 18f u. S. 29-48.

150 Nierhaus, Irene: ARCH6. Raum, Geschlecht, Architektur. Wien 1999.

151 Vgl. ebd. S. 132.

152 Ebd. S. 117.

153 Ebd. S. 91.

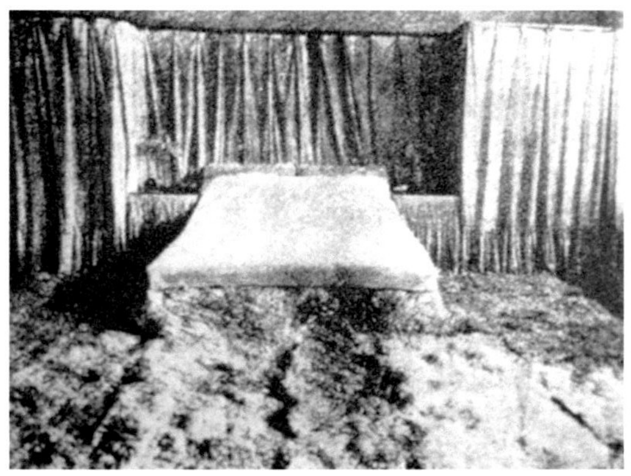

Abb. 29: Adolf Loos: „Schlafzimmer meiner Frau“, 1903.

wie ein „kolonialisierbares, weibliches Körperterritorium[].“[154] Die Autorin konstatiert des Weiteren ab dem 19. Jahrhundert eine „Psychisierung des Innenraums,“[155] die diesen als ein vergegenständlichtes, eben raumgewordenes Innere der Frau proklamiert. Insgesamt handelt es sich – so stellt sie fest – um ein „Verwachsen von weiblichem Körper und Textil zu einem Bild von Innenraumbefindlichkeit.“[156]

Das Konzept eines weiblich konnotierten, mit dem Körper assoziierten und zumeist unbewusst mit Regression und Intimität besetzten Innenraumes, das das „Ursula-Pelz-Haus“ (Abb. 27) aufruft, ist in der Moderne also auch innenarchitektonisch relevant. Wenngleich Schultze-Bluhm in der Titulierung keinen expliziten Hinweis auf die ‚Büchse der Pandora‘ gibt, erlaubt die Omnipräsenz des sonstigen Pandorabezuges eine Subsummierung der Arbeit unter die Büchsenthematik. Es arbeitet so gesehen die Künstlerin an einer Überdimensionierung des Büchsenraumes, die als Indiz einer für die Moderne konstitutiven Begehrensdringlichkeit nach (Körper)innerem und Regression zu verstehen ist: aus der Pandorabüchse wird bei Schultze-Bluhm zunächst ein Pandoraschrank und hier gar ein (Pandora)zimmer bzw. -zelt. Die Forcierung zu einem weiblich konnotierten, begehbaren Innenraum bewirkt einen konstitutiven ‚Echtheitseffekt‘. Dieser aber ist – wie sich gezeigt hat – Resultat einer kulturhistorischen Konstruktion, also Resultat der Verschaltung einer weiblich konnotierten Innenraumkonzeption und einer ebenso weiblich konnotierten naturalisierten Materialprogrammatik. Man sollte auch nicht außer

154 Ebd.
155 Ebd. S. 100.
156 Ebd. S. 118.

Acht lassen, dass die Betrachtenden der drei behandelten Innenraumarrangements nicht im Raum bzw. Bild sind. Sie sind außerhalb des Bildraumes aber innerhalb derjenigen projektiven Struktur, die (ihre) Regressionsgelüste blickkonstitutionell und raumbezogen reguliert. Damit ist auch die Frage nach dem männlichen Part der Szenerie geklärt: Der Kongruenz von Weiblichkeit und Innenraum ist eine männliche Intendanzposition gegenübergestellt. Mit anderen Worten: während der Innenraum weiblich ist, ist seine Begehrensdisposition männlich.

Das Innere des Körpers als Rekonstruktion

Ich möchte mich erneut der Frage der Dekonstruktion zuwenden und sie auf eine Schrankinstallation Schultze-Bluhms ausrichten, die mit einer vielversprechenden Irritation operiert. „Der Pandora Hosenschrank" lautet der Titel eines hochkant aufgestellten und geöffnet dargebotenen Schrankes, den die Abb. 30 zeigt. Die Inszenierung wirkt wie ein Sarg, was zum einen auf die senkrechte Aufstellung und zum anderen auf das helle, entlang der Innenwände drapierte (Pelz)material rückführbar ist. Statt einer Leiche ist eine Hose zu sehen, die aufgrund ihrer Bundfalten und hellen Farbe aus den 50er bis 60er Jahren stammen dürfte und bei der es sich vermutlich um ein damaliges Herrenbekleidungsstück handelt. Die Hose ist – soweit dieses in der Abbildung erkennbar ist – vor einer die Rückwand bedeckenden Spiegelfläche platziert. Ihre Gesäßseite zeigt nach rechts und ihre Reissverschlussseite nach linkes. Aus ihrer somit frontal dargebotenen linken Seite ragen aus einer aufgerissenen Stofföffnung Pelzmaterial, sowie so etwas wie ein großer Fuchsschwanz, der zentral und nach unten hängend angebracht ist. Die Innenseite des Deckels bzw. der Schranktür ziert ein recht ‚dusselig' dreinblickendes helles Konterfei. Es finden sich mittig eine wie eine Nase wirkende Pelzaufhängung sowie weitere Pelz- u. Stoffapplikationen.

Es ist diese Arbeit von Interesse, weil sie die behandelte weibliche Konnotation des Stoff- und Pelzmaterials, sowie des Innenraumes zur Disposition stellt und damit zwei zentrale, für die Moderne und die Art-Brut konstitutive, essentialistische Weiblichkeitskonstruktionen einer Irritation aussetzt. Mit ihrer großflächigen Bepelzung knüpft Schultze-Bluhm an die behandelten Mutterleibsutopien an: Die wellenförmige Pelzanordnung im Kasteninnenraum ist weich und anschmiegsam; sie erinnert an Organwände und suggeriert eine symbiotische Geborgenheit. Die innen platzierte Hose allerdings irritiert die solchermaßen regressive Projektion. Ein Rock wäre noch hinnehmbar, ebenso Seidenstrümpfe, Büstenhalter oder Schnuller. Aber eine (Männer)hose, und dann auch noch eine, aus der ein Fuchsschwanz an einer Stelle herausquillt, an der man es am wenigsten erwartet hätte? Und was überhaupt soll dieser kalte

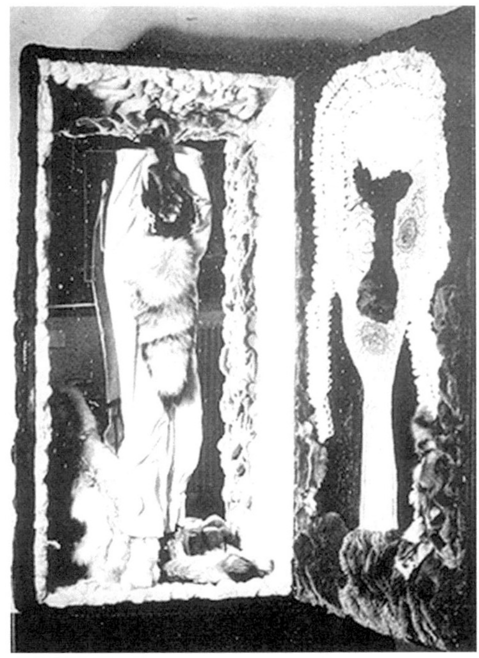

Abb. 30: Ursula Schultze-Bluhm: „Der Pandora-Hosenschrank", 1972.

Spiegel? Die aufkommende Unzufriedenheit der Betrachtenden ist Programm und sie verwandelt sich alsbald in Lächerlichkeit. Die Kombination von Fuchsschwanz, Hose und Pandoraschrank ist derart grotesk, dass sie kaum mehr als weiblich konnotierte Projektionsfläche regressiver Wünsche funktioniert.

Ich habe bereits dargelegt, dass der Fetisch für das Subjekt ein Illusionsobjekt ‚ohne Substanz' ist. Der Fetisch suggeriert etwas,

> „was einmal dagewesen sein soll, was nie gefehlt haben soll und so zur Bestätigung der eigenen narzisstischen Bestätigung und des Genusses diene [...]."[157]

Schultze-Bluhms Exposition des Pelzfetisch am Hosenbein ist als Verweis auf die Fetischposition der Gesamtinstallation zu verstehen. Was Fuchsschwanz, Hose und Pandoraschrank verbindet, ist ihr Funktionieren innerhalb einer fetischistischen Projektionsstruktur, solange dieses Funk-

157 Wenk, Silke: Geschlechterdifferenz und visuelle Repräsentation des Politischen. In: Frauen Kunst Wissenschaft. 6/1999, H. 27, S. 32.

tionieren nicht gestört wird. Das aber genau geschieht hier: Ein derart aufgerissenes Hosenbein aus dem ein Pelzschwanz herausragt ist – auch wenn es sich um eine reliquienartige Präsentation handelt – zur Verehrung nicht geeignet und damit nicht zur Suggestion von Ganzheit und Mangellosigkeit. Die ohnehin unerwartete Hose gibt Zeugnis über die Begehrensdisponierung der Szenerie. Der (die) Betrachter(in) wünscht im Schrankraum ein Sichtbarwerden eines Verlorengeglaubten, ein rückkehrendes Eintauchen in ein geheimnisvolles Inneres, in eine ‚weibliche Welt' des verworfenen Körpers. Stattdessen trifft er (sie) auf eine Hose, die gerade deshalb verblüfft, weil sie ein primär männlich konnotiertes Objekt ist. Es ist aber weniger die Hose selbst, die hier irritiert, als ihre Besetzung als männlich, die sie als deplatziert erscheinen lässt. Mit dieser minimalen geschlechtskonnotativen Verschiebung eröffnet Schultze-Bluhm ein maximales subjektkritisches Potential, was als Beleg für die Konstituierungsmacht der Geschlechtsstereotypisierung gelten kann, die die Objekte und das Subjekt produziert. Dem „Pandora Hosenschrank" wohnt ein – nicht nur durch die Spiegelfläche – bedingtes repräsentationskritisches Reflexionsmoment inne, denn er macht deutlich, dass ein ‚Inneres' immer eine projektionsbeladene und geschlechtlich strukturierte Konstruktion ist. Eine unmittelbare Kausalbeziehung zwischen einer weiblich konnotierten Innen(raum)konstruktion und einem vermeintlich verlorenen, weiblich konnotierten Körperinneren gibt es nicht; es gibt lediglich die repräsentative Suggestion einer solchen Beziehung, die über die gemeinsame Konnotierung von Raum und Körper als weiblich erfolgt.

Figuren des Inneren II

Die Konstruktionen des *Inneren* in der Moderne sind längst noch nicht ausgeschöpft. Gewissermaßen ‚tiefer und tiefer' geht der moderne anthropologische Wissensdurst, der ein *Inneres* erst produziert. ‚Tiefer und tiefer' bedeutet nun ein Hinabtauchen in ‚Mikrobereiche' – freilich unter repräsentationskritischem Blickwinkel. Ich werde nun einem künstlerischen Interesse an biologistischen Naturkonzeptionen insbesondere dort nachspüren, wo es sich mit psychoanalytischen (Miss)verständnisse verbindet. Es geht um eine Diskursanalyse der Verschränkung künstlerischer, biologischer und psychoanalytischer Ontologisierungen, die sich gegenseitig legitimieren. Zu untersuchen ist eine Urschöpfungsvorstellung, mittels derer propagiert wird, es gäbe so etwas wie ein mikrostrukturelles Kontinuum zwischen Kunst, Natur und Psyche. Ein Kontinuum, das – wie sich zeigen wird – begründet wird mit Vorstellungen eines ursächlichen und unmittelbaren Wachstums ‚aus dem *Inneren* heraus', eines natürlichen, unwillkürlichen Wachstums als vermeintlicher Gegenpol kultureller und willkürlicher Produktivität, und ein Kontinuum, das mittels einer essenzialisierten Ikonographie, also mit Mitteln der Kunst zur Anschauung gebracht werden könne. Es geht in dem so veranschlagten Untersuchungsspektrum selbstredend vor allem um weibliche Konnotationen bioästhetischer Utopien und Produktionen. Wie ist Weiblichkeit in ,biopsychischen', anthropologisch relevanten Konzepten präsent und wie in biomorphen Grafismen? Ausgangspunkt dieser zunächst kultur- und kunsthistorisch und später psychoanalytisch zu erörternden Fragestellungen sind nach wie vor die künstlerischen Arbeiten Schultze-Bluhms, die weiterhin auf Dekonstruktionsaspekte hin geprüft werden.

Von Verschlungenheiten und Triebhaftigkeiten

Der nun im Zentrum stehende Vorstellungskomplex, dass ein psychischer Urgrund ,ins Bild setzbar'[158]sei, dass eine Triebenergie mittels bizarrer, amorpher oder biomorpher Formen bzw. Strukturen ,ausdrückbar' sei und dass es eine Unmittelbarkeit gäbe zwischen diesen Zeichen und einer etwaige Gattungsgrenzen überschreitenden Naturwüchsigkeit,[159] ist – ebenso wie die bereits behandelten künstlerischen Programmatiken – begehrendisponiert. Meine Analysen beabsichtigen in diesem und den nachfolgenden Kapiteln die Begehrensdisposition des soeben umrissenen Vorstellungskomplexes kunst- und kulturhistorisch zu rekonstruieren. Indem ich für die Kunst des 20. Jahrhunderts paradigmatische Naturalisierungs- und Psychisierungsrhetoriken aufzeige, kennzeichne ich sie als kultur- und epochenspezifische Begehrenseffekte. Diese Herangehensweise wirkt Dubuffets Programmatik der Art-Brut, dass

> „ihre Schöpfer alles [...] aus ihrem eigenen Grund schöpfen [...], auf der alleinigen Grundlage [ihrer] eigenen Antriebe"[160]

entgegen und denaturalisiert sie.

---

158 Zur Kritik an diesem Visualisierungskonzept sei grundsätzlich empfohlen: Bromig, Christian: Biomorphismus oder Anthropozentrismus? In: Kritische Berichte. 1991, Jg. 19, H. 2, S. 92-107, bes. S. 97.

159 Vgl. die Etymologie des neuzeitlichen Begriffs Natur als „Gesamtheit des Gewachsenen, Gewordenen, [...] Wesen, Anlage, Charakter [...] Geborensein" bzw. als „frei organisch wachsend." In: Zentralinstitut für Sprachwissenschaft Berlin Ost (Hg.): Etymologisches Wörterbuch des Deutschen, H-P. Berlin 1989, S. 1155f.

160 Dubuffet, Jean: L'Art-Brut préféré aux Arts culturels. In: „L'Art-Brut," Ausstellungskatalog der Galerie Renè Drouin, Paris 1942. Zit. bei: Szeemann, Harald: Individuelle Mythologien. Berlin 1985, S. 145.

Beginnen wir bei Schultze-Bluhm bzw. mit einem Blick in eine Rezension, die die Überschrift „Das Kommende oder *Ur*-sula“[161] trägt. „Ursulas Gestalten,“ so heißt es dort,

> „gehören einer Nicht-Zeit an. [...] [Sie sind] aus der Urmasse geschöpft, aus der später Menschliches entstehen wird. Da diese Gestalten kein Ich besitzen, haben sie auch kein eigenes Bewusstsein [...] [Sie sind] Ausdruck der Natur.“[162]

Anknüpfend an meine zu Beginn dieser Untersuchung stattgefundene, auf die Figur Pandora zentrierte Herausarbeitung der weiblichen Konnotationen moderner *Ur*vorstellungen, lässt sich die anzuvisierende und zu dekonstruierende Weiblichkeitskonzeption umreißen: Es geht um eine Weiblichkeit, die als ewig und naturhaft konzipiert ist, als ‚vormenschlich‘ und ‚urmassenhaft‘. Verschaltet ist diese Weiblichkeit mit Imaginationen eines Naturwüchsigen und Subvegetativen, die

> „die Frau als das Undifferenzierte, Molluskenhafte, Vorindividuelle, durch Natur- und Gattungsgesetze Bestimmte [erscheinen lässt],“[163]

wie Bovenschen exemplifiziert.[164]

Sehen wir uns ‚aus dem modernen Fundus‘ dieser „Natur- und Gattungsgesetze“ zwei kunsthistorische Positionen an, die als Beispiele einer pflanzenweltlich analogisierten und in dieser Weise ontologisierten Weiblichkeit auftreten. Prädestiniert für diese Betrachtung sind die Arbeiten der Künstlerin und Dichterin Unica Zürn, die – 1916 geboren – etwa der Generation Schultze-Bluhms zuzurechnen ist und deren künstlerische Arbeiten vornehmlich in den 50er und 60er Jahren bekannt geworden sind. Von Interesse sind vor allem ihre Zeichnungen und Malereien, in denen durch ornamentartige Linienführungen und Formstrukturen Assoziationen an Pflanzenzellen oder Organgewebe, sowie deren po-

---

161 LeVitte Harten, Doreet: Das Kommende oder Ur-sula. In: Fehlemann, Sabine; u.a.; Van der Heydt Museum Wuppertal (Hg.): Ursula, Retrospektive, Werke ... a.a.O., S. 21ff. Hervorh. M.H.

162 Ebd. S. 22.

163 Bovenschen, Silvia: Die imaginierte Weiblichkeit. Exemplarische Untersuchungen zu kulturgeschichtlichen und literarischen Präsentationsformen des Weiblichen. Frankfurt a.M., 1979, S. 31.

164 Bovenschen bezieht sich mit diesem Befund kritisierend auf Karl Scheffler, den sie zitiert: „Sie [die Frau] möchte wachsen und nach allen Seiten zugleich sich entwickeln, wie die Frucht schwellend im Raum. [...] Gott und Tier liegen in ihr näher zusammen.“ Siehe nach Angabe Bovenschens: Scheffler, Karl: Die Frau und die Kunst. Berlin 1908, S. 17.

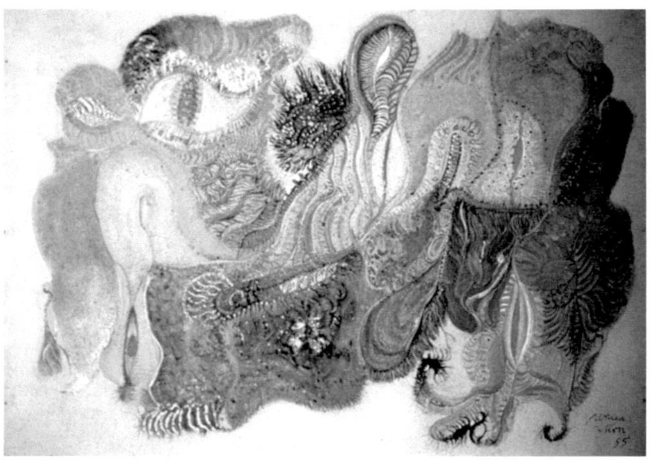

Abb. 31: Unica Zürn, o.T., 1955.

lymorphe Verschlingungen hervorgerufen werden. Ein solches Beispiel gibt eines ihrer unbetitelten Ölgemälde von 1955 (Abb. 31) ab. Zu sehen sind fließend ineinander übergehende, vegetativ wirkende Einkapselungen, Strichelungen und Punktierungen, die insgesamt wie eine organische Masse wirken. Die oval-vaginalen Formen bewirken eine weibliche Apostrophierung des Dargestellten. Ein Blick in eine retrospektive, mit dem Titel „Desublimation“[165] überschriebene Rezension verdeutlicht, wie zu einer naturalisierten Bedeutungsdisposition des Weiblichen eine psychisierte hinzukommt: Von „nichtstrukturierte[n] Lebensmassen,“ „embryonale[n] Spiralstrukturen“ und „intrauterine[n] Regressionsfiguren“[166] ist dort die Rede. Die analoge Konstituierung des Weiblichen ge-

165 Felka, Rilke: Desublimation. In: Neue Gesellschaft für Bildende Kunst e.V. (Hg.): Unica Zürn. Bilder 1953-1970. Berlin 1998, S. 201-211. Wenngleich in dieser Rezension nicht explizit auf die soeben vorgestellte Malerei Zürns Bezug genommen wird, ziehe ich sie hier als symptomatisches Beispiel einer biomorph gestützten Psychisierung heran.

166 Ebd. S. 207. Wie Vokabular und Aktualität des von 1998 stammenden Textes bereits vermuten lassen, ist die Argumentation gleichwohl zum Teil auf poststrukturalistische Ansätze gestützt, doch werden diese von einer dominierenden, psychoanalytisch motivierten, u.a. auf Kristeva gestützten Ansicht überlagert, dass es ein unmittelbares Artikulieren eines Verworfenen, eine Art borderline, regressives oder wahnsinniges Sprechen in den künstlerischen Arbeiten Zürns gäbe, die ja bekanntlich an psychotischen Störungen gelitten und sich häufig in Psychiatrien aufgehalten hat. Ich komme noch zu einer expliziten Kritik an dieser Vorstellung eines vermeintlich unmittelbaren, psychotischen und ‚urstrukturellen Ausdrucks'.

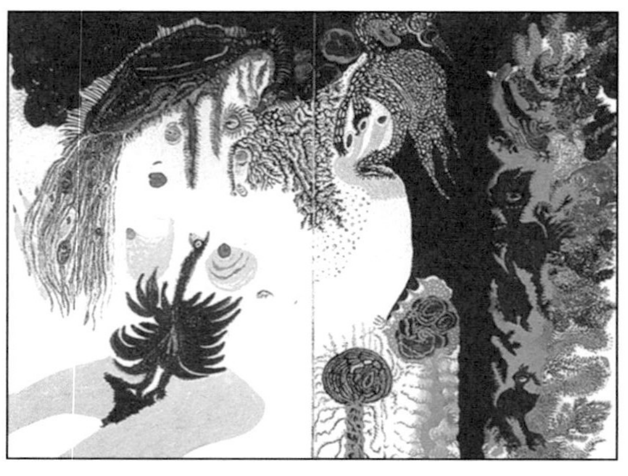

Abb. 10.5: Ursula Schultze-Bluhm: „Der Pandora-Schrank mit den vielen Gesichtern", 1969-77, Detail.

schieht mittels ästhetischer Zeichen, die in der Moderne als vermeintliche Urstrukturen begriffen werden. Sie suggerieren, Zeugnis über eine frühe evolutionäre und zugleich psychische Wahrheit ablegen zu können, die aufgrund ihres rudimentären und regressiven Status' weiblich codiert ist. D.h. Weibliches wird zum Ort eines vermeintlich Urstrukturellen, das wiederum als rhetorisches Moment moderner Konzeptionen von Natur und Psyche fungiert, wie auch Weibliches selbst.

Ein Schritt zu Schultze-Bluhm lässt schnell deutlich werden, dass dieser Befund auf ihre Arbeiten übertragbar ist und dort erneut keinerlei Dekonstruktion erfährt. Beispielsweise lässt eine Detailansicht (Abb. 10.5) des Frontbereiches der geschlossenen Türen des „Pandora-Schrank[es] mit den vielen Gesichtern" die behandelten vegetativen Strukturen und erotisch-weiblichen Formen (hier primär als Lippen- und Brustformen), sowie eine zusätzliche weibliche Figuration erkennen. Aufgrund dieses Zusatzes möchte ich die Darstellung hinsichtlich ihrer Verschränkung von ‚Pflanzenweltstruktur' und Weiblichkeit im Vergleich zu der Zürns als forcierter bewerten. Ein Blick in die Rezeption fördert die erwartete Verschränkung naturalisierender und psychisierender Rhetoriken zutage, die auf die Bedeutung des Weiblichen rückwirkt: „[I]n die Arabesken ihrer irrealen, wie blühenden Landschaften" – ist dort über die Arbeiten Schultze-Bluhms zu lesen – seien „Aggressionstriebe [...] eingeschrieben."[167] Des Weiteren ist von „verbotenen Gefil-

167 Vogt, Paul: Geschichte der deutschen Malerei im 20. Jahrhundert. Köln 1972, S. 461.

de[n],“[168] „Schlinggewächsen,“ „ständige[r] Mutation,“[169] „vegetabilisch wuchernden Formen,“ „Blumen des Bösen“[170] und blühenden Ängste[n][171] die Rede. Die Zitate verdeutlichen nicht nur das Ineinanderwirken poetisierter Naturalisierungen und Psychisierungen, sondern lassen auch die Begehrensdisposition der Bedeutungskonstituierung erkennen: eine Dringlichkeit und Lust, dass es doch so sein möge ‚verborgene' Urzeichen und -prozesse ‚entdecken' und rekapitulieren zu können, und dass der Ort dieses Geschehens ein weiblicher sei. Die Imagination von Weiblichkeit ist mit floralen Metaphern verschaltet; zusammen suggerieren sie eine Art innere Gartenwelt, eine Welt der Fülle und des Blühenden, die mit einer Prise Gefahr versehen ist. Diese Suggestion ist in der Moderne[172] eine zentrale, durch Sehnsuchts- und Sensationsgelüste konstituierte, am Ort des Anderen platzierte und somit weiblich konnotierte Innenweltkonzeption.

Ein ähnlicher Befund lässt sich für „[d]ie seltsame *Fauna* der Malerin“[173] veranschlagen, um erneut eine Rezension zu bemühen. Auch bezüglich dieses thematischen Rahmens liefert Schultze-Bluhm eine geschlechtsstereotype Weiblichkeitsaffirmation, die keinen Dekonstruktionsspielraum lässt, wie ich anhand eines Vergleiches einer Detailaufnahme aus dem „Pandora-Tierschrank“ von 1972 (Abb. 11.4) mit der von 1904 stammenden Arbeit „Weib und Tier“ (1904) (Abb. 32) von Paul Klee herausarbeiten möchte. Beide Arbeiten evozieren bereits im Titel eine vermeintliche Nähe des Weiblichen zum Tierischen. Die Radierung Klees zeigt eine weibliche Statue, die von einem Tuch umgeben in ihren Sockel überzugehen scheint. Dieser ‚fließende' Übergang wird durch eine zell- bzw. organartige Strukturierung unterstützt, die, wenn-

168 Ebd.

169 Eine moderne Pandora. In: Süddeutsche Zeitung, Nr. 285, 11./12.12. 1982, S. 15.

170 Ruhrberg, Karl: Mythen der Wirklichkeit. In: Fehlemann, Sabine; u.a.; Van der Heydt Museum Wuppertal (Hg.): Ursula, Retrospektive, Werke ... a.a.O., S. 31.

171 Vgl. Cruwell-Doertenbach, Konstanze: Wo Ängste und Aggressionen blühen. In: FAZ vom 28.9.1988

172 Ich empfehle an dieser Stelle Gisela Eckers Untersuchung des Gartens als allegorisierten und psychoanalytisch codierten Raum. Wenngleich es sich hierbei nicht um eine Analyse organisch-pflanzlicher Werkmetaphern handelt, stellt diese Arbeit eine begehrengeleitete Relevanz des Gartenmotivs in der Moderne unter geschlechtskonnotativen Gesichtspunkten heraus. Siehe: Ecker, Gisela: Hortus conclusus. Weiblicher Körper und allegorischer Raum in der Literatur der Moderne. In: Schade, Sigrid; Wagner, Monika; Weigel, Sigrid (Hg.): Allegorien und Geschlechterdifferenz. Köln, Weimar, Wien 1994, S. 171ff.

173 Voss, Ursula in: Frankfurter Allgemeine Zeitung, Nr. 42, vom 19.2.1972. Hervorh. M.H.

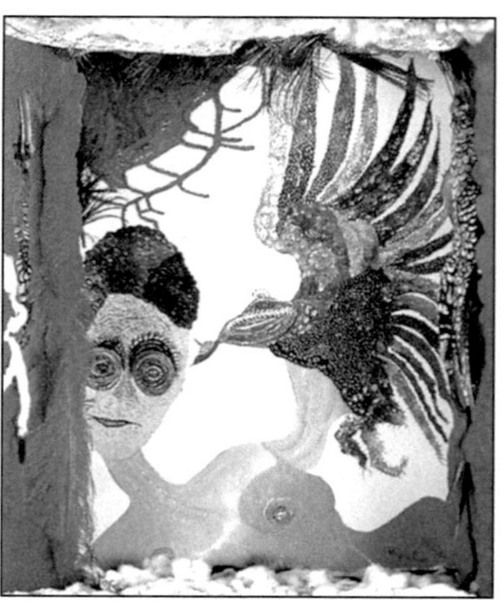

Abb. 11.4: Ursula Schultze-Bluhm:
„Der Pandora-Tierschrank“, Detail.

gleich sie sich in Deutlichkeit und Größe ändert, den ‚mineralischen' Sockel mit der ‚menschlichen' und der ‚tierischen' Figur verbindet. Eine solche Verbindung wird auch durch das Zugewandtsein der weiblichen Figur zur Tierfigur bewirkt, die dieser mit ihrem rechten Arm eine Blume entgegenhält. Klees eigenen Angaben zufolge thematisiere die Darstellung eine „Entkleidung der Damenpsyche“ bzw. eine „Beziehung der Dame zum Tierischen.“[174] „Offenbar,“ so folgert die Rezeption, werde „in der Frau eine triebhafte Seite“[175] angesprochen, die gesellschaftlich tabuisiert sei. Die Detailaufnahme der Arbeit Schultze-Bluhms lässt eine angeschnitten und liegend dargestellte weibliche Figur erkennen, deren rechter Arm eine Verbindung zu einem Vogeltier schlägt. Die ornamentartige, kleinzellige Strukturierung des Kopfes und der Augenbetonung der Figur taucht in dem Vogeltier wieder auf. Die allgemeine Rezeption spricht von Überwucherungen[176] und aufblühenden Triebhaftigkeit-

174 Klee, Paul: Tgb. 513, S. 177 (Juni-August 1903) und Tgb. S. 523 (Zahn). Zit. bei: Wedekind, Gregor: Geschlecht und Autonomie. Über die allmähliche Verfertigung der Abstraktion aus dem Geist des Mannes bei Paul Klee. In: Deicher, Susanne (Hg.): Die weibliche und die männliche Linie. Das imaginäre Geschlecht der modernen Kunst von Klimt bis Mondrian. Berlin 1993, S. 100, Anmerk. 106.

175 Wedekind, Gregor: Geschlecht und Autonomie .. a.a.O., S. 83.

176 Siehe beispielsweise: Stachelhaus, Heiner: Je phantastischer, umso realer. In: Fehlemann, Sabine; u.a.; Van der Heydt Museum Wuppertal (Hg.): Ursula, Retrospektive, Werke ... a.a.O., S. 40.

en.[177] Innerhalb des abgesteckten Vergleichskontextes ist die biomorphe Synthese von „Weib und Tier"[178] in der Arbeit Schultze-Bluhms weiter vorangetrieben. Eine darüber propagierte ‚naturstrukturelle' Nähe des Weiblichen zum Tierischen, die offenkundig als Affinität von Weib und Trieb gedeutet wird, ist im Vergleich zur Arbeit Klees forcierter. Die Weiblichkeit ontologisierende Wirkung der für die Moderne charakteristischen biomorphen und triebbesetzten Ästhetisierung wird in der Arbeit Schultze-Bluhms nicht gebrochen.

Bioästhetisierung: Natur als Kunst

Die Herausarbeitung kulturgeschichtlicher Dispositionen der oben behandelten Bioästhetisierung und ihrer weiblichkeitskonstituierenden Effekte ist nicht erst auf das 20. Jahrhundert, sondern bereits auf das 19. Jahrhundert zu richten. Damit soll keine Zusammenziehung historisch unterschiedlicher Kontexte angestrebt werden, sondern aufgezeigt werden, wie und wann relevante diskursive Verflechtungen bzw. kulturanthropologische Produktionen auszumachen sind, die als Sinnhorizont für die Arbeiten Schultze-Bluhms fungieren. Wiederum eine historische Vorlage dieser sogleich im Zentrum stehenden Konzeptionen des ausgehenden 19. Jahrhunderts liefert eine neuhumanistische Welt- und Naturbetrachtung, die sich am ehesten mit dem Begriff der Metamorphose plakativieren lässt, auf den ich nur kurz eingehe. Die ideelle Besetzung dieses Begriffes ist historisch unterschiedlich, ein Grundverständnis hingegen wird reformulierend weitertradiert. Im Bereich der Mythologie steht der Begriff Metamorphose (griech. metamórphōsis: Umgestaltung, Verwandlung)[179] für Verwandlungsprozesse zwischen Menschen, Tieren, Pflanzen und Steinen. Beispielsweise thematisieren Ovid's „Metamórphōsen" Umwandlungen als existentielle Grenzerfahrungen und einen zentralen Stellenwert nimmt der Begriff in Goethes naturphänomenalistischen Schriften ein,[180] sowie in seiner Schöpfungskonzeption, nach der Kunst nach Gesetzten der Natur gestaltet sei.[181] Es darf angenommen werden, dass das antike und das neuhumanistische Verständnis

177 Siehe beispielsweise: Dienst, R.-G., zit. bei: Romain, Lothar: Wo Schein und Sein einander zusetzen. In: Fehlemann, Sabine; u.a.; Van der Heydt Museum Wuppertal (Hg.): Ursula, Retrospektive, Werke ... a.a.O., S. 28.

178 In Anlehnung an den Titel der soeben behandelten Radierung Paul Klees.

179 Vgl: Brockhaus – Die Enzyklopädie. 20. überarbeitete Auflage, Bd. 14. Leipzig, Mannheim 1998, S. 553.

180 Siehe beispielsweise: Goethe, Johann Wolfgang von: Versuch die Metamorphose der Pflanzen zu erklären. Abhandlung von 1790. Und: Die Metamorphose der Tiere. Lehrgedicht von 1799.

181 Vgl.: Dustmann, Ursula: Wesen und Form des Goetheschen Festspiels. Köln 1963, S. 29.

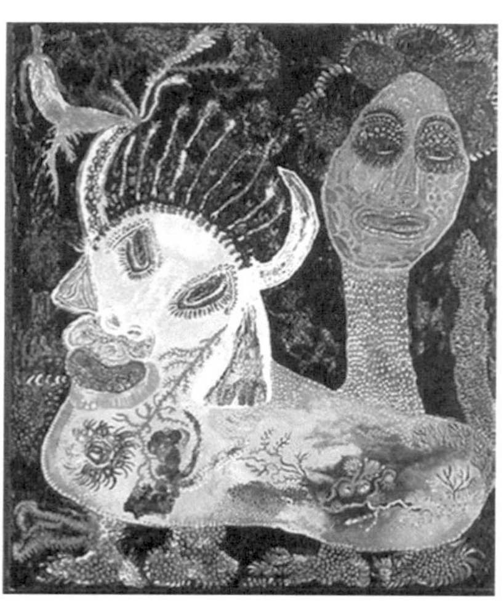

Abb. 11.5: Ursula Schultze-Bluhm: „Der Pandora-Tierschrank", 1972, Detail.

mitkonstituierende Vorlagen für biologistische Metamorphosevorstellungen des späten 19. Jahrhunderts abgeben. Dieses detailliert nachzuweisen würde den Rahmen dieser Arbeit sprengen.[182] Stattdessen möchte ich den Fokus auf neuere Metamorphosekonzeptionen richten, zumal „Metamorphose" eine – wie die Rezeption verspricht – „Kernidee im Œuvre der Künstlerin"[183] Schultze-Bluhm sei und zumal ein Blick auf ihre Arbeiten, auf ihre Synthetisierungen von weiblicher Figuration, Tierkörper, Pflanzenform und Zellstruktur (siehe beispielsweise Abb. 11.5) dieses zu bestätigen scheint. Meine Behandlung der sich Ende des 19. Jahrhunderts ausweitenden naturphilosophischen Konzeptionen ist auf Vorstellungen eines ‚Universal-Schöpferischen' zentriert, die aus einer Verknüpfung naturwissenschaftlicher und bildnerischer Strategien resultieren, die moderne Natur-Kunst-Analogien erst präferieren. Der kultur- und kunsthistorische Kontext dieser Strategien ist durch eine Abwendung von Allegorie und Personifikation hin zur abstrakten Kunst gekennzeichnet, die über

182 Ich empfehle hierzu grundsätzlich: Lichtenstern, Christa: Vom Mythos zum Prozessdenken. Und: Dies.: Die Wirkungsgeschichte der Metamorphosenlehre Goethes. In: Dies.: Metamorphose in der Kunst des 19. und 20. Jahrhunderts. Bd. 1 u. 2. Weinheim 1990 u. 1992.

183 Weiss, Evelyn: Ursula. Anmerkungen zum Werk. In: Museum Bochum, Kunstsammlung; u.a. (Hg.): Ursula, Bilder, Objekte, Zeichnungen. 1979, o.S.

die Ornamentik erfolgt.[184] Ich komme darauf sogleich zurück. Es gilt vorerst festzuhalten, dass das der Anthropologie des ausgehenden 19. Jahrhunderts zur Verfügung stehende Visualisierungsrepertoire durch einen dekorativen, mit Schönheit besetzten Stil und florale Arabesken gekennzeichnet ist, für die der Jugendstil steht.

Das Ineinandergreifen von ornamentaler Ästhetik und biologistischer Naturphilosophie lässt sich sehr anschaulich in der Arbeit des Zoologen, Biologen und Arztes Ernst Haeckels (1834-1919) nachzeichnen. Ebenso wie Charles Robert Darwin (1809-1882), dessen Evolutionstheorie[185] ihn begeisterte, gilt Haeckel als ‚einer der großen' Naturforscher des 19. Jahrhundert. Haeckels wissenschaftlicher Beitrag liegt in der Klassifikation auf Symmetrie gegründeter biologischer Strukturen, die er „organische Stereometrien"[186] nannte. In ihnen, so Haeckel, seien „die konstitutiven Merkmale des Lebendigen"[187] verborgen. Titel seiner Veröffentlichungen, wie beispielsweise „Die Natur als Künstlerin"[188] und „Kunstformen der Natur"[189] lassen eine Verflechtung biologistischer und ästhetischer Konzepte bereits erahnen.[190] Haeckel proklamiert, dass das Ornament rückführbar sei auf eine „gemeinsame bildende Tätigkeit der Zellvereine, die sich in Gewebe und Organe sondern."[191] „Aufmerksame und unbefangene Betrachtung des bildenden Plasmas überzeugt uns," schreibt er weiter,

> „dass diese formlose ‚lebendige Substanz' bei der Erzeugung ihrer festen Naturformen in vieler Beziehung ähnlich verfährt wie der Mensch bei der Produktion seiner Kunstformen."[192] „Die Natur erzeugt in ihrem Schoße eine unerschöpfliche Fülle von wunderbaren Gestalten, durch deren Schönheit und Man-

---

184 Vgl: Wagner, Monika: Allegorie – Ornament – Abstraktion. In: Schade, Sigrid; Wagner, Monika; Weigel, Sigrid (Hg.): Allegorien und Geschlechterdifferenz. Köln, Weimar, Wien 1994, S. 205ff.

185 Siehe: Darwin, Charles Robert: Über die Entstehung der Arten. 1893.

186 Haeckel, Ernst zit. bei: Breidbach, Olaf: Kurze Anleitung zum Bildgebrauch. In: Haeckel, Ernst: Kunstformen der Natur. München, New York 1998, S. 7.

187 Haeckel, Ernst zit. bei ebd. S. 8.

188 Breitenbach, Wilhelm (Hg.): Haeckel, Ernst: Die Natur als Künstlerin. Formenschatz der Schöpfung. 1913.

189 Haeckel, Ernst: Kunstformen der Natur ... a.a.O.

190 Eine ähnliche Natur-Kunst-Analogie findet sich in der Arbeit des Fotografen Karl Blossfelds (1865-1932), der künstlerische Formen und Strukturen als Abbilder pflanzlicher Formen und Strukturen verstand. Siehe: Blossfeld, Karl: Urformen der Kunst. 1928.

191 Haeckel. Ernst: Nachwort. In: Ders.: Kunstformen der Natur ... a.a.O., S. 35.

192 Ders.: Die Naturformen. In: Ders.: Kunstformen der Natur ... a.a.O., S. 241.

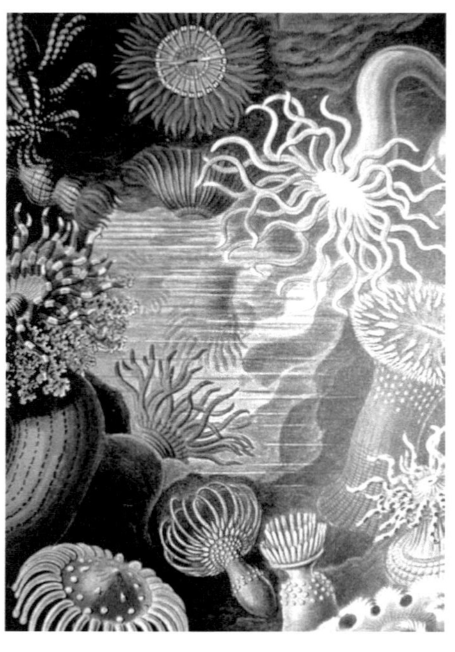

Abb. 33: Ernst Haeckel: Kunstformen der Natur, Tafel 49, Seeanemonen, o.J.

nigfaltigkeit alle vom Menschen geschaffenen Kunstformen weitaus übertroffen werden.“[193]

Dem Organischen sei nicht nur ein dekoratives Moment immanent, sondern es wohne ihm eine morphologische ‚Seele‘[194] inne, die auch das Ästhetische konstituiere;[195] eine Ansicht, die Haeckel mit sorgfältigst ausgeführten, ornamentalen Illustrationen zu untermauern suchte. Die Abb. 33 zeigt eine auf Symmetrien und Arabesken gegründete Illustrationen aus dem Band „Kunstformen der Natur.“ Die nachfolgende Zeichnung Haeckels (Abb. 34) operiert ebenfalls mit floralen bzw. biomorphen Linien und Formen und erlaubt einen Vergleich mit einer Detailansicht aus Schultze-Bluhms „Pandora-Schrank mit Kopf“ (Abb. 12.3). Obgleich ihrer proportionalen und figuralen Verzerrung wird die Arbeit der Künstlerin innerhalb dieses Vergleichskontextes als Reminiszenz eines moder-

---

193 Ders.: Vorwort. In: Ders.: Kunstformen der Natur ... a.a.O., S. 35.

194 Vgl.: Eibl-Eibesfeldt, Irenäus: Ernst Haeckel. Der Künstler im Wissenschaftler. In: Haeckel, Ernst: Kunstformen der Natur ... a.a.O., S. 18.

195 Ebd.

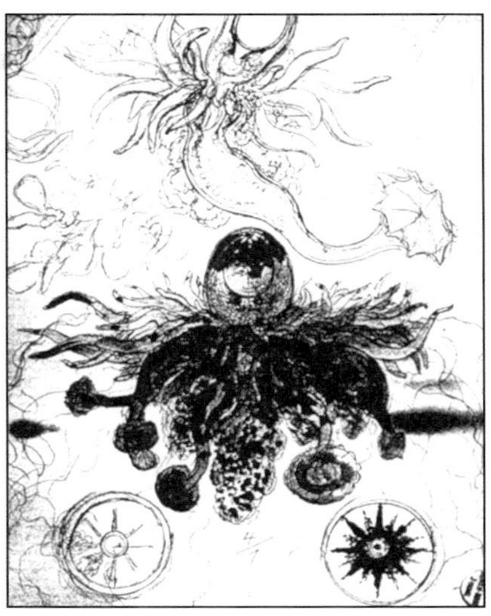

Abb. 34: Ernst Haeckel: Kunstformen der Natur, o.J.

nen, bioästhetischen Naturverständnisses verstehbar. Haeckels Morphologiekonzept fungiert für Schultze-Bluhm in der Weise als Sinnhorizont, als es ihre phantastisch-amplifizierten Arabesken als bio- und metamorphe Urstrukturen präfiguriert.

Die der Arbeit der Künstlerin implizite weibliche Konnotation wäre zwar auch aus dem Haeckelschen Morphologiekonzept („Die Natur als Künstlerin") ableitbar, doch kunsthistorisch anschaulicher noch lässt sie sich durch einen Vergleich mit Arbeiten des Jugendstilkünstlers Gustav Klimts (1862-1918) erörtern. Ich komme hiermit auf die vorhin erwähnte Entwicklung von allegorischen zu ornamentalen bis hin zu abstrakten künstlerischen Verfahren zurück, die in der Arbeit Klimts explizit ist. Die Detailansicht Schultze-Bluhms (Abb. 12.3) vorab zeigt zweigeschlechtliche Amplifikationen. Im oberen Teil sind betonte Augen- und Mundformen, fließend-ovale Haarformen, sowie runde Brustformen zu sehen, die in ihrer Assoziierung als weiblich die männlich apostrophierten, penisartigen Arabesken im unteren Bereich quantitativ überbieten. Selbst wenn man das Dargestellte als Zwitterfigur versteht, unterliegt ihr eine Naturästhetisierung, die weiblich konnotiert ist. Klimts Gemälde „Wasserschlangen (Freundinnen)" (Abb. 35) gibt hierfür einen Beleg ab. Zu sehen sind zwei weibliche Figuren, eine frontal und eine rücklings dargestellt, die ineinander übergehen. Die geschlechtliche Markierung erfolgt über die Brust und eine verschlungene Haarpracht, die die beiden

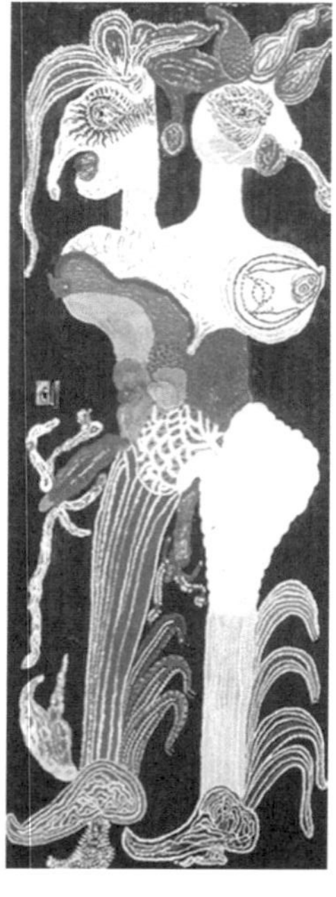

Abb. 12.3: Ursula Schultze-Bluhm: „Der Pandora-Schrank mit Kopf“, 1973, Detail.

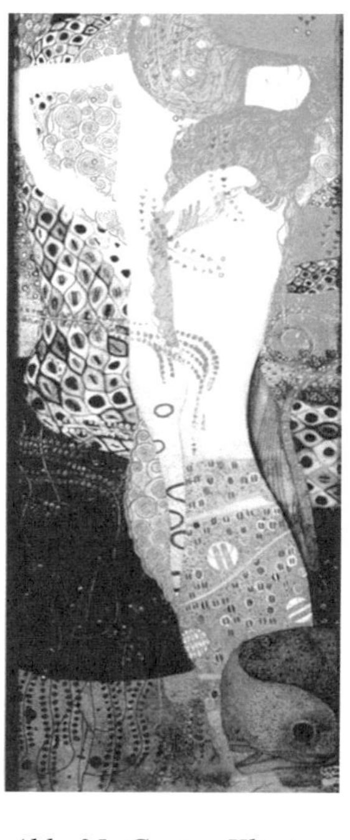

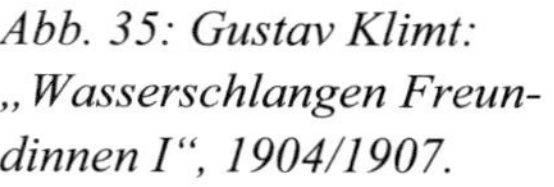

Abb. 35: Gustav Klimt: „Wasserschlangen Freundinnen I“, 1904/1907.

Figuren nicht nur miteinander, sondern auch mit sie umgebenden Arabeskenlinien und Ornamentflächen verbindet. Die hellere, schlauchartige dieser Ornamentflächen könnte als Schlangenkörper gesehen werden und unten rechts ist ein Fischkopf erkennbar. Hinsichtlich der verschlungenen, weiblichen Figuration, ihrer Erotisierung, Sexualisierung und arabesken Naturanalogisierung sei ein Vergleich dieser Arbeit mit der Schultze-Bluhms erlaubt, um für letztere eine historische Weiblichkeitskonnotierung[196] biomorpher Ornamentalisierung herzuleiten.[197] Der

---

196 Eine mit Männlichkeit verknüpfte Ornamentalisierung findet sich in den Arbeiten Klimts weitaus seltener. Vgl.: Susanna Partsch: Klimt. Leben und Werk. Erlangen 1992, S. 229. Außerdem: Sármány-Parsons, Ilona: Gustav Klimt. Bindlach 1992, S. 91.

197 Deutlich wird die Weiblichkeitskonnotierung bioästhetischer Produktionen auch in ihrer diskriminierenden Ablehnung, die beispielsweise der Architekt und Designer Adolf Loos u.a. in seinem Buch „Ornament und Verbrechen“ nicht müde wird auszusprechen. „Der Drang [...] zu ornamentieren,“ heißt es dort, „ist der Uranfang der bildenden Kunst. Es ist das Lallen der Malerei.“ Der „Mensch unserer Zeit, der aus innerem Drange die Wände mit erotischen Symbolen beschmiert, ist ein Verbre-

bei Klimt anklingende, mit dem weiblichen Körper verschaltete bio- und metamorphe Verschmelzungs- und Schöpfungsentwurf[198] findet bei Schultze-Bluhm eine der Abstraktion des 20. Jahrhunderts entsprechende Fortführung, ohne dass die ab dem späten 19. Jahrhundert auszumachende weibliche Konnotierung dieses Entwurfes konterkariert würde.

Biomorphismus: Kunst als Natur

Biomorphe Ästhetisierungen sind – so zeigt es das Beispiel Schultze-Bluhms – nicht auf die primär dem Jugendstil verpflichtete Jahrhundertwende beschränkt.[199] Insbesondere ab den dreißiger Jahren des 20. Jahrhunderts erleben bioromantische Konzepte und biologistische Metaphern erneut Konjunktur. Neben dem Kubismus und dem Konstruktivismus stellt der Biomorphismus einen „maßgebliche[n] Avantgardeschritt[]“[200] dar, der vor allem in künstlerischen Produktionen und Kommentierungen surrealistischer und tachistischer bzw. informeller Richtungen nachvollziehbar ist. Die ‚Spielart' dieses neuen Biomorphismus' ist gleichwohl verändert: Sie ist nunmehr eingebettet in eine historisch vorangeschrittene Entwicklung des Zurückweichens von Ornamentierung und Gegenständlichkeit und in ein damit einhergehendes, weiteres Aufkommen moderner Abstraktion und funktionaler Sachlichkeit.[201] Der künstlerische Biomorphismus dieser Zeit begibt sich etwa zu Rationalisierungstendenzen konstruktivistischer Provenienz, sowie zu faschistisch instrumentali-

cher oder ein Degenerierter.“ Hinsichtlich der weiblichen Konnotation biomorpher Ornamentik lässt er an anderer Stelle verlauten: „Das Ornament der Frau [...] entspricht im Grunde dem des Wilden, es hat erotische Bedeutung.“ Siehe: Loos, Adolf: Ornament und Verbrechen (1908). In: Glück, Franz (Hg.): Sämtliche Schriften – Adolf Loos. Wien, München 1962, S. 277. Außerdem: Ders.: Ornament und Erziehung (1924) in ebd. S. 396.

198 Wagner hebt hervor, dass die Verknüpfung von Ornament und Weiblichkeit als Konzeption künstlerischer Innovation und Verlebendigung „im Zeichen der Frau“ (Klimt) zu betrachten ist. Siehe: Wagner, Monika: Gustav Klimts ‚verruchtes Ornament'. In: Deicher, Susanne (Hg.): Die weibliche und die männliche Linie ... a.a.O., S. 28 u. S. 208ff.

199 Beispielsweise waren Haeckels vom Jugendstil geprägte Stilisierungen von Einzellern für die Kunst die Avantgarde von so hohem Interesse, dass seine Illustrationen noch 1934 in der surrealistischen Zeitschrift ‚Cahier d'Art' reproduziert wurden. Vgl.: Orchard, Karin: (Un)Ordnung schaffen. In: Sprengel-Museum Hannover; u.a. (Hg.): Die Erfindung der Natur. Max Ernst, Paul Klee, Wols und das surreale Universum. Freiburg im Breisgau 1994, S. 12.

200 Lichtenstein, Christa: Metamorphose in der Kunst des 19. und 20. ... a.a.O., S. 113.

201 Vgl. beispielsweise: Gombrich, Ernst-H.: Ornament und Kunst. Schmucktrieb und Ordnungssinn in der Psychologie des dekorativen Schaffens. Stuttgart 1982, S. 73.

sierten Neoklassizismen in Opposition.[202] Er sucht gewissermaßen Zuflucht in Natürlichem, Überzeitlichem und Ursprünglichem, die als Utopiebereiche einer ‚anderen' Welt(ordnung) fungieren. Zur mehr und mehr in Abwertung[203] begriffenen Ornamentierung ringt dieser Biomorphismus zusätzlich um eine legitimierende Abgrenzung. Er versteht sich nicht mehr als Elaborat einer morphologisch-konstitutiven Natur. Stattdessen begreift er sich als naturstiftend bzw. -erfindend,[204] als Kunstnatur[205] oder – wie es in Bezug auf die Arbeiten Schultze-Bluhms heißt – als „Bildorganon,“[206] als also künstlerisches Medium morphologischer Verlebendigung. Meine weitere Untersuchung latenter Weiblichkeitskonnotationen folgt dieser kunsthistorischen Verlagerung. Die nun ins Visier geratenen künstlerischen Morphismen des 20. Jahrhunderts interessieren hinsichtlich ihrer Synthetisierung von vegetabilen bzw. organischen Strukturen und Weiblichkeit unter dem Aspekt einer für die Avantgarde und Nachkriegskunst wichtigen Legitimationsfunktion. Ich prognostiziere, dass das Ringen des neuen Biomorphismus um künstlerische Souveränität und Etablierung mittels eines Rückgriffs auf traditionelle Natur-Weiblichkeits-Analogien geschieht. Es wird sich zeigen, dass es im Zuge dieses Rückgriffs zu Verschaltungen vegetabiler, ‚essentieller' Graphismen und ‚symbiotischer' Weiblichkeit zu so etwas wie ‚regressiven Weiblichkeitslandschaften' kommt, die als bioromantische „Verschmelzungsphantasm[en]“[207] einer durch Kriege und Rationalismus „zerrissenen“[208] und sich von klassischen Ganzheitsidealen verabschiedenden Moderne zu verstehen sind.

Ich knüpfe an meine bereits begonnene Behandlung des Metamorphosebegriffes an, da dieser auch im Biomorphismus des 20. Jahrhun-

202 Vgl.: Wenk, Silke: Versteinerte Weiblichkeit ... a.a.O., S. 194.
203 Vgl.: Gombrich, Enrst-H.: Ornament und Kunst. Schmucktrieb und Ordnungssinn ... a.a.O., ebd.
204 In Anlehnung an: Kröger, Michael: „... gleichsam biologische Urzeichen...“ Die Erfindung biomorpher Natur in Malerei und Fotografie der dreißiger Jahre. In: Kritische Berichte. H. 4, Jg. 18, 1990, S. 71. Und: Sprengel-Museum Hannover; u.a. (Hg.): Die Erfindung der Natur ...a.a.O.
205 Vgl.: Kröger, Michael: „ ... gleichsam biologische Urzeichen ...“ Die Erfindung ... a.a.O., S. 77.
206 Romain, Lothar: Wo Schein und Sein einander zusetzen ... a.a.O., S. 26.
207 Gorsen, Peter: Das konvulsivische Schönheitsideal: die Hysterie in der künstlerischen Rezeption. In: Benkert, Otto; Gorsen, Peter (Hg.): Von Chaos und Ordnung der Seele. Ein interdisziplinärer Dialog über Psychiatrie und moderne Kunst. Berlin, Heidelberg, New York, u.a. 1990, S. 48.
208 Ebd.

derts eine zentrale, rhetorische Rolle spielt. Der Maler und Kunsttheoretiker Willi Baumeister (1889-1955) beispielsweise stellt klar:

„[...] Kunst sollte als Metamorphose betrachtet werden, als beständige Umwandlung.“[209]

Baumeister, der in der Kunstgeschichtsschreibung gemeinhin als einer der wichtigsten Vertreter der abstrakten Malerei der europäischen Nachkriegszeit gilt, interessiert hier nicht im Hinblick auf eigene, ab etwa Ende der 1930er Jahre entstehende biomorphe Arbeiten,[210] sondern aufgrund seines kunstpolitischen Plädoyers für eine gegenstandslose, moderne, eben metamorphe Kunst, das er Mitte der 40er Jahre mit seiner Publikation „Das Unbekannte in der Kunst“[211] hält. Die „Metamorphose,“ heißt es dort, sei „Teil[] eines Organischen“[212] und beruhe auf zufällig sich ergebenden Ausformungen.[213] „Künstlerische Beflissenheit,“ schreibt er,

„steuert nicht zweckdienlich Naturkräfte [...], sondern das künstlerische Werk ist ein unmittelbarer Teil der Naturkraft [d.h. der Metamorphose] selbst. Der Kernwert des Kunstwerks ist zwecklos und ohne bekanntes Ziel entstanden.“[214]

Die Metamorphose ist bei Baumeister eine Urkraft, die im künstlerischen „Werk,“ also durch die Hand des Künstlers „zum Organischen“[215] führe. Nicht minder deutlich und von Baumeisters Metamorphoseverständnis nicht unbeeinflusst, äußert sich in späteren Jahren[216] Bernard Schultze:

209 Baumeister, Willi zit. bei: Lichtenstern, Christa: Metamorphose in der Kunst des 19. und 20. ... a.a.O., S. 114. Lichtenstern führt auch aus, dass Baumeister sich auf Haeckels „Kunstformen der Natur“ bezog. Vgl. ebd. S. 112.

210 Zu denken wäre etwa an Baumeisters um 1938 entstandenen „Ideogramme“ und „Eidos“-Bilder.

211 Ders.: Das Unbekannte in der Kunst. Das Buch entstand 1943/44, wurde jedoch erst 1947 veröffentlicht. Anlässlich der „Darmstädter Gespräche“ nahm Baumeister drei Jahre später erneut öffentlich Partei ein für eine abstrakte, ungegenständliche Kunst der Nachkriegsmoderne.

212 Ebd. S. 57.

213 Vgl. ebd. S. 59.

214 Baumeister, Willi: Das Unbekannte ... a.a.O., S. 60. Einschub M.H.

215 Ebd. S. 62.

216 Einige Aussagen Schultzes sind anhand der Rezeption zeitlich nicht eindeutig zu bestimmen. Die folgenden Äußerungen dürfte der Künstler nicht vor Mitte der 1960er Jahre gemacht haben.

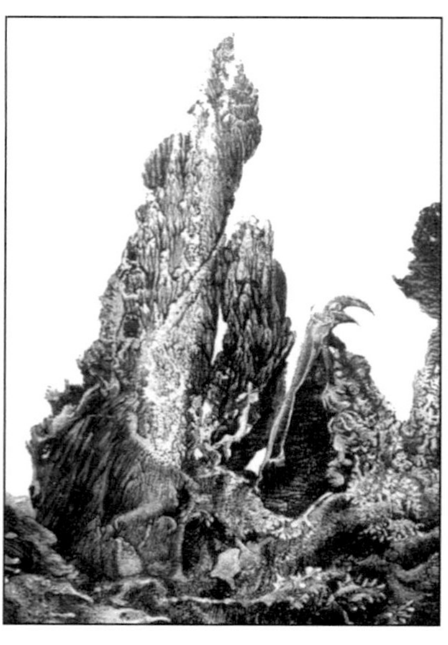

Abb. 36: Max Ernst: „Fascinant cyprès", Detail, 1940.

„Eine ununterbrochene Metamorphose, das sollen meine Bilder ausdrücken."[217]

Kunstproduktion, so Schultze, sei ein „metamorphorische[s] Zusammensetzen," das „unbekannte, nicht benennbare Gebilde"[218] schaffe. Und weiter:

„Dieser Typ des Malenden [...] beginnt nicht mit der Natur um Malerei zu erreichen, sondern beginnt umgekehrt mit Malerei und erreicht Natur."[219] „Immer geriet mein Malprozess in Naturhaftes,"[220] „[in] das aufs äußerste reduzierte Menschsein als Übergangsexistenz von Mensch zu Gewächs [...]."[221]

---

217 Schultze, Bernard zit. bei: Weiss, Evelyn (Hg.): Bernard Schultze. Das große Format. München 1994, S. 265.

218 Ders.: Ein durchaus deutsches Erbe. Immer wird der Machensvorgang in meinen Arbeiten bestimmt von „unter dem Diktat des Unbewussten." In: KUNSTmagazin. Jg. 20, Bd. III, Mainz 1980, S. 57.

219 Ders.: Zu meiner Malerei. In: Kestner-Gesellschaft Hannover (Hg.): Bernard Schultze. Katalog 3, Hannover 1966, S. 37.

220 Ders.: Ein durchaus deutsches Erbe ... a.a.O., S. 46.

221 Ders. zit. bei: Romain, Lothar: Über Bernard Schultze. In: Ders.; Bluemler, Detlef (Hg.): Bernard Schultze. Ausgabe 3, o.J., S. 7.

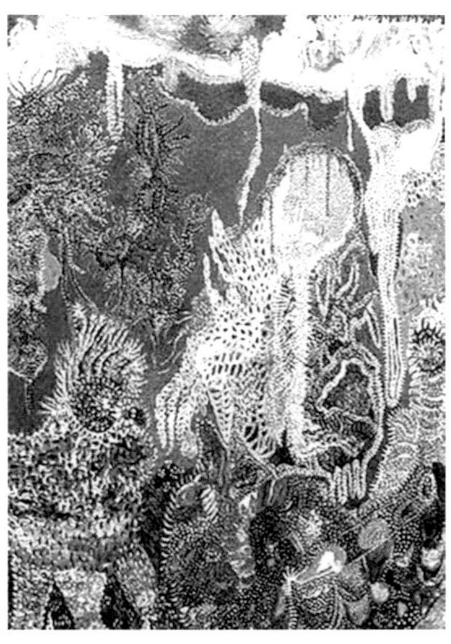

Abb. 9.4: Ursula Schultze-Bluhm: „Der kleine Schrank der Pandora", 1968, Detail.

Für eine Bildanalyse bietet sich aufgrund gewebestruktureller und geschlechtskonnotativer Ähnlichkeiten ein Vergleich der Arbeiten Schultze-Bluhms mit denen Max Ernsts (1891-1976) weitaus eher an, als mit denen Baumeisters oder Schultzes. Deren verbale Metamorphosekonzeptionen gleichwohl haben für die Arbeiten Schultze-Bluhm eine starke diskurskonstituierende Funktion, indem sie einen zunächst nonvisuellen Kontext stiften. Zum Bildvergleich: Die Abb. 36 gibt einen Ausschnitt aus Ernsts Gemälde „Fascinant cyprès" von 1940 wieder. Zu sehen sind mittels Frottagetechnik hergestellte rinden- und korallenähnliche Musterungen, Schluchten und Erhebungen. In die vegetabile Bildlandschaft eingebettet sind Andeutungen tierischer Figuren. So sind beispielsweise unten links Kopf und Mähne eines liegenden Bisons, in der Spitze der mittigen, kleineren, säulenartigen Erhebung der Kopf eines Löwen und rechts davon eine Art senkrecht aufgestellte Vogelklaue auszumachen. Der zum Vergleich heranzuziehende Ausschnitt der linken Tür aus Schultze-Bluhms Installation „Der kleine Schrank der Pandora" (Abb. 9.4) zeigt in naivem und punktierendem Malgestus ausgearbeitete organische Formen und Fließbewegungen. Auch hier werden Assoziationen an tierische Figuren, wie Spinnen, Käfer (links oben) oder Raupen (rechts mittig), sowie Fabelwesen (unterer Quadrant links) evoziert. Be-

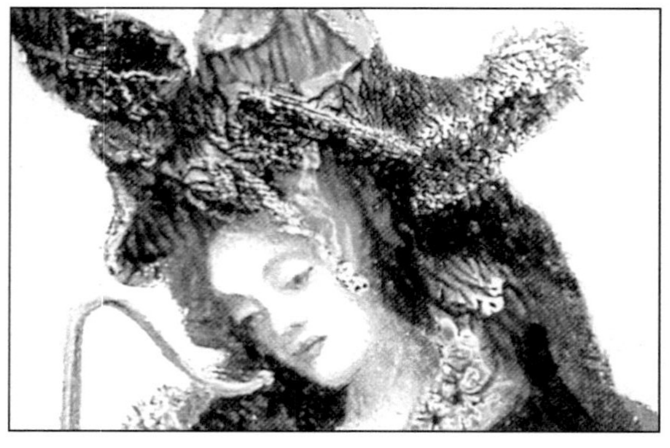

Abb. 37: Max Ernst: „Die Töchter des Malers", Detail, 1940.

reits anhand dieser beiden Arbeiten könnte das Zugrundeliegen eines traditionell weiblich konnotierten Naturbegriffes (‚Mutter Natur') und damit eine Weiblichkeitsapostrophierung biomorpher Strukturen veranschlagt werden, doch finden sich noch explizitere Belege. Die Detailabbildung 37 aus Ernsts ebenfalls 1940 entstandenem Gemälde „Die Töchter des Malers" veranschaulicht biomorphe, mit einem weiblichen Portrait verknüpfte Marmorierungen. Zum Vergleich lässt sich aus der rechten Tür der Installation Schultze-Bluhms „Der große Schrank der Pandora" ein Detail (Abb. 8.4) herausstellen, das ein adäquates Beispiel bio- und anthropomorph-weiblicher Synthetisierung abgibt. Es sollte gleichwohl aus diesen Befunden nicht rückgeschlossen werden, dass nicht auch Verknüpfungen biomorpher Strukturen mit männlich apostrophierten Figuren denkbar und auffindbar wären, doch ist ein solches Auftreten ausgesprochen selten und – davon darf ausgegangen werden – im Einzelfall anders zu bewerten, denn als männliche Codierung biomorpher Strukturen und Formen.

Die Frage nach dem Dekonstruktionsaspekt, die uns bei der Analyse der Arbeiten Schultze-Bluhms immer leitet, lässt sich im Rahmen des veranschlagten Bildvergleichs erneut negativ beantworten. Obgleich maltechnischer und -gestischer Unterschiede findet ein in der Arbeit Ernsts im weiblichen Gesichtsausdruck anklingendes Sehnsuchtsmoment in der Arbeit Schultze-Bluhms eine gewisse Zuspitzung. Aus einer biomorphisierten, als weiblich charakterisierten Wehmütigkeit bei Ernst wird bei Schultze-Bluhm – so erlaubt es jedenfalls die hier gesetzte Vergleichsbeziehung – ein weiblich konnotiertes „Verschmelzungsphantasma,"[222] eine

222 Gorsen, Peter: Das konvulsivische Schönheitsideal ... a.a.O.

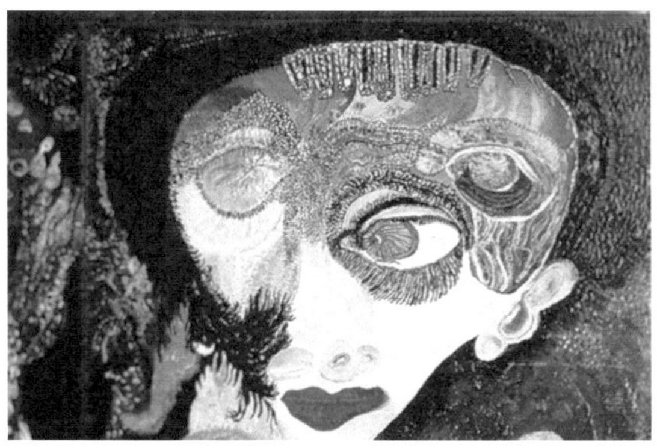

Abb. 8.4: Ursula Schultze-Bluhm: „Der große Schrank der Pandora", 1968, Detail.

– um erneut Baumeister und Schultze zu zitieren – „Metamorphose"[223] zwischen „Mensch und Gewächs,"[224] vor allem aber eine zwischen ‚Weib und Gewächs', die hier für „unbekannte"[225] Gefilde steht. Die den weiblichen Kopf nahezu gänzlich in Besitz genommenen biomorphen Formen und Strukturen affirmieren nicht nur einen mit Metamorphose assoziierten Weiblichkeitsentwurf, sie (bio)essenzialisieren ihn. Sie naturalisieren Weiblichkeit, sowie ein bioromantisches Kunstverständnis des 20. Jahrhunderts.

Da dieser Befund in der Arbeit der Künstlerin weitaus stärker auszumachen ist, als in der ca. 25 Jahre zuvor entstandenen Arbeit Ernsts, ist anzunehmen, dass weitere essenzialisiernde Diskursparadigmen auf die künstlerischen Positionen Schultze-Bluhms Einfluss genommen haben.

Biopsychismus: Rhythmus als Urstruktur

Meine Recherche nach diesen weiteren, für die Arbeit der Künstlerin konstitutiven Essenzialisierungen führt mich nun in ein Feld biopsychischer Konzeptionen, die psychiatrisch motiviert sind. Es werden biologistische Ansätze der 1960er und -70er Jahre zur Sprache kommen, die mit naturwissenschaftlichen Kausalitäts- und Konvergenzsetzungen operieren und bildliche Strukturen als Urstrukturen propagieren. Dreh- und Angelpunkt dieser Ansätze ist ein Verständnis psychopathologischer

223 Baumeister, Willi zit. bei: Lichtenstern, Christa: Metamorphose in der Kunst des ... a.a.O.

224 Schultze, Bernard zit. bei: Romain, Lothar: Über Bernard Schultze ... a.a.O.

225 In Anlehnung an: Baumeister, Willi: Das Unbekannte ... a.a.O.

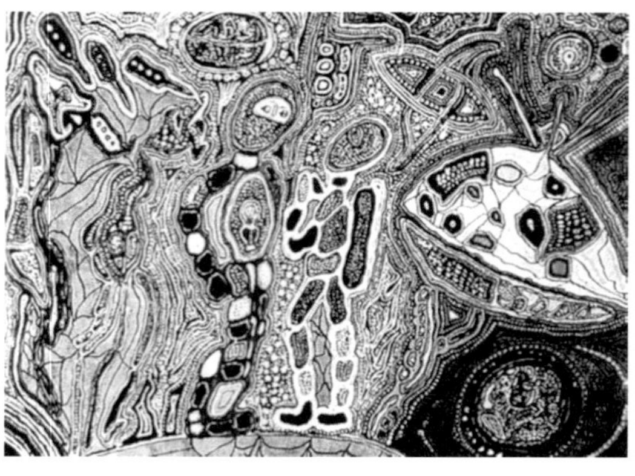

Abb. 38: Erika Orysik: „Astronauten", 1971.

Regression, mittels derer es möglich sei, ‚tiefste' und ‚ursprünglichste' ‚Insignien der Schöpfung' zutage treten zu lassen. Mit diesem Verständnis verknüpft ist ein neurobiologisches Abstraktionsverständnis, das nicht nur – wie im vorherigen Kapitel – bioromantisch, sondern auch abstrakt-expressionistisch und konstruktivistisch inspiriert ist. Es werden im Rahmen dieses Abstraktionsverständnisses Ornamentierungen reaktualisiert, die nun als erregungsbedingte Stilisierungen verhandelt werden. Dieses ‚psychopathologische' Abstraktionsverständnis geht von ‚geheimen', psychischen Rhythmen aus, die sich in regressiven Phasen als sogenannte endogene Bildmuster zu erkennen gäben und die als universelle Grundmuster zu verstehen seien. Schultze-Bluhm, die als Kennerin und Sammlerin ‚psychopathologischer' Kunst gilt,[226] habe – so die kunsthistorische Rezeption – Zugang gehabt zu „geheimen Rhythmen" und diese gezeichnet, „Zelle um Zelle."[227] Im Fokus des Dekonstruktionsanliegen steht ein an künstlerische Abstraktions- und Transzendenzvorstellungen anknüpfendes psychiatrisches Interesse an rhythmischen Bildmustern. Wie – so eine der Leitfragen – lautet der psychiatrische Diskurs, der aus Bildstrukturen ‚Insignien der Schöpfung' werden lässt und wo sind seine rhetorischen Schwachstellen? Oder: Wie werden aus Psychiatern Entdecker?

Um die Relevanz des Themenschwerpunktes aus der künstlerischen Arbeit Schultze-Bluhms zu begründen, beginne ich mit einem Bildvergleich. Die Abb. 38 zeigt eine 1971 entstandene, mit „Astronauten" beti-

226 Vgl.: Gorsen, Peter: Das Bild Pygmalions ... a.a.O., S. 171.
227 Eine moderne Pandora. In: Süddeutsche Zeitung vom 11./12.12.1982, Nr. 285, S. 15.

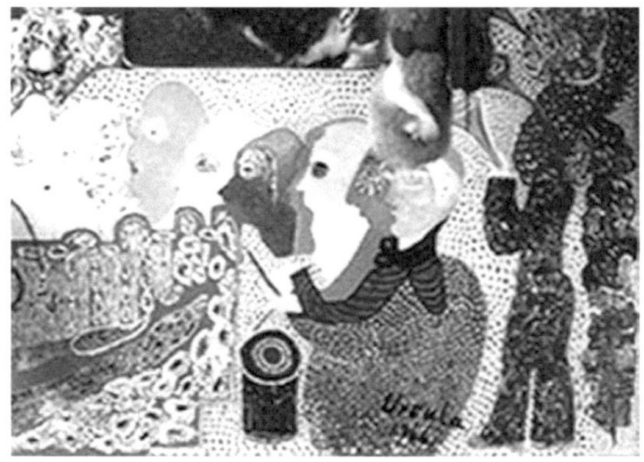

Abb. 8.5: Ursula Schultze-Bluhm: „Der große Schrank der Pandora", 1968, Detail.

telte Zeichnung einer – wie es in der psychiatrischen Fachliteratur heißt – an „paranoid-halluzinatorisch[er] Schizophrenie"[228] erkrankten Patientin namens Erika Orysik. Vergleichend ziehe ich ein Detail (Abb. 8.5) aus Schultze-Bluhms geöffneter Installation „Der große Schrank der Pandora" hinzu. Beide Abbildungen zeigen neben anthropomorphen (bei Schultze-Bluhm ca. 9 Gesichtsprofile und eine stehende Figur rechts, bei Orysik zwei Astronautenfiguren mittig) und gegenständlichen Formen (bei Schultze-Bluhm eine Trommel unten und eine Trompete oben rechts, bei Orysik ein muschelartiges Raumschiff rechts) biomorphe Strukturen (bei Schultze-Bluhm Quadrant unten links, bei Orysik überall) sowie rhythmische Punktierungen, die ornamentierend wirken.[229] Die bildlichen Strukturen und Formen seien – so der Psychiater Peter Baukus in seiner Abhandlung „Das Schöpferische und die Biologie der Kunst"[230] in Bezug auf die Arbeit Orysiks – auf einen

228 Baukus, Peter: Neurobiologische Grundlagen der Kunsttherapie. Vorgestellt am Beispiel der Schizophrenie. In: Ders.; Thies, Jürgen (Hg.): Aktuelle Tendenzen in der Kunsttherapie. Stuttgart 1993, S. 2.

229 Eine Beeinflussung der künstlerischen Arbeit Schultze-Bluhms durch sogenannte „psychopathologische Ausdrucksformen" stellt auch Gorsen fest. Siehe: Gorsen, Peter: Das Bild Pygmalions ... a.a.O.

230 Baukus, Peter: Das Schöpferische und die Biologie der Kunst: Kreativität – Selbstorganisation – Produktivität. Überlegungen zum Schöpferischen aus der Sicht von Neurobiologie und evolutionärer Erkenntnistheorie. In: Faust, Jürgen; Marburg, Fritz (Hg.): Zur Universalität des Schöpferischen. Münster, Hamburg 1994, S. 174ff.

„angeborenen, in der neurobiologischen Struktur [des] visuellen Systems verankerten Grundkatalog von allgemeinsten Formen“[231]

rückführbar, was bedeutet, dass dieses ebenso für die Arbeit Schultze-Bluhm gelten würde. Diesem Grundkatalog zuzuordnen seien beispielsweise:

„Strichkonfigurationen, Kreise, Wellenlinien, Mehrfachmuster, subspezifische Formen und Strukturen, Vierecke, Spiralen [sowie] andere (unklassifizierbare) Formen.“[232]

Welche Formen bzw. Strukturen also nicht? Die kühne Frage fördert ein aus repräsentationskritischer Perspektive zu problematisierendes Kausalitätsprinzip zutage, mit dem der Autor arbeitet: Es wird eine bioessenzialistische Konvergenz von ‚Naturformen‘, ‚Kunstformen‘[233] und ‚Neuralformen‘ produziert,[234] die über einen vermeintlichen, bildlichen Beweis läuft. Baukus' Verfahren ist generalisierend und homogenisierend: Was im Bild ist, ist auch im Neuralsystem und in der Natur. Sein Katalog „endogener Bildmuster“[235] schließt nichts mehr aus, so dass *alle* Formen und Strukturen als biologisch bzw. neuronal determiniert zu verstehen sind und *alles* auf ein – wie Baukus schreibt – „materielles Substrat“[236] rückführbar ist. Man kann hier nur mit Butler kontern, denn ein Materielles ist ja eines, das symbolisch generiert wird. Anstatt von universalen ‚Insignien der Schöpfung‘ auszugehen sollte der Autor bedenken, dass es seine Rede ist, die „endogene Bildmuster“ erst produziert, mit dem Ziel ihren Urheber zu autorisieren.

Baukus Rede wäre nicht konstituierend, wäre sie nicht Bestandteil beständiger Wiederholung. Eine zunehmende Diskursivierung ‚bildlicher Schöpfungsstrukturen‘ ist im Kontext einer reform-psychiatrischen Kreativitätsforschung ca. ab Ende der 1960er Jahre zu verzeichnen:

„Es gibt keine ‚schizophrenen Gestaltungstendenzen‘, sondern nur *eine* Kreativität. [...] Die ‚schizophrenen Gestaltungstendenzen‘ sind die ‚kreativen Grund-

231 Ebd. S. 180.

232 Ebd. S. 180f.

233 In Anlehnung an Haeckel, Ernst: Kunstformen der Natur ... a.a.O. Tatsächlich bezieht sich Baukus in einem Exkurs auf Haeckels ästhetisierte, evolutionstheoretisch gestützte Morphologien. Siehe: Baukus, Peter: Das Schöpferische und die Biologie ... a.a.O., S. 183ff.

234 Vgl.: Baukus, Peter: Das Schöpferische und die Biologie ... a.a.O., S. 176.

235 Ebd. u.a. S. 188, Schaubild.

236 Ebd. S. 176.

funktionen' des Menschen.[237] [D.h.] dass sich die Kreativität in der schizophrenen Phänomenologie, also in den Merkmalen des bildnerischen Ausdrucks der Schizophrenen unmittelbar äußer[t].[238] Man kann die Ursache [dieser] Tendenzen auf Bau und Bewegung des menschlichen Körpers zurückführen, aber auch im rhythmischen Ablauf aller Lebensvorgänge sehen.[239] [Kreativität ist ein] biopsychologisches Phänomen,"[240]

erklärt beispielsweise der Psychiater Leo Navratil. Sein Kollege Roland Fischer veranschlagt eine Zunahme zentralnervöser Erregung entlang eines Kontinuums, das über „normale, schöpferische," „psychotische" bis hin zu „ekstatische[n] Zustände[n]"[241] verläuft, die einer Zunahme „schöpferischen"[242] Potentials gleichkäme. Im Zuge dessen käme es zum Auftreten „rhythmisch-ornamentale[r]"[243] Strukturen, wie beispielsweise Netzwerke, Wellenlinien, Kreise, Dreiecke, Quadrate, Pentagone, Hexagone, etc.,[244] die Indizien eines äußersten Kreativitätszustandes seien. Das „abstrakt-rhythmisch Ornamentale im halluzinatorisch Schöpferischen" schreibt Fischer,

„scheint eine Ordnung wiederzuspiegeln, die wir in uns tragen: den Pulsschlag unseres Herzens."[245]

Eine ähnliche Essenzialisierung von Bildstrukturen, d.h. die Zugrundelegung einer vermeintlich außerkulturellen, körperlichen bzw. substantiellen Matrix, wird bei Alfred Bader deutlich, der in den 60er Jahren Vizepräsident der „Internationalen Gesellschaft für Psychopathologie des Ausdrucks"[246] war. Er legt dar:

---

237 Navratil, Leo: Theorie der Kreativität. In: Bader, Alfred; ders.: Zwischen Wahn und Wirklichkeit. Kunst-Psychose-Kreativität. Frankfurt a.M. 1976, S. 109.

238 Ebd. S. 108.

239 Ebd. S. 124.

240 Ebd. S. 127.

241 Fischer Roland: Über das Rhythmisch-Ornamentale im Halluzinatorisch-Schöpferischen. In: Confinia Psychiatrica. Grenzgebiete der Psychiatrie. München 1970, Vol. 13, S. 4.

242 Ebd. S. 1.

243 Ebd.

244 Vgl. ebd. S. 3.

245 Ebd. S. 3.

246 Vgl.: Internationale Gesellschaft für Psychopathologische Ausdrucksformen (Hg.): Psychopathologie und Kunst. VI. Internationales Kolloquium der Société Internationale de Psychopathologie de l'Expression, Paris. Linz 1969.

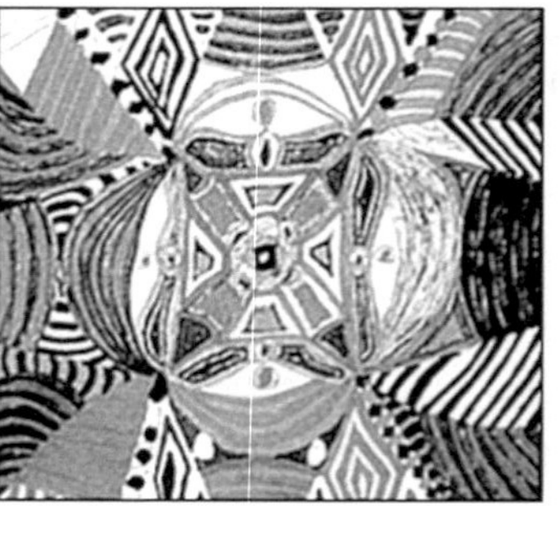
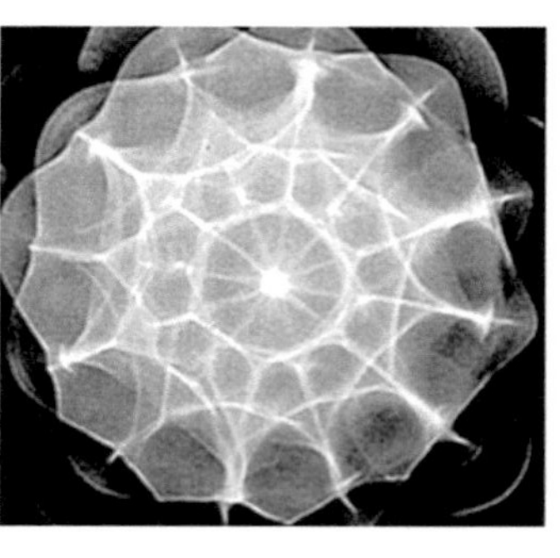

Abb. 39: Bildvergleich von Alfred Bader (1989). Links: Zeichnung eines Patienten. Rechts: Vibrationsbild, Details.

„Wir müssen wohl an einen physikalischen Ursprung [von] Wahrnehmungsphänomene[n] denken, um so mehr noch, als die Zellen unserer Körper zum größten Teil aus Flüssigkeiten bestehen."[247]

Zur Untermauerung seines Ansatzes tritt Bader einen brisanten Bildvergleich an, indem er die Zeichnung einer schizophrenen Patientin, die zu Beginn einer Remissionsphase entstanden ist, mit einem mikroskopischen Vibrationsbild einer Flüssigkeitsschicht, die durch einen Ton in Bewegung gebracht wurde, synonymisiert, wie die Abb. 39 zeigt. Ich nehme ein Detail aus Schultze-Bluhms Arbeit „Der Pandora-Schrank mit den vielen Gesichtern" hinzu (Abb. 10.6). Baders Absicht, mittels einer Parallelisierung ‚psychopathologischer' Zeichnungsstrukturen und biophysikalischer, mikroskopischer Fotostrukturen einen morphologischen Urdeterminismus des Schöpferischen zu beweisen, kann nur fehlschlagen. Seine Bewertung geht davon aus, dass neuronale Schwingungsmodi durch die Hand der Patientin unmittelbar zur Anschauung gebracht werden könnten, eben so, wie es das Mikroskop in Bezug auf physikalische Schwingungsmodi täte. Auch anerkennt der Autor nicht, dass neurobiologische ‚Urstrukturen' Resultate kulturpolitischer Bewertungen sind, sowie mikroskopische Aufnahmen Resultate kulturtechnischer Standards sind. Darüber hinaus überschätzt er den Status von Bildern überhaupt, die ja selbst Resultate kulturhistorischer Entwicklungen sind und immer nur veranschaulichen können, was sie veranschaulichen sollen.

Die Detailabbildung aus der Installation Schultze-Bluhms profitiert aus dem dargelegten, durch Homogenisierung und Naturalisierung gekennzeichneten neurobiologischen Diskurs, denn dieser Diskurs authen-

247 Bader, Alfred: Kreativität und Wahnsinn. In: Kunstforum International. 1989, Bd. 101, S. 132.

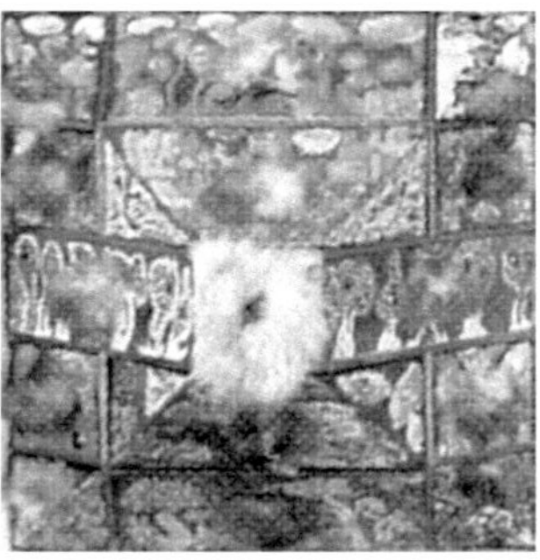

Abb. 10.6: Ursula Schultze-Bluhm: „Der Pandra-Schrank mit den vielen Gesichtern", 1969-77, Detail.

tisiert sie. Die zentrierte, der Patientenzeichnung nicht unähnliche Dreiecks- und Quaderanordnung kann im Kontext dieses Diskurses als endogenes Bildmuster (miss)verstanden werden. Von weitaus größerem Interesse als die Ähnlichkeit aber erscheint mir ein zentraler Unterschied: Statt einer kaleidoskopartigen Tiefensuggestion wie in der Zeichnung der Patientin, findet sich in der Arbeit Schultze-Bluhms mittig ein ‚frevelhaftes' Fellbüschel. Dieses Fellbüschel konterkariert ein tiefer und tiefer dringen wollendes, psychiatrisches Erkenntnisinteresse und lässt es in Fetischmanier ‚ins Leere' laufen. Ich lese die Arbeit Schultze-Bluhms an dieser Stelle deshalb als Dekonstruktion eines neurobiologischen Bildbegehrens.

Das Konzept präsymbolischen Einflusses

Ich komme nun zur diskursiven Verschränkung ästhetischer Codierungen und psychoanalytischer Konzeptionen, die bisweilen schwieriger aufzuspüren sind, als die soeben behandelten ‚neuromorphen' Generierungen. Ich werde aufzeigen, dass selbst psychoanalytische Ansätze, die nicht auf biomorphe Bildmuster Bezug nehmen, diese doch als Vorstellungsbilder aufrufen. Nach meinem Aufzeigen evolutionstheoretischer, kunstprogrammatischer und neurobiologischer Relevanzen werde ich nun psychoanalytische Determinierungen als sinnstiftend für die biomorphe Malerei Schultze-Bluhms darlegen. Ich beginne zunächst mit Prinzhorns ‚psychopathologischem' Ansatz der 1920er Jahre, in dem Verschränkungen ästhetischer und psychoanalytischer Bedeutungsgebungen noch recht evident sind. In Kristevas Ansatz des Semiotischen aus den 70er Jahren, in denen viele der künstlerischen Arbeiten Schultze-Bluhms entstanden sind, sind die Verschränkungen weitaus latenter, aber dennoch wirksam. Im Fokus meiner Analyse stehen Vorstellungen psychischer, undifferenzierter Energien, die als präsymbolisch verstanden werden. Meine Untersuchung nimmt bisweilen disparate Triebkonzeptionen ins Visier und durchsucht sie nach impliziten ‚Morphismen' und etwaigen Weiblichkeitskonnotationen. Es ist damit nach wie vor das Thema der für die Moderne und die Art-Brut so zentralen symbolischen Grenzüberschreitung aufgerufen. Ich behandle dieses Thema nun unter der Fragestellung, ob oder wie eine geschlechtskonnotierte, außerkulturelle bzw. präsymbolische Triebenergie repräsentations-konstituierend sein kann bzw. wie eine solche Konstituierung psychoanalytisch gedacht wird? Dabei werden primär ästhetische Codierungen aufgespürt.

Mit seiner Arbeit „Bildnerei der Geisteskranken" legt Prinzhorn (1886-1933) eine Psychologie des bildlichen Gestaltens vor, die auf die im vorherigen Kapitel vorgestellten psychiatrischen Kreativitätskonzepte Einfluss genommen hat,[248] sowie sie u.a. auch auf surrealistische Künstler und die Art-Brut Einfluss ausübte. Eine Verbindung von Kunst und Psychopathologie lässt sich bereits an der Person Prinzhorns festmachen, der Kunstgeschichte studierte, Künstler werden wollte und dann Psychiater wurde. Sein Anliegen, psychologische Phänomene mit ästhetischen Kriterien zu verbinden, dürfte hier seinen Ursprung haben. Die Kriterien „der bildnerischen Gestaltung,"[249] die Prinzhorn vorlegt, sind nicht als pathologische bzw. pathologisierende zu verstehen, sondern als allgemeingültige „psychologische Wurzeln,"[250] wie er schreibt. Wir lehnen es ab, lautet eine seiner meist zitiertesten Aussagen,

> „das Wesen schizophrener Gestaltung an äußeren Merkmalen dazulegen. [...] Der Schluss: dieser Maler malt wie jener Geisteskranke, also ist er geisteskrank, ist keineswegs beweisender und geistvoller als der andere: Pechstein, Haeckel u.a. machen Holzfiguren wie Kamerunneger, also sind sie Kamerunneger."[251]

Prinzhorns damit erfolgende Kritik an einer identifizierenden Analogisierung ‚psychopathologischer' und bildender Bildmerkmale unterscheidet[252] zwar seine Position von generalisierenden Ansätzen zeitgenössi-

---

248 Siehe beispielsweise Bader, Alfred: Zugang zur Bildnerei der Schizophrenen vor und nach Prinzhorn. In: Confinia Psychiatrica. Grenzgebiete der Psychiatrie. München 1972, Vol. 15, S. 101ff.

249 Prinzhorn, Hans: Bildnerei der Geisteskranken ... a.a.O., S. 13.

250 Ebd. S. 10.

251 Ebd. S. 346.

252 Vgl. Neumann, Eckhardt: Künstlermythen: Eine psycho-historische ... a.a.O., S. 234.

scher Kollegen,[253] doch wird das kulturkritische[254] Potential dieser Position nicht durchgehalten. Auch wenn Prinzhorn hervorhebt, dass die „schizophrene[] Bildnerei“[255] in einem epochenspezifischen[256] Kontext zu betrachten ist – der Autor spricht von einem „schizophrenen Weltgefühl [...] unsere[] Zeit“[257] – propagiert er doch in expressionistischer Manier eine „Urform eines Gestaltungsprozesses,“[258] die ablaufe wie ein „Naturgeschehen.“[259]

„[W]ir fühlen überall eine triebhafte Neigung zu Nuancen, die uns bei Schizophrenen geläufig sind,“[260]

schreibt er. Hinsichtlich meiner anfangs veranschlagten Fragestellung stoße ich hier auf einen wichtigen Aspekt der Prinzhornschen Theorie, nämlich die Rückführung bildnerischer „Nuancen“ auf „eine *trieb*hafte Neigung,“ die Verquickung also von Bildstruktur und Trieb:

„Was wir als Ausdrucksbedürfnis benennen, ist ein dunkler triebhafter Drang [...].[261] Wir beschränken uns hier, da es uns ja nur um die bildnerische Gestaltung zu tun ist, auf jene Äußerungsformen, die sich in der körperlich-räumlichen Sphäre optischer Anschaulichkeit auswirken. [...] Ausdrucksbedürfnis, Spieltrieb und Schmucktrieb schießen zusammen in dem Gestaltungsdrang, der nun rein, ohne irgendeine Bindung an formale Tendenzen, in den objektfreien ungeordneten Kritzeleien sich niederschlägt.“[262]

Das propagierte Fehlen formaler Tendenzen ist nur bedingt glaubhaft, führt Prinzhorn doch neben „Kritzeleien“ Grafismen an, wie beispielsweise

253 Siehe beispielsweise Morgenthaler, Walter: Ein Geisteskranker als Künstler. Arbeiten zur angewandten Psychiatrie. Bern, Leipzig 1921.

254 Siehe u.a.: Brand-Claussen, Bettina: Das „Museum für pathologische Kunst“ in Heidelberg. Von den Anfängen bis 1945. In: Hayward Gallery (Hg.): Wahnsinnige Schönheit Prinzhorn-Sammlung. London 1997, S. 13.

255 Prinzhorn, Hans: Bildnerei der Geisteskranken ... a.a.O., S. 345.

256 Siehe auch Neumann, Eckhardt: Künstlermythen: Eine psycho-historische ... .a.a.O., S. 235.

257 Prinzhorn, Hans: Bildnerei der Geisteskranken ... a.a.O., S. 345.

258 Ebd. S. 348.

259 Ebd.

260 Ebd.

261 Ebd. S. 18.

262 Ebd. S. 19.

„Flecken, Reihung, Ornament, Rhythmus, Zuchtlosigkeit des Strichs, wirre Mischung von Linien, wuchernde Üppigkeit, energische Kurven [...].“[263]

Ich halte fest, dass der vorgestellte Ansatz eine Kausalität zwischen graphischen Zeichen und einem ‚triebhaftem Ausdruck' herstellt. Es wird suggeriert, ein naturhaftes, präsymbolisches, in den Worten Prinzhorns „primäres Erleben, das vor allem Wissen steht,“[264] sei durch geordnete, chaotische oder dynamische Bildstrukturen unmittelbar zur Anschauung zu bringen. Je regressiver das momentane Erleben sei, desto abstrakter und ordnungstendierter gestalte sich die Bildstruktur.[265]

Ich komme zu meinem zweiten, ca. 50 Jahre später von Kristeva entwickelten psychoanalytischen Ansatz. Eine Bezugnahme Kristevas auf die Arbeit Prinzhorns ist nicht feststellbar. Dennoch macht die Hinzuziehung ihres Ansatzes hier Sinn, denn es lässt sich so verdeutlichen, wie latent repräsentative Verkettungen geschehen bzw. wie kulturelle Vorstellungsbilder symbolischer Grenzüberschreitung selbst diskontinuierlich weitertradiert werden. Auch wird der Bezug des Kristevaschen Ansatzes zur künstlerischen Arbeit Schultze-Bluhms sogleich offenkundig, wenn wir uns erneut vor Augen führen, dass im Zentrum unseres Untersuchungsinteresses die ‚moderne' Diskursivierung einer ‚sich ausdrückenden', triebhaften Ursprünglichkeit steht, innerhalb derer die theoretische und die künstlerische Position konstituiert werden und innerhalb derer diese Positionen wiederum selbst konstituierend wirken. Ich greife die Frage nach visuellen ‚Morphismen' wieder auf und richte sie aus auf Kristevas Konzeption einer Triebartikulation. Der ‚Bereich', ‚aus dem' eine solche Triebartikulation erfolgen kann ist bei Kristeva das Semiotische.[266] Wir erinnern uns, dass die Autorin das Semiotische in einer dialektischen Beziehung zum Symbolischen denkt:

„[Es] erreicht uns dieses Semiotische [...] erst nach der symbolischen These, so dass das Semiotische, das der psychotische Diskurs und die sogenannte ‚künstlerische' Praxis zur Analyse bereithalten, auf den symbolischen Einschnitt folgt.“[267]

Kristeva macht also deutlich, dass eine präsymbolische Triebartikulation[268] immer nur (inner)symbolisch generierbar ist. Indem sie jedoch

263 Ebd. S. X, XI, 63.
264 Ebd. S. 347.
265 Vgl. ebd. S. 31.
266 Vgl. Kristeva, Julia: Revolution der poetischen Sprache ... a.a.O., S. 78.
267 Ebd.
268 Vgl. ebd. beispielsweise S. 38.

zugleich das Semiotische als einen biologischen Bereich unmittelbarer,[269] triebhafter Körperfunktionen[270] versteht, behält sie ein essenzialistisches Verständnis des Präsymbolischen bei: Es ist so – schreibt sie –

> „dass bestimmte semiotische Artikulationen schon über den biologischen Code oder über das physiologische Gedächtnis übermittelt werden. [...] [Das] Semiotische könnte genauer bestimmt werden als [eine] psychosomatische Modalität [...].“[271]

Es soll uns noch nicht das Paradoxon dieser Konzeption interessieren, sondern die Vorstellungsbilder, die ihr inhärent sind. Der von Kristeva verwendete Begriff „das Semiotische“ (griech. semeîon) steht – wie sie selbst darlegt – für

> „Unterscheidungsmal, Spur, Kennzeichen, Vorzeichen, Beweis, graviertes oder geschriebenes Zeichen, Aufdruck Hinweis, Gestaltung.“[272]

Wenngleich die Autorin erklärt, dass es nicht genügt, „die semiotische Funktionsweise als [...] bloßes Geflecht von Spuren darzustellen,“[273] ist eine

> „Bahnung und strukturierende Disposition der Triebe, [eine] Einschreibung [...] diskrete[r] Energiemengen,[274] [sowie eine rhythmische] Reglementierung,“[275]

eben nur als „Geflecht von Spuren“ imaginierbar.[276] Dass die Autorin die so konzipierte Triebartikulation gar einer „dann später in Geometrisierung münde[nden] [...] Repräsentation“[277] – wie sie schreibt – gegenüberstellt, forciert noch die Ansicht, dass ein Präsymbolisches dann wohl als biomorphe oder auch amorphe (Trieb)spur vorzustellen sei. In stereotypisierender Weise affirmiert die Autorin damit auch eine Vorstellung

---

269 Siehe auch Postl, Gertrude: Weibliches Sprechen. Feministische Entwürfe zu Sprache und Geschlecht. Wien 1991, S. 156.

270 Kristeva verwendet den Begriff der „Triebmotilität.“ Siehe: Kristeva, Julia: Revolution der poetischen Sprache ... a.a.O., beispielsweise S. 57.

271 Ebd. S. 40.

272 Ebd. S. 35.

273 Ebd. S. 78.

274 Ebd. S. 36.

275 Ebd. S. 37.

276 Kristeva ist sich dieser Problematik durchaus bewusst. Vgl. ebd. S. 36.

277 Ebd.

weiblicher Diffusität, denn es ist der weibliche bzw. mütterliche Körper, den sie als semiotische ‚Welt' denkt.[278]

Die beiden vorgestellten, visuell gestützten Konzeptionen einer Triebartikulation, die etwa in der psychotischen Regression unreglementiert(er) ‚zum Ausdruck' käme, sind – und ich komme hiermit auf das bereits bei Kristeva sich abgezeichnete Paradoxon zurück – gekennzeichnet durch ein unendliches, psychoanalytisches Annäherungsbegehren. Die Konzeptionen lassen ein ‚modernes' Bemühen erkennen, ein Außerkulturelles, das sie als triebmotivierte, psychosomatische Motilität verhandeln, ins Symbolische integrieren zu wollen. Diese vermeintliche Integration ist hingegen eine Wissensproduktion. Der gekritzelte Strich repräsentiert nun ein Triebhaftes, aber auch nur halb, denn das Feld der Repräsentation ist ja gerade eben nicht Gegenstand des Interesses. Wir wohnen hier einem psychoanalytischen Winden bei: dem Versuch, etwas repräsentieren zu wollen, was nicht zu repräsentieren ist, auch nicht als „ungeordnete"[279] „Spur."[280] Es ist im Lacanschen Sinne dieses Winden ein begehrengeleitetes.

Zur Vorstellung von der Repräsentation der Triebe

Das Konterkarieren verschiedener psychoanalytischer Theorieansätze – hier die soeben erfolgte Analysierung eines biomorphisierten, psychosomatischen Triebverständnisses als begehrenkonstituiert – ist im Rahmen dieser Forschungsarbeit eines der erfolgversprechensten Denaturalisierungsverfahren. Die Erörterung der Vorstellung einer (visuellen) Repräsentation endosomatischer Triebe kann aber auch auf nur eine psychoanalytische Konzeption gestützt geführt werden, nämlich auf die Freuds. Bedenkt man, dass Freud seine Abhandlung „Triebe und Triebschicksale"[281] 1915 verfasst, also nur wenige Jahre bevor Prinzhorn seinen Entwurf eines triebdeterminierten, bildnerischen ‚Ausdrucks' ausarbeitet, und bedenkt man, dass Kristeva sich mit ihrer ‚Artikulation' der Triebe explizit auf Freuds Triebkonzeption bezieht, ist es naheliegend, Freuds Konzeption ebenso in die Untersuchung einzubeziehen. Ich habe im Einleitungsteil dieser Arbeit bereits herausgestellt, dass psychoanalytische

---

278 Vgl. ebd. S. 38. Siehe auch das folgende Zitat Kristevas: „Ist in unseren Gesellschaften die Herrschaft das männlich Codierte, so die Logik, die Syntax, so sind dagegen die Rhythmen, die Glossolalien auf das Präödipale, also die Mutter, das heißt auf die Frau zurückzuführen." Kristeva, Julia: Produktivität der Frau. Interview mit Eliane Boúcqney (1975). In: Alternative. Jg. 19, Nr. 108/109, S. 171.

279 Prinzhorn, Hans: s.o.

280 Kristeva, Julia: s.o.

281 Siehe Freud, Sigmund: Triebe und Triebschicksale. In: Freud, Anna (Hg.): Gesammelte Werke, Bd. 10 (1913-1917), S. 209ff.

Konzeptionen sowohl als Gegenstände als auch als Instrumente der diskurs- und kulturanalytischen Kritik herangezogen werden. Freuds Abhandlung „Triebe und Triebschicksale" fungiert nun als Grundlage beider Stellenwerte. Was zunächst nach Konfusion klingt, wird sich alsbald als Möglichkeit erweisen, einen für die Moderne paradigmatischen, doppeldeutigen Triebbegriff zu erhellen. Die im vorherigen Kapitel aufgeworfene Frage, ob Triebenergien repräsentationskonstituierend sein können, gilt auch im Folgenden als analytischer Leitfaden. Nach wie vor berücksichtigt wird dabei eine etwaige organische Determinierung der Triebe.

Unter den Trieben versteht Freud psychische Energien, für die das Es, dessen weibliche Konnotation ich bereits herausgearbeitet habe, eine Art Reservoir[282] ist.

„Von den Trieben her erfüllt es [gemeint ist das Es] sich mit Energie, aber es hat keine Organisation [...],"[283]

heißt es bei Freud. Das in der Kristevaschen Konzeption festgestellte Paradoxon einer im biologischen Sinne als substanziell gedachten und einer zugleich kulturellen Determination der Triebe geht auf Freuds diffizile Definition zurück.[284] Zunächst schreibt er:

„Wenden wir uns [...] von der biologischen Seite her der Betrachtung des Seelenlebens zu, so erscheint uns der ‚Trieb' als ein Grenzbegriff zwischen Seelischem und Somatischem.[285] [...] Unter der ‚Quelle' des Triebes versteht man jenen somatischen Vorgang in einem Organ oder Körperteil, dessen Reiz im Seelenleben durch den Trieb repräsentiert ist."[286]

Heißt dies nun, dass Freud eine unmittelbare, etwa visuelle Repräsentierbarkeit psychosomatischer Triebenergien veranschlagt? Um eine Antwort auf diese Frage zu finden ist es hilfreich die Begriffe des Psychischen und Somatischen nicht zusammenzudenken. Freud geht von einer Repräsentation eines Somatischen im Psychischen aus; er agiert in die-

282 Vgl. Laplanche, J.; Pontalis, J.-B.: Das Vokabular der Psychoanalyse ... a.a.O., S. 147.

283 Freud, Sigmund: Neue Folge der Vorlesung zur Einführung in die Psychoanalyse. In: Freud, Anna (Hg.): Gesammelte Werke, Bd. 15 (1928-1933), S. 80. Einschub M.H.

284 Vgl. neben den behandelten Zitaten Kristevas auch Kristeva, Julia: Revolution der poetischen ... a.a.O., S. 171.

285 Freud, Sigmund: Triebe und Triebschicksale ... a.a.O., S. 214.

286 Ebd. S. 215.

sem Zusammenhang mit dem Begriff der „psychischen Repräsentanz,“[287] den er weitestgehend synonym[288] verwendet zu „Triebrepräsentanz“[289] und „Vorstellungsrepräsentanz.“[290] Die Synonymität der ersten beiden Begriffe und das obige Zitat legen zunächst nahe, Freud würde nicht zwischen dem Trieb und einer „psychischen Repräsentanz“ unterscheiden, bzw. den Trieb selbst als einen psychischen Repräsentanten letztendlich somatischer Erregung verstehen. Doch fordert Freud eine solche Differenzierung in seiner Abhandlung „Das Unbewusste“ sehr wohl ein, indem er Repräsentierbarkeit an Vorstellungsbilder knüpft:

„Ein Trieb kann nie Objekt des Bewusstseins werden, nur die Vorstellung, die ihn repräsentiert. Er kann aber auch im Unbewussten nicht anders als durch die Vorstellung repräsentiert sein. Würde der Trieb sich nicht an eine Vorstellung heften oder nicht als ein Affektzustand zum Vorschein kommen, so könnten wir nichts von ihm wissen.“[291]

Der Trieb ist also nur[292] als kultureller Code (bewusst oder auch unbewusst) ‚erkennbar', er ist an diesen fixiert.[293] Noch hinterlassen die beiden Freudzitate eine Doppeldeutigkeit, die sich aber alsbald auflösen lässt, wenn man das Verhältnis des Triebes zur Repräsentanz, das nämlich das des Somatischen zum Psychischen *ist,*[294] im Hinblick auf Freuds Konzeption des Unbewussten weiter untersucht. Es lässt sich diese Beziehung – und ich folge hier Laplanche und Pontalis – als eine Delegierung[295] denken:

287 Ebd. S. 214.

288 Vgl. Laplanche, J.; Pontalis, J.-B.: Das Vokabular der Psychoanalyse ... a.a.O., S. 443, 535.

289 Freud, Sigmund: Das Unbewusste (1915). In: Freud, Anna (Hg.): Gesammelte Werke, Bd. 10 (1913-1917), insbes. S. 276. Und: Ders.: Die Verdrängung (1915). In: ebd. insbes. S. 254f.

290 Ders.: Das Unbewusste ... a.a.O., S. 276.

291 Ebd. S. 275f.

292 Diese Einschränkung ist – wie im Zitat deutlich wird – zu relativieren, denn Freud versteht neben der Vorstellung auch den Affekt als Triebrepräsentation. Es dürfte jedoch – wie ich meine – auch diese Ergänzung kaum im Sinne einer endosomatischen, unmittelbaren Repräsentanz zu verstehen sein, denn auch der Affekt ist nur innerkulturell ‚erkennbar'.

293 Vgl. Freud, Sigmund: Die Verdrängung ... a.a.O., S. 250. Siehe auch: Laplanche, J.; Pontalis, J.-B.: Das Vokabular der Psychoanalyse ... a.a.O., S. 618.

294 Vgl. Laplanche, J.; Pontalis, J.-B.: Das Vokabular der Psychoanalyse ... a.a.O., S. 617.

295 Vgl. ebd. S. 442.

„Die Lösung, bei der der als somatisch verstandene Trieb seine psychischen Repräsentanzen delegiert, erscheint uns genauer, weil sie sich nicht darauf beschränkt, den Ausdruck einer globalen Beziehung zwischen Somatisch und Psychisch geltend zu machen und mehr mit dem Gedanken von der Niederschrift von Vorstellungen zusammenhängt, der von der Freudschen Konzeption des Unbewussten untrennbar ist.“[296]

Die anfängliche Doppeldeutigkeit der Triebkonzeption ist – wie die Autoren darlegen – „nur verbaler Natur“[297] und auch Freud selbst spricht von einer „Nachlässigkeit des Ausdrucks.“[298]

Es ist zu resümieren, dass die Beziehung des Triebes und des Somatischen zur Repräsentation nicht unmittelbar und nicht kausal ist; sie ist maßgeblich durch kulturell determinierte ‚Niederschriften' konstituiert, an die der Trieb fixiert ist. Der Trieb ‚an sich' kann nicht präsent werden, sondern immer nur (s)eine Repräsentation. Auch der *Körper* ‚an sich' kann nicht präsent werden und ein *Inneres* kann es auch nicht, weder mikrostrukturell noch graphisch, weder psychoanalytisch noch künstlerisch. Die Dinge, um die wir wissen, sind durch und durch kulturell *konfiguriert.*

296 Ebd.

297 Ebd.

298 Freud, Sigmund: Das Unbewusste ... a.a.O., S. 276.

Pandoras Büchse - Kreativitätskonfigurationen

> „[Die Seele] ist das Element, in welchem sich die Wirkungen einer bestimmten Macht und der Gegenstandsbezug eines Wissens miteinander verschränken [...].“[1]
> (Michel Foucault)

Ähnlich wie ‚der Körper' ist auch ‚die Kreativität', bzw. das Vorstellungsgeflecht, das der Begriff Kreativität aufruft, in der Moderne äußerst faszinationsgeladen. Während der Körper gemeinhin als ein Räumliches und Essentielles imaginiert wird, verhält es sich mit der Kreativität weitaus schwieriger: als innovatives Potential wird sie zumeist verstanden, als geistiges oder psychisches Fluidum oder auch als etwas, das sich Definitionen entziehe. Ich werde in diesem zweiten Teil aufzeigen, dass ‚Körper' und ‚Kreativität' so etwas sind wie ein neuzeitlich-modernes Begriffspaar und dieses u.a. ableiten von paradigmatischen Reformulierungen ‚der Büchse der Pandora'. Damit ist bereits angedeutet, dass nicht nur dem Körper eine weibliche Konnotation implizit ist, sondern auch der Kreativität, wie sich zeigen wird. So wie ich Konstruktionen des Körpers als Konstituente moderner ‚Subjektivität', ‚Innerlichkeit' und ‚Natürlichkeit', sowie eines ‚Außerkulturellen' herausgestellt habe, werde ich nun Kreativitätskonstruktionen im Hinblick auf diese Funktionen untersuchen und dabei den Fokus auf geschlechtliche Codierungen ausgerichtet halten. Zugleich stehen historische Konstruktionen im Fokus, die moderne Vorstellungen von Kreativität erst konstituieren. Meine Untersuchungen beabsichtigen aufzuzeigen, dass Kreativität ohne ‚Wesen' ist, aber nicht ohne Macht und nicht ohne Geschlecht.

Meine auf künstlerische Positionen des 18., 19. und 20. Jahrhunderts bezogene Untersuchungen werden deutlich machen, dass dekonstruktive Spielräume hinsichtlich einer Konzeption weiblicher Künstlerschaft äußerst gering sind. Zu sehr ist der kunst- und kulturhistorische Diskurs ei-

1 Foucault, Michel: Überwachen und Strafen. Die Geburt des Gefängnisses. Frankfurt a.M. 1977, S. 41.

ne Rede über Meister und Genies, kurzum über männliche Autoritäten.[2] Dieser Diskurs kreist um ‚große Namen', die einen kunsthistorischen, Männlichkeit autorisierenden Kanon begründen, wie Silke Wenk in einer Abhandlung zu Autorschaft und Weiblichkeit im 20. Jahrhundert[3] ausarbeitet. Die sich etablierende Praxis dieser Kunstgeschichtsschreibung ist rückdatierbar auf die frühneuzeitlichen Künstlerviten Vasaris,[4] deren Erzählstrukturen und Zentrierung auf eine individuelle Künstlerpersönlichkeit, die ein ‚Werk' hervorbringe, sich bis in heutige Künstlerbiografien durchziehen, wie die Autorin an anderer Stelle[5] ausführt. Mit dieser Konzeption einer autonomen Künstlerschaft geht eine ein spätmittelalterliches, werkstattorientiertes Produktionsverständnis ablösende,[6] hierarchische Separierung von schöpferischer und reproduktiver Kreativität einher, in die eine Geschlechterpolarität eingeschrieben wird. ‚Männliche Schöpfung steht von nun an für das Schaffen eines ‚aus sich selbst' gewonnenen „inneren Bildes,"[7] für eine kulturelle Leistung des Geistes, die ‚gar die Natur überträfe', kurzum für ein gottgleiches Tun. Weiblichkeit hingegen wird mit ‚natürlicher', dem Gebären analoger Reproduktion assoziiert.[8] Meine Untersuchungen werden hier ansetzen und die beschrie-

2 Historische, nicht genderspezifische Analysen zur neuzeitlichen Künstlerschaft finden sich grundsätzlich bei: Kris, Ernst; Kurz, Otto: Die Legende vom Künstler. Ein geschichtlicher Versuch. Frankfurt a.M. 1980. Und: Neumann, Eckhard: Künstlermythen. Eine psycho-historische Studie über Kreativität. Frankfurt a.M., New York 1986. Sowie: Warnke, Martin: Hofkünstler. Zur Vorgeschichte des modernen Künstlers. Köln 1985.

3 Vgl. Wenk, Silke: Mythen von Autorschaft und Weiblichkeit. In: Hoffmann-Curtius; Dies.: Mythen von Autorschaft und Weiblichkeit im 20. Jahrhundert. Beiträge der 6. Kunsthistorikerinnen-Tagung in Tübingen 1996. Marburg 1997, S. 23. Siehe auch: Rogoff, Irit: Er selbst – Konfigurationen von Männlichkeit und Autorität in der deutschen Moderne. In: Lindner, Ines; Schade, Sigrid; Werner, Gabriele; Wenk, Silke (Hg.): Blick-Wechsel. Konstruktionen von Männlichkeit und Weiblichkeit in Kunst und Kunstgeschichte. Berlin 1989, S. 21ff. Und: Salomon, Nanette: Der kunsthistorische Kanon – Unterlassungssünden. In: Kritische Berichte 21, H. 4, 1993, S. 27ff.

4 Siehe Vasari, Giorgio: Leben der ausgezeichnetsten Maler, Bildhauer und Baumeister von Cimabue bis zum Jahre 1567. Dt. Übersetzung von Ludwig Schorn und Ernst Förster (1832-1849), neu hg. von Julian Kliemann, Worms 1988.

5 Vgl.: Schade, Sigrid; Wenk, Silke: Inszenierungen des Sehens ... a.a.O., S. 352f.

6 Vgl. ebd. S. 355f. Siehe auch: Link-Heer, Ursula: Maniera. Überlegungen zur Konkurrenz von Manier und Stil. Vasari, Diderot, Goethe. In: Gumbrecht, Hans Ulrich; Pfeifer, K. Ludwig (Hg.): Stil. Geschichte und Funktionen eines kulturwissenschaftlichen Diskurselements. Frankfurt a.M. 1986, S. 93ff.

7 Schade, Sigrid; Wenk, Silke: Inszenierungen des Sehens ... a.a.O., S. 354.

8 Vgl. ebd. S. 354f.

bene Konstellation nach etwaigen modernen bzw. postmodernen Dekonstruktionsmomenten durchsehen.

Die Diskreditierung des Weiblichen als ‚bloß reproduktiv' geht mit einer fortlaufenden Marginalisierung von Frauen bzw. Künstlerinnen im Kunstbetrieb einher. Die heutige kunsthistorische und -soziologische Genderforschung kann mittlerweile mit zahlreichen, vorwiegend in den 1970er bis 90er Jahren stattgefundenen Tagungsprojekten, Ausstellungen und Untersuchungen zur strukturellen Diskriminierung von Künstlerinnen aufwarten.[9] Darunter sind auch Forschungsberichte, die die Effekte einer psychischen Inkorporierung dieser Diskriminierung bei Frauen darlegen, wie beispielsweise das Phänomen des mangelnden Selbstbewusstsein, also die Überzeugung, die Qualität der eigenen künstlerischen Arbeit sei ‚sowieso' nicht ausreichend, um im Kunstbetrieb bestehen zu können.[10] In dieses Feld gehören auch kunsthistorische Schriften und Ausstellungsprojekte, die versuchen eine komplementäre Künstlerinnengeschichte zu schreiben,[11] und auch Ansätze, die nach einer etwaigen ‚weiblichen Ästhetik' fragen.[12] Es wurde im Verlauf der Auseinanderset-

9 Siehe beispielsweise: Nochlin, Linda: Why Have There Been No Great Woman Artists? In: Dies.: Art, Woman and Power and Other Essays. New York 1988. Parker, Roszika; Pollock, Griselda: Old mistresses. Women, art and ideology. London 1981. Nabakowski, Gislind; Sander, Helke; Gorsen, Peter: Frauen in der Kunst. 2 Bde. Frankfurt a.M. 1980. Eromäki, Anlikki; Herter, Renate; Wagner-Kantuser, Ingrid: Zur Situation von Frauen im Kunstbetrieb. Dokumentation eines Seminar- und Forschungsprojektes an der Hochschule der Künste, Berlin 1983-1989. Berlin 1989. Below, Irene: ‚Frauen, die malen, drücken sich vor der Arbeit'. Geschlechtliche Arbeitsteilung und ästhetische Produktivität von Frauen. In: Staudte, Adelheid (Hg.): Frauen Kunst Pädagogik. Frankfurt a.M. 1991.

10 Siehe: Jochimsen, Margarete: Schieflage im Verhältnis der Geschlechter. Zu einem unerschöpflichen Thema. In: Dies.: Das Verhältnis der Geschlechter. Bonn 1989. Vgl. auch: Schade, Sigrid; Wenk, Silke: Inszenierungen des Sehens ... a.a.O., S. 359.

11 Siehe beispielsweise: Neue Gesellschaft für Bildende Kunst (Hg.): Künstlerinnen International. Ausstellungskatalog, Berlin 1977. Neue Gesellschaft für Bildende Kunst (Hg.): Das Verborgene Museum. Dokumentation der Kunst von Frauen in Berliner öffentlichen Sammlungen. Ausstellungskatalog, 2 Bde., Berlin 1987. Eiblmayr, Silvia; Export, Valie; Prischl-Maier, Monika (Hg.): Kunst mit Eigen-Sinn. Aktuelle Kunst von Frauen. Ausstellungskatalog, München 1985. Sowie: Berger, Renate: Malerinnen auf dem Weg ins 20. Jahrhundert. Kunstgeschichte als Sozialgeschichte. Köln 1982.

12 Siehe beispielsweise: Morell, Renate (Hg.): Weibliche Ästhetik? Kunststück! Pfaffenweiler 1993. Hassauer, Friederike (Hg.): VerRückte Rede: gibt es eine weibliche Ästhetik? Berlin 1980. Held, Jutta (Hg.): Kunst und Kultur von Frauen: weiblicher Alltag, weibliche Ästhetik in Geschichte und Gegenwart. Tagungsdokumentation der Evangelischen Akademie Loccum, 11.-13.01.1985. Rehburg-Loccum 1988. Ein umfassender, systematisierter Literaturüberblick zu Projekten und Berichten im Forschungsfeld

zungen deutlich, dass diese Rekonstruktionen daraufhin überprüft werden sollten, ob sie spezifische Muster einer patriarchalen Kunstgeschichtsschreibung nicht einfach wiederholten und ob strukturellere Analysen historischer und institutioneller Ausgrenzungs- und Schaupraktiken nicht geeigneter wären, geschlechtlich begründete Hierarchisierungen zu entkräften.[13]

Ein großes Interessensgebiet kunst- und kulturhistorischer Gender- und Kreativitätsforschung sind Mythen, die als Grundlagen für Künstlerschaftskonzeptionen und ihnen implizite Geschlechtsstereotypisierungen fungieren.[14] Soweit diese Forschung poststrukturalistisch orientiert ist, beabsichtigt sie eine Faszination an ‚großen Legenden' über ‚ewige Dinge' zu entschlüsseln und darüber die Vermeintlichkeit ‚natürlicher Geschlechtlichkeit' herauszustellen. Die so anvisierte Faszination an Mythen ist keineswegs eindimensional, sie ist nicht nur Untersuchungsgegenstand einer Genderforschung, sondern bisweilen auch das, was diese vorantreibt, ist sie doch fest mit der Hoffnung verknüpft,

„[...] gegen die Macht ‚des Logos', der mit männlicher Dominanz eng verstrickt scheint, andere Bezugspunkte zu suchen – auch außerhalb der dominanten westeuropäischen Kultur(geschichte) – um andere Erzählungen in Gang zu setzten,“[15]

wie Wenk in ihrer Abhandlung „Mythen von Autorschaft und Weiblichkeit“ darlegt. Doch mit Mythos, schreibt sie mit Bezug auf Barthes weiter,

„ist hier mehr gemeint als mythologische Erzählungen. Mythos meint eine Form oder einen Modus der Ent-nennung, d.h. des Verschweigens von histori-

der Künstlerschaftskonzeptionen, Künstlerinnengeschichte und ‚weiblichen Ästhetik' findet sich bei: Schade, Sigrid; Wenk, Silke: Inszenierungen des Sehens ... a.a.O., S. 394ff.

13 Siehe beispielsweise Schade, Sigrid: Was im Verborgenen blieb. Zur Ausstellung ‚Das Verborgene Museum'. In: Kritische Berichte 16, H. 2, 1988, S. 91ff. Und: Schade, Sigrid; Wenk, Silke: Inszenierungen des Sehens ... a.a.O., S. 348, S. 351.

14 Zu nennen sind in diesem Zusammenhang vor allem die Tagungsberichte: Barta, Ilsebill; Hammer-Tugendhat, Daniela; u.a. (Hg.): Frauen – Bilder, Männer – Mythen. Kunsthistorische Beiträge. Berlin 1987. Und: Hoffmann-Curtius, Kathrin; Wenk, Silke (Hg.): Mythen von Autorschaft und Weiblichkeit im 20. Jahrhundert. Marburg 1997. Des Weiteren auch: Lindner, Ines; Wenk, Silke; u.a. (Hg.): Blick-Wechsel. Konstruktionen von Männlichkeit und Weiblichkeit in Kunst und Kunstgeschichte. Berlin 1989. Und: Baumgart, Silvia; Fend, Mechthild; u.a. (Hg.): Denkräume zwischen Kunst und Wissenschaft. Berlin 1993.

15 Wenk, Silke: Mythen von Autorschaft und Weiblichkeit ... a.a.O., S. 14.

scher und damit sozialer Konstruktion und damit auch einen Modus des Loslösens von konkreten Erzählungen von Geschichtlichem.“[16]

Darüber hinaus ist das Mythische auch als etwas zu analysieren,

> „[...] das sich in die Wünsche, in das Begehren einhakt oder das vom Begehren mit geschrieben wird: Mythisches ist nicht nur etwas nicht (mehr) Gewusstes, sondern auch etwas, das mit dem Unbewussten geht,“[17]

und auch etwas, dass eine feministische Mythenforschung (ver)leiten kann. Das Anliegen einer poststrukturalistischen Genderforschung kann es nicht (nur) sein, analog zu ‚männlichen Heldenmythen' ‚weibliche Heldinnenmythen' zu rekurrieren, um diese taktisch als ‚Belege' weiblicher Tatkräftigkeit zu offerieren.[18] Ein solches Vorgehen würde sich patriarchalen, machtstrategischen Strukturen, Andeutungen und Verflechtungen[19] bedienen, die sie weitestgehend unhinterfragt ließe. Es gilt stattdessen detailliert nachzuvollziehen, mit welcher geschlechtsspezifizierten, kulturideologischen Funktion jeweils mythische Personifikationen unterfüttert sind und wie diese kontinuierlich aktualisiert werden?

Dieses Vorhaben wird sogleich konkret, indem ich es auf den hier im Visier stehenden ‚Mythos der Pandora' beziehe: Welche geschlechter- und kunst- bzw. kulturpolitische Aussage ist den jeweiligen, reformulierten und paradigmatischen Pandorasequenzen implizit? Mit einfacheren Worten: Ist Pandora kreativ? Oder etwa subversiv? Die Fragestellung lässt sich auch psychoanalytisch ausrichten und so weiter konkretisieren: Resultat welcher psychischen Projektionsstruktur sind die hier relevanten Pandoramytheme und lässt diese Struktur Umdeutungen und Konterkarierungen zu? Kann die Rede über weibliche Grenzüberschreitung – wir erinnern uns, dass Pandoren Kodexe übertreten und Welten in Umbrüche versetzen – kann also die Rede über weibliche Grenzüberschreitung zu einer weiblichen Überschreitung patriarchaler Grenzen führen? Kann ein mythisch Anderes Anlass einer Verschiebung geschlechtlich markierter Ordnungen des Symbolischen sein? In kürzeren Sätzen: Wie lässt Pando-

---

16 Ebd. S. 16.

17 Ebd. S. 17.

18 Siehe hierzu auch: Wenk, Silke: Pygmalion hat keine Schwestern. Zum unmöglichen Versuch einer Bildhauerin, den Bildern erhöhter Weiblichkeit zu entkommen: z.B. Camille Claudel. In: Frauenbeauftragte der Universität Mainz (Hg.): Frauen in der Kunst. Dokumentation einer Vorlesungsreihe, Bd. 3, Mainz 1993, S. 145ff.

19 Siehe auch: Wenk, Silke: Männlichkeit und Schöpfertum. Eine feministische Intervention in mythische Verflechtungen von Kunst und Technowissenschaften. In: Brand, Angelika: Wagner, Kirsten (Hg.): Kunstring(t). Oldenburg 1997, S. 57ff.

ra begehren? Und wie lässt Pandora Begehren verschieben? Und ‚last but not least': Welche Interpretation inaugurieren die Pandorabearbeitungen Schultze-Bluhms?

Figuren des Schöpferischen

Eine etymologische Untersuchung des Begriffs Kreativität lässt eine Herkunft vom Begriff Schöpfung offenkundig werden. So wird ‚Kreativität' vom lat. ‚creare' (erschaffen),[20] ‚kreativ' vom lat. ‚creatus' (geschaffen),[21] ‚Kreation' vom lat. ‚creatio' (Erschaffen) und vom franz. ‚creation' (Schöpfung),[22] sowie ‚Kreatur' vom lat. ‚creatura' (Schöpfung, Geschöpf)[23] abgeleitet. ‚Schöpfung', ‚Geschöpf' und ‚schöpfen' wiederum lassen sich aus dem lat. ‚scabo' (kratzen)[24] ableiten. Dieses mittelalterliche Verständnis einer handwerklichen Tätigkeit verändert sich mit dem althochdeutschen Aufkommen des Begriffs Schöpfung im Sinne eines ‚Heraufholens' oder auch ‚Erschaffens'. Um 1500 separieren sich diese Bedeutungen zunehmend in ein theologisches und ein anthropologisches Verständnis: ersteres meint ‚ein von Gott Geschaffenes', zweiteres ‚ein von Menschen künstlich oder künstlerisch Geschaffenes'.[25] Im Zuge des mit der Aufklärung aufkommenden Interesses an naturwissenschaftlicher Erkenntnisproduktion gerät die Gott-zentrierte Schöpfungsvorstellung zunehmend in den Hintergrund. In der Neuzeit ist es nun der Mensch, der schöpferisch sein soll und die Natur soll sein Eigentum sein.[26]

Der etymologische Abriss lässt deutlich werden, dass eine Analyse von Kreativitätsvorstellungen nicht ohne eine Betrachtung von Schöpfungskonzeptionen auskommt. Er deutet auch an, dass das moderne Verhältnis von männlich-weiblich nicht unabhängig von der neuzeitlichen Beziehung Mensch-Gott gedacht werden kann. Die detaillierten, in den folgenden Kapiteln primär historisch angelegten Untersuchungen des

20 Vgl. Kluge, Friedrich: Etymologisches Wörterbuch der deutschen Sprache. Berlin 1995, S. 484.

21 Vgl. Hermann, Ursula: Herkunftswörterbuch. Etymologie, Geschichte, Bedeutung. Gütersloh, München 1994, S. 259.

22 Vgl. ebd. S. 258.

23 Vgl. Zentralinstitut für Sprachwissenschaft (Hg.): Etymologisches Wörterbuch des Deutschen. Bd. H-P: Berlin 1989, S. 926.

24 Ganoczy, Alexandre; Schmid, Johannes: Schöpfung und Kreativität. In: Texte zur Religionswissenschaft und Theologie. Bd. 3, Düsseldorf 1980, S. 10. Siehe auch: Kluge, Friedrich: Etymologisches Wörterbuch ... a.a.O., S. 631ff.

25 Ganoczy, Alexandre; Schmid, Johannes: Schöpfung und Kreativität ... a.a.O.

26 Vgl. ebd. S. 11f.

Schöpferischen sollen Kurzschlussinterpretationen moderner Kreativitäts- und Pandoraentwürfe verhindern. Diese Untersuchungen werden stattdessen eine bedeutungsrelevante Komplexität ex- und impliziter Geschlechterbeziehungen aufzeigen. Sie werden außerdem einem mythologischen Erkenntnisinteresse folgen, denn in den Debatten um Mythen als Vorlagen für Künstlerschaftskonzeptionen ist ‚der Mythos der Pandora' bislang weitestgehend unberücksichtigt geblieben.

Pandora als Personifikation der Kunst

Falls man eine generalisierende, inhaltliche Aussage zu den Mythen der Pandoren wagen kann, so lautet sie wohl, dass es sich zunächst einmal um Erzählungen über ambitionierte Männer, Götter und Kunst handelt. Wir erinnern uns, dass in der Hesiodschen Fassung der Titan Prometheus aus dem Olymp Feuer stiehlt und es den Menschen bringt. Der Göttervater Zeus ist darüber so entzürnt, dass er eine Frau aus Ton formen lässt, die Werkzeug seiner Rache wird. Diese Frau, die als Erste und sogleich Schönste gilt und den Namen Pandora erhält, wird auf die Erde gesandt und sorgt dort für gefährliche Irritationen, indem sie Ordnungen übertritt.[27] Es geht also um eine Heldentat – nämlich die Prometheus' – und um eine Verkettung von Ereignissen, die damit verbunden ist. Pandora nimmt darin eine genealogische Funktion[28] ein, sie ist gewissermaßen Prototyp eines weiblichen Kunstwerks. Ihr Name bedeutet zunächst „Allgeschenk,"[29] doch ist es unklar, ob er nicht auch im Sinne von „Allbeschenkte"[30] zu verstehen ist, denn Pandora wird zum einen im Olymp mit Fertigkeiten ausgestattet und ist zum anderen ein Geschenk der Götter an die Menschen.[31] Jedenfalls kann festgehalten werden, dass Pandora in der Antike für eine ‚kunstvolle Gabe' steht, gar – wie Panofsky schreibt – „die Künste verkörpert."[32] Es muss allerdings hinzu gesagt werden, dass unter den Künsten im griechischen Verständnis „handwerkliche Fähigkeiten und Fertigkeiten, ferner die angewandten Wissenschaf-

---

27 Vgl.: Ranke-Graves, Robert von: Griechische Mythologien ... a.a.O., S. 128f.

28 Vgl. auch: Vogel, Gerhard: Der Mythos von Pandora ... a.a.O., S. 8.

29 Lendle, Otto: Die ‚Pandorasage' bei Hesiod. Würzburg 1957, S. 13.

30 Ebd.

31 Es finden sich auch mythologische Studien, die den Namen ‚Pandora' im Sinne von „Allgeberin" verstehen und die Figur als Nachfahrin der Erdgöttin bewerten. Vgl. u.a.: Roscher, W.H. (Hg.): Ausführliches Lexikon der griechischen und römischen Mythologie. Leipzig 1897-1902, S. 1521ff. Vogel verweist darauf, dass sich eine solche Bedeutungsgebung etwa bei Aristophanes findet. Siehe: Vogel, Gerhard: Der Mythos von Pandora ... a.a.O., S. 129.

32 Panofsky, Dora; Panofsky, Erwin: Die Büchse der Pandora ... a.a.O., S. 139.

ten, etwa Schiffsbau und Landwirtschaft, aber auch Rhetorik"[33] zu verstehen sind und dass dieses Kunstverständnis nicht ohne weiteres mit dem der Neuzeit kompatibel ist. Die Funktion Pandoras hingegen, Gaben und Kunst zu repräsentieren, findet sich in (neu)humanistischen Bearbeitungen wieder; etwa bei Goethe, der Pandora als Sinnbild für Kunst und Wissenschaft[34] bzw. für die Verknüpfung dieser Bereiche konzipiert.[35] Eine hier deutlichere Zentrierung auf die (neuzeitlichen) Wissenschaften zeigt eine kulturpolitische Wendung an: Pandora repräsentiert nun auch ‚geistige Gaben'. Bei Goethe ist sie nicht mehr nur unheilbringend, sondern „höchstes Resultat der Kunst."[36] Eine ‚vollkommene', ‚schöne', weibliche Personifikation repräsentiert eine ‚vollendete' Kunst.[37] Pandora steht genauso wenig in Zusammenhang mit erfahrbarer, künstlerischer Praxis, wie sie aufgewertetes Sinnbild etwa weiblicher Existenz ist. Die Bezüglichkeit zwischen dem Erzählten und dem Gemeinten ist wesentlich verschlüsselter; sie ist allegorisch. Um ideelle, kunst- und kulturpolitische Werte repräsentieren zu können, muss die weibliche Personifikation ‚jenseits' sein, darf sie nicht alltäglich, nicht erreichbar sein. Ihre

33 Ebd.

34 Vgl. beispielsweise: Vogel, Gerhard: Der Mythos von Pandora ... a.a.O., S. 129.

35 Das hier immer wieder deutlich werdende Springen zwischen antiken und neuzeitlichen Pandoraversionen basiert – neben meinem analytischen Vorhaben, für die Moderne konstitutiv wichtige historische Stationen herauszuarbeiten – darauf, dass die Hesiodschen Schriften erst gegen Ende des 15. Jahrhunderts ins Lateinische übersetzt wurden, so dass mittelalterliche, künstlerische bzw. literarische Reformulierungen des Pandorastoffes nicht existent sind. Vgl.: Panofsky, Dora; Panofsky, Erwin: Die Büchse der Pandora ... a.a.O., S. 27. Und vgl.: Vogel, Gerhard: Der Mythos von Pandora ... a.a.O., S. 19. Panofsky und Vogel weisen allerdings auch auf eine Pandorabearbeitung des byzantinischen Grammatikers Johannes Tzetzes (um 1110-1190) hin, der Pandora ebenfalls als Personifikation der Kunst sieht. Vgl.: Panofsky, Dora; Panofsky, Erwin: Die Büchse der Pandora ... a.a.O., S. 139. Und vgl.: Vogel, Gerhard: Der Mythos von Pandora ... a.a.O., S. 129. Renger und Musäus sehen in Tzetzes Kommentaren zu Hesiods „Werke und Tage" eine „erste vollständige allegorische Deutung des Pandora-Mythos": Renger, Almut-Barbara; Musäus, Immanuel: Von Hesiod bis Sloterdijk ... a.a.O., S. 231.

36 Dustmann, Ursula: Wesen und Form des Goetheschen Festspiels. Köln 1963, S. 183. Übrigens gilt die nun positive Besetzung der Pandorenfigur auch für ihr Attribut die Büchse, die bei Goethe zu einem „edlen Schrein" wird. Pandora und ‚ihre Büchse' sind in dieser Hinsicht synonym zu verstehen. Siehe: Diener, Gottfried: Pandora – Zu Goethes Metaphorik. Entstehung, Epoche, Interpretation des Festspiels. In: Burger, Heinz-Otto; See, Klaus von (Hg.): Frankfurter Beiträge zur Germanistik. Bd. 5, Berlin, Zürich 1968, S. 133.

37 Vgl. ebd. S. 63. Und vgl.: Kohlschmidt, Werner: Form und Innerlichkeit ... a.a.O., S. 58.

Funktion ist es, Zeichen für ein Allgemeines und Abstraktes zu sein, das so allgemein und abstrakt ist, dass es ,anders' nicht bezeichnet werden kann: die patriarchale Ordnung, der schöpferische Geist, der männliches Genius, die erlösende Tat, die höchste Kunst, etc. Selbst wenn Pandora (inhaltlich) die Welt in Chaos versetzt, dann tut sie dieses (politisch) um Ordnungen und Autoritäten zu stabilisieren und nicht zu irritieren; dies jedenfalls ist ihre Funktion, die Funktion Allegorie der Künste[38] zu sein.[39]

Um genauer beschreiben zu können, wie die weibliche Personifikation Pandora einen neuzeitlichen Kunstbegriff repräsentiert, möchte ich eine Betrachtung ,des Pygmalionmythos' parallel[40] schalten und dabei besonderes Augenmerk auf die weibliche Figur Galatea legen. Dieser Mythos berichtet von der Erschaffung einer jungfräulichen Elfenbeinstatue durch Pygmalion, der in der Folge die Belebung seines Werkes ersehnt, in das er sich verliebt. Während in der Darstellung Ovids ein Abscheu gegenüber Frauen bzw. Tempelprostituierten Anlass für die Erschaffung der künstlichen weiblichen Figur gewesen ist, taucht dieses Motiv in Erzählungen des 18. Jahrhunderts nicht mehr auf. Wir haben hier eine erste Parallele ,zum Mythos der Pandora', die bei Hesiod eine üble Strafe und Unheilstifterin ist, während sie bei Goethe zu einer positiv besetzten Gabe wird. Die neuzeitliche Umschreibung lässt sich an einem weiteren Punkt festmachen. Gegenüber der ovidschen Vorlage wird in einer Version Jean-Jacques Rousseaus die Beziehung Pygmalions zu der Elfenbeinstatue in den Vordergrund gehoben, die nun auch mit dem Namen Galatea versehen wird. Die Verlebendigung Galateas kann Pygmalion hier ohne göttlichen Beistand, also aus eigener Meisterschaft heraus vollziehen. Die relative Eigenständigkeit, die Galatea durch ihre Belebung erhält, steht dem Autorisierungsbestreben des Künstlers Pygmalion keinesfalls entgegen, denn dieser wird so immer wieder herausgefordert und kann seine Autorität stetig legitimieren.[41] Auch Prometheus kann so verfahren. Bei Goethe[42] wendet er sich gegen das väterliche Verbot, eigenmächtig Menschen zu formen und kreiert Pandora, während in der Hesiodschen Fassung es die Götter sind, die sie erschaffen. Die beiden neuzeitlichen Helden Pygmalion und Prometheus sind nicht mehr

38 Vgl.: Kohlschmidt, Werner: Form und Innerlichkeit ... a.a.O., S. 58.

39 Siehe auch: Wenk, Silke: Mythen von Autorschaft und Weiblichkeit ... a.a.O., S. 26. Die Autorin analysiert hier eine „Ersetzung des Bildes des König-Vaters" durch „das Bild eines erhöhten, idealisierten Weiblichen."

40 Dieses Vorgehen ist bereits in der Arbeit Wenks angelegt. Siehe ebd. S. 25f.

41 Vgl. ebd.

42 Das Motiv des menschenschöpfenden Prometheus erscheint bei Goethe im „Prometheus-Fragment" (1773) und im „Festspiel Pandora" (1807-1808).

durch Gott inspiriert und trotzen gegen diesen. Ich werde im übernächsten Kapitel diese Parallelbetrachtung fortsetzen.

Die dargelegte motivische Konstellation korrespondiert mit der neuzeitlichen, gesellschaftspolitischen Situation von Künstlern im 18. Jahrhundert, die durch den Verlust ihres höfischen Status' nach neuen ökonomischen und autorisierenden Absicherungen suchen.[43]

„In diesem Prozess werden die Vorstellungen von der Männlichkeit der Künstler erweitert um Vorstellungen der ‚Weiblichkeit' der Kunst, die durch den (männlichen) Künstler wirke. [...] Es wird damit ein neuer Diskurs eröffnet, in dem (männliche) Autorschaft sich über Weiblichkeit zu begründen sucht,"[44]

wie Wenk schreibt. Diese Legitimierung autonomer, männlicher Künstlerschaft über weibliche Personifikationen führt zu allegorischen Bildern, deren Deutung aus moderner Sicht bisweilen konträr zum Dargestellten erscheint. Ich nehme eine weitere Legende hinzu, nämlich die über Debutades, um deutlich zu machen, wie historisch unmöglich es ist, aus einer weiblichen Personifikation der Kunst eine weibliche Künstlerschaft abzuleiten, selbst dann, wenn die Protagonistin als Künstlerin auftritt. In der Legende geht es um die Tochter des korinthischen Töpfers Debutades, die dessen Namen trägt und der die Erfindung der Malerei bzw. Zeichenkunst nachgesagt wird. Die Abb. 40 gibt das 1832 entstandene Gemälde „Die Erfindung der Malerei" von Eduard Daeges wieder, das zeigt, wie Debutades die Umrisse des Schattenprofils ihres in den Krieg ziehenden Geliebten an der Wand nachzeichnet und so für sich zurückbehält.[45] In ihrer bildgeschichtlichen Analyse[46] des Debutadesmotivs arbeitet Schmidt-Linsenhoff eine ‚weibliche Verortungsfunktion' heraus, mit der die Erzählung Mitte des 18. Jahrhunderts infolge einer zunehmenden Präsenz von Künstlerinnen, Kupferstecherinnen, Porzellanmalerinnen, Elfenbeinschnitzerinnen, etc. belegt ist. Wie die Autorin darlegt, wird das Motiv zu dieser Zeit dazu verwendet, eine Differenz zwischen einer „archaisch-weiblichen ‚Kindheit der Zeichenkunst'" und einer „modernen, männlichen Akademie- und Geniekunst"[47] einzuführen. De-

---

43 Vgl.: Warnke, Martin: Hofkünstler ... a.a.O., S. 12, S. 322f.

44 Wenk, Silke: Mythen von Autorschaft und Weiblichkeit ... a.a.O., S. 26.

45 Vgl. ebd. S. 18f.

46 Die Autorin bezieht sich in ihrer Analyse auf eine Radierung Joachim von Sandrarts in der „Teutschen Akademie" von 1675, die als erste bildliche Darstellung der Debutades-Legende gilt. Siehe: Schmidt-Linsenhoff, Viktoria: Im Namen des Vaters. Die Allegorisierung der Künstlertochter in der Bildnismalerei des 18. Jahrhunderts. In: Schade, Sigrid; Wagner, Monika; Weigel, Sigrid (Hg.): Allegorien und ... a.a.O., S. 73.

47 Ebd. S. 74.

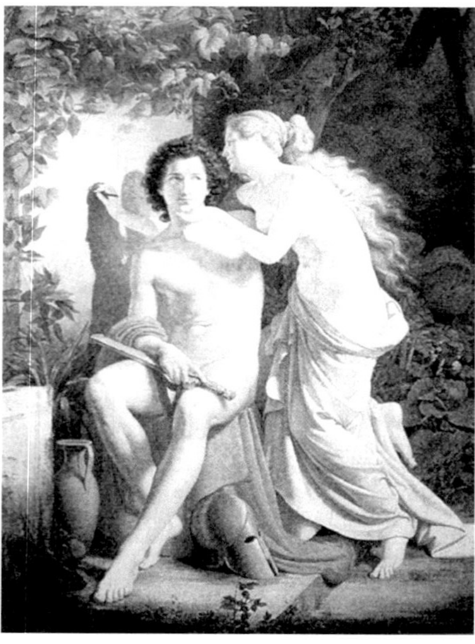

Abb. 40: Eduard Daege: „Die Erfindung der Malerei", 1832.

butades steht also nicht nur im Rangstreit der Geschlechter, sondern auch in dem der Künste. Ihre Leistung gilt als nachzeichnend-nachahmend und eben nicht als neuschöpfend. Es ist damit die untergeordnete Kategorie einer ‚Frauenkunst' entworfen, die von Töchtern ‚ohne eigenen Namen' und damit ohne (eigene) Autorität produziert werde, eben von Vater-Töchtern.[48] Wie Wenk ausführt, lässt die historische Motivbetrachtung noch eine weitergehende kunstpolitische Funktion erkennbar werden: die neuzeitliche Begründung eines ‚naturhaften' und somit besonderen Ursprungs der Malerei und ihre damit angestrebte Nobilitierung gegenüber der Skulptur.[49] Eine Fokussierung auf Debutades ist in Erzählungen der römischen Antike, in denen das Zeichnen der Tochter als Vorstufe des durch den Vater erstellten plastischen Reliefs gilt, nicht auffindbar. Die neuzeitliche Betonung der zeichnenden, weiblichen Figur ist

48 Vgl. ebd. S. 76, S. 80.

49 Vgl. Wenk, Silke: Mythen von Autorschaft und Weiblichkeit ... a.a.O., S. 21ff. Wenk bezieht sich ebenfalls auf die Radierung Joachim von Sandrarts in der „Teutschen Akademie" von 1675 und liest sie zusammen mit einer weiteren Arbeit Sandrats in der „Teutschen Akademie," die eine weibliche Personifizierung der Malerei erhoben über Architektur und Bildhauerei zu sehen gibt.

in Zusammenhang zu sehen mit der Konzeption einer ‚kreativen Natur', die etwa Marmorierungen in Stein oder Marmor hervorbringe.[50] Debutades Zeichenkunst wird mit dieser Natur- und Ursprünglichkeitsvorstellung verschaltet, was die Leistung der Tochter „zu einer der Natur oder der Natur durchaus vergleichbaren"[51] macht. Im Umkehrschluss wird eine weibliche Konnotation des Naturbegriffs gesetzt bzw. gefestigt. Diese mit Weiblichkeit assoziierte Natur ist das, worauf sich nun Künstler der einsetzenden Moderne beziehen und das sie beanspruchen „zu vervollkommnen."[52] Die neuzeitliche Reformulierung der Debutades ist im Kontext dieser Funktion der Begründung einer im Vergleich zur Skulptur ‚unmittelbareren' und ‚naturnahen' Malerei nicht auf eine Konzeption weiblicher, sondern männlicher Künstlerschaft perspektiviert.[53]

Chaos, Vermittlung und Innovation

Die zu Beginn des vorangegangenen Kapitels veranschlagte, im Zentrum ‚des Pandoramythos' stehende Triade von Männern, Göttern und Kunst, gilt es nun infolge der deutlich gewordenen neuzeitlichen Relevanz einer ‚weiblichen Natur' zu verifizieren. Bei Goethe etwa – und ich werde mich nun in meiner humanistischen Motivanalyse, die die Herausarbeitung paradigmatischer, für die Moderne konstitutiver Bedeutungs- und Geschlechterverlagerungen im Sinn hat, auf Goethes Pandoraentwürfe beschränken[54] – führt die Konzeption einer ‚weiblichen Natur' zu Verschiebungen in Bezug auf die Autorität des Göttlichen und die existentiellen Erfahrungen der Menschen. Ich beziehe mich zunächst auf Goethes „Festspiel Pandora,"[55] um dann im nächsten Kapitel mich erneut der Figur des Prometheus zuzuwenden.

Goethe denkt Natur, Göttliches und Pandora im Sinne einer funktionellen Einheit. Er versteht Pandora sowohl als „Gabe der Natur," als auch als „Gabe Gottes" und als „Gabe Gottes an die Natur,"[56] wobei diese Gabe sowohl segensreich als auch gefährlich sein kann. Ursächlich

50 Wenk bezieht sich an dieser Stelle auf schriftliche Abhandlungen Joachim Sandrarts und Leon Battista Albertis. Vgl. S. 22.

51 Ebd.

52 Ebd. S. 23.

53 Vgl. ebd.

54 Eine historisch breiter gestreute Recherche ‚zum Mythos der Pandora' findet sich bei: Panofsky, Dora; Panofsky, Erwin: Die Büchse der Pandora ... a.a.O.

55 Goethe, Johann-Wolfgang von: „Festspiel Pandora" (1807-1808).

56 Diener, Gottfried: Pandora – Zu Goethes Metaphorik ... a.a.O., S. 15.

„ist also entweder ein göttliches Wesen, ein Gott oder Dämon, oder die gleichsam zur Person erhobene Natur (um und in uns),“[57]

wie Diener ausführt. Was zunächst nach Konfusion klingt, entpuppt sich als Programmatik eines schöpferischen, natürlichen und von Gott gesandten „Urprinzips.“[58] Pandora tritt in Goethes Festspiel sowohl als ein ‚mit der Natur übereinstimmendes Wesen’[59] auf, als auch als wiederkehrende ‚all-schenkende’, und ‚all-beglückende’[60] Inspiration. „Gegensätze,“ so Dustmann, sind in ihr „gebunden. Sie ist das ‚Alles in Einem’.“[61] Die so konzipierte Pandora repräsentiert eine Humanitäts-ideologie des ausgehenden 18. Jahrhunderts,[62] die nicht nur in der Arbeit Goethes auszumachen.[63] Vogel spricht von einer geistesgeschichtlichen „Humanisierung eines inhumanen Mythos,“[64] der die antike Pandora-vorlage positivierend unterzogen wird.[65] Diese Epoche stellt ideologisch das Individuum ins Zentrum des Interesses und erhebt Ansprüche nach dessen ‚Selbstverwirklichung’ und Bildung, die mit künstlerisch formulierten Daseins- und Welterneuerungschiffren verwoben sind, wie Goethes „Festspiel Pandora“ vorführt.

Wie wir bereits wissen, weist die (neu)humanistische Ideologie Geschlechtsspezifika auf. Die Goethesche Pandora vermittelt zwischen den Menschen und einer göttlichen Natur, sie ruft die Götter an und spricht mit den „Erdensöhnen.“[66] Die Betonung der „Erdensöhne“ ist durchaus geschlechterpolitisch zu verstehen, denn sie sind es, *an* und *für* die die weibliche Pandora vermittelt, denen sie zu zeitlichem Bewusstsein verhilft und so zur „Fähigkeit erst eigentlicher Künstlerleistung.“[67]

---

57 Ebd.

58 Dustmann, Ursula: Wesen und Form des Goetheschen Festspiels ... a.a.O., S. 146.

59 Vgl. ebd. S. 212.

60 Vgl. ebd. S. 146.

61 Ebd. S. 190.

62 Vgl.: Kohlschmidt, Werner: Form und Innerlichkeit ... a.a.O., S. 74.

63 Es existiert ein breiter literaturwissenschaftlicher Forschungszweig, der sich dem Nachweis auf Goethe einflussnehmender Quellen verschreibt und der zu bisweilen disparaten Auslegungen kommt. Siehe beispielsweise: Kohlschmidt, Werner: Goethes ‚Pandora’ und die Tradition. In: ebd. S. 50ff. Der Autor veranschlagt beispielsweise in Bezug auf die humanistische Pandorafigur Goethes eine Beeinflussung durch Wieland und Herder. Vgl. ebd. S. 74. Kulturhistorische und epochenspezifische Einflussnahmen schildert auch: Vogel, Gerhard: Der Mythos von Pandora ... a.a.O., S. 122.

64 Ebd.

65 Siehe auch: Kohlschmidt, Werner: Form und Innerlichkeit ... a.a.O., S. 76f.

66 Diener, Gottfried: Pandora – Zu Goethes Metaphorik ... a.a.O., S. 96.

67 Kohlschmidt, Werner: Form und Innerlichkeit ... a.a.O., S. 85.

Pandora repräsentiert bzw. allegorisiert ein „göttliches *Prinzip*,“[68] das konstitutiv ist für ein humanistisches Kreativitätsverständnis und eine damit zusammenhängende, sich in Umbruch befindende Konzeption (männlicher) Künstlerschaft. Es sind insbesondere die von Pandora vermittelten Gefahrenmomente, denen eine progressive und inspirierende Bedeutung[69] beigemessen wird und die zu einer Art integrativem und erweitertem Bewusstsein der in eine Phase des Schreckens, der Furcht und der Hoffnung gestürzten ‚Erden- bzw. Künstlersöhne' beitragen. Am Ende der chaotischen Ereignisse steht keine heldenhafte Askese, sondern eine meisterhafte „Verwandlung einer umdüsterten Gegenwart in eine hoffnungsvolle Zukunft.“[70] Der Weg dorthin, führt über ein ‚seelisches Schlachtfeld',[71] auf dem es für die ‚Erden- bzw. Künstlersöhne' gilt, sich zu beweisen. Die Konzeption versieht Männlichkeit nicht mehr nur mit Geistes- und Willenskraft, sondern auch mit Ambivalenz und Leidensfähigkeit, Sinnesverwirrung und Liebesglut, und gar mit Leblosigkeit bzw. einem ‚vor Verlassenheit erstarrten Herz'.[72] Dabei handelt es sich nicht um eine geschlechtsstereotype Verschiebung im Sinne einer Synthetisierung von männlich konnotierter Stringenz und weiblich konnotierter Emotionalität, sondern um eine Programmatik weiblicher Kreativität (bzw. pandorischer Natur), die *im* Künstler wirksam sei und diesen mit Impulsen versehe. Die weiblich markierte Pandora ist Repräsentantin eines männlich codierten „Genius.“[73]

Mit seiner Konzeption dürfte Goethe sehr wohl einen Sinnhorizont in Bezug auf seine Person als Dichter(-künstler) entworfen haben und dabei eigene Momente der Krise, der Einsamkeit, der Unproduktivität und des Selbstzweifelns im Kopf gehabt haben. So schreibt er über sich:

„Mir ist das All, ich bin mir selbst verloren,
Der ich noch erst den Göttern Liebling war;
Sie prüfen mich, verliehen mir Pandoren,
So reich an Gütern, reicher an Gefahr;
Sie drängten mich zum gabeseligen Munde,
Sie trennen mich – und richten mich zu Grunde.“[74]

---

68 Vogel, Gerhard: Der Mythos von Pandora ... a.a.O., S. 120. Hervorh. M.H.
69 Vgl. Dustmann, Ursula: Wesen und Form des Goetheschen Festspiels ... a.a.O., S. 160.
70 Diener, Gottfried: Pandora – Zu Goethes Metaphorik ... a.a.O., S. 61.
71 Vgl. ebd. S. 36.
72 Vgl. ebd. S. 25, S. 28.
73 Vgl. ebd. S. 25.
74 Goethes Verse an Ulrike, die Tochter Frau von Levetzows. Zit. bei: Vogel, Gerhard: Der Mythos von Pandora ... a.a.O., S. 135.

Als einflussnehmend können ferner die gesellschaftspolitischen Verhältnisse der Niederlegung der deutschen Kaiserkrone, der Zusammenbruch Preußens sowie die französische Revolution gelten.[75] Pandora dient also nicht nur als Personifikation einer kunstimmanenten Vorstellung von Kreativität, sondern zugleich als Signum eines aktuellen, gesellschafts- und kulturpolitischen Innovationsprozesses.

Die Idee von der Belebung des Materials

Dieser Befund lässt sich weiterführend auf die Figur des Prometheus ausrichten, der nicht nur als Künstler auftritt, sondern zugleich als Kulturstifter und gar als Menschenschöpfer. Neuzeitliche Künstlerschaft stellt sich keineswegs nur über Vorstellungen künstlerischer Produktion her, sondern impliziert eine kulturanthropologische Dimension, wie sich weiterhin zeigen wird. Ich nehme meine angekündigte, auf die Legenden über Prometheus und Pygmalion bezogene Parallelbetrachtung wieder auf. Ich werde meine Untersuchung der neuzeitlichen und in der Folge für das 20. Jahrhundert relevanten Konstituierung männlicher Künstlerschaft fortführen und die jeweils männlichen Protagonisten der Erzählungen ins Visier nehmen.

Während Pandora in der Hesiodschen Version eine Schöpfung der Götter ist – wir erinnern uns, dass Pandora im Auftrag des Zeus' vom Schmiedegott Hephaistos geformt und von Göttinnen geschmückt wird – inszeniert Goethe sie in seinem „Prometheus-Fragment" als eine von Prometheus geschaffene Menschenfrau.[76] Wie ich bereits sagte, findet sich in der Pygmalion-Erzählung, die im 18. Jahrhundert eine der meist zitiertesten ist, eine Entsprechung:[77] hier ist es Galatea, die Pygmalion aus Stein fertigt und zur Gattin nimmt. Was sich an dieser Stelle als Untersuchungsgegenstand einkreisen lässt, ist die Idee einer männlichen (Selbst-) Erschaffung und Belebung des Menschen. Während in den früheren Erzählungen nur eine göttliche Instanz ‚ein Werk beleben' konnte – Pandora wird bei Hesiod durch vier Winde und Galatea bei Ovid durch Aphrodite zum Leben erweckt – so geschehen Belebungen in Reformulierungen des 18. Jahrhunderts durch die Protagonisten selbst, die ihrem ‚Werk Leben einhauchen' bzw. Verlebendigungen veranlassen. Der pygmalion- oder prometheushafte Künstler wird mit einer Animierungs-

75 Vgl. Dustmann, Ursula: Wesen und Form des Goetheschen Festspiels ... a.a.O., S. 158f.

76 Vgl.: Diener, Gottfried: Pandora – Zu Goethes Metaphorik ... a.a.O., S. 20f.

77 Vgl.: Wenk, Silke: Mythen von Autorschaft und Weiblichkeit ... a.a.O., S. 25. Und: Kris, Ernst; Kurz, Otto: Die Legende vom Künstler ... a.a.O., S. 97.

potenz ausgestattet, die ihn zum ‚genialen Schöpfer' macht. Es ist – so legitimiert Goethe diesen privilegierten Künstlerstatus' –

„[...] ein schöner [...] Gedanke, die Menschen nicht durch den obersten Weltherrscher, sondern durch eine Mittelfigur hervorbringen zu lassen, die aber doch, als Abkömmling der ältesten Dynastie, hierzu würdig und wichtig genug ist [...]."[78]

Die humanistische Autorisierung des Künstlers wird weniger über eine Verwerfung der göttlichen Bezugsinstanz vollzogen, denn als eine ‚Helden' bzw. ‚Söhnen' vorbehaltene Inkorporierung göttlicher Kompetenz zu verstehen ist. Der männliche Künstler wird nun gottähnlich.

Die Konzeption[79] ist augenfällig durch ein exorbitantes narzisstisches Moment gekennzeichnet, also durch ein Moment der Selbstliebe und nicht etwa der Paar- oder Beziehungsliebe. Goethes Prometheus ist ein einsamer Held, der nur in seiner künstlerischen Welt lebt und dort in Abgeschlossenheit Menschen bildet. Nur seine Produktivität kann ihm Bestätigung sein, eine Bestätigung einer besonderen Leistung und Selbstständigkeit, eine Bestätigung, die nur ‚aus sich selbst' geschöpft werden kann.[80] Unter diesem Vorzeichen ist bei Goethe Prometheus' Verehrung seines Lieblingsgeschöpfes Pandora zu verstehen, die er beschwörend anruft:

„Und du, Pandora,
Heiliges Gefäß der Gaben alle,
Die ergötzlich sind
Unter dem weiten Himmel,
Auf der unendlichen Erde,
Alles, was mich je erquickt von Wonnegefühl,
Was in des Schattens Kühle
Mir Labsal ergossen,
Der Sonne Liebe jemals Frühlingswonne,
Des Meeres laue Welle
Jemals Zärtlichkeit an meinen Busen angeschmiegt,
Und was ich je für einen Himmelsglanz
Und Seelenruhgenuss geschmeckt –
Das all all – Meine Pandora!"[81]

78 Goethe, Johann Wolfgang von: zit. bei: Vogel, Gerhard: Der Mythos von Pandora ... a.a.O., S. 84.

79 Es kann hierin zudem die historische Imagevorlage ‚des exzentrischen Künstlers' gesehen werden. Vgl.: Schade, Sigrid; Wenk, Silke: Inszenierungen des Sehens ... a.a.O., S. 346.

80 Vgl.: Vogel, Gerhard: Der Mythos von Pandora ... a.a.O., S. 84ff.

81 Goethe, Johann Wolfgang von: zit. bei: Vogel, Gerhard: Der Mythos von Pandora ... a.a.O., S. 87.

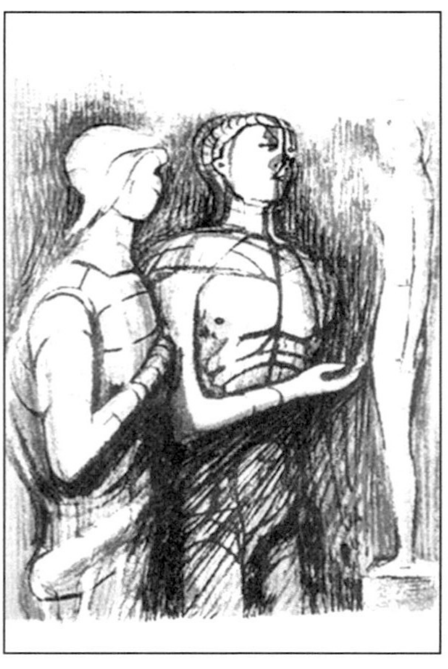

Abb. 41: Henry Moore: „Minerva, Prometheus und Pandora", 1950.

Es ist die weibliche Pandora, die Prometheus' (künstlerische) Bestätigung ist, eine Personifikation der Selbstliebe und der phantastischen Beglückung. Auch wenn Pandora belebt ist, behält sie stets den Stellenwert eines künstlerischen Geschöpfes bei; sie besitzt keinen Subjekt- sondern einen Objektstatus. Im Gegensatz zu Prometheus ist Pandora nicht als Individuum von Interesse, sondern in einer männliche Schöpferkraft bestätigenden Funktion.

Ich wage von hier einen Schritt in die Bildende Kunst des 20. Jahrhunderts, um die dortige Aktualität dieser Schöpfungs- und Geschlechterkonstellation und ihre Relevanz für die Kreativitätskonzeption der Art-Brut aufzuzeigen. Die Abb. 41 zeigt eine 1950 entstandene Lithografie Henry Moores mit dem Titel „Minerva, Prometheus und Pandora." Erkennbar sind zwei menschenähnliche, durch schwarze, expressive Striche betonte und analogisierte Figuren. Bei der linken Figur handelt es sich um die Göttin Minerva, die dem mittig positionierten Prometheus zur Seite steht. Am rechten Bildrand ist eine kleinere, starrer wirkende Pandorafigur auf einem Sockel platziert. Wenk liest diese Arbeit Moores, der Goethe als Dichter und Theoretiker sehr geschätzt haben soll, als Illustration dessen Prometheusversion.[82] Rekapituliert wird die von Goethe vor-

82 Wenk, Silke: Versteinerte Weiblichkeit ... a.a.O., S. 195. Zu Moores Goethebezügen siehe: Lichtenstern, Christa: Die Wirkungsgeschichte der Me-

geführte männliche Inkorporierung göttlicher Schöpfungstat hier als Homogenität von Göttin und Künstlerheld.[83] Die Szenerie zeigt eine enge Verbundenheit zwischen Prometheus und Minerva, die dieser zur Belebung seiner Pandorafigur angerufen hat. Die weibliche Bestätigung männlicher Schöpfungstat geschieht in zweifacher Hinsicht: als gefügige Initiierung (Minerva) und als gefügiges Material (Pandora). Moore, der selbst Bildhauer ist, stellt mit dieser Arbeit eine bildhauerische Konzeption vor, nach der das vom Künstler bearbeitete Material aus sich heraus lebendig werde.[84] Es ist die Belebung durch Minerva nicht als weibliche Kooperation zu werten, sondern als Repräsentation einer künstlerischen ‚Zeugungsfähigkeit' im Künstler. Auch die Darstellung der erhobenen Pandorafigur affirmiert diese ‚Potenz': ihre Puppen- oder Automatenhaftigkeit, die Betonung also ihrer materiellen und passiven Präsenz, stellt die Arbeit des Künstlers polar als geistigen und willentlichen Schöpfungsakt heraus. Moores Arbeit gibt ein Beispiel für die Aktualität der behandelten humanistischen Kreativitätskonzeption in der Kunst des 20. Jahrhunderts ab, innerhalb derer Weiblichkeit als Medium männlich-geistiger Genialität[85] fungiert.

Der Schritt zur Art-Brut lässt sich weitaus weniger linear vollziehen, da die Bezugnahmen Schultze-Bluhms auf die Pandorathematik weniger personifiziert und damit weitaus unspezifischer sind als die Moores. Sowohl die Art-Brut-Programmatik als auch die künstlerische Arbeit Schultze-Bluhms, sowie ihre Rezeption verzichten auf eine Künstlerschaftsprogrammatik. Dieser Befund ist in historischem Sinne konsequent und in Zusammenhang zu sehen mit meiner bereits erfolgten Darlegung der Unübertragbarkeit weiblicher Allegorien auf eine weibliche Handlungs- bzw. Künstlerschaftskompetenz. Worauf ich an dieser Stelle hinaus möchte ist, dass die Materialbetonung der Art-Brut, die bei Schultze-Bluhm mit der Pandorathematik verknüpft ist, keinesfalls im Sinne einer liberalisierenden Zurücknahme männlich-hegemonialer Schöpfungsautorität zu verstehen ist, sondern erstaunlicherweise als deren Fortführung. Die Art-Brut kann sich das Fehlen einer expliziten Künstlerschaftsprogrammatik leisten, da sie sie bereits latent tradiert. Die Art-Brut-spezifische Betonung eines weiblich konnotierten ‚Rohen' und ‚Nicht-geistigen' setzt eine männlich konnotierte Handlungskompetenz voraus, die im 20. Jahrhundert nicht mehr hervorgehoben werden muss.

tamorphosenlehre Goethes: von Philipp Otto Runge bis Joseph Beuys. In: Dies.: Metamorphose in der Kunst des 19. und 20. Jahrhunderts. Bd. 1, Weinheim 1990.

83 Vgl. ebd. S. 196.

84 Vgl. ebd.

85 Siehe auch: Schade, Sigrid; Wenk, Silke: Inszenierungen des Sehens ... a.a.O., S. 342.

Auch wenn diese Kompetenz im Falle der Art-Brut nicht etwa ihren Künstlern und Künstlerinnen zukommt, sondern eher ihrem Begründer, bleibt die herauspräparierte, humanistische schöpfungs- und geschlechterkonzeptionelle Konstellation unangetastet: Die Kreativitätskonzeption der Art-Brut affirmiert die (männliche) Idee von der Belebung eines (weiblichen) Materials, worauf uns die Pandoratitulierung Schultze-Bluhms hinweist.

Die Idee des gebärenden Gefäßes

Ich bleibe bei der Art-Brut und damit primär in der Kunst des 20. Jahrhunderts. Die Konzeption einer männlich-geistigen Schöpfungskompetenz operiert neben dem Konstrukt weiblicher Materialhaftigkeit mit einer weiteren Komplementärsetzung, nämlich der einer weiblich-natürlichen Gebärhaftigkeit.[86] Auch darauf weist uns die Pandorabüchsenthematik Schultze-Bluhms hin. Zwar ließe sich auch diese Polarisierung auf Grundlage der neuhumanistischen Pandorareformulierung[87] detailliert analysieren – wir erinnern uns, dass der Beginn der im vorangegangenen Kapitel behandelten Hymne, die Prometheus bei Goethe ausruft, „Und du, Pandora, Heiliges *Gefäß* der Gaben alle [...]"[88] lautet –, zwar ließe sich darüber eine ab dem 18. Jahrhundert[89] paradigmatische Konstituierung eines männlicher Kontroll- und Verfügungswissenschaft unterworfenen weiblich-passiven Reproduktionskörpers darlegen, doch scheint es mir mit Blick auf die Künstlerin Schultze-Bluhm nunmehr dringlicher, zeitgenössischere Gefäß- und Gebärpostulate ins Zentrum der Untersuchungen zu rücken. Es wird sich zeigen, dass der Dualismus von männlicher Schöpfungstat und weiblicher Reproduktionsfunktion ebenso auf der Grundlage programmatischer Kreativitätskonzepte des mittleren 20. Jahrhunderts diskutierbar ist, ohne seine historische Determinierung aus den Augen zu verlieren. Ich werde darlegen, wie die von Schultze-Bluhm mit ihren Schrankinstallationen vorgeführte Verselbstständigung des weiblich codierten Pandorenbüchsenmotivs und ein damit einhergehender Wegfall des personifizierten Erzählkontextes eine männ-

86 Siehe auch ebd. S. 351.

87 Ich spiele auf eine neuzeitliche Reaktualisierung einer bereits in der Antike auffindbaren Assoziierung von Pandorenbüchse und Mutterleib an. Zur griechisch-altertümlichen Bedeutung siehe beispielsweise: Walkers Art Gallery Baltimore (Hg.): Pandora, Frauen im klassischen Griechenland. In Zusammenarbeit mit dem Antikenmuseum Basel und der Sammlung Ludwig. Baltimore, Mainz 1996, S. 128, S. 195.

88 Goethe, Johann Wolfgang von: zit. bei: Vogel, Gerhard: Der Mythos von Pandora ... a.a.O., S. 87. Hervorh. M.H.

89 Vgl.: Schade, Sigrid; Wenk, Silke: Inszenierungen des Sehens ... a.a.O., S. 354.

lich apostrophierte Schöpfungsautonomie affirmiert. Es wird deutlich werden, dass ein latenter Zusammenhang zwischen einer reproduktiven, ‚weiblichen' Gefäßhaftigkeit und einer Bestimmung des männlichen Künstlersubjekts, das in der Moderne nicht mehr in Text oder Bild expliziert werden muss, existiert.

Ich beziehe mich zunächst noch einmal kurz auf Bianchis Art-Brut-Definition, in der eine Affinität „zu Natur, Geburt" und zum „Reifen" als „typische Wesensart [...] beim Künstler im Bereich der Art-Brut"[90] propagiert wird. Der Erkenntnisstand der vorliegenden Forschungsarbeit lässt uns bis zu dieser Stelle wissen, dass die Vorstellung Bianchis im Vergleich zu anderen künstlerischen Programmatiken der Moderne weder kontrovers ist hinsichtlich ihrer legitimierenden Naturbezüglichkeit, noch ihrer impliziten, weiblichen Geschlechtsamplifikation. Mich interessiert nun nicht eine weitere Untersuchung der der Art-Brut im Vergleich zu anderen Kunstrichtungen der späten Moderne zugesprochenen ‚unmittelbareren, weiblichen Rohheit', sondern die Darlegung, dass eine solche ‚Rohheit' auf einer Hervorhebung (weiblicher) Gefäßhaftigkeit fußt, auf die männliche Künstler in der Moderne zunehmend ihr Interesse richten. Es steht die Analyse eines weiteren Inkorporationsphänomens an, das als weiteres Indiz für eine Verwandtschaft und eben nicht ‚Andersheit' der Art-Brut zu Kunstrichtungen etwa surrealistischer oder primitivistischer Provenienz zu werten ist: eine metaphorische Vereinnahmung weiblicher Gebärfähigkeit, die in der Moderne Signum männlicher Autonomie und Kreativität wird. Ich werde ausarbeiten, in welcher Weise ‚die Büchse der Pandora' eine historische Folie abgibt, auf der eine solche „‚Anverwandlung' von Weiblichkeit"[91] geschieht, ohne dass die Männlichkeit des Künstlersubjekts untergraben würde. Im Gegenteil: Die künstlerische Verobjektivierung einer ‚weiblichen Gebärfähigkeit' kommt als Unterfütterung einer männlichen Verfügungs- und Regulierungsautorität daher und damit als Stabilisierung einer männlich-geistigen Zeugungs- und Allmachtsvorstellung.

Die Abb. 42 wird dies belegen. Es handelt sich erneut um eine Lithografie Henry Moores von 1950 mit dem Titel „Pandora und die eingesperrten Statuen." Abgebildet sind links und mittig vier über- und nebeneinander positionierte ‚organische Formen', deren ovale Öffnungen Einblicke auf amorph-embryonale Gebilde freigeben. Am rechten Bildrand befindet sich eine Pandorastatue, die im Vergleich zu der zuvor besprochenen Arbeit Moores (Abb. 41) einen anthropomorpheren und lebendigeren Charakter aufweist. Alle fünf ‚Gebilde' sind in „Pandora und die eingesperrten Statuen" (Abb. 42) durch ähnliche, weiße und schwarze

90 Bianchi, Paolo: Bild und Seele. ... a.a.O., S. 93.

91 Wenk, Silke: Männlichkeit und Schöpfertum ... a.a.O., S. 67.

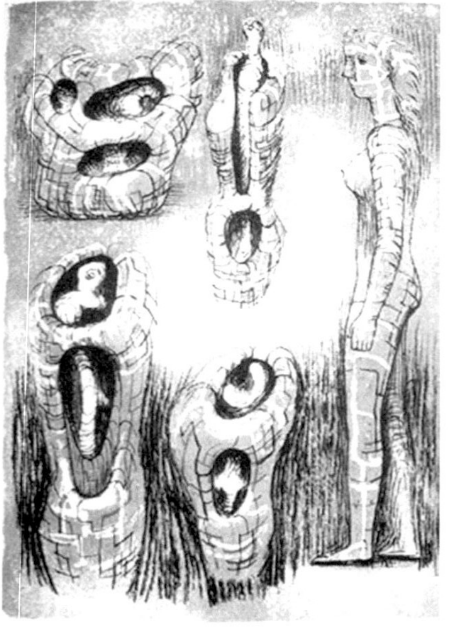

Abb. 42: Moore, Henry: „Pandora und die eingesperrten Statuen“, 1950.

Schraffuren analogisiert; bei der Pandorafigur allerdings fehlt eine schwarze Tiefen- bzw. Raumsuggestion. Wie es aussieht, thematisiert die Arbeit einen vorgeburts- und geburtsmetaphorischen Entwicklungsprozess, aus dem eine geschlossene Pandoraform hervorgeht. Moore, der in den Kreis derjenigen Künstler gehört, die sich vor dem Zweiten Weltkrieg für primitivistische Prämissen interessierten,[92] zentrifugiert die Pandorathematik auf eine Gebärstilisierung: er reduziert ‚Pandora' auf ‚ihre Büchse'. Obwohl diese Arbeit keinen narrativ-bildlichen Hinweis auf eine männliche Schöpfungstat enthält, programmatisiert sie sie. Wie Wenk darlegt, repräsentiert Moores Arbeit ein künstlerisches Nachkriegskonzept

„der ‚organischen' oder ‚wachsenden' Form, die das Neue in sich trage, [das] wiederum der (männliche) Bildhauer expliziert [...]“[93] „In [dieses Konzept]

92 Vgl.: Wilkonson, Alan G.: Henry Moore. In: Rubin, William (Hg.): Primitivismus ... a.a.O., S. 609ff.

93 Wenk, Silke: Moderne Transformationen der weiblichen Allegorie – Henry Moores Skulptur der Liegenden. In: Schade, Sigrid; Wagner, Monika; Weigel, Sigrid (Hg.): Allegorien und Geschlechterdifferenz. Köln, Weimar, Wien 1994, S. 225.

scheint eingegangen und fixiert, was Weiblichkeit [...] zu repräsentieren hat: *Dauer*, *Wachstum* und *Vitalität*."[94]

Die organische bzw. hier gebärmetaphorische Form muss bei Moore in Zusammenhang gesehen werden mit dem gesellschaftspolitischen Anliegen eines Neuanfangs.[95] Sie steht zudem in der kunstprogrammatischen Funktion der Abgrenzung von konstruktivistischen und neoklassizistischen Standards.[96] Wie Wenk in Bezug auf Lichtensterns Untersuchung der Goetherezeption Moores[97] ausführt, wird mit „Pandora und die eingesperrten Statuen" auf Goethes Prometheusentwurf angespielt, und zwar auf eine Szene, in der Prometheus sein Geschöpf Pandora über „die Wiederkehr des Lebens nach dem Tod"[98] aufklärt. Offensichtlich ist Moores Arbeit im Kontext einer modernen, naturanalogisierten Erneuerungsprogrammatik zu verstehen, innerhalb derer der männliche Künstler katalysatorgleich aus weiblich konnotierten, ‚natürlichen' Formen und Gesetzmäßigkeiten unaufhörlich neue Existenzen schafft. Die Skulptur solle – so Moore –

> „[...] dem Betrachter das Gefühl vermitteln, dass das, was er sieht, von organischer Energie erfüllt ist, die nach außen drängt. [...] Sie sollte stets den Eindruck erwecken, organisch gewachsen, durch Druck von innen heraus geschaffen zu sein. [...] [M]ein Grundgedanke: eine Art Embryo, geschützt durch eine äußere Form [...] Das alles hängt mit dem Gedanken ‚innen und außen' zusammen."[99]

Die Aussage Moores führt uns vor Augen, was Schultze-Bluhm nicht sagt. Wir erinnern uns, dass statt von einer künstlerischen Eruption bei Schultze-Bluhm von Regression und Ängstlichkeit die Rede ist, ohne dass das neuhumanistische Paradigma einer ‚von innen kommenden', ‚ursprünglichen' Kreativität (des männlichen Künstlers) tangiert würde. Es fehlt in der Rezeption der Künstlerin die Zuschreibung einer künstlerischen Katalysatorfunktion, einer ‚dynamischen Energie', einer ‚aktiven Kraft'. Es fehlt eine weibliche Künstlerschaftsprogrammatik. Die moderne Isolierung des Pandorengefäßes ist in den Schrankinstallationen

94 Wenk, Silke: Versteinerte Weiblichkeit ... a.a.O., S. 191.
95 Vgl.: Wenk, Silke: Moderne Transformationen ... a.a.O., S. 227.
96 Siehe Brandt, Thomas: Von der Reduktion zum Wachstum. Vom Wandel geometrischer Formen in den 30er Jahren. In: Kunstsammlung Nordrhein-Westfalen (Hg.): „ ... und nicht die leiseste Spur einer Vorschrift." Positionen unabhängiger Kunst um 1937. Düsseldorf 1987, S. 23ff.
97 Siehe: Lichtenstern, Christa: Die Wirkungsgeschichte ... a.a.O.
98 Wenk, Silke: Versteinerte Weiblichkeit ... a.a.O., S. 195.
99 Moore, Henry. Zit. b.: Ebd. S. 192f.

Schultze-Bluhms weiter fortgeschritten und zieht eine noch unmöglicher gewordene weibliche Künsterschaftsposition nach sich. Mit der Schultze-Bluhmschen Pandorenschrankkonstruktion wird ein weiblich-passiver Reproduktionskörper dargeboten ohne künstlerisches Agens. Dies hält keine Dekonstruktionsbasis parat.

Vaginales Ausströmen und Virtuosität

Neben der „reproduktiven Funktionalisierung des *Bauches*" lässt sich ein zweites, für die Moderne konstitutives, weiblich codiertes Gefäßpostulat herauskristallisieren, nämlich die „sexuelle Funktionalisierung des *Lochs*."[100] Ich darf vorwegnehmen, dass sich auch im Rahmen dieser Schwerpunktverlagerung mit Blick auf die Pandoraschränke Schultze-Bluhms infolge der fehlenden weiblichen Handlungsprogrammatik keine dekonstruktiven Aspekte in Bezug auf die Hegemonie männlicher Künstlerschaft ergeben werden. Dagegen wird die Untersuchung einmal mehr eine männlich-narzisstische Büchsenrhetorik veranschaulichen. Ich gehe weiterhin der im 20. Jahrhundert feststellbaren Separierung des Pandorengefäßes aus seinem historischen Erzählkontext nach. Ich werde eine künstlerische Arbeit vorstellen, die auf eine ausgewiesene Pandorafiguration gänzlich verzichtet und auf diese Weise noch konsequenter eine Gefäßfokussierung vornimmt. Wir werden sehen, dass mit dieser Verlagerung eine vorangetriebene Kongruenz männlicher Künstler- und Betrachterpositionen gegenüber eines zunehmender Sexualisierung unterworfenen, ‚offenen Pandorengefäßes' einhergeht. Wie – so die Leitfrage – lautet die Beziehung von männlicher Künstlerschaft und sexualisierter Pandorenbüchse? Der Untersuchungsschwerpunkt der Sexualisierung wird deutlich werden lassen, dass am Bild der geöffneten und mit der Vagina analogisierten Pandorenbüchse Kategorisierungen von ‚hoher' und ‚roher Kunst' vorgenommen werden. Wir erinnern uns, dass Dubuffet in seiner Erklärung der Art-Brut als sowohl ‚roher' wie ‚wahrer' Kunst mit dem Vorstellungsbild der Hure operiert: „[D]ie falsche Frau Kunst," also die sogenannte hohe Kunst, sei das Arbeitsergebnis eines Künstlers, der agiere wie eine „berufsmäßig[e]" „Geliebte," also wie eine Hure. „Die richtige Frau Kunst," also die Art-Brut, sei wie ein „verschlamptes, dreckiges [...] Bauernmädchen."[101] Dubuffets Rhetorik demonstriert, wie die Vorstellung einer sexualisierten weiblichen Körperöffnung Kategorisierungen von ‚hoch', ‚roh', ‚falsch' und ‚richtig' transportiert. Sein Bemühen, ein „[V]erschlamptes" als revolutionäres und grenzüberschreitendes künstlerisches Potential zu nobilitieren, ist gekop-

100 Ossege, Barbara: MutterHure ... a.a.O., S. 23.

101 Dubuffet, Jean: Vorwort zum Katalog ... a.a.O., S. 163/164.

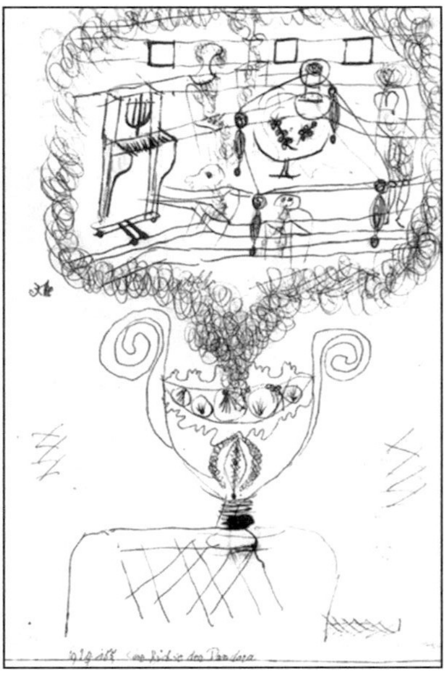

Abb. 43: Paul Klee: „Die Büchse der Pandora", 1920.

pelt an das Vorstellungsbild einer nicht mehr ‚rohen', bzw. nicht mehr jungfräulichen vaginalen Aktivität, auch wenn die Verwendung dieses Vorstellungsbildes abgrenzend geschieht. Festzuhalten bleibt, dass der Entwurf des obszönen weiblichen Körpers, also der offenen und transaktiven Vagina, als programmatisches, rhetorisches Instrument fungiert.[102]

Mit der Abb. 43 werde ich diesen Befund gekoppelt an die Pandorabüchsenthematik spezifizieren und weiterführender auf Künstlerschaftskonzeptionen der Moderne dimensionieren. Es handelt sich um eine Aquarellzeichnung Paul Klees von 1920 mit dem Titel „Die Büchse der Pandora", in der auf eine anthropomorphe Pandorafiguration verzichtet wird. Ähnlich wie in Klees im Vorfeld behandelter Zeichnung „Die Büchse der Pandora als Stilleben" (Abb. 20) ist eine stilisierte Amphore auf einem Sockel zu erkennen, aus deren vaginaähnlichen, den Betrachtenden zugewandten Öffnung eine Art Rauch[103] emporsteigt. Neu in der

102 Eine ideologiekritische Untersuchung der Repräsentationsfunktionen des obszönen, weiblichen Körpers sowie des weiblichen Aktbildes in der Geschichte der westlichen Ästhetik findet sich bei: Nead, Lynda: The Female Nude. Art, Obscenity and Sexuality. London, New York 1992.

103 Lediglich erwähnen möchte ich an dieser Stelle, dass bereits in Goethes „Festspiel Pandora" dem Pandorengefäß vier Rauchgestalten entweichen, die von einigen Rezensenten als Sinnbilder für die Bildende Kunst, sowie

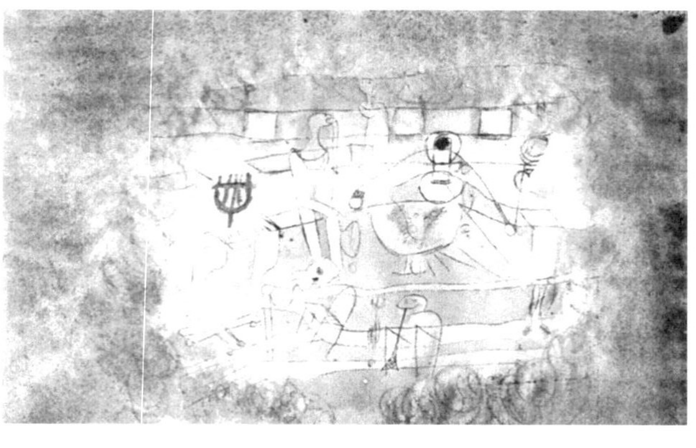

Abb. 44: Paul Klee: „Schlechte Musik-Kapelle", 1920.

Arbeit „Die Büchse der Pandora" (Abb. 43) ist eine innerhalb des Rauches dargestellte Szenerie, die wiederum einer weiteren, ebenfalls von 1920 stammenden Arbeit Klees mit dem Titel „Schlechte Musik-Kapelle" (Abb. 44) sehr ähnelt. Bis auf ein linksseitiges Klavier und einige cartoonartig angedeutete Figuren ist die Szenerie kaum entschlüsselbar; sie dürfte somit hauptsächlich durch den titulären Hinweis als eben schlechte Musikkapelle bedeutet sein. In „Die Büchse der Pandora" (Abb. 43) verbindet Klee somit eine in der unteren Hälfte angesiedelte weiblich-sexuelle mit einer in der oberen Hälfte auszumachenden musikalisch-künstlerischen Bildrhetorik. Wenn wir es für legitim halten, von der angespielten musikalischen auf die bildnerische Kunst zu schließen, so lässt sich an dieser Stelle eine auf die mythologische Pandorenbüchse gestützte Kunstprogrammatik beschreiben. Verstehbar ist dann die untere Bildhälfte als Repräsentation einer vermeintlich physischen und natürlichen, weiblichen Inspiration, die eine „schlechte," etwa uneingespielte oder auch ‚rohe' Kunst hervorbringe. Eine polar zu verstehende männlich-meisterhafte Veredelungs- oder Vervollkommnungstätigkeit braucht nicht mehr expliziert zu werden, sondern wird latent mit aufgerufen. Frappierend ist, wie deutlich Klees Bearbeitung der Pandorenbüchse Kategorisierungen von oben und unten, geistig und physisch, virtuos und ‚roh', männlich und weiblich aufruft[104] und wie deutlich diese Kategorisierungen mit der am meisten sexualisierten weiblichen Körperöffnung

u.a. für „Liebesglück," „Macht" und „Ehre" verstanden werden. Siehe: Vogel, Gerhard: Der Mythos von Pandora ... a.a.O., S. 105, S. 109. Eine so perspektivierte, weitergehende Analyse würde den Rahmen der vorliegenden Studie sprengen.

104 Siehe auch: Krumme, Peter D.: Nachwort des Übersetzers. In: Panofsky, Dora; Panofsky, Erwin: Die Büchse der Pandora ... a.a.O., S. 186.

verknüpft sind. Eine mit Obszönität besetzte, geöffnete Vagina wird in einer Schlüssel- und Schwellenfunktion thematisiert. Davon ausgehend, dass dies kaum Klees Anliegen gewesen sein dürfte, zeigt seine Darstellung auf, dass ästhetische Prämissen der Moderne offenbar durch pornografische Vorstellungen weiblich-vaginaler Ausströmungen, Diffusität und ‚Rohhaftigkeit' konstituiert sind und dass analog dazu die Arbeit des männlichen Künstlers als Tätigkeit des Kanalisierens, Sublimierens und Domestizierens gedacht wird. Der Bedeutungshorizont der ausströmenden Vagina geht kulturhistorisch über die Vorstellung von Rauch und Inspiration weit hinaus. Assoziierbar sind ebenso kontaminierende Dämpfe, verunreinigender Ausfluss oder andere ‚ausufernde Bedrohlichkeiten'. Beispielsweise wählt Berthold Brecht in einem seiner antifaschistischen Texte die Vorstellung einer ‚gefährlich-offenen, unreinen Vagina' als Metapher des Nationalsozialismus: „Der Schoß ist fruchtbar noch, aus dem das kroch,"[105] heißt es. Die offene Vagina ist eine bevorzugte Imagination zur Repräsentation von ‚Bedrohlichem', ‚Niederem' und ‚Unwürdigem', demgegenüber der männliche Antagonist als Dompteur auftritt. Hinsichtlich des Verständnisses von Künstlerschaft lässt sich dies vor der Arbeit Klees verifizieren: In „Die Büchse der Pandora" ist ein weibliches Verunreinigungsmoment inszeniert, das durch den Künstler, der selbst nicht im Bild bzw. ‚in Reichweite' ist, dargeboten und zugleich begrenzt ist. Die Begrenzung erfolgt durch die wie ein Rahmen gesetzte Rauchwolke und das Bild selbst. Der Künstler ist derjenige, der ungehemmt und unbeschadet einen vermeintlich weiblichen und niederen Ausflussvorgang delegiert und diesen in der Lage ist einer männlichen-geistigen Erkenntnis und Bewertung zuzuführen. Die ausfließend-vaginale Pandorenbüchse ist hier ein phantasmatisches Experimentierobjekt zur „Verfertigung der Abstraktion aus dem Geist des"[106] Künstlers.

Die der Art-Brut-Rhetorik ähnelnde Imagination einer kontaminierenden offenen, weiblichen Genitalöffnung, innerhalb derer Klee das Pandorenbüchsenmotiv sexualisierend reformuliert, wäre kaum denkbar ohne die Entwicklung der Psychoanalyse zu Beginn des 20. Jahrhunderts,

105 Brecht, Bertold: Der aufhaltsame Aufstieg des Arturo Ui. In: Ders.: Stücke aus dem Exil. Bd. 4, Berlin 1962, S. 365. Siehe auch: Wenk, Silke: Hin-weg-sehen oder: Faschismus, Normalität und Sexismus. Notizen zur Faschismus-Rezeption anlässlich der Kritik der Ausstellung „Inszenierung der Macht." In: Neue Gesellschaft für Bildende Kunst (Hg.): Erbeutete Sinne. Nachträge zur Berliner Ausstellung „Inszenierung der Macht, Ästhetische Faszination im Faschismus." Berlin 1988, S. 30.

106 Wedekind, Gregor: Geschlecht und Autonomie. Über die allmähliche Verfertigung der Abstraktion aus dem Geist des Mannes bei Paul Klee. In: Deicher, Susanne (Hg.): Die weibliche und die männliche Linie ... a.a.O., S. 69.

d.h. ohne ihre ‚Entdeckung' des Unbewussten und ihre ‚Erforschung' der Triebe, die allesamt – wie ich bereits herausgearbeitet habe – weiblich konnotiert sind. Auch der dichotome Entwurf des männlichen Dompteurs speist sich aus dem psychoanalytischen Feld.[107] Es ließen sich des Weiteren weitaus frühere Paradigmen anführen, die an der kulturhistorischen Generierung der behandelten dichotomen Konzeption beteiligt sein dürften.[108] Die Brisanz der ausfließenden, weiblichen Genitalöffnung ist maßgeblich auch in Zusammenhang zu sehen mit der ab dem 16. Jahrhundert dringlicher werdenden Illusion, der Körper sei verschließbar und ein Körperinneres klar von einem -äußeren unterscheidbar.[109] Mit der Entwicklung der neuzeitlich-naturwissenschaftlichen Medizin[110] entsteht der Wunsch, den Körper, der man nun nicht mehr *ist*, sondern den man nunmehr *hat*, zu disziplinieren und jederzeit verschlossen zu halten. Es etabliert sich der Diskurs um den Körper als einen abgeschlossenen Behälter.[111] Mit der Verobjektivierung des Körpers im wissenschaftlichen Erkenntnisprozess geht seine ‚Unterwerfung' einher, seine Proportionierung, Sexualisierung und Kategorisierung als weiblich-Anderer. Der so weiblich codierte Körper wird zur manipulativen ‚Büchse', an der männlich-geistige Regulierungsarbeiten des Öffnens, Bewertens und Schließens vollzogen werden. Dass dann in Kleescher Manier aus einer Vagina

---

107 Vgl.: Rohde-Dachser, Christa: Expedition in den dunklen ... a.a.O., S. 165.

108 Konkret denke ich an humanistische Pandorabearbeitungen, die weitergehender unter dem Bedeutungsschwerpunkt der ausströmenden Vagina zu untersuchen wären. Ich denke auch an antike Vorlagen, die in diesem Zusammenhang zu bearbeiten wären und hinsichtlich einer modernen Reformulierungsrelevanz ausführlich zu analysieren wären. Angedacht wird ein Zusammenhang zwischen der antiken Pandorenbüchse und einer ausströmenden Vagina u.a. bereits bei: Zeitlin, Froma I.: Das ökonomische Gefüge in Hesiods Pandora. In: Walkers Art Gallery Baltimore (Hg.): Pandora, Frauen im klassischen ... a.a.O., S. 54.

109 Nicht gänzlich unberücksichtigt bleiben sollte an dieser Stelle wohl auch, dass bereits im Mittelalter die Hure, sowie die Hexe als vordringliche Repräsentation für Bedrohung, Chaos und eine ‚dämonischer Natur' fungierten. Eine vermeintliche, durch fehlende weibliche Eigenkontrolle nicht im Zaume zu haltende Naturkonstitution der Frau, die diese zu einem Opfer ihrer selbst bzw. ihres Körpers werden lasse, galt als Ursache allen Übels. Eine Vorstellung, die bis heute reformulierend und zumeist unbewusst tradiert wird. Vgl.: Ossege, Barbara: MutterHure ... a.a.O., S. 37ff.

110 Siehe Foucault, Michel: Der Wille zum Wissen ... a.a.O.

111 Vgl.: Löw, Martina: Der Körperraum als soziale Konstruktion. In: Hubrath, Margarete (Hg.): Geschlechter-Räume. Konstruktionen von ‚gender' in Geschichte, Literatur und Alltag. Köln, Weimar, Wien 2001, S. 213.

‚Rauch aufsteigt' zeigt, wie phantasmatisch und absurd die neuzeitlich-moderne, geschlechtsdichotome Gesamtkonstellation ist.

Semiotische Aspekte zur Allegorie

Meine historisch-konkreten Analysen ‚des Pandorenmotivs' sollten eine nicht linear zu verstehende Praxis des Sich-verwebens und -neuausrichtens von Bedeutung erkennbar werden lassen. Es ist sowohl diese Praxis als auch ihre Historisierung im semiologischen Sinne immer unvollständig und unendlich. Ein hermeneutisch motiviertes Anliegen nach etwa ikonographischer Dechiffrierung muss in dieser Perspektive notwendigerweise unbefriedigt bleiben. Eine semiologische Herangehensweise verlangt nicht nur eine Bewertung verschlüsselter, bildlicher Botschaften, sondern zugleich eine Analyse ihres Eingewobenseins in diskursive Vernetzungspraxen. „Man darf bedeuten nicht mit mitteilen verwechseln," heißt es bei Barthes:

„[B]edeuten heißt, dass die Objekte nicht nur Informationen transportieren, sonst würden sie mitteilen, sondern auch strukturierte Zeichensysteme bilden, dass heißt im Wesentlichen Systeme von Unterschieden, Oppositionen und Kontrasten."[112]

Es ging und geht mir in meinen semiologisch motivierten Analysen darum, ein ‚Pandora' und ‚die Büchse der Pandora' um- und durchwebendes Diskursfeld mit variierenden, paradigmatischen Bedeutungsschwerpunkten zu veranschaulichen. Gerade die diesem Diskursfeld inhärenten, aber nicht hermetischen Verlagerungen, Reformulierungsspezifika und Funktionsveränderungen befördern und aktualisieren ‚das Pandorathema' kontinuierlich und mit ihm die Bedeutung von Weiblichkeit. Wir sahen anhand der behandelten Galatea-, Debutades- und Pandorafigurationen, dass dem Weiblichen offenbar eine prädestinierte Repräsentationsfunktion obliegt, oder anders gesagt, dass Allegorien weiblich sind. Meine obigen Analysen folgen der von Wenk[113] veranschlagten Fragestellung, *wie* Allegorien weiblich sind, d.h. *wie* sie *was* und *wann* bedeuten? Hinsichtlich der Pandorenthematik wird so deutlich, *dass* und *wie* in der Moderne besonders die ‚der Pandora' attribuierte ‚Büchse' „Instanz" eines kunstprogrammatischen Textes ist. Dieser Text – so Barthes –

„[...] ist kein ästhetisches Produkt, sondern eine [bedeutende] Praxis;
er ist nicht eine Struktur, sondern eine Strukturierung;

112 Barthes, Roland: Das semiologische Abenteuer. Frankfurt a.M. 1988, S. 188.

113 Vgl. Wenk, Silke: Versteinerte Weiblichkeit ... a.a.O., S. 63.

> er ist nicht ein Objekt, sondern eine Arbeit und ein Spiel;
> er ist nicht eine Menge geschlossener, mit einem freizulegenden Sinn versehener Zeichen, sondern ein Volumen sich verschiebender Spuren;
> die Instanz des Textes ist nicht die Bedeutung, sondern [das Bedeutende] [...].“[114]

‚Die Büchse der Pandora' ist in der Weise „Instanz,“ als sie so etwas ist wie ein ex- und impliziter ‚Aufhänger', der fluktuierende Bedeutungsverkettungen auf eine nicht direktive Weise in Gang setzt und hält. Nichts in diesem in-Gang-Gesetzten steht ‚für sich', nichts ist ohne Referenz, ohne Andeutung oder Assoziation. „In Wirklichkeit“ – so noch einmal Barthes – „stehen wir vor endlosen Metaphernketten,“[115] die ohne ‚unmittelbaren, natürlichen'[116] Bezug sind. Vor diesem Horizont werden bisweilen disparate Anspielungen und Verknüpfungen antiker, humanistischer und neoprimitivistischer Bedeutungen und Sinnstiftungen verstehbar: dass nämlich ‚Pandoren infolge ihrer Unkultiviertheit, ihres Ungehorsams und ihrer geöffneten ‚Büchsen' für Männer reine Strafen sind (Hesiod); dass sie für heldenhafte und läuterungswürdige Künstler herausfordernd und stimulierend sind und sie zu erkenntnisreichen Schöpfern machen (Goethe); dass der eigentlichste, wenngleich ungeschliffene künstlerische Stimulus eine geöffnete, ausströmende Vagina ist (Klee); dass wirklich ‚rohe' Kunst vollkommen unkultiviert und wie eine ganz und gar nicht geöffnete Vagina ist (Dubuffet); dass ‚ursprüngliche' Kreativität archaisch, emotional und dem Gebären nahe ist (Bianchi); dass geöffnete ‚Pandorabüchsen' Orte des Voyeurismus, der Sehnsucht und des Magischen sind (Schultze-Bluhm)'; und dass ‚Pandoren' mit ihren Büchsen' uns ein tiefes, weibliches Faszinosum sind. Die chronologische Abfolge der Positionen, die ich – nachdem ich sie historisch präzisiert und kontextualisiert habe – an dieser Stelle skizziere, ist kein Indiz für eine stringente Motiventwicklung, sondern für kontinuierliche Bedeutungspraxen. Die Lektüren, zu denen uns die jeweiligen Pandoren- und Büchsenversionen veranlassen sind – mit Wenk gesprochen –

---

114 Barthes, Roland: Das semiologische ... a.a.O., S. 11. Ich habe in diesem Zitat die Begriffe [bedeutende] und [das Bedeutende] anstelle der von Barthes verwendeten Begriffe [signifikante] und [der Signifikant] gesetzt. Eine sonst notwendig werdende theoretische Auseinandersetzung zur Beziehung von Signifikant und Signifikat, würde den hier gesetzten Reflexionsrahmen sprengen. Praxis und Dynamik der Bedeutungsproduktion lassen sich an dieser Stelle auch ohne das saussuresche Begriffsinstrumentarium, auf das Barthes rekurriert, beschreiben. Zur vertiefenden Auseinandersetzung verweise ich auf: Barthes, Roland: Der Mythos als semiologisches System. In: Ders.: Mythen des Alltags ... a.a.O., S. 88ff.

115 Barthes, Roland: Das semiologische ... a.a.O., S. 206.

116 Vgl. auch: Wenk, Silke: Versteinerte Weiblichkeit ... a.a.O., S. 61.

„bestimmt durch vorgängige visuelle Zeichen und ihre Beziehungen, durch vorgängige Zeichensysteme, die wiederum das Bildgedächtnis bestimmen und strukturieren und die sozusagen hinter unserem Rücken Verknüpfungen herstellen."[117]

Dass diese Verknüpfungen nicht bewusst sein mögen, widerspricht nicht der Intendiertheit von Programmatiken.

In allen behandelten künstlerischen und definitorischen Positionen ist eine jeweils epochenspezifische Funktion des Weiblichen erkennbar, Kunst, Kreativität und Männlichkeit zu repräsentieren und damit „Nichtdarstellbares zur Anschauung zu bringen."[118] Am deutlichsten wird dieses in der im Humanismus favorisierten Allegorie, die sich tradierter und verschlüsselter Verweisungssysteme bedient. Die Tradition allegorischer Verfahren ist aber älter und bis in die Antike rückdatierbar, gleichwohl es sich bei der hier in Bezug genommenen Hesiodschen Pandorenerzählung um eine Rede handelt, die nicht als allegorisch verstehbar ist und auch nicht „unter der Prämisse einer Kontinuität"[119] missverstanden werden sollte. Das in der Moderne der Kodierungssystematik der Allegorie gewissermaßen entgegengesetzte Symbol, das in der Vorstellung einer unmittelbaren Beziehung von Bedeutendem (beispielsweise ‚weibliche Pandorenbüchse') und Bedeutetes (beispielsweise ‚weibliche, ursprüngliche Natur') steht, funktioniert – aus einer semiotischen Perspektive betrachtet – kaum anders als die Allegorie. Das Symbol löst die Allegorie nicht ab, sondern es transformiert[120] sie. Dies ist nicht als Favorisierung der Allegorie misszuverstehen, sondern soll uns vor Augen führen, dass die moderne, an das Symbol geknüpfte Propagierung einer unmittelbaren Beziehung von künstlerischer Darstellung und ‚ursprünglicher Natur' in semiotischem Sinne unhaltbar ist. Jede Repräsentation, sei sie narrativ, allegorisch, symbolisch oder auch im Art-Brut-Sinne vermeintlich ‚roh', ist Ergebnis und Faktor metaphorischer und metonymischer Assoziierungspraxen. Ich habe einige historische Stationen sich verkettender Bedeutungen auf die Funktion des Weiblichen zentriert rekonstruiert. Es lässt sich resümieren, dass Weibliches als Bedeutendes im „Spiel" (Barthes) ist, um zu kontinuieren und zu naturalisieren, um programmatisch

117 Wenk, Silke: Männlichkeit und Schöpfertum ... a.a.O., S. 64.
118 Dies.: Versteinerte Weiblichkeit ... a.a.O., S. 8.
119 Ebd. S. 56.
120 Siehe: Wenk, Silke: Moderne Transformationen der weiblichen Allegorie ... a.a.O.

wirksame ‚Unmittelbarkeiten' zu stiften zwischen Natur und Kunst, Natur und Künstler. Es ist der Kitt in einem modernen „System des Sinns.“[121]

Figuren des Verführerischen

> „[...] alles, was die Puppe ist, vermag sie nur durch ihren Beschauer zu sein, [...] aber alles, was der Beschauer will, vermag sie zu sein [...].“[122]
> (Peter Gorsen)

Meine Analysen kreisen weiterhin um die Fragestellung, in welcher Weise in und um den Motiven ‚Pandora' und ‚Pandoras Büchse' Weiblichkeit mit ‚außerkultureller' Kreativität verknüpft ist? Der historische Fokus wird nun mehr auf das 19. und 20. Jahrhundert ausgerichtet, d.h. auf bourgeoise Vorstellungen des Weiblichen als ‚naturbedingtes' Krisenphänomen. Die Ineinssetzung von Weiblichkeit und Natur bleibt nach dem 18. Jahrhundert bestehen, es sind aber inhaltliche, u.a. mit christlichen und psychoanalytischen Erkenntnissen in Verbindung zu sehende und für die Rezeption Schultze-Bluhms relevante Bedeutungsverlagerungen zu berücksichtigen: allem voran die Konstituierung der ‚an sich selbst leidenden, labilen und bedrohlichen Frau' als *verführerisches* Spektakel, kurzum der Frau als Kuriosum und Skandalon. Was sie dazu macht ist ‚ihr Körper', der wegen seiner Unabgeschlossenheit und Launenhaftigkeit als Ursache einer nicht gelingen könnenden weiblichen Integrität gilt. Es wäre dieser Körper aber dazu nicht in der Lage, wäre er nicht Produkt diskursiver Vernetzungen, die ihn stimulieren, intensivieren[123] und verunklären. Dieser Körper ist – wie Foucault schreibt – Relais eines „Sexualitätsdispositivs,“[124] das ihn mit einem beunruhigenden Geheimnis belegt, um ihn unablässig zu ‚ergründen'.[125]

Die aus der Rezeption Schultze-Bluhms abgeleiteten Gegenstandsfelder sind nun bisweilen weniger kunst- als kulturhistorischer Provenienz, diskursiv referieren sie aber in das Feld der Kunstgeschichte hinein. Eine der interessantesten Fragen im fortschreitenden Analyseverlauf wird sein, ob aus einer Konzeption des Weiblichen als Rätsel und Irrita-

---

121 Barthes, Roland: Das semiologische ... a.a.O., S. 12.
122 Gorsen, Peter: Das Bild Pygmalions ... a.a.O., S. 75.
123 Vgl.: Foucault, Michel: Der Wille zum Wissen ... a.a.O., S. 128.
124 Ebd. S. 129.
125 Ebd. S. 49.

tion eine Konzeption des Weiblichen als Subversion gewinnbar ist? Diese Frage wird insbesondere auf die in den Motiven ‚Pandora' und ‚Pandoras Büchse' formulierten *Verführungs*- und Bedrohungsaspekte bezogen: Kann ein durch das Zusammenwirken dieser Aspekte hervorgerufenes trügerisches Moment etwas ‚entlarven'? Und wenn ja was?

Von Grenzüberschreitungen und Traumrealitäten

Die skizzierte Fragestellung lässt sich durch einen kurzen Blick in die Rezeption Schultze-Bluhms dingfest machen. Von einer wandelnden[126] und ängstlichen[127] Künstlerin ist dort die Rede, aber auch von einer, die schwierig[128] sei, die Visionen[129] habe, die „Objekte des Streichelns und Schneidens zugleich" offeriere, die wiederum durch eine „weitschweifende Phantasie" als auch eine „ätzende Ironie"[130] gekennzeichnet seien. Wie es heißt,

„[erzählen] Ursulas Bilder abgründige Geschichten auf dem Hintergrund der Lüste und der Gefahren der eigenen Zeit, der eigenen Obsessionen, mitunter wohl auch des ins Aggressive umschlagenden Leidens an sich selbst. Ein ursprünglich ungebändigtes Naturell mit seinem ‚wilden Denken' [...] verwirklicht sich auf überaus komplexe, bisweilen radikale Art [...]. Das Abgründige in Frau Schultze-Bluhm hat viele Gesichter." [131]

„Blumen des Bösen"[132] und „Pandoras Gift im Paradies,"[133] sind weitere Titulierungen, die die Vorstellung einer zwiespältigen und verhängnisvollen Künstlerin evozieren, die alles grenzgängerisch „verwandelt in ein Pandämonium aus Realität und Traum."[134] Wir haben bereits gesehen, dass die Vorstellungen des Wilden, Abgründigen, Leidenden, Ursprünglichen und Obsessiven dieses künstlerischen Profils stereotypisch sind für das Verständnis der Art-Brut. Die in der künstlerischen Arbeit und der Rezeption Schultze-Bluhms maßgebliche Pandorathematik gibt sich zum einen mit dieser Charakteristik kompatibel und bringt zum anderen spezifische Verlagerungen und Betonungen ins Spiel: nämlich des Verbergenden, Rätselhaften, Hinterlistigen und Verführerischen. Es stellt

---

126 Vgl.: Schultze-Bluhm, Ursula: U. sagte zu U. ... a.a.O., o.S.
127 Vgl.: Stachelhaus, Heiner: Über Ursula. ... a.a.O., S. 3.
128 Vgl.: Ders.: Je phantastischer, umso realer ... a.a.O., S. 42.
129 Vgl. ebd. S. 40.
130 Romain, Lothar: Wo Schein und Sein ... a.a.O., S. 29.
131 Vgl.: Ruhrberg, Karl: Mythen der Wirklichkeit ... a.a.O., S. 34.
132 Ebd. S. 25.
133 Sager, Peter: Pandoras Gift im Paradies. – Die Migofs träumen in Federn und Pelz. In: Kölner Stadtanzeiger vom 14.02.1974.
134 In: Eine moderne Pandora ... a.a.O., S. 15.

sich die Frage, ob durch die Infiltrierung dieser pandorathematischen Spezifika eine Irritation der mit der Art-Brut formulierten Ursprünglichkeits- und Wildheitskonzeption erfolgen kann und vor allem, ob die weibliche Konnotation dieser Konzeption möglicherweise ad absurdum geführt werden kann? Es könnten etwa durch die Pandorathematik amplifizierte Faszinations- und Verführungsaspekte und die ‚träumerischen Welten', die sie in der Rezeption Schultze-Bluhms evozieren, zurückweisen auf eine als deontologisierend bewertbare ‚weibliche Strategie' des Täuschens? Es könnte auch die Formatierung Pandoras, grenzgängerisch und ‚nicht ganz von dieser Welt zu sein', dazu verleiten, eine ‚weibliche Dynamis' anzunehmen und von ihr auf eine ordnungsignorante Verfahrensqualität zu schließen? Oder es könnten die in der Rezeption und der künstlerischen Arbeit vage bleibenden, weil weder erzählerisch noch darstellerisch konkretisierten Pandorabezüge, das Weibliche in seiner Mysterienhaftigkeit übersteigern, verflüchtigen und in dieser Weise subvertieren? Alle drei Eventualitäten setzen voraus, dass eine taktische Qualität exzerpiert werden kann. Analog der Vielschichtigkeit der aufgefächerten Fragestellung werden in den folgenden Kapiteln aus der Rezeption Schultze-Bluhms weitere, kulturhistorische Weiblichkeitsformeln exzerpiert, die wiederum auf weiterführende Interpretations- und Ideologiespektren verweisen.

Ich möchte den nachkommenden Kapiteln eine strukturelle Betrachtung und damit Betonung des Stellenwerts bisweilen zwiespältiger Weiblichkeitsformeln vorlagern, sowie eine erste Skizzierung des nun relevanten Forschungsstandes vornehmen. Wenn die Fragestellung hier erneut ist, ob es so etwas gibt wie ein präferentielles Verhältnis zwischen ‚einem grenzüberschreitenden Weiblichen' und ‚einem Außerkulturellen', so handelt es sich auch um eine Frage nach dem gesellschaftlichen Status des Weiblichen, der gleichwohl mit Inhalten von Weiblichkeitsbildern korrespondiert. Renate Berger und Inge Stephan sind dieser Korrespondenz nachgegangen und resümieren eine „widersprüchliche Doppelstruktur" von Weiblichkeitsbildern, die

„letztlich die widersprüchliche Konzeption des Weiblichen in patriarchalen Systemen widerspiegelt. Auf der Ebene des Textes führt das zur Imagination von Frauenfiguren, die häufig beides sind: Unterworfene und Ausgegrenzte, Opfer und Heldin, Getötete und Tötende [...] Zwischen [diesen beispielsweise] getöteten und tötenden Frauen gibt es jedoch noch ein Drittes: die Nichtanwesenheit, die Sprachlosigkeit, die Ausgegrenztheit aus dem männlichen Diskurs. Damit ist eine Position des Weiblichen markiert, die zwischen Leben und Tod angesiedelt ist: nicht tot, aber auch nicht lebendig. Als Projektionsfläche männlicher Imaginationen gewinnt die Frau im Text keine Vitalität. Auch da, wo sie ursprünglich als aktive und handelnde Figur konzipiert ist, bleibt sie merkwürdig unlebendig [...].“[135]

Zu einem ähnlichen Befund kommt Elisabeth Bronfen, wenn sie disparat erscheinende Imaginationen des Weiblichen, wie beispielsweise

„ [...] das extrem Gute, Reine, Hilflose oder das extrem Gefährliche, Chaotische, Verführerische, die Heilige oder die Hure, Maria oder Eva [...],“[136]

als Referenzen einer weiblichen Funktion der gesellschaftlichen Stabilisierung versteht:

„Von der Position der patriarchalen Norm aus stellt die imaginierte Frau die Grenze zwischen symbolischer Ordnung [...] und dem Chaos dar, eine Grenze, welche die Ordnung vor dem imaginären Chaos schützt, zugleich aber auch Anteil an diesem Chaos zu haben scheint und es so metonymisch vertritt. [...] Die Frau ist demnach das Andere, das keine Stelle in der Norm hat, das aber gesetzt werden muss, um die Norm, in Abgrenzung davon, zu definieren.“[137]

Die Forschungsergebnisse erlauben es, in das zu untersuchende ‚phantastisch-verwirrende Dickicht weiblicher Grenzüberschreitungen' Prämissen einzuziehen: Eine Ambivalenz von Weiblichkeitsimaginationen, wie wir sie beispielhaft in der oben skizzierten, pandorainspirierten Rezeption Schultze-Bluhms erkennen können, bildet eine variable, objekthafte Position von Frauen *innerhalb* der symbolischen Ordnung ab. Die Diffusität dieser Position ist durch die Ambivalenz der Weiblichkeitsimaginationen bestimmt, was etwa zu dem Zirkelschluss führt: ‚Frauen und Künstlerinnen sind wankelmütig und labil, was sie – wie Pandora – unberechenbar, hinterlistig und gefährlich macht; dass sie so kurios sind, macht sie aber gerade begehrenswert.' Die Korrespondenz zwischen imaginären und ‚realen' Frauen macht einmal mehr die Komplexität einer symbolischen Ordnung deutlich, *innerhalb* derer auf vielschichtige

135 Berger, Renate; Stephan, Inge: Einleitung. In: Dies. (Hg.): Weiblichkeit und Tod in der Literatur. Köln, u.a. 1987, S. 2. Die Dualität der getöteten und der tötenden Weiblichkeitsimagination, auf die die Autorinnen im Besonderen eingehen, kann als beispielhaft für weitere, weiblich codierte Antipoden verstanden werden.

136 Bronfen, Elisabeth: Die schöne Leiche. Weiblicher Tod als motivische Konstante von der Mitte des 18. Jahrhunderts bis in die Moderne. In: Berger, Renate; Stephan, Inge (Hg.): Weiblichkeit und Tod in der ... a.a.O., S. 91.

137 Ebd. S. 100.

Weise Repräsentationen weiblicher Grenzüberschreitungen zirkulieren und ‚sich im Kreis drehen'.

Negativierung: die femme-fatale

Die gewonnenen Erkenntnisse werden konkretisiert und weitergeführt. Ich beginne erneut bei Schultze-Bluhm, um aus den dort auffindbaren Pandoraanspielungen eine der faszinationsbeladensten Weiblichkeitsformeln des 19. und 20. Jahrhunderts herzuleiten: die femme-fatale. Die kunsthistorische Rezeption der 1970er und 80er Jahre, die die Künstlerin eine „moderne Pandora"[138] nennt, lässt sich dazu verleiten ihre Arbeiten als „Metamorphosen der Satanskatze"[139] zu betiteln. Es seien „Sinnlichkeit, Gefühle" und „Ängste," die in diesen Arbeiten als „Naturphänomen"[140] aufträten, sowie ein „ursprünglich ungebändigtes Naturell [...] mit ‚wildem Denken', [...] das gelernt hat, sich an die Kandare zu nehmen [...],"[141] Die Beispiele lassen eine Faszination an einem ‚wilden und gefühlsgeleiteten Ausbrechen' aus so etwas wie deutscher Disziplin, Unterordnung und Selbstbeherrschung erkennbar werden. Hinsichtlich des antiautoritären Momentes kann von einer Einflussnahme[142] der gesellschaftskritischen Rebellion der ‚68er-Bewegung' ausgegangen werden. Ein ‚wildes Ausbrechen' propagiert nicht nur die Rezeption Schultze-Bluhms, sondern auch ihre künstlerische Arbeit; ich erinnere an die malerischen Synthetisierungen weiblicher und tierischer Figurationen in der von 1972 stammenden Installation „Pandora-Tierschrank" (Abb. 11.1 u. 11.2.). Bereits der Titel verknüpft ein Tierisches bzw. Wildes mit der Pandorathematik, eben so, wie es auch die Rezeption vollzieht.

Kulturhistorisch scheint sich eine solche Verknüpfung geradezu anzubieten, dieses jedenfalls gilt in Bezug auf die antike Pandoravorlage.[143]

---

138 Eine moderne Pandora. In: Süddeutsche ... a.a.O., S. 15.

139 Voss, Ursula in: Kölner Stadt-Anzeiger Nr.275 vom 25.11.1987, o.S.

140 Eine moderne Pandora. In: Süddeutsche ... a.a.O.

141 Ruhrberg, Karl: Mythen der Wirklichkeit ... a.a.O., S. 34.

142 Aus den mir zur Verfügung stehenden rezeptionellen und künstlerischen Untersuchungsgegenständen sind diese Einflüsse explizit nicht nachweisbar. Ebenso ist in der Rezeption, worunter auch sogenannte Selbstaussagen der Künstlerin fallen, keinerlei Sympathisieren mit der sogenannten 68er-Bewegung und der Frauenbewegung feststellbar. Eine latente Einflussnahme dieses immerhin nahezu zeitgenössischen ‚Kulturgeistes' dürfte gleichwohl kaum von der Hand zu weisen sein.

143 Eine Themenverknüpfung von ‚Pandora und Tier' präsentiert eine 1996 stattgefundene Ausstellung „Pandora. Frauen im klassischen Griechenland." Siehe: Reeder, Ellen D.: Geleitwort in: Walkers Art Gallery Baltimore, Maryland; in Zusammenarbeit mit dem Antikenmuseum Basel und Sammlung Ludwig (Hg.): Pandora. Frauen im klassischen Griechenland. Ausstellungskatalog, Baltimore, Mainz 1996, S. 7.

Wir erinnern uns, dass Pandora bereits bei Hesiod eine Unheilbringerin und Chaosstifterin, kurzum eine femme-fatale ist.[144] Die Bewertung dieser Charakterisierung ist in der Antike rein abwertend und in Zusammenhang zu sehen mit der misogynen Haltung des Dichters, die dieser trachtet in seiner Pandoraerzählung zu legitimieren.[145] Die genealogische Position, die Hesiod seiner Protagonistin zuweist, dient als Anlass[146] für kulturhistorisch nachkommende, sich kontinuierlich fortschreibende Ontologisierungen vermeintlich weiblicher Wildheit und Unkultiviertheit. Die abwertende Bewertung dessen, wofür die weibliche Pandora steht, nämlich für eine unkontrollierbare Bedrohung der kulturellen Ordnung, für eine Rückverwandlung in einen vorzivilisatorischen Zustand und ein Verderben der Männer, bleibt für lange Zeit kanonisch. Pandora ist so etwas wie ein Negativum.

Um mich der Arbeit Schultze-Bluhms zeitlich anzunähern, mache ich einen Sprung ins ausgehende 19. Jahrhundert, in dem die femme-fatale Hochkonjunktur hat, nämlich im Symbolismus. Gegenüber der Hesiodschen Negativbesetzung lassen sich erneut paradigmatische Verlagerungen aufspüren. Nach wie vor ist Pandora eine schreckensbesetzte Imagination ‚wilder, ungebändigter, weiblicher Kräfte', die die kulturelle Ordnung bedrohen. Sie wird nun aber zunehmend als eine Grenzfigur begriffen, die nicht nur das Böse in die Welt bringt, sondern ebenso eine Möglichkeit suggeriert, dieser Welt entfliehen zu können.[147] Bereits in der symbolistischen Kunst des beginnenden 19. Jahrhunderts wird eine Abneigung gegenüber einer geordneten Welt formuliert, die konkret eine Welt klassizistischer Vollkommenheitsansprüche und bürgerlich-viktorianischer Moralkodexe ist. Mit dem Fin-de-Siècle kommt es zum ausgehenden 19. bis ins 20. Jahrhundert hinein zu einer – einem sich ausprägenden Dekadenzgefühl adäquaten – Präferenz von Krankhaftem, Melancholischem, Nervösem. Wunschwelten, Mythologien und Okkultis-

144 Die Dämonisierung der weiblichen Protagonistin findet sich insbesondere in Hesiods „Theogonie." Die Bezeichnung ‚femme-fatale' wird gleichwohl erst im 19. Jahrhundert zu einem Topos, den ich hier somit rekursiv anwende.

145 Vgl.: Berger, Renate: Metamorphose und Mortifikation. Die Puppe. In: Dies.; Stephan, Inge (Hg.): Weiblichkeit und Tod ... a.a.O., S. 268. „Vermutlich," so die Autorin in Bezug auf Hesiods Pandoraerzählung, „haben wir es hier mit einer historischen Nahtstelle zu tun, die im Hinblick auf die Frage, wieweit das Ausbilden männlicher Subjektivität, männlicher Identität in patrilinearen Gesellschaften Hass auf Frauen bzw. Abwertung oder den Wunsch nach Vernichtung alles Weiblichen voraussetzt, Aufschluss geben kann."

146 Vgl. auch: Vogel, Gerhard: Der Mythos von Pandora ... a.a.O., S. 6ff.

147 Vgl.: Hofstätter, Hans, H.: Symbolismus und die Kunst der Jahrhundertwende. Köln 1965, S. 187, S. 192.

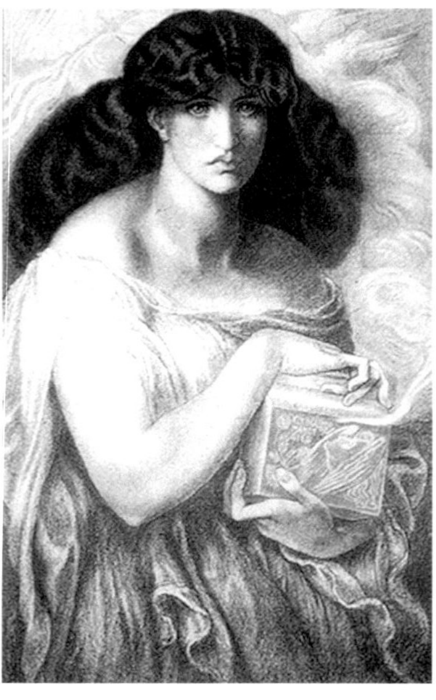

Abb. 45: Dante Gabriel Rossetti: „Pandora", 1879.

men stehen im Brennpunkt symbolistischer Interessen, die nach einer Abkehr von Naturalismus, Historismus und Rationalismus trachten. Die Vorstellung von Weiblichkeit aber ist weit weniger konträr, als es dem symbolistischen Dekadenzanspruch lieb sein sollte. Es werden tradierte Charakterisierungen des Weiblichen als sinnlich, stofflich, kurios und medial fortgeschrieben und in eine nunmehr verführungsbetontere Begehrenskonstellation überführt. Eine Arbeit des englischen Dichters und präraffaelitischen Malers Dante Gabriel Rossettis (1828-1882) gibt hierfür ein Beispiel ab. Die einige Jahre vor[148] 1879 entstandene Kreidezeichnung mit dem Titel „Pandora" (Abb. 45) zeigt eine weibliche Figur mit voluminöser Haarpracht und teilentblößten Schultern, die mit krampfartigem Griff ein goldenes Gefäß hält, dem ein weißer, die Silhouette der Figur umrahmender Rauch- oder Nebelschleier entströmt. Die prall geschwungenen Lippen, sowie die beschattete Augenpartie und der fixe Blick stiften eine Atmosphäre der Wollust[149] und der Sehnsucht, die aber insgesamt verhalten und vitalitätslos bleibt. Rossetti inszeniert

148 Zur Problematik der genauen Datierbarkeit dieser Arbeit siehe: Panofsky, Dora; Panofsky, Erwin: Die Büchse der Pandora ... a.a.O., S. 119, Anm. 36.

149 Vgl. ebd. S. 119.

eine femme-fatale, die entrückt und schwermütig wirkt und so „merkwürdig unlebendig“[150] bleibt. Die Arbeit ist ein Beispiel für die Kopplung symbolistischer Prämissen an eine zwiespältige, begehrendisponierte Weiblichkeitsformel.

Dieser Zwiespältigkeit kann mit einer erneut psychoanalytisch motivierten Untersuchung nachgegangen werden. Ausgangspunkt dieser Betrachtung ist die diskursive Einflussnahme der aufkommenden psychoanalytischen Konzepte auf künstlerische Programmatiken der Jahrhundertwende, wobei beide Felder durch bürgerliche Moralvorstellungen, die sie zu konterkarieren trachten, auch konstituiert sind. Das symbolistische Interesse an ‚Traumwelten', ‚unbewussten Kräften' und ‚anderen Orten' dürfte kaum losgelöst von den entsprechenden Abhandlungen Freuds zu reflektieren sein, was insbesondere im Hinblick auf die zu untersuchende zwiespältige femme-fatale-Konstruktion gilt. Wie Rohde-Dachser ausarbeitet, ist die Freudsche Psychoanalyse durch einen gesamtgesellschaftlich relevanten „doppelte[n] Weiblichkeitsentwurf“[151] charakterisiert, innerhalb dessen Weiblichkeit auf der einen Seite mit Kastriertsein (die „kastrierte Frau“) und auf der anderen Seite mit Kastrieren (die „furchtbare Frau,“[152] etwa die femme-fatale) verknüpft ist. Gleichwohl beide Versionen Ergebnisse komplementärnarzisstischer, patriarchaler Projektionen sind, konstituieren sie eine zentrale, kollektive Imaginationsformel des 19. und 20. Jahrhunderts, die Weiblichkeit mit zu fürchtender Negation assoziiert. Es ist Freud nicht gelungen, die unbewusste Determinierung dieser Assoziierung zu analysieren, stattdessen begreift er Weiblichkeit unter dem Duktus der Kastration[153] als einen „negativen Charakter.“[154] Die Zwiespältigkeit der femme-fatale-Imagination kann noch mit einer weiteren ‚Rätselhaftigkeit'[155] Freudscher Theorie in Zusammenhang gebracht werden: der Verknüpfung „ungebändigte[r],“ „dämonische[r]“[156] Triebe mit einem „ewig Weibli-

150 Berger, Renate; Stephan, Inge: Einleitung, In: Dies. (Hg.): Weiblichkeit und Tod ... a.a.O., S. 2.

151 Rohde-Dachser, Christa: Expedition in den dunklen ... a.a.O., S. 52.

152 Ebd.

153 Eine Kritik an dieser ‚Freudschen Fehlleistung' liefert: Schlesier, Renate: Konstruktionen der Weiblichkeit ... a.a.O., beispielsweise S. 32 u. S. 171.

154 Freud, Sigmund: Über die weibliche Sexualität. In: Freud, Anna (Hg.): Gesammelte Werke, Bd. 14 (1925-1931), S. 526.

155 In Anlehnung an Freuds Bezeichnung der Weiblichkeit als „Rätsel.“ In: Freud, Sigmund: Neue Folge der Vorlesungen zur Einführung in die Psychoanalyse. In: Freud, Anna (Hg.): Gesammelte Werke, Bd. 15 (1932), S. 120.

156 Freud, Sigmund: Die Traumdeutung. In: Freud, Anna (Hg.): Gesammelte Werke, Bd. 2/3 (1900, mit Zusätzen bis 1935), S. 619.

che[n],“[157] die Freud aus Hysterieanalysen und Traumdeutungen exzerpiert.[158] Eine vergleichbare Verknüpfung von „weibliche[m] Triebgrund“ und „Vernichterinnen“[159] veranschlagt er in einer weiteren, literarisch gestützten Abhandlung, deren mythologische Weiblichkeitsvorgabe er rekapituliert. Frauen sei wohl „die Gabe der Sublimierung des Triebes nur in geringem Maße zugeteilt,“[160] so der Analytiker. Die Zitate belegen eine psychoanalytische Weitertradierung dämonischer Weiblichkeitsimaginees von kultur- und geschlechterkonstituierender Tragweite, wie Rohde-Dachser betont:

> „Das weibliche Es (die Frau) ist von seinen (ihren) Triebbedürfnissen beherrscht, leidenschaftlich, richtet Zumutungen an das Ich (den Mann); das Es (sie) ist ‚ganz amoralisch‘, ‚grausam‘, ‚mörderisch‘ und Herr des Ich (des Mannes), seines (ihres) Knechtes. Das Es (die Frau) ist von Todestrieben beherrscht; das Es (sie) ist der Ort des Todes.“[161]

Die Zwiespältigkeit wird sogleich fassbar, wenn man sich vergegenwärtigt, was der Konstruktion grundsätzlich unterliegt: nämlich die Legitimierung einer männlich-kulturellen Domestikation vermeintlich weiblicher, natur-triebhafter Kräfte.[162]

Mein kulturhistorischer und psychoanalytischer Exkurs soll deutlich machen, dass die femme-fatale ‚Pandora‘ zwar als Repräsentation von Negativität verstehbar ist, diese Bedeutung aber als diskursiv generiert begriffen werden muss. Aspekte der Weiblichkeitskonzeption Freuds verschalten sich mit Aspekten einer weitaus älteren Konzeption dämonischer Weiblichkeit, sowie mit symbolistischen Dekadenzgelüsten und begründen eine ‚neue, spektakuläre, anarchistische‘ Weiblichkeit. Die so generierte femme-fatale ‚Pandora‘ kann auf nichts referieren, was außerhalb der symbolischen Ordnung stünde. Man kann sie als eine Repräsentation destrukturierender Triebe verstehen, aber man muss sie immer als eine begehrendeterminierte Metapher begreifen. Rossettis Erotisierung der Pandorenfigur führt uns die moderne Begehrenskonstituiertheit dieser

157 Ebd. S. 456.

158 Siehe auch: Schlesier, Renate: Konstruktionen der Weiblichkeit ... a.a.O., S. 32.

159 Freud, Sigmund: Das Motiv der Kästchenwahl ... a.a.O., S. 35.

160 Freud, Sigmund: Die ‚kulturelle‘ Sexualmoral und die moderne Nervosität. In: Freud, Anna (Hg.): Gesammelte Werke, Bd. 7 (1906-1909), S. 158.

161 Rohde-Dachser, Christa: Expedition in den dunklen ... a.a.O., S. 164.

162 Vgl. ebd. S. 133, S. 164. Zu Freuds konträrem Verständnis der Beziehung zwischen Kultur und Natur siehe beispielsweise: Freud, Sigmund: Die Zukunft einer Illusion. In: Freud, Anna (Hg.): Gesammelte Werke, Bd. 14 (1925-1931), S. 336f.

weiblichen Metapher klar vor Augen. Die nicht überzeugende Dämonie der Figur, ihre inkonsequente Melancholie, verweisen uns auf das, was die femme-fatale in strukturellem Sinne ist: ein patriarchal determiniertes Wunschbild, aber keine ‚echte' Apokalypse, auch keine kleine. Diese Klarstellung erhellt auch den Begriff der Negativität: Die femme-fatale repräsentiert eine ungestüme, wollüstige oder auch triebhafte Negation der symbolischen Ordnung ohne diese *sein* zu können. Die Assoziierung des Weiblichen mit Destruktion oder Destabilisierung, also mit Negativität, kommt einer *positiven* Bestimmung des Weiblichen gleich, einer Setzung eben, einer Fixierung des Weiblichen an die Vorstellung einer anarchistischen Dynamis.[163] Diese Fixierung geschieht mit dem „Pandora-Tierschrank" (Abb. 11.1 u. 11.2.) Schultze-Bluhms in gleicher Weise, wie mit Rossettis „Pandora" (Abb. 45).

Entrückung: die Märtyrerin

Auf eine weitere faszinationsbeladene Weiblichkeitsformel wird mit der Betonung des Vornamens der Künstlerin Schultze-Bluhms rekurriert. Mit ‚Ursula' wird auf die ‚heilige Ursula', der Stadtpatronin zu Köln angespielt, wo die Künstlerin lange Zeit bis zu ihrem Tode lebte. Die Rezeption stellt eine innige Beziehung Schultze-Bluhms zur ‚heiligen Ursula' heraus: die Künstlerin habe mit dieser Legende „ein Stück persönlicher Geschichte" und eine „Berührung mit dem Ort des Martyriums der Heiligen"[164] gefunden. Eine Erläuterung dieser „persönliche[n] Beziehung"[165] wird nicht geliefert, so dass lediglich eine Namensgleichheit als ursächlich anzunehmen ist. Analog der Titulierung der Schultze-Bluhmschen Installationen als „Schränke der Pandora"[166] ist von „Schreine[n] der Ursula"[167] die Rede. Neben der pandorathematischen Mythologisierung läuft also eine explizit christliche Kanonisierung her. Es stellt sich so die Frage, ob denn aus dem Legendenkontext der ‚heiligen Ursula' eine weiblich konnotierte Vorstellung von Grenzüberschrei-

163 Zu einer vergleichbaren Einschätzung kommt Weigel in ihren „Überlegungen zur Konstitution des Weiblichen als Verfahren" und hier insbesondere in ihrer Kritik an Kristevas Konzeption des weiblich definierten Semiotischen als Negativität. Siehe: Weigel, Sigrid: Die Stimme der Medusa ... a.a.O., S. 204ff. Dazu: Kristeva, Julia: Die Revolution der ... a.a.O., S. 78.

164 Schäfke, Werner: Köln-Bild. Geschriebene Landschaft – erzähltes Bild. In: Fehlemann, Sabine; u.a.; Van der Heydt-Museum Wuppertal (Hg.): Ursula, Retrospektive ... a.a.O., S. 37.

165 Ebd.

166 Weiss, Evelyn: Ursula. Anmerkungen zum Werk. In: Museum Bochum, Kunstsammlung; u.a. (Hg.): Ursula, Bilder, Objekte, Zeichnungen. 1979, o.S.

167 Metken, Günter in: Der Tagesspiegel. Berlin 18.12.1973, S. 4.

tung rekurrierbar ist, die sich von den bislang erörterten Konzeptionen weiblicher Kuriosität und Bedrohlichkeit unterscheidet und so möglicherweise den begehrendisponierten Status des Weiblichen verschiebt?

Um Hintergrundinformationen zu gewinnen nehme ich einen Exkurs ins Mittelalter vor: Die Heiligenlegende berichtet von der bretonischen Prinzessin ‚Ursula' und elftausend Jungfrauen,[168] die – so eine auf das 10. Jahrhundert datierbare Erzählung[169] – von Köln über Basel nach Rom pilgerten. Auf ihrer Rückreise per Schiff erfuhren alle einen Martertod durch Hunnen, die die Stadt Köln belagert hielten. Ein ‚Ursula' erschienener Engel hatte dieses Schicksal zuvor angekündigt. Die Legende schildert den Opfertod vieler christlicher Jungfrauen. Das Martyrium der später heilig gesprochenen ‚Ursula', die sich weigerte ihre Jungfräulichkeit an die heidnischen Hunnen preiszugeben, liegt in ihrem Beschuss mit gegnerischen Pfeilen.[170] Infolge aufgefundener Gebeine, die man für die Überreste der Jungfrauen hielt, erfuhr die zunächst lediglich teilweise ausgebildete Legende ab dem 12. Jahrhundert einen sich über die Grenzen Deutschlands hinaus verbreitenden boom. Insbesondere zahlreiche Heiligendarstellungen des späten Mittelalters und frühen 16. Jahrhunderts belegen diese Verbreitung.[171] Eine berühmte, vor 1489 erstellte Schrankkonstruktion (Abb. 46), in der die angenommenen Überreste der Jungfrauen bewahrt sind, stammt von Hans Memling, der als „Meister des Schreins der heiligen Ursula"[172] gilt. Zu sehen ist ein 86 cm hoher Schrein, dessen äußere Bildtafeln das Leiden der Jungfrauen erzählen. Gleichwohl keinerlei ikonographische Ähnlichkeiten dieses Schreins zu den Schränken Schultze-Bluhms veranschlagbar sind, lassen sich doch Anklänge hinsichtlich der Ausmaße, der religiös kontextualisierten Aufbewahrungsfunktion und der mystizistischen, weiblichen Opfer- bzw. Gewaltthematik veranschlagen (siehe vergleichend beispielsweise Abb. 9.1). Zudem ist eine weitere, mit der ‚heiligen Ursula' in Zusammenhang stehende weibliche ‚Heldenfigur' anzuführen, mit der sich die weibliche Opfer- und Gewaltthematik weiter bestimmen lässt. Die ‚heilige Ursula,'

---

168 Die Zahl 11.000 geht möglicherweise auf einen historischen Lesefehler der römischen Ziffer XI zurück. Vgl: Wimmer, Otto (Hg.): Handbuch der Namen und Heiligen. Aufl.2, Innsbruck, Wien, München 1959, S. 475.

169 Weitere Rückdatierungen der Legende sind möglich bis ins 4. und 5. Jahrhundert; eine in diesem Zusammenhang relevante Quelle stellt die Clematiusinschrift dar, die sich in der Grabkirche St. Ursula zu Köln befindet.

170 Vgl. beispielsweise: Wimmer, Otto (Hg.): Handbuch der Namen und ... a.a.O., S. 474f.

171 Vgl.: Braun, Joseph: Tracht und Attribute der Heiligen in der deutschen Kunst. Stuttgart 1943, S. 706.

172 Lambotte, Paul: Hans Memling, der Meister des Schreins der heiligen Ursula. Wien 1939.

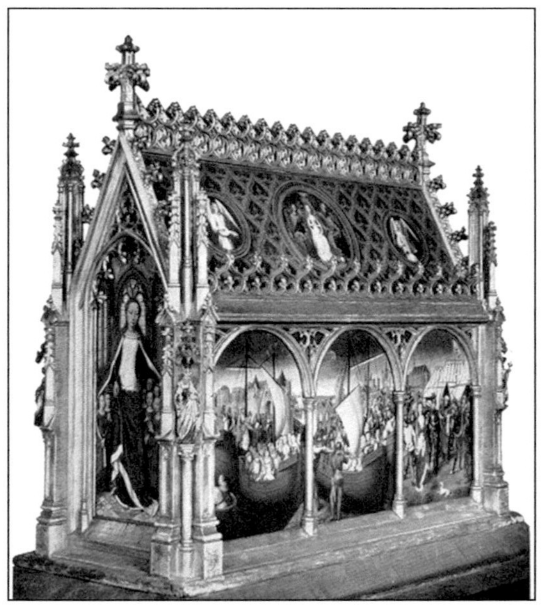

Abb. 46: Memling, Hans: „Schrein Der Heiligen Ursula", 1489.

die versuchte ihre jungfräulichen Gefährtinnen zu schützen, gilt als eine der am häufigsten dargestellten Schutzmantelheiligen.[173] Unter ihrem Patronat steht weltweit der katholische Frauenorden der Ursulinen. Eines seiner bekanntesten Mitglieder ist die Mitte des 17. Jahrhunderts in einem Ursulinenkloster im französischen Loudun lebende Äbtissin ‚Jeanne des Anges', die als von Dämonen befallen und besessen[174] galt. Die Rede ist von spektakulären Blutstürzen, Ekstasen, Visionen und Wunderheilungen. Diese ‚Spektakel' dürften von der Äbtissin u.a. durch eine kalkulierte und religiös motivierte Nahrungsverweigerung herbeigeführt worden sein, um effektiver Spenden eintreiben zu können. Als ‚besessene Nonne' war es ihr auch möglich, zwar unter Androhung exorzistischer Gewalt, insgesamt aber kirchenpolitisch ‚uneingeschränkter' im Sinne des Klosters zu agitieren. Die Äbtissin verliebte sich in einen Priester,

173 Vgl.: Braunfels, Wolfgang von (Hg.): Lexikon der christlichen Ikonographie. Bd. 8, Rom, Freiburg, u.a. 1976, S. 522.

174 Vgl.: Sohl, Gaby: Dämonen und Nonnen. Mehrfach-Persönlichkeiten und Hypnose: Verbannte Frauenstimmen aus vier Jahrhunderten. In: Wildwasser Bielefeld e.V. (Hg.): Der aufgestörte Blick. Multiple Persönlichkeiten, Frauenbewegung und Gewalt. Erweiterter Sammelband zum ersten Bundesdeutschen Kongress in Bielefeld mit dem Schwerpunkt Persönlichkeitsspaltung 29.9.-1.10.1994. Bielefeld 1997, S. 27.

der sie jedoch verschmähte und dem sie daraufhin im Glaubensstreit nachstellte. Innerhalb eines zu Beginn des 20. Jahrhunderts aufkommenden psychiatrischen Interesses an mittelalterlichen Legenden wird das Bild einer enthusiastischen, sinnlichen, am Zölibat zerbrechenden Frau skizziert sowie das einer machtstrategischen Kämpferin ihrer Zeit.[175]

Der analytische Themenschwerpunkt, der sich aus dem historischen Exkurs zur ‚heiligen Ursula' und zur Äbtissin ‚Jeanne des Anges' exzerpieren lässt, ist der Typus der gewaltausgesetzten, medialen Frau.[176] Beide Protagonistinnen erleben Delirien, die sie nicht nur mit einer ‚besonderen Gabe', sondern auch mit einer gewissen Handlungskompetenz ausstatten: ‚Ursula' erscheint ein das Martyrium ankündigender Engel, der sie auf die Rolle der Beschützerin und Märtyrerin vorbereitet und ‚Jeanne des Anges' hat ‚Kontakt zu Dämonen', die sie zur Agitation nutzt. Beide Protagonistinnen, die religiös verehrte Heldinnen sind, sind im Kontext einer ‚Verherrlichung' (weiblicher) Jungfräulichkeit zu verstehen, der sie unterworfen sind:[177] ‚Ursula' stirbt, anstatt sich den Belagerern hinzugeben und ‚Jeanne des Anges' lebt zölibatär am Rande des Wahnsinns. Eine gefährdete Jungfräulichkeit dient als konstitutiver Faktor weiblicher Medialität. Diese Medialität aber ist ein Synonym für Labilität: Der Typus der medialen Frau repräsentiert eine Konzeption religiöser Grenzüberschreitung, in der ein weibliches Rebellionsmoment zwar spektakulär, aber ausweglos und dem Tode geweiht bleibt. Diese Ausprägung unterscheidet sich von männlichen Märtyrerkonzeptionen,

---

175 Vgl. ebd. S. 27f.

176 Zum Zusammenhang von weiblichen Delirien und sexueller Gewalterfahrung siehe beispielsweise grundlegend: Pusch, Luise F.: Die Frau ist nicht normal, denn sie ist kein Mann. In: Duda; Sybille; dies. (Hg.): WahnsinnsFrauen. Frankfurt a.M. 1992, S. 349. Eine kultur- und blickanalytische Untersuchung liefert: Braun, Christina von: „Ceci n'est pas une femme." Blick und Berührung. In: Wildwasser Bielefeld e.V. (Hg.): Der aufgestörte Blick ... a.a.O., S. 330ff. Außerdem hinzuweisen ist auf eine Art-Brut-spezifische Abhandlung: Thévoz, Michel: Art-Brut und Spiritismus. Warum gibt es – neben den Patienten in der Psychiatrie – unter den Künstlern der Art-Brut so viele Anhänger des Spiritismus? In: Bianchi, Paolo: Bild und Seele. ... a.a.O., S. 168ff.

177 Das Ideal der Jungfräulichkeit findet sich übrigens auch in der ebenfalls im Mittelalter hervortretenden Verehrung der christlichen Maria, die bekanntlich eine unbefleckte Empfängnis erfährt. Siehe beispielsweise: Held, Jutta: Marienbild und Volksfrömmigkeit. Zur Funktion der Marienverehrung im Hoch- und Spätmittelalter. In: Barta, Ilsebill; Hammer-Tugendhat, Daniela; u.a. (Hg.): Frauen – Bilder, Männer ... a.a.O., S. 35ff. Ebenfalls von Interesse ist, dass auch die Figur Pandora unter dem Ideal der Jungfräulichkeit rezipiert wird, indem die Öffnung ‚ihrer' Büchse als Verlust der Jungfräulichkeit interpretiert wird. Siehe beispielsweise: Zeitlin, Froma: Das ökonomische Gefüge in Hesiods Pandora ... a.a.O., S. 49ff.

denn dort lebt der Held weiter oder wird wiedergeboren; zu denken wäre etwa an die Christuslegende.[178] Die Frage nach einem dekonstruktiven, aus religiös motivierten Weiblichkeitsvorlagen ableitbaren Potential weiblicher Grenzüberschreitung ist mit dieser Feststellung im Wesentlichen beantwortet: Die Protagonistinnen verweisen einmal mehr auf eine zwiespältige Weiblichkeitsdisposition, die als Stabilisator einer patriarchalen Ordnung fungiert. Die Legenden der ,heiligen Ursula' und ,Jeanne des Anges' halten keine den Status des Weiblichen dekonstruierenden Momente bereit. Ebenso ist die Frage, ob die Art und Weise der Bezugnahme Schultze-Bluhms auf die ,heilige Ursula'[179] eine Bewertung als subversiv gestattet, zu verneinen, denn es fehlt eine taktische Übertreibung oder eine andere Form der Absurdführung. Auch im Sinne einer verkettenden Bezugnahme (von ,Pandora', über ,Ursula' bis hin zu etwaigen anderen mythischen Frauenfiguren) ergibt sich kein solcher Befund. Statt einer Konterkarierung geschieht eine Affirmation weiblichen ,Ver- und Entrücktseins', die eine begehrendisponierte Koketterie ist.

Verkörperung: die Hysterikerin

> „[...] dass die Hysterie auf den Luxus des körperlichen Symptoms verzichtet [...] muss als Zeichen dafür verstanden werden, dass sie bald Besseres als klinische Symptome leisten wird."[180]
> (Jacques Lacan)

Ich nehme eine weitere faszinationsbeladene Weiblichkeitsformel hinzu, nicht um die soeben herausgestellte Affirmation weiblichen ,Ver- und Entrücktseins' erneut zu belegen, sondern um Potentiale der Irritation und des Aufbegehrens einzuräumen. Ausgerechnet am weiblich konno-

178 Siehe: Neumann, Eckhardt: Erlöser-, Märtyrer- und Christusidentifikationen. In: Ders.: Künstlermythen. Eine psycho-historische Studie ... a.a.O., S. 82ff.

179 Eine explizite Bezugnahme auf ,Jeanne des Anges' ist in der Rezeption Schultze-Bluhms nicht auffindbar. Gleichwohl ist die Figur subtextuell wirksam, insbesondere in ihrem Zusammenwirken mit anderen femme-fatale-Entwürfen.

180 Lacan, Jacques: D'un discours qui ne serait pas du semblant. Séminaire inédit du 8 juin 1971. Zit. bei: Braun, Christina von: Nicht ich. Logik, Lüge, Libido. Frankfurt a.M. 1994 (1985), S. 455.

tierten Körper, den ich bereits hinlänglich als einen symbolischen, kulturell codierten und projektiv besetzten Ort belegt habe, werde ich diese Potentiale festmachen. Ausgerechnet dieser Körper wird nun in der Lage sein ein Chaos zu stiften, das die weibliche Begehrensdisposition rotieren lässt. Auf dem Weg dorthin kann uns die Fragestellung leiten, inwieweit der Körper als körpersprachliche Strategie fungieren kann und als verselbstständigte Groteske?

Mit dem Themenschwerpunkt der Hysterie und der Erörterung auf sie gerichteter Forschungsansätze bin ich ins ausgehende 19. und 20. Jahrhundert angekommen und werde hier für den Rest dieser Forschungsarbeit verbleiben. Der thematische Sprung von der Märtyrerin und der femme-fatale zur Hysterikerin ist keineswegs groß. Die in allen drei Weiblichkeitsformeln zentrale Körperzentrierung lässt dieses deutlich werden: In dem einem Fall ist es ein jungfräulich zu haltender Körper, um den ein machtstrategischer Wirbel betrieben wird und in den beiden anderen Fällen ist es ein dämonischer Körper, der spektakulärer Schauplatz ist. In allen drei Weiblichkeitsformeln zentral ist ebenso ein Verständnis des Körpers als ein ekstatischer, anderer Ort. Es existieren bereits zahlreiche wissenschaftliche Publikationen,[181] die als Basismaterial einer genderkritischen Hysterieanalyse herangezogen werden können. Eines der für diese kunstwissenschaftliche Untersuchung aufschlussreichsten, jedoch in keiner Weise kritischen Materialien liefert der durch seine Arbeit an dem Pariser „Hospice de la Salpêtrière" berühmt gewordene, leitende Neurologe Jean-Martin Charcot (1825-1893) mit seiner Abhandlung „Die Besessenen in der Kunst,"[182] in der explizite

181 Kulturkritische Perspektiven finden sich beispielsweise bei: Fischer-Homberger, Esther: Krankheit Frau und andere Arbeiten zur Medizingeschichte der Frau. Stuttgart, Wien 1979. Braun, Christina von: Nicht ich. Logik, Lüge, Libido. Frankfurt a.M. 1994 (1985). Eiblmayr, Silvia; u.a. (Hg.): Die verletzte Diva. Hysterie, Körper, Technik in der Kunst des 20. Jahrhunderts. Publikation anlässlich der gleichnamigen Ausstellung in der Städtischen Galerie im Lenbachhaus und Kunstbau München (04.03. -07.05.2000) und in der Staatlichen Kunsthalle Baden-Baden (25.07. -27.08.2000). Köln 2000. Schneider, Manfred: Die Allegorie der Hysterie und das Tête-à-tête der Wahrheit. In: Schade, Sigrid; Wagner, Monika; Weigel, Sigrid (Hg.): Allegorien und Geschlechterdifferenz. Köln, Wien, Weimar 1994. Schade, Sigrid: Charcot und das Schauspiel des hysterischen Körpers. Die ‚Pathosformel' als ästhetische Inszenierung des psychiatrischen Diskurses – ein blinder Fleck in der Warburg-Rezeption. In: Baumgart, Silvia; Fend, Mechthild; u.a. (Hg.): Denkräume zwischen Kunst ... a.a.O., S. 461ff. Sowie die nachfolgend genannten Publikationen von Schneider und Gorsen.

182 Schneider, Manfred (Hg.): Jean Martin Charcot und Paul Richer. Die Besessenen in der Kunst. Mit einem (kulturkritischen) Nachwort von Manfred Schneider. Göttingen 1988 (1887). Zeitgenössisches, gleichfalls

Analogien bzw. Beziehungen zwischen Heiligen, Besessenen und Hysterikerinnen veranschlagt werden und ikonographisch zu stützen versucht werden. Hysterikerinnen – so Charcot 1887 – seien „die ‚konvulsiven Besessenen' von heute“ und die Hysterie sei ein „Krankheitsbild [...], das Fällen von Besessenheit wohl unterliegt.“[183] Es findet mit diesen Worten eine Art Re- und Universalhysterisierung psychosomatischer Erregungszustände, sowie eine Verfestigung ihrer weiblichkeitsstereotypen Verortung statt. Neben der christlichen Besessenheitsikonographie ist es das an nervösen Krankheitsphänomenen interessierte Fin de Siècle, das die bildliche Untermauerung des Hysterieverständnisses Charcots geprägt haben dürfte. Von einer solchen Beeinflussung kann auch im umgekehrten Fall ausgegangen werden, zumal einige malerisch-manierierte Positionierungen von femme-fatale- bzw. Pandorenfiguren – in Erinnerung gerufen werden kann hier die Arbeit Rossettis,[184] (Abb. 45) – einigen von Charcot provozierten und fotografisch festgehaltenen hysterischen Exaltationen nicht unähnlich sind.[185] Ich komme hierauf sogleich zurück. Dass Charcot seinerzeit zur medizinischen Avantgarde zählte, ließ auch die künstlerische Avantgarde des beginnenden 20. Jahrhunderts nicht unbeeindruckt. In diesem Bezugsfeld sind Verschränkungen medizinisch-neurologischer und ästhetischer Weiblichkeitsphrasen aufspürbar. Am deutlichsten sind sie in der surrealistischen Interessiertheit an Psychopathologischem zu finden. Es ist insbesondere André Breton, der mit seinem Konzept der „konvulsiven Schönheit“[186] der Hysterikerin eine moderne, ästhetische Paradigmatisierung verleiht, innerhalb derer sie zu einer rebellischen, wenngleich fetischistischen Leitfigur avanciert.[187] In seinem 1928 publizierten surrealistischen Manifest feiert Breton den 50. Jahrestag der Hysterie und propagiert sie als „vollkom-

nicht genderkritisches Untersuchungsmaterial liefert Charcots wohl berühmtester Schüler: Freud, Sigmund: Studien über Hysterie. In: Freud, Anna (Hg.): Gesammelte Werke, Bd. 1 (1892-1899). Ich verzichte an dieser Stelle auf eine weitergehende Berücksichtigung der Abhandlung Freuds zugunsten der Charcots, da hieraus für die Kunstgeschichte naheliegendere Diskursverschränkungen herausgearbeitet werden können.

183 Charcot, Jean Martin: Die Besessenen in der Kunst ... a.a.O., S. 115.

184 Rossettis „Pandora“ lässt eine gegenseitige Wechselwirkung zwischen medizinisch-neurologischen und künstlerischen Rhetoriken bedingt in der krampfartigen Handhaltung der Protagonistin erkennbar werden.

185 Vgl.: Gorsen, Peter: Das konvulsivische Schönheitsideal ... a.a.O., S. 45.

186 Siehe: Aragon, Louis; Breton, André: Le cinquantenaire de l'hystérie. In: La Révolution surréaliste, No.11, 15.03.1928.

187 Vgl. Gorsen, Peter: Das konvulsivische Schönheitsideal ... a.a.O., beispielsweise S. 289, S. 330.

mene[s] Ausdrucksmittel“[188] und als „größte Entdeckung des 19. Jahrhunderts;“[189] eine ‚Entdeckung‘, die gleichwohl als Privileg männlicher Potentialität zu verstehen ist.[190]

Die Konstituierung dieser hysteriefixierten, männlichen Potentialität kann kaum nachvollzogen werden ohne eine Betrachtung ihres institutionellen Inszenierungsmodus‘, der buchstäblich theatralisch ist. Es sind zum einen die legendären Dienstags-Vorlesungen, die Charcot in der Salpêtrière vor einem Laien-Auditorium abhielt, das sich unter anderem aus Künstlern und Literaten zusammensetzte. Zu diesem Anlass wurden als hysterisch geltende Patientinnen vorgeführt, an und mit denen ein Repertoire exaltischer Körpergebärden generiert wurde.[191] Dieses geschah gleichwohl nicht ohne den monatelangen Vorlauf einer Visitepraxis, die so vonstatten ging, dass Charcot allmorgendlich einige ausgewählte ‚seiner‘ ca. 5000 Patientinnen einzeln in sein Büro zitierte, sie entkleiden ließ und schweigend betrachtete. An den Wänden dieses Büros sahen sich diese Patientinnen mit Illustrationen u.a. exorzistischer Szenen konfrontiert, die auf sie eine starke Suggestivwirkung ausgeübt haben dürften. Es wurde auf diese Weise ein unausgesprochener Kontrakt zwischen dem kunsthistorisch interessierten Arzt Charcot und den nach Aufmerksamkeit hungernden Patientinnen geschlossen, die sich eines öffentlichen Interesses sicher sein konnten, solange sie an und mit ihrem Körper das erwartete Repertoire exaltischer Gebärden zur Darbietung brachten.[192] Ein großer Stellenwert ist auch dem fotografischen Setting beizumessen, innerhalb dessen einige Patientinnen u.a. mit Hilfe von Hypnose, Elektroschocks, Eierstockpressungen, Fesselungen und Rauschmitteln zur Aufführung und Ablichtbarkeit der gewünschten Exaltationen gebracht wurden. Zu diesem Zweck wurde ein eigenes Fotoatelier mit Labor eingerichtet, in dem auch Retuschierungen vorgenommen wurden.[193] Ergebnis dieser Arbeit ist die „Iconographie photographique de la Salpêtrière,“ ein Katalog in mehreren Bänden, in dem schematisierte und fotografische Abbildungen hysterischer, körpersprachlicher Phasen aufgeführt sind, die bisweilen große Ähnlichkeiten mit Ergriffenheitsgebärden aus Exorzismus- und Märtyrerszenen der westlichen

---

188 Siehe: Aragon, Louis; Breton, André: Le cinquantenaire de l’hystérie ... a.a.O. Zit. b. ebd. S. 18.

189 Zit. b. Braun, Christina von: Nicht ich ... a.a.O., S. 371.

190 Zur männlich-künstlerischen Privilegiertheit im Surrealismus siehe: Gauthier, Xavière: Surrealismus und Sexualität ... a.a.O. Vgl. auch: Braun, Christina von: Nicht ich ... a.a.O., S. 374.

191 Vgl.: Schade, Sigrid: Charcot und das Schauspiel des ... a.a.O., S. 469.

192 Vgl. ebd. S. 474.

193 Vgl. ebd. S. 474f.

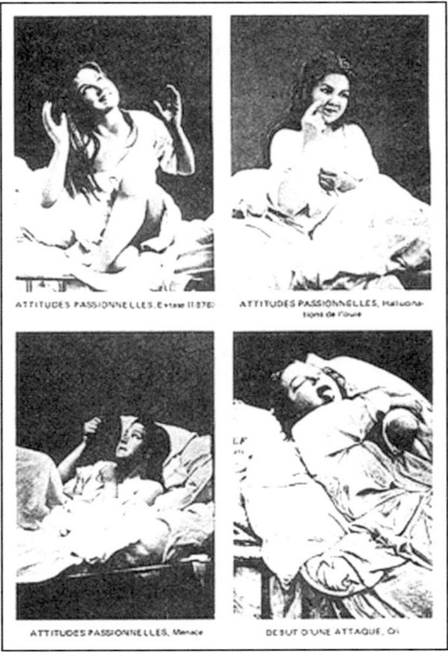

Abb. 47: Regnard, P.: Aufnahmen von Augustine aus der „Iconographie photographique de la Salpêtrière“, 1878.

Kunstgeschichte aufweisen.[194] Die Abb. 47 zeigt eine Sequenz aus diesem Katalog, die Augustine, den ‚begabten Star' unter den Patientinnen Charcots, zu sehen gibt. Im Kontext der dargelegten Inszeniertheit dieser u.a. Sequenzen muss die Hysterie als eine medizinischen Autoritätsgelüsten unterworfene Zitation kunsthistorisch überlieferter Leidenschaftsformeln verstanden werden. Aus der im Zentrum dieser medizinisch-künstlerischen Wissensproduktion stehenden Propagierung einer am Körper der Frau hervorrufbaren ‚rohen Natur' wird in Anbetracht der von Arzt und Patientinnen verfolgten strategischen Profilierungsabsichten eine Lüge, ein Witz, ein rhetorischer Fetisch. Es ist aber nicht nur Charcot, der den weiblichen Körper zum taktischen Instrument einer Wahrheitsbegründung macht, sondern es sind auch die Patientinnen die dies tun. Ich ignoriere damit nicht das zweifelsohne rigide, geschlechtsstereotype Machtgefälle seinerzeit zwischen der Position des Arztes und den zum Untersuchungsobjekt degradierten ‚Hysterikerinnen'. Was ich sagen will ist, dass die als hysterisch geltenden Symptome reformulierte

194 Vgl. ebd. S. 466.

und neukontextualisierte Weiblichkeitschiffren sind,[195] ohne ‚Substanz', ohne ‚Inneres' und ohne ‚Wesen'. Was ‚die Hysterikerin' tut, ist einer Strategie zu folgen und nicht einer ‚Natur'. Die Hysterie ist also eine noch näher herauszupräparierende Strategie.

Dieser Befund lässt eine dekonstruktive Qualität exzerpieren. Wenn die Hysterie eine Strategie des Zu-sehen-gebens von Weiblichkeitschiffren ist, wenn sie also kein autonomes, pathologisch-weibliches Phänomen ist, dann impliziert sie Möglichkeiten der Übersteigerung und der Karikatur. Die Sequenz von Augustine (Abb. 47) kann dann nicht länger als ein Dokument ‚naturgemäß weiblich-körperlichen Wahnsinns' gelten, sondern ist als eine (bewusste und/oder unbewusste) Groteske patriarchal generierten Weiblichkeitspathos' zu begreifen. ‚Augustines hysterischer Körper' ist – wie jedes andere Körperbild auch – eine innersymbolische Angelegenheit. Das gilt auch für das, worauf dieser Körper referiert, nämlich zum einen auf ein affektiertes, weibliches Leiden am eigenen Körper, das eine begehrendisponierte Position ist, und zum anderen auf ein reales weibliches Leiden an männlicher Hegemonie, das Anlass weiblichen Aufbegehrens ist. Von Braun hat vorgeführt, dass in diesem Spannungsfeld die Hysterie als ein Terrain weiblicher Dekonstruktion zu bewerten ist:

„Die Hysterie führt gleichsam zurück an die Ursprünge des Körpers, der aus dem Geist des utopischen Denkens geschaffen wurde.[196] [...] [Sie] verwirrt Normen und Gesetze. Sie schafft Unordnung. Fragt man aber danach, worin *ihre* Gesetze bestehen und welche Ordnung *sie* schafft, dann stellt sich heraus, dass diese Ordnung eine frappierende Ähnlichkeit mit der herrschenden Ordnung aufweist. Nur in einem Punkt unterscheidet sie sich: ihre Gesetze sind *besonders treue* Wiedergaben der herrschenden Gesetze; ihre Ordnung ist eine *besonders gewissenhafte* Ausgabe der herrschenden Ordnung. [...] Keine Frau *spielt* die Frauenrolle so perfekt wie die Hysterikerin."[197]

Die Autorin begreift die Hysterie als eine „Anti-Logik"[198] mit einer anzustrebenden Entkörperungstendenz.[199] In diesem Ansatz wirft der Kör-

---

195 Siehe auch: Schneider, Manfred: Nachwort. In: Ders. (Hg.): Jean Martin Charcot und Paul Richer. Die Besessenen in ... a.a.O., S. 141f.

196 Braun, Christina von: Nicht ich ... a.a.O., S. 457.

197 Ebd. S. 73ff.

198 Ebd.

199 Vgl. ebd. S. 456. Eine ähnliche Sichtweise vertritt übrigens Valie Export: „Die Frau muss sich [...] vom Körper und den Bildern der Frau lösen. Die großen weiblichen Rebellionsformen wie Hysterie und Anorexie lehren uns dies als Verweigerung des Körpers wie der Bilder." Siehe: Export, Valie: Das Reale und sein Double: Der Körper. Bern 1987, S. 35f.

per Effekt und Prozess der gesellschaftlichen Einschreibung zurück: Von Braun versteht die Hysterie nicht (nur) als eine symptomgewordene Niederlegung, sondern als einen Ort übertriebener und widerständiger Redepraxis[200] und Zitation. Es führt der hysterische Körper in der Groteske immer und immer wieder seine logozentrische Konstituierung vor. Die Hysterie ist damit eher als hysterisches Verfahren zu begreifen.

Wie ist dieses Hysterieverständnis auf künstlerische Positionen, wie die Schultze-Bluhms, rückzubeziehen? Wenngleich von Braun der Hysterie ein subversives und rebellisches Potential attestiert, so geschieht dieses zunächst auf theoretischer Ebene. Ihr 1994 entwickelter Ansatz ist kulturwissenschaftlicher Bestandteil eines mittlerweile mainstream gewordenen poststrukturalistischen Diskurses, der dekonstruktive Bewertungen erst ermöglicht. Zwar ist die Retrospektion eines solchen Ansatzes auf die fotografischen Inszenierungen Charcots,[201] sowie auf die Installationen Schultze-Bluhms im kulturhistorischen Sinne zweifelsohne aufschlussreich, doch liefert sie keine feinmaschigeren Parameter für eine kunstwissenschaftliche Dekonstruktionsanalyse. Es fehlen noch Kenntnisse über Positionen und Kontroversen des mittleren 20. Jahrhunderts, mit denen die Entwicklung des Hysterikerinnenmotivs in der Kunst sowie den feministischen Debatten exemplarisch nachgezeichnet werden kann. Ein solches Nachzeichnen kann Aufschluss darüber geben, wie und warum es zu etwaigen diskursiven Umbewertungen gekommen ist, bzw. wie die Kluft zwischen der begehrendisponierten femme-fatale und der subversiv agitierenden Hysterikerin geschlossen wurde?

Pandora und der Kunstcharakter des Weiblichen

Ich werden einen literaturhistorischen bzw. -wissenschaftlichen Einschub vornehmen, um zu den Arbeiten Schultze-Bluhms zeitlich dichtere Positionen vorzustellen. Ich beginne mit Frank Wedekinds (1864-1918) erstmals um die Jahrhundertwende und später u.a. in den 1970ern und -80ern

200 Von Braun stützt sich in ihrer Argumentation auf das psychoanalytische Konzept der hysterischen Redekur: „[Die Hysteriker] verwandeln nicht mehr das Symbol in ein Symptom oder die Sprache in einen Körper, sondern umgekehrt: sie geben ihrem Bedürfnis Ausdruck, den Körper in Sprache zu verwandeln, zum Symbol zurückzukehren. Das heißt, der Moment, in dem Freud entdeckt, dass die Hysteriker Sprache und Phantasmen mit ihrem Körper ausdrücken, ist eigentlich der, an dem sie selbst den Körper in Sprache oder ein Phantasma verwandeln." Siehe: Braun, Christina von: Nicht ich ... a.a.O., S. 456. Ich habe bereits dargelegt, warum ich auf eine weiterführende Auseinandersetzung mit der Freudschen Hysteriekonzeption an dieser Stelle verzichte.

201 Eine solche Retrospektion führt von Braun in ihren kulturhistorischen Analysen selbst vor. Siehe: Braun, Christina von: Nicht ich ... a.a.O., S. 373 u.a.

neu aufgeführten Doppeldramen „Die Büchse der Pandora“[202] und „Erdgeist,“ um daran anknüpfend einen Diskurs um eine ‚Lügenhaftigkeit des Weiblichen’ aufzuzeigen, der dekonstruktiv perspektiviert ist. Bei den Doppeldramen handelt es sich um antibürgerliche Schauspiele, in deren Mittelpunkt eine femme-fatale namens Lulu steht, die – ganz in Pandorenmanier – eine Menge Ärger, Unruhe, sowie eine gewisse Hoffnung verbreitet. Die Protagonistin ist vor dem Hintergrund des späten Jugendstils, des u.a. von Charcot geprägten Hysteriediskurses, der modernen Degradierung der Frau zum Sexual- und Gewaltobjekt, sowie der um die Jahrhundertwende aufkommenden Frauenemanzipation zu begreifen. Obwohl als antinaturalistische Schilderung gemeint, erzählt Wedekind mit der durch den „Erdgeist“ inspirierten Figur Lulu das Einbrechen einer – uns bisweilen an die Art-Brut-Konzeption erinnernden – ‚wahren’ oder auch ‚rohen’ ‚Weiblichkeitsnatur’ in eine dekadente Welt der Weiblichkeitsimaginationen:

„Sie ward geschaffen Unheil anzustiften,
Zu locken, zu verführen, zu vergiften –
Zu morden, ohne dass es einer spürt.
Mein süßes Tier, sei ja nur nicht geziert!
Nicht albern, nicht gekünstelt, nicht verschroben,
Auch wenn die Kritiker dich weniger loben.
Du hast kein Recht, uns durch Miaun und Fauchen
Die Urgestalt des Weibes zu verstauchen
Durch Faxenmachen uns und Fratzenschneiden
Des Lasters Kindereinfalt zu erleiden!
Du sollst – drum sprech’ ich heute sehr ausführlich
Natürlich sprechen und nicht unnatürlich!“[203]

202 Wedekinds „Die Büchse der Pandora“ wurde 1905 von Karl Kraus in Wien uraufgeführt. In den 1970er Jahren wurde das Stück beispielsweise an der Frankfurter Oper und in den 80er Jahren am Deutschen Schauspielhaus Hamburg gezeigt. Siehe u.a.: Programmbegleitbuch der Oper Frankfurt: Lulu. Oper in einem Prolog und drei Akten von Alban Berg nach den Tragödien „Erdgeist“ und „Die Büchse der Pandora“ von Frank Wedekind. Frankfurt 1979. Und: Deutsches Schauspielhaus Hamburg (Hg.): Lulu. Erstabdruck von Wedekinds Urauffassung, genannt „Die Büchse der Pandora. Eine Monstertragödie“ in der Bearbeitung für die Hamburger Aufführung von Peter Zadek. Münster 1988. Als Schriftstück wurde „Die Büchse der Pandora“ von Wedekind zwischen 1892 u. 1894 erarbeitet und 1902 erstmals veröffentlicht, der „Erdgeist“ erschien bereits 1895.

203 Wedekind, Frank: Erdgeist. In: Strich, Fritz (Hg.): Frank Wedekind. Ausgewählte Werke in 5 Bänden. Bd. 2, Berlin 1923, S. 9f.

Eine Charakteristik „Lulus“ ist aufgrund ihrer Vexierbildhaftigkeit und bisweilen Widersprüchlichkeit auf den ersten Blick schwer erschließbar. Bei weitergehender Betrachtung wird deutlich, dass die Spannung der Wedekindschen Doppeldramen auf einer Platzierung der zerstörerischen und verführerischen Protagonistin zwischen ‚Natürlichkeit‘ und ‚Künstlichkeit‘ rückführbar ist. Lulu ist nicht nur wild; wie bereits in der Hesiodschen Vorlage[204] täuscht sie auch, lügt, rebelliert, scheitert, ist launisch, hemmungslos, unschuldig und weiß nicht was sie will. Sie ist bei Wedekind Trägerin eines komplexen Profils weiblichen Changierens, Rebellierens und tragischen Suchens nach Identität. Verzweifelt beschwert sie sich über einen ihrer Ehemänner:

> „Öffnen Sie ihm die Augen! Ich verkomme. Ich vernachlässige mich. Er kennt mich gar nicht. Was bin ich ihm. [...] Ich bin ihm nichts als Weib und wieder Weib. [...] In meiner Verzweiflung tanze ich Cancan. Er gähnt und faselt etwas von Obszönität.“[205]

„Lulus“ Verzweiflung deutet an, dass eine weibliche Suche nach männlicher, nicht projektiver Anerkennung ausweglos ist. Ihre Odyssee durch verschiedene Männerbeziehungen untermauert dies: Als Kind wird Lulu von einem reichen Zeitungsverleger von der Straße geholt. Dieser gibt ihr den Namen „Mignon,“ macht sie zu seiner Geliebten und verheiratet sie – um sich selbst reicher verheiraten zu können – mit einem befreundeten Lustgreis, der sie kurzerhand „Nelli“ nennt. Um sie portraitieren zu lassen bringt dieser Lulu zu einem Maler, der sie anbetungswürdig „Eva“ ruft.[206] Lulu verführt diesen Maler und der Lustgreis wird vom Schlag getroffen. Sie wird daraufhin die Frau des Malers, der sich alsbald das Leben nimmt, da er erkennt, dass Lulu – die mittlerweile Tänzerin in einer Revue geworden ist – weiterhin die Geliebte des reichen Zeitungsverlegers ist. Als auch dieser merkt, dass er betrogen wird, will er Lulu dazu zwingen sich selbst zu erschießen. Doch Lulu erschießt ihn, kommt ins Gefängnis, flieht nach Paris, heiratet erneut, lebt zunächst in ‚Saus und Braus‘ und gerät dann an einen Mädchenhändler. Diesmal flieht sie nach London um dort mit ihrem heruntergekommenen Vater und einer lesbischen Verehrerin in einer erbärmlichen Dachkammer zu leben, an deren Wand das von dem Maler angefertigte Bild hängt, dass sie noch jung und schön zeigt. Als Prostituierte holt sich Lulu nunmehr Kunden von der Straße; einer von ihnen erschlägt ihren Vater. Ein anderer, der

204 Siehe beispielsweise: Lendle, Otto: Die ‚Pandorasage‘ bei Hesiod ... a.a.O., S. 11.
205 Wedekind, Frank: Erdgeist ... a.a.O., S. 47f.
206 Vgl. ebd. S. 16f, S. 29, S. 42.

Lustmörder „Jack the Ripper," tötet sie selbst, indem er sie aufschlitzt. Resigniert sagt Lulu einige Zeit vor ihrem Tod:

„Wenn man sich an einem von euch wenigstens etwas wärmen könnte!"[207]

Unter der Überschrift „Inszenierung der inszenierten Weiblichkeit"[208] hat Silvia Bovenschen 1979 eine der tragischen Komplexität der Wedekindschen Lulu analoge, dekonstruktive Interpretation gewagt. Für die Arbeit und Rezeption Schultze-Bluhms, die in etwa zu dieser Zeit verstärkt die Pandorenthematik ins Blickfeld rückt, ergeben sich im diskursiven Umfeld dieses Ansatzes grundsätzlich innovative Attraktivitätswerte. In ihrer Bewertung hebt Bovenschen eine der Protagonistin zugrundeliegende dichotome Dynamik hervor: Lulu verkörpert ein Panoptikum an verführerischen Weiblichkeitsklischees (vom Straßenmädchen über die Geliebte, das Modell, die Tänzerin, die Ehefrau bis hin zur Prostituierten) und *zugleich* eine essenzialistische Konzeption zerstörerischer und wahrheitsbringender Weiblichkeit, die gegen die zuvor genannten Klischees rebellieren soll.[209] Zwar müssen beide Dimensionen Lulus – die ‚kokette Verführerin' ebenso wie das ‚undressierte Urweib' – als patriarchal begehrenkonstituiert verstanden werden, ihr Zusammenwirken jedoch eröffnet ein erkenntnisreiches Oszillationsfeld. Darin nimmt die von Katastrophe zu Katastrophe taumelnde Lulu jeweils verschiedene Weiblichkeitsimaginationen an *um* sie zu negieren. Jede Imagination führt zu einer weiteren Negation, jede Negation zu einer weiteren Imagination. „Was aber ist Lulu, wenn sie gerade keine Rolle spielt?"[210] Bovenschen Frage ist rhetorischer Art und kann nur im Sinne einer Negativbestimmung beantwortet werden: Sie ist das, was sie nicht ist.[211] Das dekonstruktive Moment, das die Autorin für Wedekinds Lulu veranschlagt, liegt in deren Negierungsfunktion, die auf eine

207 Wedekind, Frank: Die Büchse der Pandora. In: Strich, Fritz (Hg.): Frank Wedekind ... a.a.O., S. 194.

208 Bovenschen, Silvia: Inszenierung der inszenierten Weiblichkeit: Wedekinds Lulu – paradigmatisch. In: Dies.: Die imaginierte Weiblichkeit. Exemplarische Untersuchungen zu kulturgeschichtlichen und literarischen Präsentationsformen des Weiblichen. Frankfurt a.M. 1979, S. 43ff.

209 Vgl. ebd. S. 44.

210 Ebd. S. 51.

211 Vgl. ebd. S. 45. Siehe auch Rohde-Dachser, die sich auf Bovenschens Interpretation der Wedekindschen Lulu bezieht. Siehe: Rohde-Dachser, Christa: Expedition in den dunklen ... a.a.O., S. 113.

„Gebrochenheit [referiert], in der die konventionalisierten Bilder des Weiblichen im Stück präsentiert werden. Lulu demonstriert die Austauschbarkeit dieser Klischees.“[212]

Bovenschen Lesart inauguriert eine Theorie der Maskerade,[213] nach der

„die Imagination eine Möglichkeit der weiblichen Selbstdarstellung sein [mag], vielleicht sogar die einzige, allerdings nur insofern, als sie bewusst und souverän gebraucht wird und nicht mit der Illusion weiblicher Authentizität verknüpft ist [...].“[214]

Eine Pandorenfigur wie Lulu bietet sich hinsichtlich der sie charakterisierenden erzählerischen Aspekte der Verführung, der Täuschung und der Rebellion für eine den Status des Weiblichen kritisierende Maskeradetheorie[215] geradezu an. So stützt sich nach Bovenschen und neben weiteren feministischen Theoretikerinnen[216] auch Sykora auf die Pandorenfigur, um die Erörterung des ‚weiblichen Konstruktions- bzw. Kunstcharakters’ in dekonstruktiver Hinsicht weiterzuentwickeln. Es benennt Pandora – so die Autorin –

“überdeutlich den ästhetischen bzw. ‚technischen’ Konstruktionscharakter idealer Weiblichkeit und [spricht] sogar vom ‚Über-Natürlichen’ der Kunstprodukte in Frauengestalt. [...] Angesichts der perfekten Simulation weiblicher ‚Natur’, die diese ad absurdum führt, entsteht so eine Ent-Täuschung. Die Ent-Deckung, dass sich hinter der weiblichen Automate keine Essenz verbirgt, dass sie ‚seelenlos’ ist, wird als unwiderruflicher Ver-Lust begriffen.“[217]

212 Bovenschen, Silvia: Inszenierung der ... a.a.O., S. 47f.
213 Siehe auch ebd. S. 54: „ [Lulu] greift zu den Masken, sie veranstaltet einen turbulenten Wirbel, so dass allen ganz schwindlig wird [...].“
214 Ebd. S. 57f.
215 Es sind hier ausdrücklich keine Positionen gemeint, die an einer ‚weiblichen’, hinter der Maskerade verborgenen und zutage zu fördernden ‚Authentizität’ festhalten, wie etwa einige soziologische Ansätze der feministischen Bewegung aus den 1970ern. Ich folge hier einer Forschungsrichtung, die die Demontage eines grundsätzlich ästhetischen Status’ des Weiblichen zum Ziel hat.
216 Zu verweisen ist etwa auf: Mulvey, Laura: Pandora: Topographies of the Mask ... a.a.O. Eine weitere Arbeit liefert: Althoff, Gabriele: Weiblichkeit als Kunst. Die Geschichte eines kulturellen Deutungsmusters. Stuttgart 1991.
217 Sykora, Katharina: Pandora oder L’Eve future. Ästhetisches Denken und der Kunstcharakter des Weiblichen. In: Die Philosophin. H. 5, 4/1992, S. 11.

Im Kontext dieser Maskeradetheorien ist Pandoras Kunstcharakter zum ersten Male Signum eines (gleichwohl nicht ontologisch gemeinten) weiblichen Genius. Die als Maskeraden verstehbaren Täuschungen Pandoras, ihre Affektiertheiten und ihre Unstetigkeiten entleeren die patriarchal-projektive Aufgeladenheit von Weiblichkeitsklischees, indem Sie die Aufmerksamkeit vom Inhalt dieser Klischees auf ihren Status lenken, also auf die Funktion Schauspiel zu sein, Imagination zu sein, kurzum Projektionsfläche zu sein. Ich habe dieses maskeradische Verfahren im vorherigen Kapitel ein hysterisches genannt.

Es hat sich einmal mehr gezeigt, dass und wie historisch sich verändernde Diskurse unterschiedliche Interpretationsspektren für künstlerische Arbeiten bereithalten. Es ist die Frage nach den Berührungspunkten der verhandelten Maskeradetheorien zur Künstlerin Schultze-Bluhm aber noch unbeantwortet. Ein dekonstruktiver Profit aus den obigen, ja bereits auf ‚Pandora' ausgerichteten Ansätzen würde sich für die Arbeit und das Image der Künstlerin dann ergeben, wenn diese die Pandorenfigur weniger aufgrund ihrer sich immer weiter fortschreibenden, mysteriösen Spektakularität aufrufen würde, denn aufgrund der maskeradischen Potenz, die ihr in der feministischen Theorie seit den späten 1970ern zuteil wird. Ein dekonstruktiver Bezug Schultze-Bluhms auf die Pandorenfigur müsste – dieses führt uns die von Klischee zu Klischee springende Lulu vor – seriell-instrumentarisch und explizit täuschend sein, um konventionelle Projektionsgelüste ins Leere laufen zu lassen. Die Frage, ob in den Arbeiten Schultze-Bluhms eine Art Widerhall der in der Theorie veranschlagten maskeradischen Verfahrensqualität ‚Pandoras' auffindbar ist, scheint mir an dieser Stelle schwerlich entscheidbar. Sicherlich können die seriellen Schrankinstallationen der Künstlerin, angefangen bei „Der große Schrank der Pandora" (Abb. 8.1), über „Der kleine Schrank der Pandora" (Abb. 9.1), „Der Pandora-Schrank mit den vielen Gesichtern" (Abb. 10.1), „Pandora-Tierschrank" (Abb. 11.1) bis hin zu „Pandora-Schrank mit Kopf" (Abb. 12.1) als ins Leere führende Wiederholungen begriffen werden, sowie die angespielten, bereits behandelten Analogien von beispielsweise ‚weiblich-archaisch' (Abb. 10.4), ‚weiblich-defekt' (Abb. 11.3), ‚weiblich-tierisch' (Abb. 11.4), ‚weiblich-pflanzlich' (Abb. 12.3) oder auch ‚weiblich-regressiv' (Abb. 26) als Springen zwischen Weiblichkeitsklischees begriffen werden können. Wenngleich eine solche Interpretation nicht unmöglich ist, scheint sie mir aufgrund der wohlgefälligen Verschnörkelungen und statischen Darbietungen wenig überzeugend. Die „Inszenierung einer inszenierten Weiblichkeit"[218] scheint mir bei Schultze-Bluhm eher unkritisch zu erfolgen.

218 Bovenschen, Silvia: Inszenierung der inszenierten Weiblichkeit ... a.a.O.

Repräsentation als Maskerade

Ich möchte diesen Befund mit einem künstlerischen Gegenbeweis veranschaulichen und dabei das angerissene Theoriespektrum weiterführend nachzeichnen. Cindy Sherman ist in der gender-kritischen und ästhetischen Forschung die am meistbesprochenste, zeitgenössische Künstlerin. Der hohe Stellenwert ihrer Arbeit wird insbesondere – etwa von Schade[219] – in der vermeintlich selbstdarstellerischen, grotesken Inszenierung des weiblichen Körpers gesehen, die als Subversion des weiblichen Bild- und Projektionsstatus' wirksam ist. Eiblmayr hat diesen Status und seine Konterkarierung in den Arbeiten Shermans unter der Überschrift „Die Frau als Bild"[220] verhandelt. Mit Bronfen ist es uns möglich, die Inszenierungen der Künstlerin als Maskeraden zu verstehen und zugleich noch einmal an die vorübergehend zur Seite gelegten Erkenntnisse zur Hysterie als Verfahren anzuknüpfen. Sherman macht – so Bronfen –

> „Weiblichkeit als Maskerade sichtbar.[221] [...] Sie imitiert, repräsentiert und parodiert an ihrem Körper die Rollenbilder der westlichen Kunst – sei es das der von Dämonen besessenen Frau, der Träumerin oder der Verführerin.[222] [...][Sie] führt eine Maskerade vor, doch verweist sie dadurch gleichsam darauf, dass sie als eine in einem bestimmten kulturellen Kontext aufgewachsene Frau auch durch den ihrem Umfeld spezifischen Diskurs performativ konstruiert worden ist."[223]

Dieses Imitieren und Parodieren habe ich im vorletzten Kapitel als hysterische Strategie herausgearbeitet, in der – wie in den Maskeraden Shermans – historische Weiblichkeitschiffren wiederholt und exaltiert werden. Auch Bronfen macht einen solchen Vergleich:

> „Ich möchte von Shermans Selbstdarstellungen als einer hysterischen Sprache des Körpers sprechen, weil sie, wenn auch auf eine bewusste Weise, wie dies die [hysterischen Patientinnen] nicht konnten, die Inkommensurabilität zwischen den weiblichen Identitäten, die die westliche Kultur anbietet, und dem,

---

219 Vgl: Schade, Sigrid: Cindy Sherman oder die Kunst der Verkleidung. In: Conrad, Judith; Konnertz, Ursula (Hg.): Weiblichkeit in der Moderne. Ansätze feministischer Vernunftkritik. Tübingen 1986, S. 229ff, hier insb. S. 231.

220 Siehe: Eiblmayr, Silvia: Die Frau als Bild. Der weibliche Körper in der Kunst des 20. Jahrhunderts. Berlin 1993, S. 189ff.

221 Bronfen, Elisabeth: Das andere Selbst der Einbildungskraft: Cindy Shermans hysterische Performanz. In: Zdenek, Felix; Schwander, Martin (Hg.): Cindy Sherman. Photoarbeiten 1975-1995. München 1995, S. 21.

222 Ebd. S. 19.

223 Ebd. S. 14.

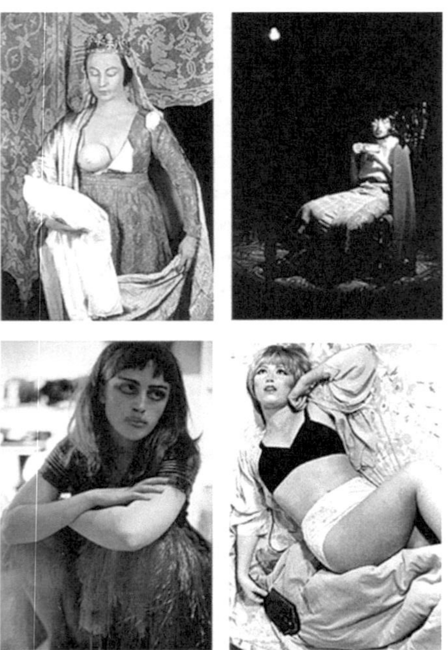

Abb. 48.1 (oben links): # 216, 1989;
Abb. 48.2 (oben rechts): # 129;1983;
Abb. 48.3 (unten links): # 300, 1994;
Abb. 48.4 (unten rechts): # 6, 1977.

was weibliche Subjektivität ‚eigentlich' ist, performativ inszeniert.[224] [...] Wenn ich [hier] den Vorschlag mache, Shermans Selbstportraits, die keine sind, als Manifestation der Sprache der Hysterie zu verstehen, so tue ich dies, weil es mir um eine Analogie der Verfahrensweisen geht."[225]

Ich erlaube mir nun eine Bildzusammenstellung, die sich bei Sherman so nicht findet. Ich möchte damit nicht nur diesen theoretischen Analogieschluss belegen, sondern vor allem auch bildlich deutlich machen, warum der ja ebenfalls auf historische und zeitgenössische Weiblichkeitsklischees rekurrierenden Pandoraschrankserie Schultze-Bluhms eine maskeradische Qualität kaum zugemessen werden kann. In der Abb. 48 sind vier eigenständige, fotografische Inszenierungen Shermans aus unterschiedlichen Epochen in einer Weise zusammengestellt, die sogleich an die Bildsequenz aus der „Iconographie photographique de la Salpêtri-

224 Ebd. S. 21.
225 Ebd. S. 18.

ère" (Abb. 47) erinnert. Bei der Abb. 48.1 handelt es sich um eine Arbeit aus der Serie der costume-dramas, die eine nachgestellte Heiligenfigur mit einer entblößten Brustprothese zeigt. Die Abb. 48.2 gibt eine debil dreinblickende Frau aus der Serie der history portraits zu sehen. Auf der Abb. 48.3 ist eine an eine moderne femme-fatale und den film-noir erinnernde Frau mit wegschweifendem Blick und in hockender Pose zu sehen und die Abb. 48.4 gibt eine Arbeit aus der Serie der film-stills zu sehen, in der eine verführerisch-sexuelle Weiblichkeitspose auf einem Bett dargeboten wird. Die maskeradische Überpointiertheit der zitierten Weiblichkeitschiffren ist in jeder einzelnen Arbeit offenkundig und in der die Austauschbarkeit dieser Chiffren dokumentierenden Seriellität dazu. Vergleichbare Eindeutigkeiten sind in den Arbeiten Schultze-Bluhms nicht feststellbar.

Die kulturellen und diskursiven Verfasstheiten, auf die maskeradische Verfahren in dekonstruktiver Weise referieren, gelten nicht nur in Bezug auf den projektiv besetzten Status des Weiblichen, sondern auch hinsichtlich der maskeradischen Verfahren selbst. Die Maskerade ist keine genuin weibliche Strategie, sie ist „eine Strategie der Nomaden," wie Schade schreibt,

> „eine Strategie der Entmächtigung, deren Funktion in jeder Ironie aufscheint, die durch die Verdoppelung der Posen entsteht. Diese Strategie ist nicht den Frauen vorbehalten.[226] [...] [N]icht die Weiblichkeit ist Maske, sondern die Maske ist weiblich."[227]

Die Maskerade ist ein Verfahren, das im geschlechterdichotomisierten System der visuellen Repräsentation am Ort des Weiblichen vollzogen wird, also am Ort des Bildes oder am Ort der Kunst. Auch unabhängig subversiver Zielsetzungen ist dieser Ort ohnehin einer der Maskerade, denn nichts anderes kann hier geschehen, als Maskerade. Die psychoanalytische Theorie Lacans lässt uns dies verstehen: Die imaginären Wechselspiele, die die Maskerade vorführt, sind substitutive Verobjektivierungen des unbestimmbaren, ‚leeren' Phallus. Dieser Phallus ist – wie Lacan vorführt[228] – eine Bedeutungsdeterminante ‚ohne Substanz', die Bedeu-

226 Schade, Sigrid: Cindy Sherman oder die Kunst ... .a.a.O., S. 239.

227 Ebd. S. 234.

228 Siehe: Lacan, Jacques: Die Bedeutung des Phallus ... a.a.O., S. 126. Lacan verwendet in seiner Abhandlung den Begriff des „Signifikanten" um die Konzeption des Phallus zu erläutern: „Denn der Phallus ist ein Signifikant [...]. [E]s ist der Signifikant, der bestimmt ist, die Signifikatswirkung in ihrer Gesamtheit zu bezeichnen, soweit der Signifikant diese konditioniert durch seine Gegenwart als Signifikant." Ich ersetze in mei-

tung erst ‚über Abgrenzung von' und ‚in Beziehung zu' anderen Determinanten erlangt und so zum Funktionieren gebracht wird. Wir können in einer Fülle imaginärer Schauspiele und Produktionen immer nur repräsentativen Substituierungen und Verschaltungen beiwohnen, die insofern maskeradisch sind, als sie durchaus täuschend sind: täuschend aber im Hinblick auf eine Verschleierung des Mangels, nicht eines ‚Authentischen'. Es ist Repräsentation in der Weise Maskerade, als sie immer eine Bewegung ist auf der Ebene der Bedeutungsgebung und der Zitation. Sie ist Maskerade, wenn sie gegen das symbolische, geschlechterdichotomisierte System aufbegehrt und wenn sie dieses nicht tut. Im ersteren Fall aber inauguriert die Maskerade eine gender-strategische Potenz.

Es kann aus dem modernen Verständnis des Weiblichen als rätselhaftem Risiko sehr wohl eine repräsentationskritische Subversion extrahiert werden. Der Verlauf dieses Kapitels zeigt in Zusammenhang stehend mit den vorangegangenen Kapiteln die kulturtheoretische und künstlerische Entwicklung dieses Ansatzes auf. Es kann daran angelehnt sogar die Figur Pandora als Repräsentation einer Repräsentationskritik fungieren, insofern sie als Referenz innersymbolischer, diskursstrategischer Operationen verstanden wird. Aus einer kulturhistorisch ‚jenseits' kultureller Ordnung platzierten und diese gefährdenden ‚Pandora' wird in diesem Kontext eine ‚Pandora', die in parodistischer Weise auf die Täuschungs- und Verführungsfunktion des Weiblichen verweist, nämlich begehrenkonstituierte und verobjektivierte Projektionsfläche in einer symbolischen Ordnung zu sein, die geschlechterdichotom organisiert ist. Eine solche ‚Pandora' verkörpert nicht länger eine ‚*außer*kulturelle, weibliche Beunruhigung', sondern tangiert *inner*symbolische, die männliche Subjektposition privilegierende Kohärenzstiftungen.

Figuren des Authentischen

> „Weil das Bild jener Schein ist,
> der behauptet, er sei das, was den
> Schein gibt [...]."[229]
> (Jacques Lacan)

Der Aspekt der Pandorenschen Täuschung soll weitergeführt werden und unter dem Gesichtspunkt der künstlerischen ‚Selbstdarstellung' behan-

---

ner Argumentation den Begriff des „Signifikanten" durch den des „Bedeutungsdeterminanten."

229 Lacan, Jacques: Vom Blick als Objekt klein a. In: Ders.: Die vier Grundbegriffe der Psychoanalyse. In: Haas, Norbert (Hg.): Das Seminar von Jacques Lacan. Buch XI, Olten 1978 (1964), S. 119.

delt werden. Es werden im Zuge dessen Fragestellungen nach der Konzeption geschlechtlich codierter *Authentizität* und Autor- bzw. Künstlerschaft evoziert. Galten die bisherigen Untersuchungen in erster Linie der ästhetischen Konstruktion von Weiblichkeit – angefangen bei der historisch-allegorischen Besetzung des weiblichen Bildes, über seinen begehrenkonstituierten Projektionsstatus bis hin zur repräsentationskritischen Parodie – so wird der Fokus nunmehr auf handlungsrelevante und publikumswirksame Problematiken und Potentiale ausgerichtet, die sich aus dieser kunst- und kulturhistorischen Hypothek für Künstlerinnen wie Schultze-Bluhm ergeben mögen. Es wird bei dieser Neuausrichtung an bereits vorbereitete Erkenntnisse angeknüpft; so etwa an die humanistische Konzeption des männlichen Künstlers als ‚autonomem Urheber' einer anthropologisch relevanten Kunst in Abgrenzung zu einer von ‚labilen Produzenten' stammenden, weiblich konnotierten Outsiderkunst.

Es war die feministische Befreiungsideologie der 1960er und -70er Jahre, die erstmals programmatisch die Fragestellung nach weiblicher *Authentizität* mit der nach weiblicher Autor- bzw. Künstlerschaft verknüpfte. Die frühen Debatten dieser Bewegung waren zum einen gekennzeichnet durch vehemente Anklagen kunst- und kulturpolitischer Ausgrenzungen von Künstlerinnen und zum anderen durch Einforderungen einer ‚wahren', erfahrungsgeleiteten Weiblichkeit, die an die Stelle wohlgefälliger, patriarchaler Chiffren treten sollte. Die Vorstellung, dass hinter einer entfremdeten eine ‚echte' Weiblichkeit verborgen und zurückzuerobern sei, prägte den aufkommenden Diskurs um weibliche *Authentizität* maßgeblich und ebenso die Debatten um eine möglicherweise dann auch *authentischere,* ‚weibliche Ästhetik'. Eine Verlagerung dieser Prämissen setzte etwa in der zweiten Hälfte der 80er Jahre ein, indem der analytische Fokus von der Inhaltlichkeit von Weiblichkeitsbildern auf ihren Status gelenkt wurde.[230] Dieses Hinterfragen des weiblichen Bildstatus' zog auch eine Untersuchung seines Komplementärstatus' nach sich, nämlich der Position ‚autonomer', als männlich definierter Künstler- bzw. Autorschaft. Die folgenden Analysen der sogenannten Selbstdarstellungen Schultze-Bluhms setzten an diesem Punkt an.

230 So beispielsweise Schade: „Es geht nicht um die Frage, welche Weiblichkeitsbilder als Identifikationsangebote in einer Gesellschaft produziert werden. Es geht darum, dass die Repräsentation der Geschlechter medial festgeschrieben ist, d.h. zum Beispiel, dass Weiblichkeit nicht in *bestimmten* Ideal-Bildern definiert wird, sondern, dass ihr Status das Bild-Sein *ist* [...]." In: Schade, Sigrid: Cindy Sherman oder die Kunst ... a.a.O., S. 231.

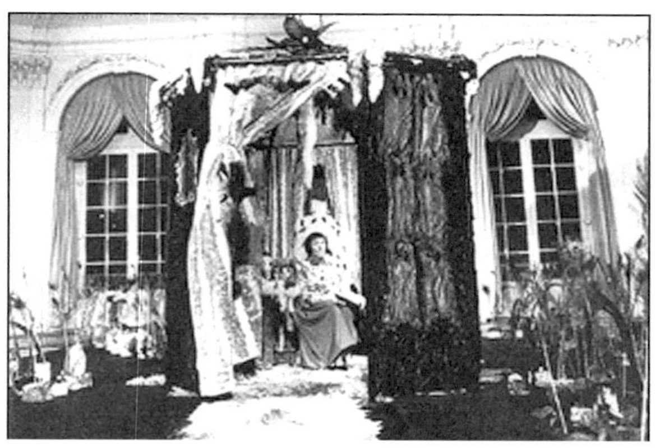

Abb. 49: Ursula Schultze-Bluhm in der Rauminstallation „Ursula-Pelz-Haus“, Szenerie von 1970.

Zwischen Kunstobjekt und Künstlerschaft

Die Abb. 49 zeigt Schultze-Bluhm sitzend in einem ihrer environments, das erstmals 1970 inszeniert wurde und den Titel „Ursula-Pelz-Haus“ trägt. Es handelt sich bei dieser Rauminstallation um eine Eisengerüst- und Holzteilekonstruktion mit zahlreichen Einzelteilen. Auffällig ist die aufwendige Bepelzung des Bodens, der Zeltwände und -möbel. Auf dem Baldachin befinden sich weitere Pelze sowie ein ausgestopfter Fasan. Um die Zeltkonstruktion herum sind Köpfe von Schaufensterpuppen gruppiert, aus denen Pfauenfedern empor ragen. Die Künstlerin, die im Inneren des Zeltes Platz genommen hat, ist festlich gekleidet; in ihren Händen hält sie ein Buch während sie mit abwesendem Blick zur Kamera schaut. Es ist anzunehmen, dass die Platzierung der Künstlerin in ihrer Installation im Kontext einer Ausstellungseröffnung geschehen ist und somit öffentlichkeitswirksamen und weniger künstlerischen Motiven folgt. Gleichwohl ist der Szenerie eine geschlechterpolitische Aussage implizit, die weitestgehend unabhängig des bildlichen Genres bzw. Anlasses wirksam ist. Die Abbildung lässt bereits behandelte, für die Moderne symptomatische Weiblichkeitsanalogien und -stereotypien wiedererkennen. So etwa die in besonderem Maße für die Art-Brut geltende Assoziierungen des Weiblichen mit vermeintlich Rohem, Archaischem, Ursprünglichem und Materiellem. Wiedererkennbar sind des Weiteren die Ineinssetzungen von Raum und weiblichem Körper sowie Innenraum und weiblich codierter Gemüthaftigkeit. Schultze-Bluhm verknüpft diese Material- und Raumprogrammatiken mit ihrer Person als Künstlerin. Die impliziten Weiblichkeitsstereotypisierungen gelangen somit von der Ebene der künstlerisch-phantastischen Imagination auf die Ebene der

‚realen' Akteurin und bewirken spezifische Fortsetzungen: Sofern die Szenerie nicht parodistisch-verdoppelnd wirkt, wird die Anwesenheit der Künstlerin zu einem vermeintlichen Beweis dafür, dass ‚Weibliches' gefäßhaft, innenräumlich und materiell ‚ist' und eine Produzentin nur so bedingte Kunst hervorbringen kann. Eine nicht parodistische Inszenierung verfestigt zudem die Erwartungshaltung, dass ein ‚Wesenhaftes' der Künstlerin ‚im Werk' sei. Die Szenerie von und mit Schultze-Bluhm ist nun aber weder parodistisch, noch ist sie es nicht. Sie ist nicht innerhalb des Kanons feministischer Performances der 1960er und 70er Jahre zu bewerten, in denen Künstlerinnen durch Einsatz ihres eigenen Körpers explizit auf patriarchale Fremdbestimmung und die Problematik des weiblichen Objekt- und eben nicht Subjektstatus hingewiesen haben. Ebenso wenig ist sie mit künstlerisch-feministischen Positionen vergleichbar, die seit den 80ern diskursstrategische Mechanismen der geschlechtlichen Konstituierung von Bild und Blick problematisieren. Und doch ist die Szenerie Schultze-Bluhms gerade vor dem Hintergrund der letztgenannten Ambitionen nicht unreflexiv. Der Blick der Betrachtenden trifft im Zentrum des Pelzhausarrangements unerwartet auf den resignierten, müden und leeren Blick der Künstlerin, die unter der kulturhistorischen Last weiblicher Mysteriösität und Innerlichkeit verloren zu gehen scheint. Ich lese die Szenerie als Dokumentation der ‚erdrückenden' Position der Künstlerin zwischen weiblich codiertem Bildstatus (dem weitergehende weiblich codierte Material- und Raumprogrammatiken implizit sind) und Männern vorbehaltener Künstlerschaft.

Ich nehme eine weitere PR-Aufnahme hinzu. Die Abb. 50 gibt den Kopf Schultze-Bluhms zwischen Perückenköpfen oder Köpfen von Schaufensterpuppen zu sehen, aus denen Pfauenfedern u.a. Materialien herausragen. Hinsichtlich ihrer statischen Wirkung, Größe und Anordnung besteht zwischen den Puppenköpfen und dem Kopf der Künstlerin eine gewisse Homogenität. Die Künstlerin ‚sitzt' zwischen den Objekten, sie ist im buchstäblichen Sinne auf deren Niveau. Auch in diesem Fall wird der Blick der Betrachtenden durch den Blick der Künstlerin reflektiert und auch hier kann von einer stringenten, gender-kritischen Problematisierung des weiblichen Material- und Objektstatus' nicht die Rede sein. Wenngleich Schultze-Bluhms Posieren diesen Status nicht konterkariert, stellt sie doch die diesem Status entgegengesetzte Position zur Disposition, zumindest aber deutet sie eine gewisse Fragwürdigkeit dieser Position an: die Rede ist von der modernen Konzeption männlich codierter Künstlerschaft. Wir erinnern uns, dass diese Konzeption den männlichen Künstler als autonom handlungsfähig und dem künstlerischen ‚Werk' vorgängig begreift. Das Posieren Schultze-Bluhms verweist uns nicht nur darauf, dass diese Konzeption ein männliches Privileg ist, sondern auch

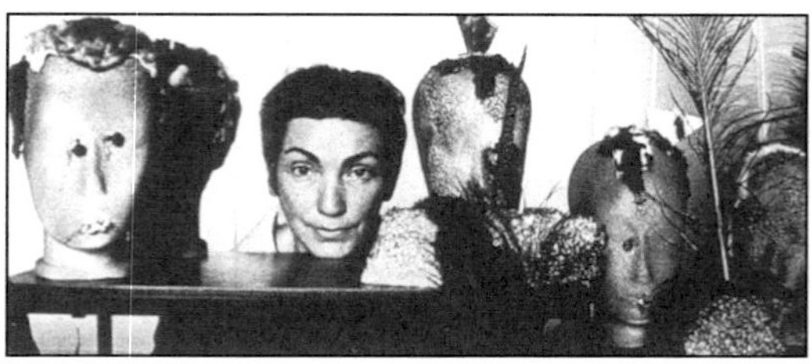

Abb. 50: Ursula Schultze-Bluhm, o.J.

darauf, dass sie im anthropologisch-künstlerischen Sinne zweifelhaft ist. Der Kopf der Künstlerin befindet sich nämlich nicht zwischen Kunstobjekten, sondern zwischen noch nicht vollends künstlerisch bearbeiteten Werkstattobjekten. Lässt man für einen kurzen Moment die kulturhistorisch bedingte Geschlechterdualität beiseite, so wirft dieses Posieren die Frage auf, ob die Beziehung zwischen Kunstschaffenden und Kunstobjekten nicht jenseits moderner Souveränitätsansprüche zu denken ist? Ob *beide* Positionen nicht vielmehr als ‚unfertig', als eben nicht-souverän und als diskursiv-fluktuierend begriffen werden müssen? Gelangt man zu dieser Fragestellung, ist es offensichtlich, dass sich eine Kritik moderner Künstlerschaft insbesondere aufdrängt, da sie mit geschlechtlichen Privilegierungen einhergeht. Ich stelle klar, dass meine hiermit angedeutete Forschungsrichtung einem poststrukturalistischen Verschwindenlassens des modernen Künstlers bzw. Autors folgen wird. Diese Perspektive wird sich sukzessive insbesondere ab dem übernächsten Kapitel herauspräparieren. Es wird sich im Zuge dessen aus der Geschlechtsspezifik eine komplexe und brisante Problematik herauskristallisieren, denn es wird in der Konsequenz ja auch eine weibliche Künstlerschaft zum Verschwinden gebracht, die nie eine kulturhistorische Gelegenheit hatte, sich zunächst einmal zu etablieren. Die Abb. 50 deutet an, dass die Künstlerin in mehrfacher Hinsicht ‚zwischen den Stühlen sitzt': sie ‚sitzt' zum einen zwischen den Objekten; zum anderen ‚sitzt' sie zwischen weiblich konnotierter Objekthaftigkeit und männlich konnotierter Künstlerschaft; Darüber hinaus ‚sitzt' sie auch noch zwischen einer affirmativen oder dekonstruktiven Bewertbarkeit, die ihre Position zusätzlich zu verunklären scheint. Wie des Öfteren gesehen, so impliziert auch diese Inszenierung Schultze-Bluhms ein – wenn man so will Pandorisches – Moment der Subversion hegemonialer Positionen, das zunächst zu vage bleibt, um eine dekonstruktive Interpretation herauszufordern. Zugleich widerspricht aber diese Vagheit einer solchen Interpretation auch nicht. Es sind solche Uneindeutigkeiten sicherlich als Replik auf die Diffusität ‚weiblicher Zwischenpositionen' zu verstehen, die in den 1960er/-70er Jahren, in denen diese PR-Aufnahme entstanden ist, noch nicht von einem mittlerweile in den Kunst- und Kulturwissenschaften mainstream gewordenen, poststrukturalistischen Diskurs begleitet sind.

Signaturpraktiken und Vermittlungsfunktionen

Ich möchte einer weiteren ‚weiblichen Zwischenposition' Beachtung schenken, auf die uns eine andere PR-Inszenierung Schultze-Bluhms hinweist. In der Abb. 51 ist zu sehen, wie die Künstlerin in ihrer Altarinstallation „Der große Schrank der Pandora" posiert. Sie hat Platz genommen auf der Umrahmung des Mittelteils bzw. auf dem Boden des geöffneten Schrankgehäuses (siehe vergleichend Abb. 8.2). Während sich der Körper der Künstlerin innerhalb des schwarzen Schrank- bzw. Bildrahmens befindet, ragen ihre übereinandergeschlagenen Füße über diesen hinaus (Abb. 51). Das PR-Beispiel veranschaulicht die Künstlerin in einer Position zwischen ‚Kunstwerk' und ‚Betrachter'. Ich werde im Folgenden aufzeigen, dass analog dieser Position eine Destabilisierung der neuzeitlich-modernen Künstlerinstanz entwickelt werden kann. Wenngleich die Problematik der bisweiligen Unentscheidbarkeit und Uneindeutigkeit dekonstruktiver Aspekte in den künstlerischen Arbeiten und sogenannten Selbstinszenierungen Schultze-Bluhms weiterhin präsent ist, werde ich nun nicht einer dekonstruktiven Lesart entgegenstehenden Gesichtspunkten nachgehen, sondern sie begünstigenden.

Die Position zwischen ‚Kunstwerk' und ‚Betrachter', die Schultze-Bluhm einnimmt, kann als eine der Vermittlung verstanden werden. Traditioneller Weise werden solche Funktionen von Kunsthistorikerinnen und -pädagoginnen ausgeübt. Die zugrundeliegende Aufteilung von weiblich codiertem ‚Kunstwerk' und weiblich codierter Vermittlung arbeitet nicht nur einem gegenüberstehenden, männlich codiertem Betrachter zu, sondern auch einem gegenüberstehenden, männlich codiertem Künstler. Die geschlechtlichen Zuweisungen in diesem Arrangement stabilisieren erst diesen Künstler. Wenn die Künstlerin Schultze-Bluhm nun zwei oder drei Positionen dieses Arrangements zusammenbindet, nämlich indem sie – wie das PR-Beispiel zeigt – die Positionen des ‚Kunstwerks', der Vermittlung und etwa die des Künstlers zugleich einnimmt, so kann dies in der Folge als eine Destabilisierung der mit Souveränität versehenen Künstlerinstanz wirksam sein. Die von Schultze-Bluhm vorgeführte Vermittlung von ‚Kunstwerk' und Künstlerinstanz lässt den modernen, vermeintlich auktorialen Künstler als Teil eines diskursiven Systems verstehbar werden. Die im Zuge vorangegangener Kapitel herausgearbeiteten, kompensatorischen und projektiven Stellenwerte von ‚Kunstwerken' sind auf die Instanz des modernen Künstlers überleitbar: wie sie wird dieser als begehren- und machtkonstituiert und als diskursiv

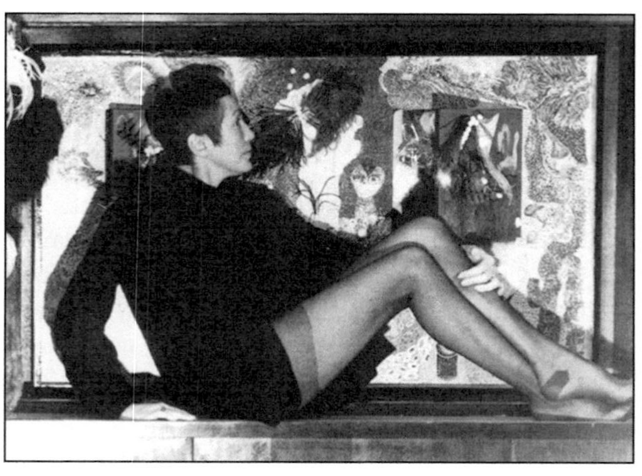

Abb. 51: Ursula Schultze-Bluhm in „Der große Schrank der Pandora“, Szenerie von 1966.

generiert verstehbar; wie sie wird dieser als ein Relais für Bedeutungen verstehbar, die bereits vor ihm existieren und nicht von ihm etwa ‚authentisch ins Leben gerufen werden'. Die von Schultze-Bluhm vorgeführte Positionierung der Künstlerinstanz zwischen ‚Kunstwerk' und ‚Betrachter' kann als Dekonstruktion eines männlich codierten Souveränitätsanspruches bewertet werden.

Zu einem ähnlichen Befund veranlasst die Präsenz des Körpers, der ca. ein Drittel der Abbildungsfläche einnimmt. Wie es aussieht trägt die Künstlerin ein schwarzes Minikleid, transparent-schwarze Seidenstrümpfe und keine Schuhe. Die Szenerie ist explizit erotisiert. Dass neuzeitlich-moderne ‚Kunstwerke' ohnehin erotisch bzw. voyeuristisch konstituiert sind, habe ich bereits in meiner Analyse der programmatischen Verschränkung von weiblichem Körper und Raum im Bild aufgezeigt. Schultze-Bluhm knüpft an diese neuzeitliche Simulation des Raumes an und überzeichnet die ihr zugrunde liegende Rhetorik des weiblichen Körpers. Die Positionierung des Künstlerinnenkörpers im geöffneten Bildschrank und vor halbgeöffneten Fächern im Hintergrund lässt die ehemals zweidimensionale Konzeption grotesk dreidimensional hervortreten. Es wird der Zusammenhang einer zum einen auf das ‚Kunstwerk' und zum anderen auf die Künstlerin gerichteten, visuell konzipierten Suche nach Tiefe hervorgehoben. Das Posieren Schultze-Bluhms macht deutlich, dass die Künstlerin den gleichen, anthropologisch und geschlechtlich wirksamen Modalitäten neuzeitlich-moderner Tiefen- und Authentizitätssuggestion ausgeliefert ist, wie das ‚Kunstwerk'. Obgleich dieser Synonymie funktioniert ihre körperliche Präsenz im Sinne einer

Authentifizierung. Der Einsatz des eigenen Körpers kommt einer ‚weiblichen' Signierung gleich, die ‚Kunstwerk' und Künstlerin legitimiert. Diese Praktik unterscheidet sich von einer ‚männlichen' Signatur, die traditioneller Weise auf dem Nachnamen des Künstlers basiert. Während das der Künstlerin zur Verfügung stehende Signaturpotential an die Attraktivität des weiblichen Körperbildes gebunden ist, rekurriert das des Künstlers auf eine begrifflichere und autoritärere Bezeichnungssetzung, die seine Verbildlichung und Verobjektivierung umgeht. Mit der expliziten Präsenz ihres Körpers führt Schultze-Bluhm die Geschlechtsdualität künstlerischer Signaturpraktiken vor Augen und lässt begreifen, dass die Autorität ‚großer Meisternamen' auf einer programmatischen Distanzierung des (männlichen) Künstlerkörpers zum ‚Kunstwerk' basiert.

Obgleich seiner statischen Wirkung kann das PR-wirksame Posieren Schultze-Bluhms in ihrer Installation „Der große Schrank der Pandora" hinsichtlich des traditionellen Gefüges von weiblich konnotiertem, spektakulärem Bild und männlich konnotierter, auktorialer Künstlerschaft als Irritation lesbar gemacht werden. Voraussetzung für eine solche Interpretation ist, dass das ihr zugrunde gelegte analytische Anliegen nicht das ist, weibliche Künstlerschaft analog den programmatischen Vorlagen männlicher Künstlerschaft autorisieren zu wollen. Nicht weibliche Künstlerschaft sollte im Fokus stehen, nicht ihre strukturelle Verhinderung, nicht ihr historisches Defizit, sondern die Profilierungsmechanismen und illusionistischen Souveränitätsansprüche männlicher Künstlerschaft sollten dies tun. Obwohl Schultze-Bluhm in der Abb. 51 eine klassische, weiblich codierte Bildposition einnimmt, ist nicht sie es, die thematisiert wird, sondern eine Zwischenposition: ein Bereich zwischen ‚Kunstwerk' und Künstlerinstanz, der die Autorität männlich codierter Künstlerschaft verunklärt. Schultze-Bluhms Strategie ist in diesem Sinne eine ‚pandorische': Sie überschreitet Grenzen, Kategorisierungen von Bild- und Künstlerinstanz, Definitionen von Authentizität und Täuschung und lässt die Unklarheit ihres eigenen Status' mitlaufen. Auch wenn diese Strategie mit ‚Pandora' assoziiert und durch sie metaphorisiert werden kann, ist sie nicht als eine ‚weibliche Strategie' misszuverstehen. Das Treiben Schultze-Bluhms mag als ‚pandorisch' bezeichenbar sein, aber es ist nur in der Weise weiblich, als es von einem kulturhistorisch als weiblich definierten, projektiven und bildlichen Ort aus operiert, um eine ihn umfassende Hegemonie zu subvertieren. Das Posieren Schultze-Bluhms ist als kontext- und anlassbedingte Inszenierung klar erkennbar und apostrophiert das zur Schau gegebene, künstlerische Subjekt explizit als ‚künstlich'. Es ist klar, dass die Künstlerin die Szenerie im nächsten Moment verlassen und außerhalb des Sichtfeldes eine vollkommen andere Pose einnehmen wird. Die von der Figur Pandora

‚ableitbaren' und auf Schultze-Bluhm ‚übertragbaren' Bedeutungsfunktionen der Vermittlung, Täuschung und Grenzüberschreitung sind im Rahmen dieser Inszenierung als Pointierung moderner Authentizitätsansprüche wirksam und als Konterkarierung der dualistischen Beziehung von ‚weiblichem Bild' und ‚männlichem Künstler'.

Strategien des Verbergens und Verschwindens

> „Du willst also sehen. Nun gut, dann sieh das!"[231]
> (Jacques Lacan)

Die durch ‚Pandora' amplifizierten Fragwürdigkeiten von Authentizität und Künstlerschaft und die durch sie repräsentierten Subversions- und Täuschungspotentiale lassen sich auch hinsichtlich einer künstlerischen Installation Schultze-Bluhms exzerpieren und weiterführen. „Pandora-Kasten, sprechend" (Abb. 52) ist die Bezeichnung einer Objektinstallation von 1966, auf deren Außenflächen die bekannten Assemblierungen mit Pelzen, Federn, Plastikaugen, etc. und biomorphen Malereien zu erkennen sind. Der Fokus wird mit dieser Arbeit wiederum auf die ‚Büchse der Pandora' ausgerichtet, nicht jedoch ohne den Themenschwerpunkt der Täuschung beizubehalten. Es ist im Inneren des Kastens ein Tonband installiert, dass ein fingiertes Interview mit der Künstlerin wiedergibt. Schultze-Bluhm ist dort endend mit den Worten zu hören:

> „Was sind meine Bilder und Gebilde? Eine Utopie, gegenüber einer kommenden Welt; ein Therapeutikum gegen eine negative Weltschau. Sehen wir in meine Büchse der Pandora, die statt des Unglücks die Fülle des Lebendigblühenden ausstreut."[232]

Eine Möglichkeit für die Betrachtenden in den „Pandora-Kasten" hineinzusehen und der Aufforderung der Künstlerin nachzukommen hält die Installation nicht bereit. Es wird also ein Moment der Koketterie evoziert: es soll in etwas hineingesehen werden, was aber gar nicht geht. Ein ‚im Inneren Verborgenes' wird dem Blick der Betrachtenden vorenthalten. Dies ist eine künstlerische Strategie des Verbergens. Die Ich-Erzählform bindet das Täuschungsmoment an die Frage nach der originä-

---

231 Lacan, Jacques: Vom Blick als Objekt klein a. In: Ders.: Die vier Grundbegriffe der ... a.a.O., S. 107.

232 Ursula Schultze-Bluhm zit. nach: Vogel, Gerhard: Der Mythos der Pandora ... a.a.O., S. 190.

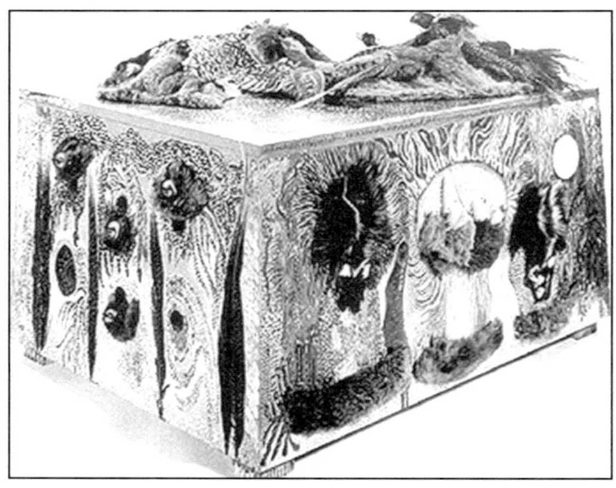

Abb. 52: Ursula Schultze-Bluhm: „Pandora-Kasten, sprechend", 1966.

ren Instanz der Rede: Von welchem (mysteriösen) Ort aus wird gesprochen und wer oder was ist es eigentlich, das spricht?

„Pandora-Kasten, sprechend" ist eine künstlerische Position, die eine dekonstruktive Interpretation neuzeitlich-moderner Originalität nahe legt. Der Attraktivitätswert der Arbeit liegt nicht in der mysteriösen Aufladung, sondern in der Herausstellung dieser Aufladung. Für die Betrachtenden ist schnell zu erfassen, dass es sich um eine Installation mit einem Tonbandgerät handelt, das tröstende Worte abspult. Der Illusions- und Faszinationswert ist aufgrund dieser Offenkundigkeit eher gering. Eine längerfristiges analytisches Interesse wird dann aufrechterhalten, wenn aus der (technischen) Konstruktion des „Pandora-Kastens" auf eine Referenzlosigkeit der Künstlerposition geschlossen wird; d.h. wenn nicht davon ausgegangen wird, dass etwas verborgen wird, was da ist, sondern dass etwas verborgen wird, was nicht da ist: nämlich eine Authentizität des/der Kunstschaffenden, der/die im ‚Kunstwerk' sei. Die Frage ‚wer oder was es ist, das spricht?' dürfte auf Seiten der Betrachtenden die am meist gestellte Frage sein: Ist es die Künstlerin selbst? Ist es die Künstlerin im Kunstwerk? Ist es Pandora? Oder spricht etwa das Kunstwerk? Eine befriedigende Antwort auf diese Fragen bleibt im positivistischen Sinne aus. Die Frage ‚wer oder was spricht?' wird in der Arbeit Schultze-Bluhms durch die Vorstellung konterkariert, dass in der Leere des Kasteninnenraumes ein technischer Apparat sich dreht. Neben den wiedergegebenen Worten sind möglicherweise auch Rausch- und Rückspulgeräusche wahrnehmbar, die einer Suggestion von Authentizität zuwiderlaufen. Das offensichtliche Täuschungsmoment, das explizite Kokettieren des Verbergens und Versprechens sowie die damit provozierte Frage nach der Originalität von Künstlerschaft stellen diese eben gerade zur Disposition. Aus der Frage ‚wer oder was spricht?' wird sehr schnell die Frage ‚wie ist es gemacht?', was eine Frage nach technischen und rhetorischen Modalitäten ist. Das akustische Moment der Installation konterkariert zudem die blickhafte Konstituierung von Authentizität, obwohl es eine personifizierte Rede bereitstellt. Bereits die Rezeption der antiken Pandorafigur berichtet, dass Pandora mit einer besonderen Gabe des vertrauenerweckenden Sprechens ausgestattet ist und dass ihre Rede schlau und unwiderstehlich ist.[233] In „Pandora-Kasten, sprechend" wird dieses ‚pandorische Vermögen' rekapituliert, das ja schon in der griechischen Version in eine Strategie der Täuschung und Verführung eingebettet ist. Die also konterkarierenden Ineinandersetzungen von Zu-Hörendem und Zu-Sehendem, von verführerischer und gekünstelter Rede, von aufgeforderten und verhinderten Einblicken, sowie die mythologische Unterlage der Pandorenthematik, die so insgesamt betriebenen Verdichtungen von Inszenierungs- und Täuschungsmodi neutralisieren einen illusionären Originalitätsanspruch. Die Suggestion von Authentizität ist in der Installation „Pandora-Kasten, sprechend" derart überzogen und verobjektiviert, dass ein begehren- und identifikationsgeleitetes Interesse der Betrachtenden nicht gehalten werden kann. Die Frage ‚wer oder was hier spricht?' ist in der Weise zu beantwortet, dass es sich nicht um eine künstlerische Person handelt, sondern um Verführungs- und Täuschungsmodi, innerhalb derer es nichts anderes gibt, das zu entdecken wäre.

Die Ausrichtung dieses Befundes auf die virulente Geschlechterdichotomie führt leider zu einer Reduktion des herausgearbeiteten Dekonstruktionspotentials. Es erweist sich, dass die Geschlechterdichotomie Interpretationspfade vorgibt, die nur schwerlich wahrnehmungseffektive Überkreuzungen zulassen. Mit der Installation „Pandora-Kasten, sprechend" gelingt es Schultze-Bluhm von einem Ort zwischen männlich konnotierter Künstlerschaft und weiblich konnotiertem ‚Kunstwerk' zu agieren. Zudem gelingt es ihr, diesen quasi unmöglichen Ort zu ironisieren. Es sind jedoch die geschlechterkonstituierenden Effekte zu problematisieren, die diese Installation wiederum selbst auf Seiten der Betrachtenden zu bewirken vermag. So steht es zu befürchten, dass die Inszenierung weniger als Subversion der geschlechtsstereotypen Codierungen von Künstler und ‚Kunstwerk' verstanden wird, denn als erneute Affir-

233 Siehe beispielsweise: Reeder, Ellen D. in: Walkers Art Gallery Baltimore, Maryland; in Zusammenarbeit mit dem Antikenmuseum Basel und Sammlung Ludwig (Hg.): Pandora. Frauen im klassischen ... a.a.O., S. 26, S. 124.

mation ‚typisch weiblicher' Rätselhaftigkeit und Nichtanwesenheit. Das dekonstruktive Potential der Arbeit, das nämlich auf eine Leere von Künstler und ‚Kunstwerk' verweist, würde so erneut in die eingefahrenen Bahnen des traditionellen Geschlechterverhältnisses diffundieren und hier stagnieren. Es ist eine wiederkehrende Frage, ob die Inszenierung Schultze-Bluhms eindeutig genug ist, dass sie gewissermaßen ‚von sich aus' in der Lage ist, den traditionellerweise auf Weiblichkeit ausgerichteten Fokus der Betrachtung umzustellen auf Männlichkeit – und so nicht länger eine Diffusität weiblicher Künstlerschaft, sondern eine Fragwürdigkeit männlicher Künstlerschaft ins Feld zu führen – oder ob dieses Umstellen weitestgehend auf den in dieser Forschungsarbeit zugrundegelegten, analytischen Prämissen beruht? Ein allgemein gehaltener Kommentar Schultze-Bluhms untermauert eher Letzteres. Darin gründet sie die verunklärte Künstler(innen)instanz auf ein strategisches Anliegen des Schutzes, und eben nicht der Dekonstruktion:

> „Die Furcht vor dem Sichenthüllen lässt mich wie von einem unbewussten Zwang besessen, immer neue, noch intensivere Strukturen übereinanderlegen."[234]

Es ist die von der Künstlerin genannte „Furcht vor dem Sichenthüllen" vor dem Hintergrund der neuzeitlich-modernen Begehren- und Blickorganisation zu verstehen. Die besprochenen Strategien des Verbergens und Konterkarierens kommen im Kontext dieses Kommentars als Strategien des Versteckens daher. Fatalerweise affirmiert diese Wendung die Vorstellungen, dass weibliche Künstlerschaft wohl etwas ist, das besonders schutzbedürftig ist und sich entzieht. Aus der anfänglichen Absurdführung männlich-auktorialer Künstlerschaft wird leider eine begehren- und blickkonforme Koketterie ohne geschlechterdekonstruktive Brisanz.

Geheimnis- und Geständnisproduktionen

Es lässt sich eine weitere künstlerische Position anführen, die Fragwürdigkeiten neuzeitlich-moderner Authentizitäts- und Originalitätsansprüche provoziert. Mit ihr werden die bislang herausgearbeiteten Verbergungsstrategien im Zusammenhang mit sogenannten Selbstportraits bzw. -darstellungen behandelbar. Es sind – so Heiner Stachelhaus über Schultze-Bluhm –

234 Schmied, Wieland: Ursulas blühende Phantasie. In: Museum Städtische Kunstsammlungen Bonn (Hg.): Ursula, Bilder, Objekte, Zeichnungen. 1969, o.S.

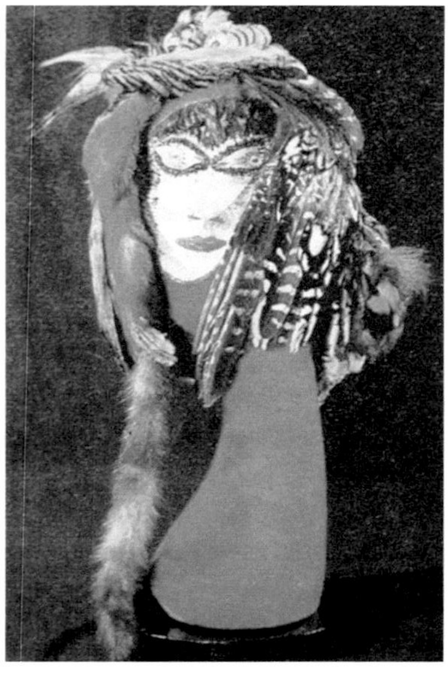

Abb. 53: Ursula Schultze-Bluhm:
„C'est moi", 1966.

„ihre Bilder im besten Sinne des Wortes ichbezogene Bilder. Die Gesichter, die sie malt, sind alle irgendwie Selbstportraits."[235]

Und Bernard Schultze stellt fest:

„Wie viel an innerem Gesicht ist da vorhanden? [...] Hier scheinen die Fenster vom Innen nach Außen und umgekehrt sichtbar gemacht worden zu sein."[236]

Die von 1966 stammende Objektinstallation „C'est moi" (Abb. 53) arbeitet zunächst der Annahme der Kommentatoren nicht nur zu, sondern expliziert sie gar. Zu sehen ist ein Arrangement, das an einen Perückenkopfständer erinnert. Die im Vergleich zu einem solchen Ständer längere und geschwungenere Halspartie ist durch eine intensive, rote Farbsetzung betont, die sich in Lippen und Kopfschmuck wiederfindet. Statt Haaren sind Pelzstränge und weiß-braun gescheckte, nach vorn drapierte Federn gesetzt. Die Gesichtsfläche ist in steril wirkendem Weiß gehalten; an ihr auffällig sind vor allem die in naivem Malgestus stilisierten Augen. Die Charakterisierung der Arbeit als „Selbstportrait" erfolgt – lässt man die

235 Stachelhaus, Heiner: Je phantastischer, umso realer ... a.a.O., S. 40.
236 Schultze, Bernard zit. bei: Romain, Lothar: Wo Schein und Sein einander zusetzen ... a.a.O., S. 27.

ins Allgemeine gesetzte Kategorisierung der Kommentatoren einmal außer Acht – über den von Schultze-Bluhm gewählten Titel. Optische Ähnlichkeiten mit fotografischen Portraits der Künstlerin sind nicht feststellbar. Statt also physiognomische Merkmale zu rekapitulieren wird durch das Weiß des Gesichtsfeldes und die Perückenassoziation ein maskenhafter Eindruck hervorgerufen, der auf Oberflächlichkeit und Künstlichkeit verweist. Die als weiblich klischierten Pelz- und Federattribute, sowie die Betonung von Augen und Lippen verknüpfen das Thema der Künstlichkeit mit dem der Weiblichkeit. Eine Subvertierung dieser Verknüpfung ist in der Installation nicht auszumachen, im Gegenteil. Es stellen sich allerdings Ironie- und Widerspruchseffekte ein, wenn man sich die in dem obigen Kommentar Bernard Schultzes deutlich werdende Ursprünglichkeits- und Innenvorstellung vor Augen führt, die ich bereits als konstitutiv für neuzeitlich-moderne Kreativitätsprogrammatiken und die Art-Brut herausgestellt habe. Das sogenannte Selbstportrait erscheint im Hinblick auf die darin angelegten, mit ‚Wesenhaftigkeit' assoziierten Authentizitätsansprüche als ein Sujet par excellence. Die Installation Schultze-Bluhms weist aber wenig Empathie und Pathos auf; die rote Farbsetzung wirkt eher schrill als leidenschaftlich, Applikationen und Konturen kommen eher statisch als ‚bewegend' daher. Ich möchte somit die Frage aufwerfen, ob aus der konterkarierenden Synthese des Masken- bzw. Künstlichkeitseindrucks und des mittels des Titels transportierten Selbstdarstellungsanspruchs eine Ironisierung moderner Authentizitätsvorstellungen erwachsen kann?

Zur theoretischen Fundierung der Fragestellung möchte ich Foucaults diskursanalytischen Ansatz ins Feld führen, der ‚den Künstler' bzw. ‚den Autor' als ein interaktives Relais begreifen lässt. Dieser Ansatz ermöglicht es, die modernen Dikta von Authentizität und Originalität von der personenfixierten Instanz ‚des Künstlers' bzw. ‚des Autors' abzukoppeln und als Konstituenten kulturprogrammatischer Operationen zu begreifen.[237] Es ist demnach ein Diskurs ‚am Werk', in dem ‚Autor' und ‚Künstler' als Urheber „abwesend"[238] sind. „Im Individuum" – so Foucault in seiner Abhandlung „Was ist ein Autor?" –

> „soll es einen ‚tiefen' Drang geben, schöpferische Kraft, einen ‚Entwurf', und das soll der Ursprung des Schreibens sein, tatsächlich aber ist das, was man an einem Individuum als Autor bezeichnet (oder das, was aus einem Individuum

237 Vgl.: Foucault, Michel: Was ist ein Autor? In: Ders.: Schriften zur Literatur. Frankfurt, Berlin, Wien 1979, S. 8, siehe auch S. 31.

238 Ebd. S. 8.

einen Autor macht) nur die mehr bis minder psychologisierende Projektion der Behandlung, die man Texten angedeihen lässt [...].“[239]

Die „psychologisierende Projektion“ lässt sich im Zusammenhang betrachten mit neuzeitlich-modernen Geheimnis- und Geständnisproduktionen, die Foucault an anderer Stelle im Rahmen des Sexualitätsdispositivs[240] aufzeigt. Ebenso wenig wie es demnach eine unterdrückte Sexualität gibt, gibt es – so lässt sich folgern – eine verborgene, zutagezufördernde Authentizität. Sehr wohl aber existiert eine Art Offenbarungsparadigma, das vorsieht, dass etwas ‚aus' und ‚von sich' preiszugebenden ist, das als Wahrheit ‚über sich' zu begreifen zu. Diese Rede ‚über sich' bzw. ein solches Bild ‚seiner/ihrer selbst' kann auf nichts ‚Authentisches' referieren, es sei denn man begreift ein solches ‚Authentisches' als Resultat diskursiver Psychologisierungspraktiken. Das sogenannte Selbstportrait ist vor diesem Hintergrund als exorbitantes, bildsprachliches Sujet zur Generierung moderner Authentizität zu verstehen.

Die Frage der künstlerischen Ironisierbarkeit von Selbstdarstellungs- und Authentizitätsansprüchen kann nicht ohne eine Benennung ihrer historischen Programmatik erörtert werden. Das sogenannte Selbstportrait ist in der neuzeitlichen Kunstgeschichte fest mit der Begründung männlich privilegierter Künstlerschaft verknüpft. Seit der Renaissance stellt es ein Sujet zur Manifestierung künstlerischer, patriarchaler Autorität und Subjektivität dar.[241] Mit seiner Hilfe machen sich zu dieser Zeit – wie wir bereits wissen – (männliche) Künstler unabhängig von kirchlichen und höfischen Auftraggebern und ermächtigen ‚sich selbst'. Die so betriebene künstlerische Legitimation autonomer Künstlerschaft ist als historische Grundlage heutiger Originalitäts- und Authentizitätsprogrammatiken auszumachen. Die männlichen Künstlern vorbehaltene Legitimierungspraxis impliziert einmal mehr eine problematische Hypothek, da sie keine adäquate Identifikationsgrundlage für weibliche Kunstschaffende bereitstellt. In einigen Positionen zeitgenössischer, vornehmlich durch die gender-studies inspirierter Künstlerinnen, wird so auch eine kritische Haltung gegenüber dem ‚Selbstportrait' eingenommen; weniger in dem Sinne, dass eine weibliche Inanspruchnahme eingefordert würde, als dass der programmatische Illusionismus des Sujets herausgestellt wird. Scha-

239 Ebd. S. 20.

240 Siehe Foucault, Michel: Der Wille zum Wissen ... a.a.O.

241 Vgl. beispielsweise: Schade, Sigrid: Das Selbstportrait im Zeitalter seiner Unmöglichkeit. In: Kulturzentrum Schlachthof (Hg.): für sieh. Ausstellungs- und Vortragsdokumentation. Bremen 1995, S. 11f. Vgl. auch: Rogoff, Irit: Er selbst – Konfigurationen von Männlichkeit und Autorität in der deutschen Moderne. In. Lindner, Ines; u.a. (Hg.): Blick-Wechsel ... a.a.O., S. 22ff.

de hat in diesem Zusammenhang das Selbstportrait als eine „Unmöglichkeit“[242] bezeichnet und wie einen anachronistischen, narzisstischen Verkennungsmodus behandelt.

Die Arbeit Schultze-Bluhms bezieht vor dem Hintergrund der theoretischen und historischen Erkenntnisse hinsichtlich der Dekonstruktion moderner Authentizitäts- und Weiblichkeitspropagierungen eine ambivalente Position: Sie ironisiert Ansprüche von Wesenhaftigkeit, aber sie affirmiert eine weiblich codierte Künstlichkeit. Die starre Szenerie, die maskenhafte Gesichtsfläche, die drapierte Staffage sowie die schrille Rotfärbung lassen eine psychologisierende Annäherung kaum zu. Statt eines narrativen oder empathischen Moments werden Haptik und Arrangement der Materialien hervorgehoben. Diese Betonung der Machart und der Effektsetzung verweist nicht auf ‚Wesenhaftigkeit‘ oder ‚Authentizität‘, sondern auf die Faktoren, die ‚Wesenhaftigkeit‘ und ‚Authentizität‘ als Illusionen generieren. Schultze-Bluhms Inszenierung rekapituliert den Modus des ‚Selbstportraits‘, ohne ihn mit ‚Tiefe‘ zu füllen, sie bedient eine kunsthistorische Form der Exhibition, ohne sie mit ‚Inhalt‘ zu versehen. „C'est moi“ ist kein psychologisiertes Geständnis im Sinne von ‚so bin ich‘, noch eine selbstbewusste Positionsbestimmung im Sinne von ‚hier bin ich‘. „C'est moi“ stiftet vielmehr zu einer Kritik moderner Authentizitäts- und Subjektbegründungen an. „Ich bin ganz artifiziell,“[243] äußert sich die Künstlerin an anderer Stelle. Eine Kritik an der Weiblichkeitsstereotypisierung von Künstlichkeit und Autoritätslosigkeit ist aus der Arbeit und dem Statement Schultze-Bluhms gleichwohl nicht ableitbar.

Eine Dramaturgie mit Spiegelbild

Eine Kritik moderner Authentizitäts- und Subjektbegründungen lässt sich auch aus zwei PR-Inszenierungen Schultze-Bluhms ableiten, die ein mit einem ‚dokumentarischen‘ Wert belegtes Medium bildlicher Selbstbegründungen ins Spiel bringen: das Spiegelbild. Stand bereits das sogenannte Selbstportrait in der Funktion ‚Spiegel zu sein‘,[244] so gilt das ‚wirkliche‘ Spiegelbild als ein besonders ‚authentisches‘ Bildmedium,

242 Schade, Sigrid: Das Selbstportrait im Zeitalter seiner Unmöglichkeit ... a.a.O.,. insbesondere S. 12. Siehe auch: Schade, Sigrid: Vom Versagen der Spiegel. Das Selbst-Portrait im Zeitalter seiner Unmöglichkeit. In: Akashe-Böhme, Farideh (Hg.): Reflexionen vor dem Spiegel. Frankfurt a.M. 1992, S. 131ff.

243 Ursula Schultze-Bluhm zit. bei: Stachelhaus, Heiner: Je phantastischer, umso realer ... a.a.O., S. 40.

244 Vgl. Schade, Sigrid: Das Selbstportrait im Zeitalter seiner Unmöglichkeit ... a.a.O., S. 11.

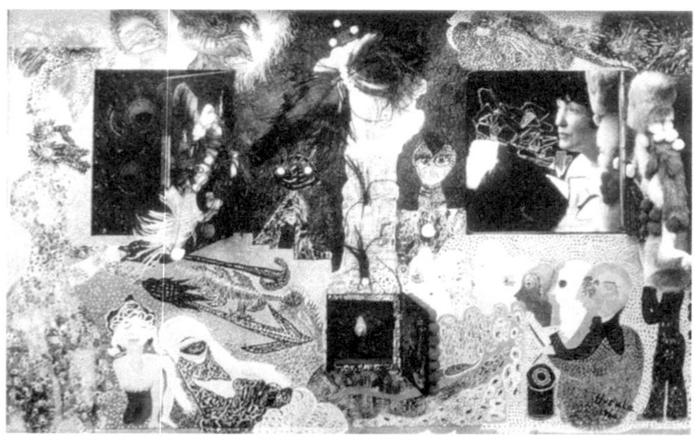

Abb. 54: Spiegelbild Ursula Schultze-Bluhms in der Altar-installation „Der große Schrank der Pandora", 1966.

das für Identität und Faktizität steht. Ich werde darlegen, dass auch die Bedeutung des Spiegelbildes auf einer psychologisierenden Projektion beruht und in seiner Programmatik zweifelhaft ist.

Die beiden folgenden und im Rahmen dieser Forschungsarbeit letztbehandelten Abbildungen bieten einen Selbstdarstellungsmodus Schultze-Bluhms dar, der durch die zusätzliche Einbeziehung des Spiegelbildes mit einem doppelten Authentizitätsversprechen operiert, dabei aber doch die Gestelltheit der Szenerie klar erkennen lässt. Die Abb. 54 gibt den Mittelteil der Altarinstallation „Der große Schrank der Pandora" (Abb. 8.2) wieder. In dem oberen, rechten, geöffneten Fach ist das Spiegelbild Schultze-Bluhms zu erkennen. Die Abb. 55 zeigt die Künstlerin umrahmt von ihren künstlerischen Arbeiten in ihrem Atelier. Im Hintergrund ist erneut „Der große Schrank der Pandora" in geöffnetem Gesamtzustand zu sehen. Zur ‚direkten' Anwesenheit Schultze-Bluhms kommt ihr Spiegelbild hinzu, das rechtsseitig des Mittelteils der Altarinstallation platziert ist. Die Künstlerin wird nicht bei ihrer Arbeit gezeigt, sondern quasi als statisches Bild im Bild. Ihre Mimik bewirkt einen abwesenden Eindruck und ihre Blickrichtung ist den Betrachtenden abgewandt. Schultze-Bluhm gibt ihre Arbeit zu sehen, sie gibt sich zu sehen und sie gibt ihr Spiegelbild zu sehen. Die Interferenz der zitierten Bildmedien wird unter dem mit Überraschung und erst bei näherem Hinsehen wahrgenommenen Spiegelbild leitthematisch subsummiert. Die Position der Künstlerin befindet sich so gesehen zwischen Spiegeln, zwischen identitätsreflexiven Bildmedien und -ebenen. Mit der Abb. 54 wird auf diese Position auch titulierend verwiesen. Es expliziert der durch das Spiegelbild der Künstlerin ergänzte, separierte Mittelteil der Altarinstallation mittels seiner

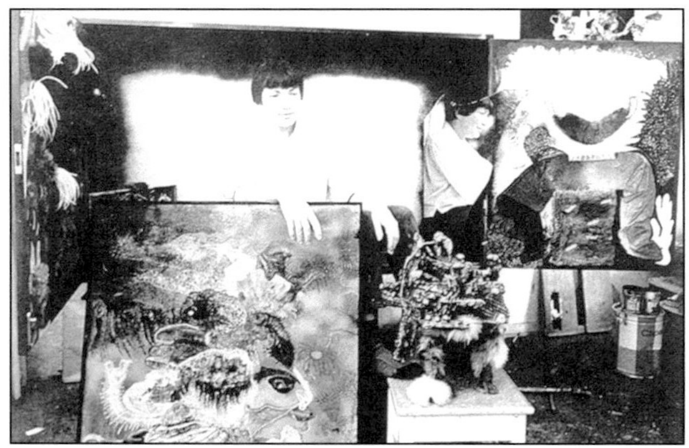

Abb. 55: Ursula Schultze-Bluhm in ihrem Atelier, Szenerie von 1966.

Bezeichnung „That's my Plaza"[245] einen Zusammenhang von Spiegelbildlichkeit, Örtlichkeit und Subjektivität, der sogleich näher untersucht wird. Zur Konkretisierung dieses Untersuchungskomplexes möchte ich zuvor noch zwei Merkmale hervorheben. Das Spiegelbild Schultze-Bluhms ist in der Abb. 54 von kleineren, aufgeklebten Spiegelscherben umgeben. Die Abb. 55 lässt Scherben- und Scharfkantigkeit des Spiegelbildes noch deutlicher hervortreten; hier ist die Spiegelfläche an ihren Kanten derart ausgebrochen, dass der Oberkopf Schultze-Bluhms nur unvollständig reflektiert wird. Das Spiegelbild der Künstlerin ist in der einen wie der anderen Weise mit Brüchigkeit, Fragmentierung und Verletzbarkeit verknüpft. Die verzerrt fragilen, bisweilen an Zellstrukturen erinnernden Manierismen, die deutlich erkennbar in der Abb. 54 das Spiegelbild Schultze-Bluhms umgeben, untermauern diese Verknüpfung. Ein letztes, mir an diesen PR-Inszenierungen wichtig erscheinendes Merkmal, ist der Adressat der Spiegelungen. Die Abbildungen zeigen das Portrait Schultze-Bluhms, die nicht in die jeweiligen Spiegel hineinschaut. Die Spiegelflächen sind nicht für das Auge der Künstlerin ausgerichtet, sondern für das Auge der Betrachtenden. Obwohl insbesondere die Abb. 55 suggeriert, einen ‚Blick hinter die Kulissen' freizugeben, ist die Gesamtsituation offenkundig für die Betrachtenden inszeniert. Die Präsentation ist wohl kalkuliert; sie ist gegründet auf dem Anliegen der Künstlerin, den Betrachtenden ‚etwas von sich' zu sehen zu geben, von

245 Siehe: Galerie Dieter Brusberg (Hg.): Ursula. Neue Bilder, Objekte, Bronzen, Collagen, Zeichnungen. Hannover 1967, S. 7.

dem gewünscht wird, dass es gesehen wird und dass es etwa auf Anerkennung stößt.

Die analog den Bildbeschreibungen exzerpierten Merkmale und Zusammenhänge von Subjektivität, Spiegelbild, Brüchigkeit und Betrachtungsinstanz prädestinieren eine tiefergehende psychoanalytische Erörterung, die Konstituierungen des Blicks in den Mittelpunkt stellt. Es wird so verstehbar werden, auf welchen strukturellen Modus des Ins-Bild-Setzens Schultze-Bluhm mit dem Zitieren des Spiegelbildes verweist und welche Dekonstruktionsaspekte darüber inauguriert werden. Die beiden in diesem Zusammenhang relevanten Grundlagentexte legt Lacan mit „Das Spiegelstadium als Bildner der Ichfunktion“[246] und „Vom Blick als Objekt klein a“[247] vor. Es wird darin eine Identifikationsstruktur problematisiert, innerhalb derer sich das Subjekt als ein hermetisches verkennt, da es sein konstitutives Angewiesensein auf den Blick des Anderen verdrängt. Das ca. auf den 6.-18. Lebensmonat datierbare Spiegelstadium ist die Phase, in der das Subjekt als ein solches unter der Prädominanz des Blicks konstituiert wird. Dieser Prozess vollzieht sich im Sinne einer dialektischen Zerlegung dessen, was vorher war: Es entsteht ein von nun an durch Mangel und Begehren determiniertes Subjekt aufgrund der „Aufnahme eines Bildes,“[248] nämlich des Spiegelbildes, das „jubilatorisch“[249] erstmals als ‚eigenes' und ‚ganzes' verstanden wird. Dieses Bild ist eine idealische Fiktion, aber es ist keineswegs unwirksam; es ist ein Phantasma und zugleich Faktor einer „symbolischen Matrix,“[250] aus der das Individuum nie mehr wird heraustreten können. Woraufhin sich erstmals das Kleinkind und von nun an in immerwährenden Prozessen das heranwachsende und alternde Individuum entwerfen wird, ist nur in der Weise ein Bild ‚von sich', als es ein Idealbild ist, ein Bild eines ‚separaten' Körpers, das unter dem anerkennenden Blick des Anderen verinnerlicht wird und so für das Subjekt als eine Art Rahmen oder Korsett fungiert. Die Kehrseite dieses als Bild ‚von sich' verstandenen idealischen Phantasmas stellt das Phantasma des fragmentarischen Körpers dar, das dem Spiegel- und Identifikationswunsch zuwiderläuft und vom Subjekt als Verletzung und Kränkung wahrgenommen wird. In den Worten Lacans:

---

246 Lacan, Jacques: Das Spiegelstadium als Bildner der Ichfunktion. In: Haas, Norbert (Hg.): Jacques Lacan. Schriften I, Weinheim, Berlin 1991 (frz. 1949), S. 61-70.

247 Lacan, Jacques: Vom Blick als Objekt klein a. In: Ders.: Die vier Grundbegriffe der Psychoanalyse. In: Haas, Norbert (Hg.): Das Seminar von Jacques Lacan. Buch XI, Olten 1978 (1964), S. 71-126.

248 Lacan, Jacques: Das Spiegelstadium als Bildner ... a.a.O., S. 64.

249 Ebd.

250 Ebd.

„Das Spiegelbild ist ein Drama, dessen innere Spannung von der Unzulänglichkeit auf die Antizipation überspringt und für das an der lockenden Täuschung der räumlichen Identifikation festgehaltene Subjekt die Phantasmen ausheckt, die, ausgehend von einem zerstückelten Bild des Körpers, in einer Form enden, die wir in ihrer Ganzheit eine orthopädische nennen könnten, und in einem Panzer, der aufgenommen wird von einer wahnhaften Identität, deren starre Strukturen die ganze mentale Entwicklung des Subjekts bestimmen werden."[251]

Es kann die Identifikation mit dem Spiegelbild nicht ohne den Blick des Anderen geschehen, der bezogen auf das Subjekt präexistent ist:

„Ich sehe nur von einem Punkt aus, bin aber in meiner Existenz von überall her erblickt,"[252]

heißt es bei Lacan. Und:

„Im Bild manifestiert sich mit Sicherheit immer ein Blickhaftes."[253]

Das Subjekt konstituiert sich unter und im Blick des Anderen, den das (Spiegel-)Bild repräsentiert. Die Illusion des Bewusstseins im (Spiegel-) Bild *„sich sich sehen zu sehen,"*[254] also *‚von sich selbst gesehen zu werden'*, verkennt, dass der Blick des Anderen zuerst da ist und dass dieser Blick nichts ist, dessen sich das Subjekt ermächtigt, sondern durch das es ermächtigt wird; ‚ermächtigt' in einem nicht-ontologischen und nicht-konzentrischen Sinne.[255] Es kann das Spiegelbild nichts wiedergeben, was ein ‚Authentisches' wäre. Stattdessen verweist es auf den Blick als einen Modus des ins-Bild-setzens, unter dem und innerhalb dessen die Genese des Subjekts geschieht.

Wie ich meine, liefern die beiden PR-Inszenierungen Schultze-Bluhms im Kontext der gewonnenen Erkenntnisse zur Spiegelbild- und Blickfunktion einen kritischen Beitrag. Die von der Künstlerin eingenommene Position zwischen Spiegel, Bild und Betrachtungsinstanz verweist auf die kulturelle Konstituierung des Subjekts, deren prominentester Modus der Blick ist. Der gesenkte Blick der Künstlerin gibt der Dominanz des Blicks des Anderen nach, ohne diesen leugnen zu wollen. Die Künstlerin rekapituliert damit offenkundig die sonst unbewusst blei-

251 Ebd. S. 67.

252 Lacan, Jacques: Vom Blick als Objekt klein a ... a.a.O., S. 78.

253 Ebd. S. 107.

254 Ebd. S. 88. Siehe auch erklärend: Lummerding, Susanne: Zur Illusion des Bewusstseins, ‚sich sich sehen zu sehen' ... a.a.O., S. 73ff.

255 Vgl. Lummerding, Susanne: Zur Illusion des Bewusstseins, ‚sich sich sehen zu sehen' ... a.a.O., S. 76.

bende Struktur einer Selbstinszenierung, die nicht die ist, *„sich sich sehen zu sehen"* sondern die, *‚zu sehen zu geben'*. Auch die Synthetisierung von Spiegelbild, Spiegelscherben bzw. -kanten und gemalten Deformationen ist als kritisches Moment bewertbar. Sie verweist auf den Zusammenhang von idealischen und fragmentarischen Phantasmen und damit auf ein Subjekt, das ein gespaltenes, und nicht ein souveränes ist.

Dezentrierung und affirmierte Weiblichkeit

Es ergibt sich aus den vorhergehenden Befunden einmal mehr eine aporetische Situation für die Künstlerin. Die unter dem Untersuchungsschwerpunkt der ‚Authentizität' behandelten blick- und diskurskonstitutionellen Subjektdezentrierungen manifestieren unbeabsichtigt eine labile Weiblichkeitsposition, bzw. stützen eine kulturhistorische Verknüpfung von Labilität und Weiblichkeit. Die Problematik dieser Affirmation basiert lediglich zum Teil auf den sogenannten Selbstinszenierungen Schultze-Bluhms. Es könnte gleichwohl die Assoziierung von Labilität mit Weiblichkeit künstlerisch vermieden oder gemindert werden, wenn beispielsweise die Geschlechtlichkeit der Künstlerin verunklärt wäre, wenn subtextuelle, geschlechtliche Codierungen insgesamt nicht als männlich oder weiblich identifizierbar wären. Die den ‚Selbstinszenierungen' der Künstlerin impliziten Momente der Dezentrierung wären so eindeutiger als Hegemonial- und damit Männlichkeitskritik lesbar und der traditionell auf Weiblichkeit ausgerichtete Fokus der Betrachtung und Projektion könnte umgestellt werden. Die Problematik der Affirmation einer ‚labilen Weiblichkeit' ist aber tiefergehend in anthropologisch wirksamen Programmatiken begründet, die Subjektivität auf Männlichkeit perspektivieren und Weiblichkeit eine lediglich komplementäre Funktion zuweisen.

Die vorgeführten Konterkarierungen weiblicher ‚Selbstdarstellung' mit dekonstruktiven Theorieansätzen sind solange problematisch, wie sie das geschlechterdualistische Gefälle ausblenden. Die herangezogenen, strukturalistischen und psychoanalytischen Positionen tun dies für sich genommen allesamt: Die von Lacan vorgelegten Studien zur (spiegel)bildlichen und blickhaften Konstituierung führen uns eine imaginäre und idealistische Identifizierung vor Augen, die eine Verkennung ist und hinter der das Subjekt als ein gespaltenes zurücksteht. Die projektiven Privilegierungen aber, die diese Identifizierungsstruktur für das männliche, sich als zentralisiert wähnende Subjekt bereithält, und die Auswirkungen, die sie auf das dem Feld des Bildes zugewiesene, weibliche Individuum ausüben, dem kulturhistorisch und psychoanalytisch kein adäquater Subjektstatus zugesprochen ist, differenzieren die Studien Lacans nicht. Vergleichbares gilt für die Studien Foucaults und des Weiteren[256] Barthes. In ihren Texten „Was ist ein Autor“[257] (Foucault) und „Der Tod des Autors“[258] (Barthes) werden zwar diskurs- bzw. strukturkonstitutive Mechanismen behandelt, die an die Stelle des auktorialen Autors bzw. Künstlers treten, eines Künstlers, der ‚Authentisches' von sich gäbe, doch gelten die Hinterfragungen unausgesprochen nur einer männlich apostrophierten Autor- bzw. Künstlerposition.[259] Die Frage, welche Konsequenzen eigentlich die in strukturellen und diskursiven Netzen zum Verschwinden gebrachte Position dieses Künstlers für Künstlerinnen haben, also für diejenigen, für die eine auktoriale Position nie vorgesehen war, scheint auch in der (post)strukturalistischen Forschung jenseits eines explizit feministischen Erkenntnisinteresses nicht relevant zu sein.

Es hat in der westlichen Kunst- und Kulturgeschichte sowie -wissenschaft diverse Phasen und Konzepte der Destabilisierung künstlerischer Autorisierung gegeben, die selbstverständlich nicht über einen Kamm zu scheren sind: Die an früheren Stellen behandelte neuzeitliche Trennung ‚des Künstlers' von höfischen und kirchlichen Auftraggebern ist eine solche Destabilisierung und auch die moderne, kunstprogrammatische Ersetzung eines intentionalen Anliegens durch einen ‚ursprünglichen', ‚unmittelbaren' und ‚authentischen' Impuls stellt zunächst eine solche, gewiss anders gelagerte Destabilisierung dar. Die Kunst- und Kulturgeschichte zeigt uns aber auch, dass die Momente der Destabilisierung die ‚Souveränität' des männlichen Künstlers nicht existentiell tangierten bzw. immer wieder dessen Autorisierung nach sich zogen. Es darf die Frage gestellt werden, wie es sich mit der poststrukturalistischen Destabilisierung des ‚auktorialen' Künstlers verhalten wird? Ist nicht gerade die auch in diesem Feld konsequent weitergeführte Ignorierung des geschlechtsstereotypen Missverhältnisses Indiz einer kontinuierlichen Konstituierung des ‚souveränen', männlichen Künstlers, der sich lediglich eine erneute Prise Destabilisierungsbrisanz gönnt? Müsste hinsicht lich einer konsequenten Dekonstruktion des modernen Künstlers nicht

256 Ich habe die Studie Foucaults im vorvorherigen Kapitel behandelt. Die Studie Barthes nehme ich an dieser Stelle hinzu, da sie hinsichtlich der Dekonstruktion auktorialer Autor- bzw. Künstlerschaft in den Literatur- und Kulturwissenschaften neben der Foucaults als Schlüsseltext gilt.

257 Foucault, Michel: Was ist ein Autor ... a.a.O.

258 Barthes, Roland: Der Tod des Autors. (1968). In: Jannidis, Fotis; u.a. (Hg.): Texte zur Theorie der Autorschaft. Stuttgart 2000, S. 185-197.

259 Vgl. auch: Rinnert, Andrea: Körper, Weiblichkeit, Autorschaft. Eine Inspektion feministischer Literaturtheorien. In: Bürger, Christa (Hg.): Frankfurter Feministische Texte. Literatur und Philosophie. Bd. 5, Königstein i. Taunus 2001, S. 17.

grundlegend das berücksichtigt werden, an dem sich dieser Künstler mittels Projektionen und Abgrenzungen herauspräpariert: am Bild, an der Kunst bzw. am Weiblichen als „Containerfunktion“[260]? Es halten diese Fragen sicherlich eine Ausgangsbasis für weitere, etwa sich anschließende gender-perspektivierte Forschungsarbeiten parat.

Auf der Ebene des weiblich konnotierten und projektiv besetzten Bildes rufen die ‚Selbstinszenierungen' Schultze-Bluhms die für die Moderne und die Art-Brut charakteristischen Besetzungen von ‚Authentizität' und ‚Wesenhaftigkeit' auf. Sie tun dies – wie wir gesehen haben – mal in affirmativer und mal in dekonstruktiver Weise und generieren so bisweilen eine unentscheidbare Genderaussage. Immerhin, es ist Bewegung im Spiel: Dass die Inszenierungen der Künstlerin besonders ‚echt' seien, ist in Anbetracht der thematischen und dramaturgischen Täuschungsmomente und Verunklärungen kaum mehr glaubhaft. Dass die Künstlerin ‚wesenhaft' im Bild sei, ist in Anbetracht des bisweilen vexierrätselhaften Werkcharakters ebenso wenig glaubhaft. Hinter den zum Schwinden gebrachten Besetzungen von ‚Authentizität' und ‚Wesenhaftigkeit' wird eine Statusbedeutung erkennbar: Bild ist, was Suggestion ist und was ‚weiblich' ist; aber: das Bild zeigt nichts, was ‚authentisch' oder ‚weiblich' wäre. Das Bild ist wie das Weibliche eine Projektionsfläche für ‚alles Mögliche'.

Hinsichtlich der männlich konnotierten, mit Souveränität besetzten Künstlerschaft agiert die mit ‚Selbstinszenierungen' operierende Künstlerin metaphorisch gesprochen ‚wie Pandora'. Gemeint ist der in den verschiedenen Erzählungen tradierte Zwischenstatus der Protagonistin, der mit dem der Künstlerin synonym zu sein scheint: Ein Zustand zwischen ‚Kunstwerk' bzw. Bild und Künstlerschaft bzw. Subjektivität, eine verunklärte, weiblich codierte Position, eine Disposition des Rätselhaften und des Täuschens, die kaum eine des ‚Authentischen' sein kann. Ebenso wie Pandora eine Figuration auf der Bedeutungsebene ist, ist es auch die Künstlerin. Beide repräsentieren kein ‚sich ausdrückendes' Subjekt, sondern Vorstellungen von Authentizität und zugleich von Täuschung und Grenzüberschreitung. Die Schultze-Bluhm zur Verfügung stehenden Möglichkeiten der Subversion der geschlechtsdualen Benachteiligung liegen innerhalb der symbolischen Zirkulationen, die der Künstlerin einen kulturhistorisch abgesteckten Ort zuweisen. Es kann die Künstlerin immer nur von diesem Ort aus agieren, der in nicht ontologischem Sinne

260 Rohde-Dachser, Christa: Expedition in den dunklen Kontinent ... a.a.O., S. 95.

‚ihrer' ist. Allenfalls ist es ihr möglich, von ihrer Position der Aporie[261] zwischen weiblicher Bildhaftigkeit und dezentrierter Künstlerschaft aus zu agieren.

261 Siehe auch: Rinnert, Andrea: Weibliche Autorschaft – Schauplatz eines Konflikts ... a.a.O., S. 15.

RESÜMEE

Die vorliegende, mit ‚Konfigurationen von Körper und Kreativität' betitelte, kunst- und kulturwissenschaftliche Forschungsarbeit ist eine Zusammenstellung mehrdimensionaler, aufeinander aufbauender Analysen zur diskursiven, bild- und textsprachlichen Konstituierung, Anordnung und Beziehung moderner Ursprünglichkeitstopoi. In der behandelten, insbesondere für die Art-Brut charakteristischen Programmatik der Umkehrung von einer ‚verbildeten' Kultur zu einer ‚wahrheitlichen' Natur[261] sind u.a. zwei zentrale, kulturhistorisch hergeleitete Konzeptionen herausgestellt: zum einen die Vorstellung, dass eine in die Kunst Einzug haltende, ‚ungeschliffene' Materialität eine Unmittelbarkeit von Leben und Ästhetik gewährleisten könne und eine Integration von kulturell Ausgegrenztem und Verdrängtem, und zum anderen die Vorstellung, dass es der Körper sei, der Lokalität dieser Materialität sei und der ein in spezifisch künstlerischer Weise und Befugnis zugänglicher Ort und Raum sei. Es sind in detaillierten Studien die ex- und impliziten, in beiden Fällen konstitutiven Weiblichkeitskonnotationen dieser Vorstellungen sowie der Gesamtprogrammatik dargelegt. Dabei werden Reformulierungen und somit Aktualisierungen einer doppelmoralischen, kulturhistorischen Weiblichkeitskonzeption augenfällig, die sich zum einen in die voyeuristisch gestützte Vorstellung einer offenen, transaktiven und bedrohlichen Vagina (die Frau als Hure), und zum anderen in die bisweilen matriarchatsanalogisierte Vorstellung einer weiblichen Gebär- und Gefäßhaftigkeit (die Frau als Mutter) aufteilt.[262] In den Analysen dieser Forschungsarbeit sind nicht nur die kunstprogrammatischen Wirkungen dieser Vorstellungen dargelegt, sondern ebenso deren Rückwirkeffekte, mit denen sozusagen in der Rede über künstlerische Innovation ‚nebenbei' reaktionäre Weiblichkeitskonzepte weitertradiert werden. Es sind insbesondere die rhetorischen Modi ins Zentrum der Untersuchungen gestellt, vor deren Hintergrund diskursive Verschränkungen von Kunst, Kreativität, Körper und Weiblichkeit erst verstehbar werden. Von diesen Modi wird auf einen grundsätzlichen, kunst- und kulturhistorischen Sta-

261 Siehe: Dubuffet, Jean: Vorwort zum Katalog ... a.a.O.
262 Siehe auch: Ossege, Barbara: MutterHure ... a.a.O.

tus[263] des Weiblichen geschlossen: die Funktion nämlich Bild- und Textmedium programmatisch relevanter Phantasmen zu sein.

‚Der Mythos der Pandora', bzw. infolge der modernen Fokussierung genauer gesagt ‚die Büchse der Pandora' gibt hinsichtlich der analysierten, diskursiven Konfigurationen eine besonders anschauliche Folie ab. Es kann mit ihrer Hilfe eine projektive Struktur exzerpiert werden, die Status und Funktion des Weiblichen erhellt. ‚Die Büchse' stellt in den relevanten, mythologischen Erzählpassagen zumeist einen weiblich codierten Gefäßraum dar, der ab dem 18. Jahrhundert substitutiv Vorstellungen von Körper und Raum konstituiert. Es werden Körper und Raum ab dieser Zeit als geschlossene, jedoch zu öffnende Behälter konzipiert, zu denen das männlich apostrophierte Subjekt als gegenüberstehendes positioniert ist.[264] Dieses relationale Arrangement gründet sich vor allem auf der von Foucault[265] beschriebenen Disziplinierung des Körpers, die einer programmatischen, wissenschaftlichen Separierung und Verschließung eines Inneren des Körpers folgt. Es etabliert sich die Vorstellung, ein Inneres sei im Körper deponiert, wie in einem Gefäß, bzw. – wie diese Forschungsarbeit darlegt – wie in einer ‚Pandorenbüchse'. Diese Konzeption ist allein auf den weiblichen Körper bezogen, der auf eine Gebär- und Sexualfunktion fixiert wird. Das Weibliche wird innerhalb des relationalen Arrangements „als das Andere zum Körper par excellence,"[266] während der Mann zum Reglementeur avanciert. Die Separierung des weiblichen Körpers nämlich vollzieht sich durch exorbitante, disziplinäre Interessiertheiten an seiner Peripherie, bzw. an seiner prominentesten Öffnung: der Vagina. Es zeigt diese Forschungsarbeit weitergehend auf, dass mittels der Konzepte des weiblichen Raums und des weiblichen Körpers zudem ein weibliches Unbewusstes substitutiv generiert wird. Es geschieht dieses im Zeitalter der Psychoanalyse (!) hinsichtlich der subtextuellen Definition des Weiblichen nicht reflexiv, nicht *auf*klärend, sondern weiterhin *ver*klärend: In dem Maße, in dem der weibliche Körper quasi ‚pandorenbüchsengleich' als „dunkle[r] [...] Kessel"[267] (Freud), als also mysteriöser Gefäßraum des Unbewussten fungiert, entzieht sich in der Topographie[268] des relationalen Arrangements ein eben Unbewusstes stetig neu. Die komplementäre Funktion, die das für ‚das Unbewusste im

263 Vgl. auch: Eiblmayr, Silvia: Die Frau als Bild ... a.a.O. Und: Schade, Sigrid: Cindy Sherman oder die Kunst ... a.a.O.

264 Vgl. vor allem: Löw, Martina: Der Körperraum als ... a.a.O.

265 Siehe: Foucault, Michel: Der Wille zum Wissen ... a.a.O.

266 Löw, Martina: Der Körperraum als ... a.a.O, S. 217.

267 Freud, Sigmund: Neue Folge der Vorlesungen zur Einführung ... a.a.O., S. 80.

268 In Anlehnung an: Mulvey, Laura: Pandora: Topographies of the Mask and Curiosity ... a.a.O.

Körper' stehende Weibliche für den Mann einnimmt, bleibt bis zu den gegen Ende der 1980er aufkommenden, struktural motivierten, feministischen Hinterfragungen weitestgehend unbewusst. Das gleiche gilt für die ‚abenteuerlichen' Interessiertheiten auch an dieser Periphere: für die projektiven, primär körperöffnungen- und damit vaginalfixierten (bildlichen) Gelüste an einem Unbewussten, das wiederzukehren drohe oder auch wiederkehren möge, das die Welt in Atem zu versetzen drohe oder versetzen möge und den (männlichen) Künstler in einen Zustand der Kreativität.

Pandoras Büchse I: Imaginäre Weiblichkeit und männliche Kunstproduktion

In der topographisch organisierten Dialektik von weiblich konnotiertem Raum/Körper/Bild und männlich privilegiertem Akteur, weiblich konnotierter (unbewusster) Kreativität und männlich privilegierter Urheberschaft, nimmt eine Künstlerin eine aporetische Position ein, eine Position der professionalen und subjektivischen Nichtexistenz: Sie stellt Bilder her und ist doch selbst ein Bild, sie stellt Räume aus und ist doch selbst ein Raum, sie gibt Unbewusstes zu sehen und ist doch selbst ein Unbewusstes (des Mannes). Die Frage der dekonstruktiven Potentialität, die einer Künstlerin des mittleren und endenden 20. Jahrhunderts hinsichtlich ihrer absurden, kulturhistorischen Hypothek zur Verfügung stehen mag, ist in dieser Forschungsarbeit konkret an den pandorathematischen Schrankinstallationen Ursula Schultze-Bluhms verhandelt. Wie sich zeigt, ist die Beantwortung der Frage bisweilen äußerst diffizil. Die Befunde bewegen sich in einem Spektrum zwischen Dekonstruktion, Affirmation und Unentscheidbarkeit. Wann handelt es sich um eine Persiflage, wann um eine Umkehrung, eine Verdoppelung, eine Hinterfragung; wann handelt es sich um ein zwar taktisch geschicktes, im Resultat aber brisanzloses Agieren und wann um eine strategisch forcierte Irritation? Wie sich herausstellt, ist der Fragestellung nur mit kontinuierlich neu zu setzenden Spezifizierungen beizukommen, mit also immer wieder zu definierenden Parametern, die aus den kulturhistorischen Konfigurationen extrahiert und zusammengestellt werden.

Eine tendenziell dekonstruktive Bewertung kann für die Pandora-Schrankinstallationen Schultze-Bluhms hinsichtlich der modernen Programmatik eines künstlerisch ‚ausdrückbaren' *Authentischen*[269] und Auktorialen veranschlagt werden. Der Dekonstruktionseffekt stellt sich über den Bezug auf das historisch durch Pandora repräsentierte Täuschungsmoment her, mit dem gewissermaßen ein Künstliches gegen ein ver-

269 Der Begriff ist kursiv hervorgehoben, da er rekapitulierend auf einen Untersuchungsabschnitt der Arbeit verweist.

meintlich Natürliches ausgespielt wird.[270] Die Komplementarität von weiblichem ‚Kunstwerk' und männlichem Künstler wird in diesem Zusammenhang ebenfalls tangiert. Sie wird in der Weise verunklärt, als die künstlich geschaffene, sich dann aber verselbstständigende und grenzüberschreitende Pandora innerhalb der Komplementarität nicht eindeutig zugeordnet werden kann, jedenfalls nicht auf der Ebene der Narration. Denn, was ‚ist' Pandora? Ein ‚Kunstwerk', ein Zwischenwesen, ein Paradoxon, eine Absurdität? ‚Authentisch' und ‚natürlich' ist sie jedenfalls nicht. Der merkwürdige Zwischenstatus der Protagonistin wirkt auf die aporetische Position der Künstlerin Schultze-Bluhm, die von sich sagt sie sei „ganz artifiziell,"[271] zurück und potenziert sie.

Anders stellt sich die Bewertung der Pandora-Schrankinstallationen hinsichtlich der sexualitätsdisponierten und weiblich codierten Konzeptionen des Körperraumes, des Gefäßkörpers und des porösen Körpers dar, die allesamt in jeweils spezifischen Weisen konstitutiv sind für die moderne, im Rahmen dieser Forschungsarbeit untersuchte Programmatik der kreativen Grenzüberschreitung. Die mit Blick auf diese Programmatik exzerpierbaren kulturhistorischen Dikta des *Schöpferischen* und des *Verführerischen*, die wiederum mit Dikta des *Öffnens* des weiblichen Körpers in Zusammenhang stehen, werden durch die behandelten künstlerischen Positionen Schultze-Bluhms weitestgehend affirmiert. Mit ihren ‚Pandorabüchsen'-zentrierten Installationen reaktualisiert die Künstlerin sowohl idealische als auch dämonisierte Phantasmen des gegen überstehenden und erschließbaren Raumes, des spektakulären und zu reglementierenden weiblichen Körpers, sowie des aus ihm heraustretenden und zu dirigierenden unbewussten, kreativen Potentials. Die diesen Phantasmen zugrundeliegende, voyeuristische und projektive Organisation des Blicks, die unterschwellig die geschlechtsspezifizierte Dualität von weiblichem Raum/Körper/Bild und männlichem Betrachter reguliert, wird gleichfalls kritiklos fortgeschrieben.

Hingegen kann für die behandelten Arbeiten der Künstlerin hinsichtlich des modernen Verständnisses des weiblich konnotierten *Inneren* wiederum eine dekonstruktive Qualität veranschlagt werden, die sogar aufgrund der ihr zugrunde liegenden, grundsätzlichen Effektsetzung auf die obigen Konzeptionen des Körpers, des Raumes und des Weiblichen zurückwirken mag. Es wird diese Dekonstruktionswirkung durch die übertriebene Materialbetonung erzielt, d.h. durch die bisweilen flächen-

270 Vergleichbar argumentiert: Sykora, Katharina: Pandora oder L'Eve future ... a.a.O., S. 11. Siehe auch: Bovenschen, Silvia: Inszenierung der inszenierten Weiblichkeit. In: Dies.: Die imaginierte Weiblichkeit ... a.a.O.

271 Ursula Schultze-Bluhm zit. bei: Stachelhaus, Heiner: Je phantastischer, umso realer ... a.a.O., S. 40.

hafte Bepelzung und vor allem die besonders eindrucksvoll in der Arbeit „Der große Schrank der Pandora“ (Abb. 8.1 u. 8.2) platzierten Pelzfetische. Die Szenerie agiert in zwei konträre Richtungen, was sie zu einer äußerst wirksamen Groteske macht. Sie übersteigert zum einen die mit Ursprünglichkeit belegten Materialprämissen[272] der Moderne: ihre Assoziierung mit einer tieferen, inneren oder unbewussten ‚Wahrheit‘, die sie besonders unmittelbar darbieten vorgeben zu können, sowie weitergehend ihre metaphorische Verknüpfung zur Enge eines mütterlichen Körpers, der wiederum mit Nähe, regressiver Versorgtheit und Fülle assoziiert ist. Dieses alles treiben die seriell attribuierten Pelzfetische zum einen auf die Spitze. Zum anderen wirken sie zugleich der Fülle entgegen und kennzeichnen diese als eine mittels Wunscherfüllung und Abwehr generierte, phantasmatische Kompensation, bzw. als einen imaginären „Triumph[] über die Kastrationsdrohung und [einen] Schutz gegen sie,“[273] wie Freud formuliert. Die Fetischapplikationen Schultze-Bluhms locken mit einem Versprechen der Fülle, doch sie stehen für ein Phänomen der Leere: einer Leere des Imaginären, einer Leere des Weiblichen, einer Leere eben der Bedeutung.

Pandoras Büchse II: Was vom Mythos übrig bleibt

Es ist eine der zentralen Fragen dieser Forschungsarbeit, in welcher Weise ‚Die Büchse der Pandora‘ Symptom ist und welchen geschlechtscodierten Stellenwert sie einnimmt in einer kulturellen und psychischen Disposition, die auf einer Leere bzw. einem Mangel basiert? Diese Arbeit legt als eine ihrer analytischen Prämissen die Lacansche Konzeption der Symbolischen Ordnung zugrunde, die eine Phallus-determinierte Bedeutungsstruktur ist. Es ist der Phallus,[274] der ‚Dinge‘ begrifflich macht, sie vorstellbar macht, sie mit Bildern versieht. Seinetwegen gibt es Repräsentation bzw. Substitution: Phantasmen, Symptome[275] und Geschlecht. Er ist es, der Fülle bewirkt, wo eigentlich Mangel ist, der Kontinuität gewährleistet wo eigentlich Kontingenz ist. In dem Maße allerdings, in dem er dies bewirkt, ist er wenig vertrauenswürdig, äußerst sprunghaft und defizitär. Denn der Phallus wird von etwas getrieben was nicht repräsentierbar ist, was sich ständig allem entzieht und so äußerst beunruhigend ist: das Reale. Das Reale ist ‚etwas‘, was dem Symboli-

272 Siehe: Wagner, Monika: Das Material der Kunst. ... a.a.O.
273 Freud, Sigmund: Fetischismus ... a.a.O., S. 313.
274 Siehe: Lacan, Jacques: Die Bedeutung des Phallus ... a.a.O.
275 Vgl.: Widmer, Peter: Subversion des Begehrens ... a.a.O., S. 91.

schen entgeht, was dieses verfehlt, indem es versucht es einzuholen.[276] Es ist dies eine unendliche, innersymbolische Bewegung des Aufsuchens und Negierens von ‚etwas', was nicht gefunden werden kann. Deshalb ist dies auch eine Bewegung, der per se und unveränderbar ein Moment der Beunruhigung implizit ist, ein Moment der Besorgnis, dass es vielleicht ‚etwas' gäbe, was etwa außerkulturell wäre.

Die im Fokus der Fragestellung stehende Symptomhaftigkeit ist im Feld des Weiblichen einkreisbar. Das Weibliche ist – was seinen Status angeht – ein Substitut des Phallus,[277] es ist genauso „unbestimmt,"[278] „widersprüchlich[]"[279] und doch „definieren[d]"[280] wie er. Es ist verbergend, indem es darbietet, verfehlend, indem es setzt, beunruhigend, indem es Ganzheit oder Vollkommenheit suggeriert. In dieser Weise ist das Weibliche für das patriarchale Subjekt Symptom. Es ist Spiegel seiner Konstituierung und immer auch Indikator einer Beunruhigung, die es verdecken soll. Ebenso wie das Weibliche ist auch ‚die Büchse der Pandora' – was ihren Status angeht – ein Substitut des Phallus und somit ebenso Symptom.

„[A]s object of gaze [...] [it is] also a source of anxiety, constantly threatening to return the subject [...],"[281]

wie Mulvey in ihrer Pandoraabhandlung darlegt.

‚Die Büchse der Pandora' ist eine komplexe und besonders anschauliche Substitution, was eindrucksvoll auf der Ebene der metaphorischen Aussage fassbar wird. Zunächst scheint es nämlich so zu sein, als wäre sie eine unmittelbare Umsetzung des psychologischen Dramas: Es gibt eine verführerische, weibliche Repräsentantin mit einer gefährlichen ‚Büchse', eine Anziehung, hinter der eine Bedrohung verborgen ist, ein Wunsch nach Grenzüberschreitung und eine vernichtende Katastrophe. Tatsächlich aber ist die Erzählung über Täuschung, Bedrohung und Vernichtung eine Replik auf die Begehrenskonstituiertheit des Repräsentativen, also auf den Wunsch, dass es doch möglich sein möge, ein verborgenes und (besorgnis)erregendes ‚Außerkulturelles' repräsentierbar zu

276 Siehe auch: Lummerding, Susanne: Zur Illusion des Bewusstseins ... a.a.O, u.a. S. 76.

277 Vgl.: Widmer, Peter: Subversion des Begehrens ... a.a.O., S. 93.

278 Ebd. S. 91.

279 Berger, Renate; Stephan, Inge: Einleitung. In: Dies. (Hg.): Weiblichkeit und Tod ... a.a.O., S. 2.

280 Bronfen, Elisabeth: Die schöne Leiche ... a.a.O., S. 100.

281 Mulvey, Laura: Pandora. Topographies of the Mask and ... a.a.O., S. 68.

machen. Und sie ist eine Replik auf die angstumwitterte Verortung dieses gänzlichen unmöglichen Vorhabens im Feld des Weiblichen.

Die text- und diskursanalytischen Studien dieser Forschungsarbeit legen den phallisch determinierten Status des Weiblichen und der ‚Pandorenbüchse' als einen rhetorischen dar. Es geschehen rhetorische Konfigurationen auf bildlicher, imaginärer und kommentatorischer Ebene gleichermaßen.[282] Die Operationen funktionieren analogisierend und assoziierend. Es werden so Äquivalenzbeziehungen gestiftet, zwischen bisweilen disparaten Bedeutungsfeldern. Wir stehen – so Barthes –

„bei jedem beliebigen kulturellen oder sogar psychologischen Komplex vor endlosen Metaphernketten [...]"[283]

Diese Praxis ist mystifikatorisch, sie setzt Sinnbezüge wo eigentlich Referenzlosigkeit ist, sie schafft Ontologien, wo eigentlich Bodenlosigkeit ist. Es geschieht dieses weit über den Bereich des Mythos hinaus: Nicht nur im Mythos steht das Öffnen der ‚Pandorenbüchse' für Unheil und Verwirrung, steht ‚Pandora' für Täuschung und Launenhaftigkeit; nicht nur im Mythos besetzt das Weibliche eine Position der Nichtidentität. Es verweist der Mythos[284] auf eine grundsätzliche, rhetorische Disposition des Weiblichen: nämlich Kontinuitäten zu gewährleisten, Bedeutungslücken zu schließen und vermeintliche Naturgesetzlichkeiten zu stiften.[285]

Mythische und mystifikatorische Praxen sind damit weiter zu denken, sie sind nicht homogen, nicht fixierbar, wohl aber partiell rekonstruierbar. Es verlangt dies eine Bedeutungsrecherche, ein Nachzeichnen von metaphorischen und metonymischen Verflechtungen. Foucault hat aufgezeigt, dass eine solche Recherche den Diskurs keineswegs als einen beliebig und zufällig generierten zutage fördert, sondern dass dieser auf historisch bedingten Ordnungen[286] und Dispositiven[287] basiert, die er dynamisierend fortführt. Im Hinblick auf die im Fokus dieser Forschungsarbeit stehenden Konfigurationen von Körper, Kreativität und Weiblich-

282 Vgl: Schade, Sigrid; Wenk, Silke: Orte und Weisen des Zu-Sehen-Gebens ... a.a.O., S. 6. Und: Barthes, Roland: Ist die Malerei eine Sprache? In: Ders.: Der entgegenkommende und ... a.a.O., S. 158.

283 Barthes, Roland: Das semiologische ... a.a.O., S. 206.

284 Siehe grundlegend: Wenk, Silke: Mythen von Autorschaft und Weiblichkeit ... a.a.O.

285 Vgl. auch: Barthes, Roland: Mythen des Alltags ... a.a.O., beispielsweise S. 86.

286 Siehe: Foucault, Michel: Die Ordnung des Diskurses. Frankfurt a.M. 1994.

287 Siehe: Ders.: Dispositive der Macht ... a.a.O. Und: Ders.: Der Wille zum Wissen ... a.a.O.

keit ist das von Foucault herausgestellte Sexualitätsdispositiv außerordentlich aufschlussreich, verweist es doch auf eine „Hysterisierung des weiblichen Körpers,“[288] auf eine u.a. medizinische, psychiatrische, psychoanalytische und – zu ergänzen wäre – künstlerische Definition dieses Körpers als ein vermeintlich außerkulturelles Wahrheitsmedium. Verschiedene weiblichkeits- und kunstrelevante Effekte dieser „Hysterisierung“ zeigt diese Forschungsarbeit detailliert auf.

‚Die Büchse der Pandora' ist auch insofern ein äußerst interessantes, rhetorisches Vorstellungsbild, als es mit ihrer Hilfe möglich ist, eine anthropologische, d.h. kulturelle, subjekt- und geschlechtsstiftende Ordnungs- bzw. Topographisierungsfunktion zu untersuchen. Als erstes von drei konstitutiven Merkmalen ist in diesem Zusammenhang die moderne Gefäßkonzeption des Körpers anzuführen, auf die ‚die Büchse der Pandora' verweist. Es sind in dieser Forschungsarbeit – neben kunstprogrammatischen und künstlerischen – psychoanalytische Konzeptionen rekurriert, die den Körper als Gefäß reformulieren und fortschreiben. Beispielsweise geschieht dies bei Freud, indem er sein Konzept des Unbewussten mit Vorstellungen von „Hohlr[ä]um[en],“[289] „Büchsen,“[290] „Kessel[n],“[291] „Schränke[n]“[292] und „dark continent[s]“[293] assoziiert, deren konservative, weibliche Konnotationen er gänzlich unkritisiert lässt. Bei Kristeva geschieht dies, indem sie den mütterlichen Körper als „Sammelbecken“[294] und weitergehend als „Raum“[295] für Rebellionspotentiale versteht, deren wiederum konservative, weibliche Konnotationen auch sie unbefriedigend unreflektiert lässt. Außerdem geschieht dies bei Vertretern kunst- bzw. Art-Brut-programmatischer Provenienz ebenfalls unkritisch, indem sie „wahre Kunst“[296] etwa mit dem ‚unberührten' Körper eines „dreckige[n] Bauernmädchen[s]“[297] (Dubuffet) assoziieren, oder eine ‚wesenhafte' „Verbundenheit“ zu „Geburt [...], zum „Wachsen [...] [und zum] Körper“[298] veranschlagen (Bianchi). Und bei einer Künstlerin wie Ursula Schultze-Bluhm geschieht dies, indem sie – weitestgehend diese Konzeptionen des Weiblichen affirmierend – ‚Pandorenbüchsen' bzw.

288 Ders.: Der Wille zum Wissen ... a.a.O., S. 126.
289 Freud, Sigmund: Vorlesungen zur Einführung in ... a.a.O., S. 157.
290 Ders.: Das Motiv der Kästchenwahl ... a.a.O., S. 28.
291 Ders.: Neue Folge der Vorlesungen ... a.a.O., S. 80.
292 Ders.: Vorlesungen zur Einführung in ... a.a.O. S. 157.
293 Ders.: Die Frage der Laienanalyse ... a.a.O., S. 241.
294 Kristeva, Julia: Die Revolution ... a.a.O., S. 233.
295 Ebd. S. 37.
296 Dubuffet, Jean: Vorwort zum Katalog ... a.a.O., S. 164.
297 Ders. zit. bei: Szeemann, Harald: Individuelle Mythologien. ... a.a.O., S. 147.
298 Bianchi, Paolo: Bild und Seele. ... a.a.O., S. 93.

-schränke ins Rampenlicht stellt (siehe Abb. 8.1 bis 12.2). All diese Positionen operieren mit der Vorstellung, der Körper sei ein ‚natürliches' Separierungs- und Deponierungsmedium, eines das Ordnungen vorgäbe wie beispielsweise innen/außen, wahr/unwahr, physisch/geistig, unrein/rein und weiblich/männlich. All diese Positionen favorisieren den (weiblichen) Körper subtextuell als ein gefäßhaftes Reglement und übersehen dabei, dass sie selbst es sind, die ihn zu einem solchen machen.

Als zweites der drei konstitutiven Merkmale ist die mit dem geöffneten bzw. versehrten Körper analogisierte, moderne Programmatik der Grenzüberschreitung anzuführen, auf die die Pandorathematik verweist. Die Beziehung von ‚Pandora' und ‚ihrer Büchse' ist in dieser Hinsicht synonymisch:[299] Die ungehorsame und täuschende ‚Pandora' referiert auf die offene und ausströmende ‚Büchse'. Diese Forschungsarbeit trägt in diesem Zusammenhang kulturhistorische und kunstprogrammatische Konzeptionen zusammen, die auf Entwürfen peripherer Konfusionen und Verunklärungen fußen. Aus der Rezeption Schultze-Bluhms beispielsweise sind pandorabezogene Vorstellungen einer vor- bzw. nichtkategorialen „Zeit" und einer Rebellion „gegen die Weltordnung des Mannes"[300] exzerpiert. Des Weiteren sind – geleitet durch die in der Moderne favorisierte Imagination der femme-fatale – diverse weiblich konnotierte ‚Zwischenpositionen' herausgestellt, die Nichtidentisches und Widersprüchliches repräsentieren.[301] Zu denken etwa wäre an die Hysterikerin, aber auch an die Märtyrerin sowie die chaosstiftende, allegorische Pandora. Aus der Freudschen Psychoanalyse ist zudem die Vorstellung einer verwundeten[302] und „defekten"[303] Vagina herausgestellt, die – abgeleitet „von der Kloake"[304] – mit Unreinheit und Infektiosität[305] assoziiert ist. Es geben diese Beispiele Beleg ab über ein die moderne Konzeption von Kreativität determinierendes Diskursgeflecht, innerhalb dessen subjekt- und kulturrelevante Gefährdungen und Verunreinigungen,[306] sowie Reglementierungen und Innovationen körperzentriert verhandelt und dem Weiblichen zugewiesen werden.

---

299 Vgl. auch: Mulvey, Laura: Pandora. Topographies of the Mask and ... a.a.O., S. 63.

300 Schmied, Wieland: Ursulas blühende Phantasie ... a.a.O. o.S.

301 Vgl.: Berger, Renate; Stephan, Inge: Einleitung. In: Dies. (Hg.): Weiblichkeit und Tod ... a.a.O.

302 Vgl.: Freud, Sigmund: Aus der Geschichte einer ... a.a.O., S. 110.

303 Ders.: Neue Folge der Vorlesungen ... a.a.O., S. 142.

304 Ders.: Die Disposition der Zwangsneurose ... a.a.O., S. 452.

305 Vgl. auch: Schlesier, Renate: Konstruktionen der Weiblichkeit bei ... a.a.O., S. 170.

306 Siehe grundlegend die soziologisch-ethnologische Abhandlung: Douglas, Mary: Reinheit und Gefährdung. Frankfurt a.M. 1988.

Als letztes der drei konstitutiven Merkmale kann eine körperzentrierte Analogisierung von Innerem und Außerkulturellem angeführt werden, die mit den beiden vorangestellten Merkmalen eng verknüpft ist. Ins Zentrum der Untersuchungen rücken in diesem Zusammenhang kulturprogrammatische und psychoanalytische Interessiertheiten an Verlorenem, Verdrängtem und Regressivem, die vorgegeben werden mit künstlerischen Mitteln unmittelbar ästhetisierbar[307] und darstellbar gemacht werden zu können. Das Spektrum der aus den Arbeiten Schultze-Bluhms hergeleiteten Untersuchungen ist hier u.a. abgesteckt durch Vorstellungen einer vermeintlich präsymbolischen, ontogenetischen Triebrepräsentanz, wie sie etwa Prinzhorn in seiner Analogisierung von graphischen Zeichen und „triebhafte[m] Drang“[308] oder auch Kristeva mit ihrem Konzept einer kunstrelevanten,[309] „semiotische[n] [Trieb]artikulation“[310] vorlegen. Des Weiteren sind Vorstellungen einer vermeintlich naturwüchsigen oder auch metamorphosischen Repräsentanz maßgeblich, wie sie romantisiert im Feld der Kunst[311]und der Naturphilosophie[312] propagiert werden. Wie sich innerhalb dieses Untersuchungsspektrums zeigt, implizieren die bisweilen über Regression und Restituierung befindenden, biomorphen Konzeptionen tendenziell eine Assoziierung des Weiblichen mit vermeintlich Urstrukturellem, „Molluskenhafte[m] und Vorindividuelle[m].“[313] Weiblichkeit wird hier als Repräsentanz verschütteter, undifferenzierter Energien exzerpierbar.

Indem diese Forschungsarbeit ‚die Büchse der Pandora’ in instrumentarischer, symptomatischer und rhetorischer Hinsicht als ‚roten Faden’ in den Vernetzungen diskursiver Bedeutungsproduktionen versteht, verfolgt sie zwei zentrale Anliegen: Sie beabsichtigt zum einen eine poststrukturalistische Lesart des ‚Motivs’, also eine Transformation von der Ebene der Metaphorik auf die Ebene der symbolischen Strukturiertheit. ‚Pandoras Büchse’ wird in dieser Hinsicht – wie andere Weiblichkeitskonstruktionen auch – besonders anschaulich als ein „Container“[314] verstehbar, als eine Deponie für kultur- und epochenspezifische, patriarchal moti-

307 Siehe auch: Schade, Sigrid: Unbewusste Ästhetik – Ästhetik des Unbewussten ... a.a.O.

308 Prinzhorn, Hans: Bildnerei der Geisteskranken ... a.a.O., S. 18.

309 Vgl.: Kristeva, Julia: Revolution der poetischen Sprache ... a.a.O., S. 88.

310 Ebd. S. 40.

311 So etwa: Baumeister, Willi: Das Unbekannte in der ... a.a.O.

312 Siehe: Haeckel, Ernst: Kunstformen der Natur ... a.a.O. Und: Breitenbach, Wilhelm (Hg.): Haeckel, Ernst: Die Natur als Künstlerin ... a.a.O.

313 Bovenschen, Silvia: Die imaginierte Weiblichkeit ... a.a.O., S. 31.

314 Rohde-Dachser, Christa: Expedition in den dunklen Kontinent ... a.a.O., S. 95.

vierte Projektionen. Zugleich verfolgt diese Arbeit zum anderen ein Hineinspringen in die Vernetzungen, in das von Kunst, Psychoanalyse, Medizin und Religion „zusammengesetzte Wörterbuch,“[315] in dem kontinuierlich stattfindende Bedeutungen synthetisiert und konfrontiert aufgefunden werden können, niemals aber auf Originalität gestoßen werden kann. Aus den für die Moderne charakteristischen Verknüpfungen antikmytholo-gischer Passagen mit neuzeitlichen, natur- und körperprogrammatischen Wissensstandards können so repräsentationskritisch geleitete und gender-strategisch perspektivierte Dekonstruktionen generiert werden: Indem man sich einmischt in den Diskurs, der Dinge und Macht produziert. Indem man aufzeigt, wie dies geschieht und warum dies geschieht. Indem man mitschwimmt im Strom der metaphorischen und metonymischen Bedeutungsproduktionen, weil eine Einflussnahme auf anderem Wege nicht möglich ist.

315 Barthes, Roland: Der Tod des Autors ... a.a.O., S. 190.

ABBILDUNGEN

Abb. 1: Portrait von Ursula Schultze-Bluhm und Bernard Schultze. Einladungspostkarte der Galerie Schüler, Berlin 1975. In: Fehlemann, Sabine; u.a.; Von der Heydt Museum Wuppertal (Hg.): Ursula. Erweitertes Katalog-Buch zur Retrospektive 1992-1993 im Von der Heydt-Museum Wuppertal, Stadtmuseum Köln und der Kunsthalle Bremen. München 1992, S. 202.

Abb. 2: Portrait von Ursula Schultze-Bluhm und Bernard Schultze mit der Arbeit „C'est moi" von Ursula Schultze-Bluhm, Köln 1969. In: Weiss, Evelyn (Hg.): Bernard Schultze. Das große Format. München 1994, o.S.

Abb. 3: Ursula Schultze-Bluhm in ihrer Rauminstallation „Ursula-Pelz-Haus." Von Ursula Schultze-Bluhm gestaltete Coverabbildung, 1974. In: Fehlemann, Sabine; u.a.; Von der Heydt Museum Wuppertal (Hg.): Ursula. Erweitertes Katalog-Buch zur Retrospektive 1992-1993 im Von der Heydt-Museum Wuppertal, Stadtmuseum Köln und der Kunsthalle Bremen. München 1992, S. 202.

Abb. 4: Von Ursula Schultze-Bluhm gestaltetes Katalogcover, 1980. In: Museum Bochum, Kunstsammlung u.a. (Hg.): Ursula, Bilder, Objekte, Zeichnungen. Bochum 1979.

Abb. 5: Ursula Schultze-Bluhm, o.T., Schriftpassage mit der Überschrift „Im Verschiebebahnhof meiner Bildgedanken," 1972. In: Fehlemann, Sabine; u.a.; Von der Heydt Museum Wuppertal (Hg.): Ursula. Erweitertes Katalog-Buch zur Retrospektive 1992-1993 im Von der Heydt-Museum Wuppertal, Stadtmuseum Köln und der Kunsthalle Bremen. München 1992, S. 17.

Abb. 6: Schultze, Bernard: „Paysage avec Ursula," Öl auf Leinwand, Assemblage, 50/60/17cm, 1970. In: Weiss, Evelyn (Hg.): Bernard Schultze. Das große Format. München 1994, S. 250.

Abb. 7: Bernard Schultze: „Migof-Ursula-Ahnentafel," Öl auf Leinwand, Assemblage, 1963. In: Ruhrberg, Karl (Hg.): Kunst des 20. Jahrhunderts: Das Museum Ludwig Köln. Stuttgart 1986, S. 177.

Abb. 8.1-8.5: Ursula Schultze-Bluhm: "Der große Schrank der Pandora," Schrankobjekt auf schwarzem Metallgestell, Altarinstallation, Pelz-

Federn-Assemblage, Öl auf Holz, 1968. Abb. 8.1: geschlossen, 89/ 144/29,5cm; Abb. 8.2: geöffnet; Abb. 8.3: Detail aus dem Mittelteil; Abb. 8.4: Detail aus der rechten Tür; Abb. 8.5: Detail aus dem Mittelteil. In: Fehlemann, Sabine; u.a.; Von der Heydt Museum Wuppertal (Hg.): Ursula. Erweitertes Katalog-Buch zur Retrospektive 1992-1993 im Von der Heydt-Museum Wuppertal, Stadtmuseum Köln und der Kunsthalle Bremen. München 1992, S. 78/79.

Abb. 9.1-9.4: Ursula Schultze-Bluhm: „Der kleine Schrank der Pandora“, Schrankobjekt auf schwarzem Metallgestell, Altarinstallation, Pelz-Federn-Assemblage, Öl auf Holz, 1968. Abb. 9.1: geschlossen, 82,5/136/24cm; Abb. 9.2: geöffnet, 82,5/270/24cm; Abb. 9.3: Detail aus dem Mittelteil; Abb. 9.4: Detail aus der linken Tür. In: Fehlemann, Sabine; u.a.; Von der Heydt Museum Wuppertal (Hg.): Ursula. Erweitertes Katalog-Buch zur Retrospektive 1992-1993 im Von der Heydt-Museum Wuppertal, Stadtmuseum Köln und der Kunsthalle Bremen. München 1992, S. 88/89.

Abb. 10.1-10.6: Ursula Schultze-Bluhm: „Der Pandora-Schrank mit den vielen Gesichtern,“ Schrankobjekt auf schwarzem Metallgestell, Altarinstallation, Pelz-Federn-Assemblage, Öl auf Holz und Leinwand, 1969-1977. Abb. 10.1: geschlossen, 130/230/61cm; Abb. 10.2: geöffnet; Abb. 10.3: Detail aus dem Mittelteil; Abb. 10.4: Detail aus dem Mittelteil; Abb. 10.5: Detail aus der Türfront; Abb. 10.6: Detail aus dem Mittelteil; In: Fehlemann, Sabine; u.a.; Von der Heydt Museum Wuppertal (Hg.): Ursula. Erweitertes Katalog-Buch zur Retrospektive 1992-1993 im Von der Heydt-Museum Wuppertal, Stadtmuseum Köln und der Kunsthalle Bremen. München 1992, S. 94/95.

Abb. 11.1-11.5: Ursula Schultze-Bluhm: „Der Pandora-Tierschrank,“ Schrankobjekt auf schwarzem Metallgestell, Altarinstallation, Pelz-Federn-Assemblage, Öl auf Holz, 1972. Abb. 11.1: geschlossen, 92,5/151/35cm; Abb. 11.2: geöffnet; Abb. 11.3: Detail aus der rechten Tür; Abb. 11.4: Detail aus dem Mittelteil; Abb. 11.5: Detail aus der rechten Tür. In: Fehlemann, Sabine; u.a.; Von der Heydt Museum Wuppertal (Hg.): Ursula. Erweitertes Katalog-Buch zur Retrospektive 1992-1993 im Von der Heydt-Museum Wuppertal, Stadtmuseum Köln und der Kunsthalle Bremen. München 1992, S. 104/105.

Abb. 12.1-12.3: Ursula Schultze-Bluhm: „Der Pandora-Schrank mit Kopf,“ Schrankobjekt, Altarinstallation, Pelz-Federn-Assemblage, Öl auf Holz, 1973. Abb. 12.1: geschlossen, 115/91/44cm; Abb. 12.2: geöffnet; Abb. 12.3: Detail aus der rechten Tür: In: Fehlemann, Sabine; u.a.; Von der Heydt Museum Wuppertal (Hg.): Ursula. Erweitertes Katalog-Buch zur Retrospektive 1992-1993 im Von der Heydt-

Museum Wuppertal, Stadtmuseum Köln und der Kunsthalle Bremen. München 1992, S. 106/107.

Abb. 13: Noritoshi Hirakawa: „The Pandora that is Pandora's Box," Projektion, Fotografie, 1993. In: Centre Georges Pompidou (Hg.): Feminimasculin. Le sexe de l'art. Paris 1995, S. 179.

Abb. 14: Gustave Courbet: „L'Origine du monde," Ölgemälde, 46/55cm, 1866. In: Metken, Günter: Gustave Courbet. Der Ursprung der Welt. Ein Lust-Stück. München, New York 1997, S. 48.

Abb. 15: André Masson: „Panneau-masque de L'Origine du monde," 1955. In: Buchholz, Kai (Hg.): Andrè Masson: Bilder aus dem Labyrinth der Seele. Katalog zur gleichnamigen Ausstellung im Institut Mathildenhöhe Darmstadt, 09.03. bis 27.04.2003. Frankfurt a.M. 2003, S. 173.

Abb. 16: Albrecht Dürer: „Der Zeichner des leigenden Weibes," aus „Underweysung der messung mit dem Zirkel und richtscheyt," Holzschnitt, 1538. In: Kunsthalle Bremen (Hg.): Albrecht Dürer – Das Frauenbad von 1496. Eine Ausstellung um eine wiedergefundene Zeichnung. Katalog zur gleichnamigen Ausstellung in der Kunsthalle Bremen, 11.09.-04.11.2001. Bremen 2001, S. 71.

Abb. 17: Export, Valie: „Tapp- und Tastkino," Aktionsfilm, Performance, 1/5 Minute je Benutzer, 1968. In: Mueller, Roswitha: Valie Export. Fragments of the Imagination. Bloomington 1994, S. 17.

Abb. 18: Leonardo da Vinci: Proportionsfigur nach Vitruv, Zeichnung, Feder, braune Tinte, Silberstift, 33,4/24,5cm, um 1492. In: Ost, Hans: Leonardo-Studien. In: Bandmann, Günter; u.a.: Beiträge zur Kunstgeschichte. Bd. 11, Berlin, New York 1975, o.S., Abb. 24.

Abb. 19: André Masson, o.T., o.J. In: Hentschel: Linda: Pornotopische Techniken des Betrachtens. Raumwahrnehmung und Geschlechterordnung in visuellen Apparaten der Moderne. In: Studien zur visuellen Kultur. Bd. 2, Marburg 2001, S. 39.

Abb. 20: Paul Klee: „Die Büchse der Pandora als Stilleben," aquarellierte Ölfarbezeichnung auf Papier, 16,8/24,1cm, 1920. In: Paul-Klee-Stiftung; Kunstmuseum Bern (Hg.): Paul Klee. Bd. 3, 1919-1922. Bern 1999, S. 179.

Abb. 21: Max Beckmann: „Die Büchse der Pandora," Gouache, 1936-1947. In: Panofsky, Dora; Panofsky, Erwin: Die Büchse der Pandora. Bedeutungswandel eines mythischen Symbols. Frankfurt a.M. 1992, S. 122.

Abb. 22: Cindy Sherman: Untitled # 308, Objektinstallation, Fotografie, 176,5/119,4cm, 1994. In: Zdenek, Felix; Schwander, Martin (Hg.): Cindy Sherman, Photoarbeiten 1975-1995, o.S., Nr. 111.

Abb. 23: Niki de Saint Phalle: „Tir,“ Schießbild, Hochaltar, Farbe, mixed media, 313/260/60cm 1970. In: Ulmer Museum; Wilhelm-Hack-Museum Ludwigshafen am Rhein (Hg.): Niki de Saint Phalle. Liebe, Protest, Phantasie. 1999, S. 21.

Abb. 24: Niki de Saint Phalle: o.T. Performance, Beschuss eines Altars während des „Festivals des Neuen Realismus“ in der Galleria Vittorio Emanuele, Mailand 29.11.1970. In: Schulz-Hoffmann, Carla (Hg.): Niki de Saint Phalle. Bilder-Figuren-Phantastische Gärten. Katalog anlässlich der gleichnamigen Ausstellung in der Kunsthalle der Hypo-Kultur-Stiftung, München 26.03-21.06 1987, S. 66.

Abb. 25: Giovanni Battista Podestà: „Justitia,“ Objektinstallation, 56/40cm o.J. In: Bianchi, Paolo: Mein Kopf ist ein Vulkan. Über Giovanni Battista Podestà.“ In: Ders. (Hg.): Bild und Seele. Über Art-Brut und Outsider-Kunst. Kunstforum International, Bd. 101, Juni 1989, S. 219.

Abb. 26: Ursula Schultze-Bluhm: „Büchse der Pandora,“ Öl auf Holz, Assemblage, 84/61/46cm, Objektinstallation, geöffnet, 1966. In: Kunstverein für die Rheinlande und Westfalen (Hg.): Ursula-Werke 1960-1974. Düsseldorf 1974, S. 39.

Abb. 27: Ursula Schultze-Bluhm in der Rauminstallation „Ursula-Pelz-Haus.“ Environment, Assemblage, Holzteile, Eisengerüst u. Möbel bepelzt, 315/250/204cm, 1970. In: Kunstverein für die Rheinlande und Westfalen Düsseldorf (Hg.): Ursula, Werke 1960-1974. Düsseldorf 1974, Coverabbildung.

Abb. 28: Ferdinand Spindel: Wohnhöhle, Haus Stollmann, Gelsenkirchen 1966. In: Nierhaus, Irene: Arch^6, Raum, Geschlecht, Architektur. Wien 1999, S. 133.

Abb. 29: Adolf Loos: „Schlafzimmer meiner Frau,“ Rauminstallation, um 1903. In: Nierhaus, Irene: Arch^6, Raum, Geschlecht, Architektur. Wien 1999, S. 86.

Abb. 30: Ursula Schultze-Bluhm: „Der Pandora-Hosenschrank,“ Schrankobjekt, Pelzassemblage, geöffnet, 1972. In: Kunstverein für die Rheinlande und Westfalen Düsseldorf (Hg.): Ursula, Werke 1960-1974. Düsseldorf 1974, S. 82.

Abb. 31: Unica Zürn: o.T., Öl auf Pappe, 245/330cm, 1955. In: Neue Gesellschaft für bildende Kunst e.V. (Hg.): Unica Zürn. Bilder 1953-1970. Ausstellungskatalog. Berlin 1998, S. XXII.

Abb. 32: Paul Klee: „Weib und Tier. Invention I.“ II. Fassung, 13. Radierung, 1904. In: Wedekind, Gregor: Geschlecht und Autonomie. Über die allmähliche Verfertigung der Abstraktion aus dem Geist des Mannes bei Paul Klee. In: Deicher, Susanne (Hg.): Die weibliche und die männliche Linie. Das imaginäre Geschlecht der modernen Kunst von Klimt bis Mondrian. Berlin 1993, S. 106

Abb. 33: Ernst Haeckel: Heliactis Actiniae (Seeanemonen). In: Ders.: Kunstformen der Natur. München, New York 1998 (1904), S. 133, Tafel 49.

Abb. 34: Ernst Haeckel: Zeichnung, o.T. o.J. In: Ders.: Kunstformen der Natur. München, New York 1998 (1904), o.S.

Abb. 35: Gustav Klimt: „Wasserschlangen (Freundinnen I)," Öl auf Leinwand, 50/20cm, 1904/07. In: Partsch, Susanna: Klimt. Leben und Werk. München 1992, S. 77.

Abb. 36: Max Ernst: „Fascinant cyprès." Detail, 1940. In: Sprengel-Museum Hannover (Hg.): Die Erfindung der Natur: Max Ernst, Paul Klee, Wols und das surrealistische Universum. Rombach 1994, S. 212.

Abb. 37: Max Ernst: „Die Töchter des Malers." Öl auf Leinwand, 72/60cm, Detail, 1940, Detail. In: Spies, Werner (Hg.): Max Ernst: Retrospektive zum 100. Geburtstag. München 1991, S. 237, Abb. 209.

Abb. 38: Erika Orysik: „Astronauten," 1971. In: Baukus, Peter: Neurobiologische Grundlagen der Kunsttherapie. Vorgestellt am Beispiel der Schizophrenie. In: Ders.; Thies, Jürgen (Hg.): Aktuelle Tendenzen in der Kunsttherapie. Stuttgart 1993, S. 1.

Abb. 39: Bildvergleich von Alfred Bader (1989). Links: Zeichnung eines schizophrenen Patienten, zu Beginn einer Remissionsphase angefertigt. Rechts: Vibrationsbild einer Flüssigkeitsschicht, die durch einen Ton in Bewegung versetzt wurde, Details. In: Bader, Alfred: Kreativität und Wahnsinn. In: Bianchi, Paolo (Hg.): Bild und Seele. Über Art-Brut und Outsider-Kunst. Kunstforum International, Bd. 101, Juni 1989, S. 131.

Abb. 40: Eduard Daege: „Die Erfindung der Malerei," Öl auf Leinwand, 176,5/135,5cm, 1832. In: Wenk, Silke: Mythen von Autorschaft und Weiblichkeit. In: Hoffmann-Curtius, Kathrin; Dies. (Hg.): Mythen von Autorschaft und Weiblichkeit im 20. Jahrhundert. Beiträge der 6. Kunsthistorikerinnen-Tagung in Tübingen 1996. Marburg 1977, S. 19.

Abb. 41: Moore, Henry: „Minerva, Prometheus und Pandora," Lithografie, 31,1/24,1cm, 1950. In: Wenk, Silke: Versteinerte Weiblichkeit. Allegorien in der Skulptur der Moderne. Köln, Weimar, Wien 1996, o.S., Abb. 57.

Abb. 42: Moore, Henry: „Pandora und die eingesperrten Statuen," Lithografie, 31,4/22,2cm, 1950. In: Wenk, Silke: Versteinerte Weiblichkeit. Allegorien in der Skulptur der Moderne. Köln, Weimar, Wien 1996, o.S., Abb. 56.

Abb. 43: Paul Klee: „Die Büchse der Pandora," Aquarell und Federzeichnung auf Briefpapier, 27,8/18,6cm, 1920. In: Paul-Klee-Stiftung; Kunstmuseum Bern (Hg.): Paul Klee. Bd. 3, 1919-1922, Bern 1999, S. 229, Nr. 2500.

Abb. 44: Paul Klee: „Schlechte Musik-Kapelle," aquarellierte Ölfarbezeichnung, 1920. In: Paul-Klee-Stiftung; Kunstmuseum Bern (Hg.): Paul Klee. Bd. 3, 1919-1922. Bern 1999, S. 230, Nr. 2504.

Abb. 45: Dante Gabriel Rossetti: „Pandora," farbige Kreide auf Papier, 1879. In: Sturm, Hermann (Hg.): Kunstforum International, Pandoras Box: Design. Bd. 130, Köln 1995, S. 73.

Abb. 46: Hans Memling; „Der Schrein der Heiligen Ursula," Reliquienschrein, Holzkonstruktion, Ölfarbe, vor 1489. In: Lambotte, Paul: Hans Memling. Der Meister des Schreins der Heiligen Ursula. Wien 1939, o.S., Abb. 2.

Abb. 47: Regnard, P.: Angeordnete Fotografien von Augustine aus der „Iconographie photographique de la Salpêtrière." Bd. 2, Paris 1878. In: Braun, Christina von: Nicht Ich. Logik, Lüge, Libido. Frankfurt a.M. 1994, S. 373.

Abb. 48: Cindy Sherman: Abb. 48.1 (oben links): Untitled #216, 221/142,2cm, 1989; Abb. 48.2 (oben rechts) Untitled #129, 88,3/59,7cm, 1983; Abb. 48.3 (unten links) Untitled #300, 200,7/134,6cm. 1994; Abb. 48.4: (unten rechts) Untitled #6, 25,4/20,3cm, 1977: In: Zdenek, Felix; Schwander, Martin (Hg.): Cindy Sherman, Photoarbeiten 1975-1995. München, Paris, London 1995, o.S., Nr. 22, 55, 60, 77.

Abb. 49: Ursula Schultze-Bluhm in der Rauminstallation „Ursula-Pelz-Haus," Environment, Assemblage, Holzteile, Eisengerüst u. Möbel bepelzt, 315/250/204cm, PR-Aufnahme, 1970. In: Fehlemann, Sabine; u.a.; Von der Heydt Museum Wuppertal (Hg.): Ursula. Erweitertes Katalog-Buch zur Retrospektive 1992-1993 im Von der Heydt-Museum Wuppertal, Stadtmuseum Köln und der Kunsthalle Bremen. München 1992, S. 201.

Abb. 50: Ursula Schultze-Bluhm zwischen teilassemblierten Schaumstoffköpfen, PR-Aufnahme, o.J. In: Museum Bochum, Kunstsammlung; u.a. (Hg.): Ursula, Bilder, Objekte, Zeichnungen. Bochum 1979, o.S.

Abb. 51: Ursula Schultze-Bluhm in „Der große Schrank der Pandora", geöffneter Mittelteil, Altarinstallation, Assemblage, 89/144/29,5cm, PR-Aufnahme, 1966. In: Fehlemann, Sabine; u.a.; Von der Heydt Museum Wuppertal (Hg.): Ursula. Erweitertes Katalog-Buch zur Retrospektive 1992-1993 im Von der Heydt-Museum Wuppertal, Stadt-

Stadtmuseum Köln und der Kunsthalle Bremen. München 1992, S. 202.

Abb. 52: Ursula Schultze-Bluhm: „Pandora-Kasten, sprechend", 44/84/ 63,5 cm, Objektinstallation, Assemblage, Öl auf Holz, 1966. In: Galerie Dieter Brusberg (Hg.): Ursula, neue Bilder, Objekte, Bronzen, Collagen, Zeichnungen. Hannover 1967, S. 14.

Abb. 53: Ursula Schultze-Bluhm: „C'est moi", Objektinstallation, Assemblage, 1966. In: Brockhaus. Die Enzyklopädie in 24 Bänden. 20. überarbeitete und aktualisierte Auflage, Bd. 24, Leipzig, Mannheim 1999, S. 669.

Abb. 54: Spiegelbild Ursula Schultze-Bluhms im Mittelteil der Altarinstallation „Der große Schrank der Pandora", 1966, Aufnahme von 1966. In: Galerie Dieter Brusberg (Hg.): Ursula, neue Bilder, Objekte, Bronzen, Collagen, Zeichnungen. Hannover 1967, S. 7

Abb. 55: Ursula Schultze-Bluhm und ihr Spiegelbild vor der Altarinstallation „Der große Schrank der Pandora", 1966, Ateliersituation mit weiteren künstlerischen Arbeiten im Vordergrund, PR-Aufnahme von 1966. In: Galerie Dieter Brusberg (Hg.): Ursula, neue Bilder, Objekte, Bronzen, Collagen, Zeichnungen. Hannover 1967, S. 4.

Literatur

Althoff, Gabriele: Weiblichkeit als Kunst. Die Geschichte eines kulturellen Deutungsmusters. Stuttgart 1991.

Angerer, Marie-Luise (Hg.): The Body of Gender. Körper, Geschlecht, Identitäten. Wien 1995.

Angerer, Marie-Luise: Feministische Positionen in Kunst und Medientheorie. In: Schade, Sigrid; Tholen, Georg Christoph (Hg.): Konfigurationen ... a.a.O.

Angerer, Marie-Luise: Zwischen Ekstase und Melancholie: Der Körper in der neueren feministischen Diskussion. In: L'homme. Zeitschrift für feministische Geschichtswissenschaft. Jg. 5, H. 1.

Aragon, Louis; Breton, André: Le cinquantenaire de l'hystérie. In: La Révolution surréaliste, No. 11, 15.03.1928.

Bachmayer, Hans Matthäus (Hg.): Art-Brut. Eine andere Kunst – Blickfeld und Wirkung. Ausstellungskatalog Kunstverein Augsburg, Augsburg 1993.

Bachmayer, Renate; Galerie im Ganserhaus Wasserburg am Inn (Hg.): Cobra, Spur, Wir, Geflecht, Kollektiv Herzogenstraße. Ausstellungskatalog, München 1984.

Bader, Alfred: Kreativität und Wahnsinn. In: Bianchi, Paolo (Hg.): Bild und Seele ... a.a.O.

Bader, Alfred: Zugang zur Bildnerei der Schizophrenen vor und nach Prinzhorn. In: Confinia Psychiatrica. Grenzgebiete der Psychiatrie. Vol. 15, München 1972.

Bader, Alfred; Navratil, Leo: Zwischen Wahn und Wirklichkeit. Kunst, Psychose, Kreativität. Frankfurt a.M. 1976.

Barta, Ilsebill; Hammer-Tugendhat, Daniela; u.a. (Hg.): Frauen – Bilder, Männer – Mythen. Kunsthistorische Beiträge. Berlin 1987.

Barthes, Roland: Das semiologische Abenteuer. Frankfurt a.M. 1988.

Barthes, Roland: Der entgegenkommende und der stumpfe Sinn. Frankfurt a.M. 1990.

Barthes, Roland: Der Tod des Autors. In: Jannidis, Fotis; Lauer, Gerhard; u.a. (Hg.): Texte zur Theorie der Autorschaft. Stuttgart 2000.

Barthes, Roland: Mythen des Alltags. Frankfurt a.M. 1996.

Barz, Sabine; u.a. (Hg.): KörperBilder – KörperPolitiken. In: Kea, Zeitschrift für Kulturwissenschaften, Ausgabe 11, Bremen 1998.

Baukus, Peter: Das Schöpferische und die Biologie der Kunst: Kreativität – Selbstorganisation – Produktivität. Überlegungen zum Schöpferischen aus der Sicht von Neurobiologie und evolutionärer Erkenntnistheorie. In: Faust, Jürgen; Marburg, Fritz (Hg.): Zur Universalität des Schöpferischen. Münster, Hamburg 1994.

Baukus, Peter: Neurobiologische Grundlagen der Kunsttherapie. Vorgestellt am Beispiel der Schizophrenie. In: Ders.; Thies, Jürgen (Hg.): Aktuelle Tendenzen in der Kunsttherapie. Stuttgart 1993.

Baumeister, Willi; Das Unbekannte in der Kunst. Stuttgart 1947.

Baumgart, Silvia; Fend, Mechthild; u.a. (Hg.): Denkräume zwischen Kunst und Wissenschaft. Berlin 1993.

Belgin, Tayfun: Was ist Informel. Eine Annäherung über Bildkategorien. In: Ders.: Informel ... a.a.O.

Below, Irene: ‚Frauen, die malen, drücken sich vor der Arbeit'. Geschlechtliche Arbeitsteilung und ästhetische Produktivität von Frauen. In: Staudte, Adelheid (Hg.): Frauen Kunst Pädagogik. Frankfurt a.M. 1991.

Benkert, Otto; Gorsen, Peter (Hg.): Von Chaos und Ordnung der Seele. Ein interdisziplinärer Dialog über Psychiatrie und moderne Kunst. Berlin, Heidelberg, New York, u.a. 1990.

Berger, Renate (Hg.): ‚Und ich sehe nichts, nichts als die Malerei'. Autobiographische Texte von Künstlerinnen des 18.-20. Jahrhunderts. Frankfurt a.M. 1989.

Berger, Renate: Malerinnen auf dem Weg ins 20. Jahrhundert. Kunstgeschichte als Sozialgeschichte. Köln 1982.

Berger, Renate: Metamorphose und Mortifikation. Die Puppe. In: Dies.; Stephan, Inge (Hg.): Weiblichkeit und Tod in der ... a.a.O.

Berger, Renate: Pars pro toto: Zum Verhältnis von künstlerischer Freiheit und sexueller Integrität. In: Hammer-Tugendhat, Daniela (Hg.): Der Garten der ... a.a.O.

Berger, Renate; Stephan, Inge (Hg.): Weiblichkeit und Tod in der Literatur. Köln 1987.

Bernard Schultze: Zu meiner Malerei. In: Kestner-Gesellschaft Hannover (Hg.): Bernard Schultze ... a.a.O.

Bettinger, Elfi; Funk, Julika: Weiblichkeit als Maskerade und der Fetisch Phallus. In: Die Philosophin. Forum für feministische Theorie und Philosophie. Fetisch Frau. Jg. 7, H. 13, Mai 1996.

Bettinger, Elfi; Funkt, Julika (Hg.): Maskeraden. Geschlechterdifferenz in der literarischen Inszenierung. Berlin 1995.

Bey, Katja van der: Maler und Hausputz im deutschen Wirtschaftswunder. Künstlermythen der Nachkriegszeit zwischen „Kulturnation" und „Wirtschaftsnation". In: Hoffmann-Curtius, Kathrin; Wenk, Silke (Hg.): Mythen von Autorschaft und ... a.a.O.

Bianchi, Paolo (Hg.): Bild und Seele. In: Kunstforum International, Bd. 101, Juni 1989.

Bianchi, Paolo (Hg.): Outside USA I. In: Kunstforum International, Bd. 112, März, April 1991.

Billeter, Fritz: Outside, Streiflichter zur Geschichte moderner Schweizer Kunst. Zürich 1980.

Bisanz-Prakken, Marian: Gustav Klimt. Heiliger Frühling, Gustav Klimt und die Anfänge der Wiener Secession 1995-1905. Wien 1999.

Bischoff, Cordula; u.a. (Hg.): FrauenKunstgeschichte. Zur Korrektur des Herrschenden Blicks. Gießen 1984.

Blossfeldt, Karl: Urformen der Kunst. Dortmund 1928.

Bohnenblust, Gottfried; u.a. (Hg.): Carl Spitteler, Gesammelte Werke. Bd. 1 u. Geleitband, Zürich 1945 u. 1958.

Borchmeyer, Dieter; Huber, Peter (Hg.): Johann Wolfgang Goethe. Dramen 1791-1832. In: Johann Wolfgang Goethe. Sämtliche Werke, Briefe, Tagebücher und Gespräche. Bd. 6, Frankfurt a.M. 1993.

Bovenschen, Silvia: Die imaginierte Weiblichkeit. Exemplarische Untersuchungen zu kulturgeschichtlichen und literarischen Präsentationsformen des Weiblichen. Frankfurt a.M. 1979.

Brand-Claussen, Bettina: Das „Museum für psychopathologische Kunst" in Heidelberg. Von den Anfängen bis 1945. In: Hayward Gallery (Hg.): Wahnsinnige Schönheit ... a.a.O.

Brand-Claussen, Bettina: Der Revolutionär für ewige Dinge und die Irrenkunst. In: Kreuzlin, Ulrike; Ulmer Verein für Kunst- und Kulturwissenschaften (Hg.): Kritische Berichte. Zeitschrift für Kunst- und Kulturwissenschaften. 1/1996.

Brand-Claussen, Bettina: Die Prinzhorn-Sammlung und die Legende vom autonomen Irrenkünstler. In: Hoffmann, Detlef (Hg.): Die Bildnerei der ... a.a.O.

Brandstetter, Gabriele: Körper-Masken – Sprach-Maske. Inszenierung von Weiblichkeit in Werken von Arthur Schnitzler, Rebecca Horn, Magny Marin. In: Bettinger, Elfi; Funk, Julika (Hg.): Maskeraden ... a.a.O.

Brandt, Thomas: Von der Reduktion zum Wachstum. Vom Wandel geometrischer Formen in den 30er Jahren. In: Kunstsammlung Nordrhein-Westfalen (Hg.): „ ... und nicht die leiseste Spur einer Vorschrift." Positionen unabhängiger Kunst um 1937. Düsseldorf 1987.

Braun, Christina von: „Ceci n'est pas une femme". Blick und Berührung. In: Wildwasser Bielefeld e.V. (Hg.): Der aufgestörte Blick. Multiple Persönlichkeiten, Frauenbewegung und Gewalt. Erweiterter Sammelband zum ersten Bundesdeutschen Kongress in Bielefeld mit dem Schwerpunkt Persönlichkeitsspaltung 29.9.-1.10.1994, Bielefeld 1997.

Braun, Christina von: Der Mythos der ‚Unversehrtheit' in der Moderne: Zur Geschichte des Begriffs ‚Die Intellektuellen'. In: Amstutz, Nathalie; Kuoni, Martina (Hg.): Theorie – Geschlecht – Fiktion. Frankfurt a.M. 1994.

Braun, Christina von: Nicht ich: Logik, Lüge, Libido. Frankfurt a.M. 1994.

Braun, Christina von: Zum Begriff der Reinheit. In: Metis, Zeitschrift für historische Frauenforschung und feministische Praxis. H. 11: Reinheit, Jg. 6, 1997.

Braun, Christina von; Stephan, Inge (Hg.): Gender Studien. Eine Einführung. Stuttgart, Weimar 2000.

Braun, Joseph: Tracht und Attribute der Heiligen in der deutschen Kunst. Stuttgart 1943

Braunfels, Wolfgang von (Hg.): Lexikon der christlichen Ikonographie. Bd. 8, Rom, Freiburg, u.a. 1976.

Brecht, Bertold: Stücke aus dem Exil. Bd. 4, Berlin 1962.

Breidbach, Olaf: Kurze Anleitung zum Bildgebrauch. In: Haeckel, Ernst: Kunstformen der Natur ... a.a.O.

Breitenbach, Wilhelm (Hg.): Haeckel, Ernst: Die Natur als Künstlerin. Formenschatz der Schöpfung. Berlin 1913.

Breton, André: Die Manifeste des Surrealismus. Reinbek b. Hamburg 1968.

Bromig, Christian: Biomorphismus oder Anthropozentrismus? In: Kritische Berichte. Zeitschrift für Kunst- und Kulturwissenschaften. Jg. 19, H. 2, 1991.

Bronfen, Elisabeth: Das andere Selbst der Einbildungskraft: Cindy Shermans hysterische Performanz. In: Zdenek, Felix; Schwander, Martin (Hg.): Cindy Sherman. Photoarbeiten 1975-1995. München 1995.

Bronfen, Elisabeth: Die schöne Leiche. Weiblicher Tod als motivische Konstante von der Mitte des 18. Jahrhunderts bis in die Moderne. In: Berger, Renate; Stephan, Inge (Hg.): Weiblichkeit und Tod in der ... a.a.O.

Bronfen, Elisabeth: Nur über ihre Leiche: Tod, Weiblichkeit und Ästhetik. München 1994.

Bronfen, Elisabeth: Weiblichkeit und Repräsentation – aus der Perspektive von Ästhetik, Semiotik und Psychoanalyse. In: Bußmann, Hadumod; Hof, Renate (Hg.): Genus – zur Geschlechterdifferenz ... a.a.O.

Brugger, Ingrid (Hg.): Jahrhundert der Frauen. Vom Impressionismus zur Gegenwart. Österreich 1870 bis heute. Wien 1999.

Budde, Rainer: Spuren im Labyrinth. In: Weiss, Evelyn (Hg.): Bernard Schultze ... a.a.O.

Bußmann, Hadumod; Hof, Renate (Hg.): Genus – zur Geschlechterdifferenz in den Kulturwissenschaften. Stuttgart 1995.

Butler, Judith: Das Unbehagen der Geschlechter. Frankfurt a.M. 1991.

Butler, Judith: Körper von Gewicht. Die diskursiven Grenzen des Geschlechts. Berlin 1995.

Butler, Judith: Psyche der Macht. Das Subjekt der Unterwerfung. Frankfurt a.M. 2001.

Caduff, Corina; Weigel, Sigrid (Hg.): Das Geschlecht der Künste. Köln, Weimar, Wien, 1996.

Catoir, Barbara: Individuelle Mythologien. In: Das Kunstwerk. Zeitschrift für Bildende Kunst. Jg. 2, Stuttgart 1974.

Centre Georges Pompidou (Hg.): feminimasculin. Le sexe de l'art. Paris 1995.

Christadler, Maike; Keim, Christiane; u.a. (Hg.): Frauen Kunst Wissenschaft: Femme fatale, Entwürfe. Halbjahreszeitschrift, H. 19, 1995.

Colomina, Beatriz (Hg.): Sexuality and Space. Princeton Papers on Architecture. 1/1992.

Conrad, Judith; Konnertz, Ursula (Hg.): Weiblichkeit in der Moderne. Ansätze feministischer Vernunftkritik. Tübingen 1986.

Deicher, Susanne (Hg.): Die weibliche und die männliche Linie. Das imaginäre Geschlecht der modernen Kunst von Klimt bis Mondrian. Berlin 1993.

Deutsches Schauspielhaus Hamburg (Hg.): Lulu. Erstabdruck von Wedekinds Urauffassung, genannt „Die Büchse der Pandora. Eine Monstertragödie“ in der Bearbeitung für die Hamburger Aufführung von Peter Zadek. Münster 1988.

Dexeus, Victòria Combalia: Tàpies. Braunschweig 1990.

Diener, Gottfried: Pandora – Zu Goethes Metaphorik. Entstehung, Epoche, Interpretation des Festspiels. In: Burger, Heinz-Otto; See, Klaus von (Hg.): Frankfurter Beiträge zur Germanistik. Bd. 5, Berlin, Zürich 1968.

Dinter, Annegret: Der Pygmalion-Stoff in der europäischen Literatur: Rezeptionsgeschichte einer Ovid-Fabel. Heidelberg 1979.

Documenta 5. Befragung der Realität, Bildwelten heute. Neue Galerie Schöne Aussicht, Museum Fridericianum Friedrichsplatz. Kassel 30.6.-8.10.1972. Ausstellungskatalog, Gütersloh 1972.

Douglas, Caroline: Inside out – das Innere zuerst. In: Hayward Gallery (Hg.): Wahnsinnige Schönheit ... a.a.O.

Douglas, Mary: Reinheit und Gefährdung. Frankfurt a.M. 1988.

Drost, Ralf: Pandora, Eva, Tod und Mädchen, Passante. Diskursstudie zum Wandel der Schmückungs- und Modekritik im alteuropäischen und neuzeitlichen Denken. Köln 1997.

Dubuffet, Jean: Antikulturelle Standpunkte. In: Franzke, Andreas: Jean Dubuffet ... a.a.O.

Dubuffet, Jean: Rohe Kunst statt kultureller Künste. In: Presler, Gerd: L'Art-Brut. Kunst zwischen ... a.a.O.

Dubuffet, Jean: Vorwort zum Katalog einer Ausstellung in der Galerie „Les Mages", Vence 1959. In: Presler, Gerd: L'Art-Brut. Kunst zwischen Genialität ... a.a.O.

Duda, Sybille; Pusch, Luise F.: (Hg.): WahnsinnsFrauen. Frankfurt a.M. 1992.

Dustmann, Ursula: Wesen und Form des Goetheschen Festspiels. Köln 1963.

Ecker, Gisela: Hortus conclusus. Weiblicher Körper und allegorischer Raum in der Literatur der Moderne. In: Schade, Sigrid; Wagner, Monika; Weigel, Sigrid (Hg.): Allegorien und Geschlechterdifferenz ... a.a.O.

Eibl-Eibesfeldt, Irenäus: Ernst Haeckel. Der Künstler im Wissenschaftler. In: Haeckel, Ernst: Kunstformen der Natur ... a.a.O.

Eiblmayr, Silvia: Die Frau als Bild. Der weibliche Körper in der Kunst des 20. Jahrhunderts. Berlin 1993.

Eiblmayr, Silvia: Gewalt am Bild – Gewalt im Bild. Zur Inszenierung des weiblichen Körpers in der Kunst des 20. Jahrhunderts. In: Lindner, Ines; u.a. (Hg.): Blick-Wechsel: Konstruktionen von Männlichkeit und ... a.a.O.

Eiblmayr, Silvia; Export, Valie; Prischl-Maier, Monika (Hg.): Kunst mit Eigen-Sinn. Aktuelle Kunst von Frauen. Texte und Dokumentation. Wien, München 1985.

Eiblmayr, Silvia; u.a. (Hg.): Die verletzte Diva. Hysterie, Körper, Technik in der Kunst des 20. Jahrhunderts. München 2000.

Eromäki, Anlikki; Herter, Renate; Wagner-Kantuser, Ingrid: Zur Situation von Frauen im Kunstbetrieb. Dokumentation eines Seminar- und Forschungsprojektes an der Hochschule der Künste, Berlin 1983-1989. Berlin 1989.

Evers, Ulrike: Deutsche Künstlerinnen des 20. Jahrhunderts. Malerei, Bildhauerei, Tapisserie. Hamburg 1983.

Export, Valie: Das Reale und sein Double: Der Körper. Bern 1987.

Fehlemann, Sabine; u.a.; Van der Heydt Museum Wuppertal (Hg.): Ursula, Retrospektive, Werke 1951-1992. Ausstellungskatalog, München 1992.

Felka, Rilke: Desublimation. In: Neue Gesellschaft für Bildende Kunst e.V. (Hg.): Unica Zürn ... a.a.O.

Fink, Gerhard: Pandora und Epimetheus. Mythologische Studien. München 1959.

Fischer, Roland: Über das Rhythmisch-Ornamentale im Halluzinatorisch-Schöpferischen. In: Confinia Psychiatrica. Grenzgebiete der Psychiatrie. Vol. 13, München 1974.

Fischer-Homberger, Esther: Krankheit Frau und andere Arbeiten zur Medizingeschichte der Frau. Stuttgart, Wien 1979.

Foucault, Michel: Archäologie des Wissens. Frankfurt a.M. 1981.

Foucault, Michel: Der Wille zum Wissen. In: Ders.: Sexualität und Wahrheit. Bd. I, Frankfurt a.M. 1977.

Foucault, Michel: Die Ordnung des Diskurses. Frankfurt a.M. 1994.

Foucault, Michel: Dispositive der Macht. Über Sexualität, Wissen und Wahrheit. Berlin 1978.

Foucault, Michel: Überwachen und Strafen. Die Geburt des Gefängnisses. Frankfurt a.M. 1977.

Foucault, Michel: Wahnsinn und Gesellschaft. Eine Geschichte des Wahns im Zeitalter der Vernunft. Frankfurt a.M. 1973.

Foucault, Michel: Was ist ein Autor? In: Ders.: Schriften zur Literatur. Frankfurt, Berlin, Wien 1979.

Frank, Susi; Lachmann, Renate (Hg.). Mystifikation – Autorschaft – Original. Literatur und Anthropologie. Bd. 9, Tübingen 2001.

Franzke, Andreas: Jean Dubuffet. Basel 1975.

Franzke, Andreas: Tapies. München 1992.

Franzke, Andreas: Zur wilden Anomalie der Art-Brut. Von der antikulturellen Position zur Verrückung des Normalen. In: Bachmayer, Hans Matthäus (Hg.): Art-Brut. Eine andere Kunst ... a.a.O.

Franzke, Andreas; Schwarz, Michael: Antoni Tàpies. Werk und Zeit. Stuttgart 1979.

Freud, Sigmund: Analyse der Phobie eines fünfjährigen Knaben In: Freud, Anna (Hg.): Gesammelte Werke, Bd. 7 (1906-1909).

Freud, Sigmund: Aus der Geschichte einer infantilen Neurose. In: ebd. Bd. 12 (1917-1920).

Freud, Sigmund: Bemerkungen zur Theorie und Praxis der Traumdeutung. In: ebd. Bd. 13 (1920-1924).

Freud, Sigmund: Bruchstück einer Hysterie-Analyse. In: ebd. Bd. 5 (1904-1905).

Freud, Sigmund: Das Motiv der Kästchenwahl. In: ebd. Bd. 10 (1913-1917).

Freud, Sigmund: Das Tabu der Virginität. In: ebd. Bd. 12 (1917-1920).

Freud, Sigmund: Das Unbewusste. In: ebd. Bd. 10 (1913-1917).

Freud, Sigmund: Das Unheimliche. In: ebd. Bd. 12 (1917-1920).

Freud, Sigmund: Die ‚kulturelle' Sexualmoral und die moderne Nervosität. In: ebd. Bd. 7 (1906-1909).

Freud, Sigmund: Die Disposition der Zwangsneurose. In: ebd. Bd. 8 (1909-1913).

Freud, Sigmund: Die Frage der Laienanalyse. In: ebd. Bd. 14 (1925-1931).

Freud, Sigmund: Die Traumdeutung. In: ebd. Bd. 2/3 (1900-1935).

Freud, Sigmund: Die Verdrängung. In: ebd. Bd. 10 (1913-1917).

Freud, Sigmund: Die Zukunft einer Illusion. In: ebd. Bd. 14 (1925-1931).

Freud, Sigmund: Drei Abhandlungen der Sexualtheorie. In: ebd. Bd. 5 (1904-1905).

Freud, Sigmund: Fetischismus. In: ebd. Bd. 14 (1925-1931).

Freud, Sigmund: Neue Folge der Vorlesungen zur Einführung in die Psychoanalyse. In: ebd. Bd. 15 (1932).

Freud, Sigmund: Studien über Hysterie. In:ebd. Bd. 1 (1892-1899).

Freud, Sigmund: Totem und Tabu. In: ebd. Bd. 9 (1912).

Freud, Sigmund: Triebe und Triebschicksale. In: ebd. Bd. 10 (1912).

Freud, Sigmund: Über die weibliche Sexualität. In: ebd. Bd. 14 (1925-1931).

Freud, Sigmund: Über infantile Sexualtheorien. In: ebd. Bd. 7 (1906-1909).

Freud, Sigmund: Vorlesungen zur Einführung in die Psychoanalyse. In: ebd. Bd. 11 (1916-1917).

Galerie Dieter Brusberg (Hg.): Ursula. Neue Bilder, Objekte, Bronzen, Collagen, Zeichnungen. Hannover 1967.

Galerie Renè Drouin (Hg.): L'Art-Brut. Ausstellungskatalog, Paris 1949.

Ganoczy, Alexandre; Schmid, Johannes: Schöpfung und Kreativität. In: Texte zur Religionswissenschaft und Theologie. Bd. 3, Düsseldorf 1980.

Gauthier, Xavière: Surrealismus und Sexualität. Inszenierung der Weiblichkeit. Berlin 1980.

Gerhardt, Marlis: Kein bürgerlicher Stern, nichts, nichts konnte mich je beschwichtigen. Essay zur Kränkung der Frau. Neuwied, Darmstadt 1982.

Gesamthochschule Kassel (Hg.): Fragmente. Schriftenreihe für Kultur-, Medien- und Psychoanalyse. Zwiespalt der Geschlechter. H. 34, 12/1990.

Girard, René: Das Heilige und die Gewalt. Frankfurt a.M. 1992.

Glaesemer, Jürgen: Paul Klee. Handzeichnungen II, 1921-1936. Kunstmuseum Bern.

Goethe, Johann-Wolfgang von: „Festspiel Pandora“ (1807-1808).

Gölter, Waltraud: im Gespräch mit Julia Kristeva. In: Gesamthochschule Kassel (Hg.): Fragmente. Schriftenreihe für Kultur-, Medien- und Psychoanalyse. Melancholie und Trauer. H. 44/45, Juli 1994.

Gombrich, Ernst-H.: Ornament und Kunst. Schmucktrieb und Ordnungssinn in der Psychologie des dekorativen Schaffens. Stuttgart 1982.

Gordon, Donald E.: Deutscher Expressionismus. In: Rubin, William (Hg.): Primitivismus in der Kunst des zwanzigsten ... a.a.O.

Gorsen, Peter: Das Bild Pygmalions. Kunstsoziologische Essays. Reinbek bei Hamburg 1969.

Gorsen, Peter: Feminismus und ästhetische Grenzüberschreitung. In: Eiblmayr, Silvia; Export, Valie; Prischl-Maier, Monika (Hg.): Kunst mit Eigen-Sinn ... .a.a.O.

Gorsen, Peter: Kunst und Krankheit. Metamorphosen der ästhetischen Einbildungskraft. Frankfurt a.M. 1980.

Gorsen, Peter: Kunst und Psychopathologie heute. In: Internationale Gesellschaft für Psychopathologische Ausdrucksformen (Hg.): Psychopathologie und Kunst ... a.a.O.

Gorsen, Peter: Kunst und Wahn in der Perspektive des 20. Jahrhunderts. In: Thomashoff, Hans-Otto; Naber, Dieter (Hg.): Psyche und Kunst ... a.a.O.

Gorsen, Peter: Kunst, Literatur und Psychopathologie heute. In: Gadamer, Hans-Georg; Vogler, Paul (Hg.): Neue Anthropologie. Bd. 4, Stuttgart 1973.

Gorsen, Peter: Sexualästhetik, Grenzformen der Sinnlichkeit im 20. Jahrhundert. Reinbek b. Hamburg 1987.

Graphisches Kabinett (Hg.): Appel, Baumeister, Dubuffet, Jorn, Michaux, Schumacher, Tapies, Wols. Ausstellungskatalog, Bremen 1983.

Grasskamp, Walter: Die unbewältigte Moderne. Kunst und Öffentlichkeit. München 1994.

Gubrich-Simitis, Ilse (Hg.): Sigmund Freud. Das Motiv der Kästchenwahl. Faksimileausgabe, Frankfurt a.M. 1977.

Haeckel, Ernst: Kunstformen der Natur. München, New York 1998.

Haftmann, Werner: Malerei im 20. Jahrhundert. München 1955.

Hammer-Tugendhat, Daniela (Hg.): Der Garten der Lüste. Zur Deutung des Erotischen und Sexuellen bei Künstlern und ihren Interpreten. Köln 1985.

Härtel, Insa: Zur Produktion des Mütterlichen (in) der Architektur. Eine psychologische Textanalyse. Wien 1999.

Hartlaub, Gustav Friedrich: Der Genius im Kinde. Zeichnungen und Malversuche begabter Kinder. Breslau 1922.

Hassauer, Friederike (Hg.): VerRückte Rede: gibt es eine weibliche Ästhetik? Berlin 1980.

Hayward Gallery (Hg.): Wahnsinnige Schönheit Prinzhorn Sammlung. London 1997.

Heinrichs, Hans Jürgen (Hg.): Johann Jakob Bachofen. Das Mutterrecht. Eine Untersuchung über die Gynaikokratie der alten Welt nach ihrer religiösen und rechtlichen Natur. Frankfurt a.M. 1975.

Heinrichs, Hans-Jürgen: Wilde Künstler. Über Primitivismus, Art-Brut und die Trugbilder der Identität. Hamburg 1995.

Held, Jutta (Hg.): Kunst und Kultur von Frauen: weiblicher Alltag, weibliche Ästhetik in Geschichte und Gegenwart. Tagungsdokumentation der Evangelischen Akademie Loccum, 11.-13.01.1985. Rehburg-Loccum 1988.

Held, Jutta: Marienbild und Volksfrömmigkeit. Zur Funktion der Marienverehrung im Hoch- und Spätmittelalter. In: Barta, Ilsebill; Hammer-Tugendhat, Daniela; u.a. (Hg.): Frauen – Bilder, Männer ... a.a.O.

Hentschel: Linda: Pornotopische Techniken des Betrachtens. Raumwahrnehmung und Geschlechterordnung in visuellen Apparaten der Moderne. In: Studien zur visuellen Kultur. Bd. 2, Marburg 2001.

Hermann, Ursula: Herkunftswörterbuch. Etymologie, Geschichte, Bedeutung. Gütersloh, München 1994.

Hof, Renate: Die Entwicklung der Gender Studies. In: Bußmann, Hadumod; Hof, Renate (Hg.): Genus – zur Geschlechterdifferenz ... a.a.O.

Hoffmann, Detlef (Hg.): Die Bildnerei der Geisteskranken. Kunst von Außenseitern im Spannungsfeld der modernen Kunst. In: Evangelische Akademie (Hg.): Loccumer Protokolle 70/99, Tagungsdokumentation, 3.-5.12.1999. Rehburg-Loccum 2001.

Hoffmann-Curtius, Kathrin; Wenk, Silke (Hg.): Mythen von Autorschaft und Weiblichkeit im 20. Jahrhundert. Beiträge der 6. Kunsthistorikerinnen-Tagung 1996, Marburg 1997.

Hofstätter, Hans, H.: Symbolismus und die Kunst der Jahrhundertwende. Köln 1965.

Hölscher, Thomas: Art-Brut und Art Culturel: In: Bachmayer, Hans Matthäus (Hg.): Art-Brut. Eine andere Kunst ... a.a.O.

Hubrath, Margarete (Hg.): Geschlechter-Räume. Konstruktionen von ‚gender' in Geschichte, Literatur und Alltag. Köln, Weimar, Wien 2001.

Hulten, Pontus: Besessenheit und Lust an der Arbeit. In: Kunst- und Ausstellungshalle der Bundesrepublik Deutschland GmbH (Hg.): Niki de Saint-Phalle. Ausstellungskatalog, 19.6.-1.11.1992, o.O. 1992.

Hunger, Herbert: Lexikon der griechischen und römischen Mythologie. Wien 1959.

Ingold, Felix Philipp; Wunderlich, Werner (Hg.): Fragen nach dem Autor. Positionen und Perspektiven. Konstanz 1992.

Internationale Gesellschaft für Psychopathologische Ausdrucksformen (Hg.): Psychopathologie und Kunst. VI. Internationales Kolloquium der Société Internationale de Psychopathologie de l'Expression, Paris. Linz 1969.

Jannidis, Fotis; Lauer, Gerhard; u.a. (Hg.): Texte zur Theorie der Autorschaft. Stuttgart 2000.

Joachimides, Christos M.; Rosenthal, Norman; Schmied, Wieland (Hg.): Deutsche Kunst im 20. Jahrhundert. Malerei und Plastik 1905-1985. München 1986.

Jochimsen, Margarete: Das Verhältnis der Geschlechter. Bonn 1989.

Kamper, Dietmar; Wulf, Christoph (Hg.): Das Heilige. Seine Spur in der Moderne. Frankfurt a.M. 1987.

Kämpf-Jansen: Helga: Kitsch – oder ist die Antithese der Kunst weiblich? In: Barta, Ilsebill; Hammer-Tugendhat, Daniela; u.a. (Hg.): Frauen - Bilder, Männer ... a.a.O.

Kestner Gesellschaft Hannover; u.a. (Hg.): Asgar Jorn. Hannover 1973.

Kestner-Gesellschaft Hannover (Hg.): Bernard Schultze. Katalog 3, Hannover 1966.

Kluge, Friedrich: Etymologisches Wörterbuch der deutschen Sprache. Berlin 1995.

Koebner, Thomas; Peckerodt, Gerhard (Hg.): Die andere Welt. Studien zum Exotismus. Frankfurt a.M. 1987.

Kohlschmidt, Werner: Form und Innerlichkeit. Beiträge zur Geschichte und Wirkung der deutschen Klassik und Romantik. München 1955.

Kohn-Wächter, Gudrun (Hg.): Schrift der Flammen. Opfermythen und Weiblichkeitsentwürfe im 20. Jahrhundert. Berlin 1991.

Kolter, Kerstin: Frauen zwischen ‚angewandter' und ‚freier' Kunst. Sonia Delaunay in der Kritik. In: Lindner, Ines; u.a. (Hg.): Blick-Wechsel: Konstruktionen von Männlichkeit und ... a.a.O.

Konnertz, Ursula (Hg.): Weibliche Ängste. Ansätze feministischer Vernunftkritik. Tübingen 1989.

Kraus, Karl: Die Büchse der Pandora. In: Ders. (Hg.): Die Fackel. Vierteljahresschrift, Wien 1925.

Krauss, Heinrich; Uthemann, Eva: Was Bilder erzählen. Die klassischen Geschichten aus Antike und Christentum in der abendländischen Malerei. München 1987.

Kris, Ernst; Kurz, Otto: Die Legende vom Künstler. Ein geschichtlicher Versuch. Frankfurt a.M. 1980.

Kristeva, Julia: Die Revolution der poetischen Sprache. Frankfurt a.M. 1978 (Paris 1974).

Kristeva, Julia: Pouvoir de l'horreur. Paris 1980.

Kristeva, Julia: Produktivität der Frau. Interview mit Eliane Boucqney (1975). In: Alternative. Zeitschrift für Literatur und Diskussion. 19. Jg., Nr. 108/109, 1976.

Kröger, Michael: „ ... gleichsam biologische Urzeichen ..." Die Erfindung biomorpher Natur in Malerei und Fotografie der dreißiger Jahre. In: Hoberg, Annegret; u.a. (Hg.): Kritische Berichte. Zeitschrift für Kunst- und Kulturwissenschaften. H. 4, Jg. 18, 1990.

Kubitza, Anette: Die Macht des Ekels. Zu einer neuen Topographie des Frauenkörpers. In: Kritische Berichte. Zeitschrift für Kunst- und Kulturwissenschaften. Jg. 21, 1/1993.

Kunst- und Ausstellungshalle der Bundesrepublik Deutschland GmbH (Hg.): Niki de Saint-Phalle. Ausstellungskatalog, 19.6.-1.11.1992, o.O. 1992.

Kunsthalle Schirn (Hg.): Jean Dubuffet 1901-1985. Frankfurt a.M. 1990/91.

Kunstverein für die Rheinlande und Westfalen, Düsseldorf (Hg.): Ursula. Werke 1960-1974. Düsseldorf 1974.

Kunstverein Hamburg (Hg.): Cobra 1948-1951. Hamburg 1982.

Kunstverein Hannover (Hg.): Niki de Saint-Phalle. Werke 1962-1968. Düsseldorf 1969.

Lacan, Jacques: Das Drängen des Buchstabens im Unbewussten oder die Vernunft seit Freud. In: Haas, Norbert (Hg.): Jaques Lacan. Schriften II, Olten 1975.

Lacan, Jacques: Das Spiegelstadium als Bildner der Ichfunktion. In: Haas, Norbert (Hg.): Jaques Lacan. Schriften I, Weinheim, Berlin 1991.

Lacan, Jacques: Die Bedeutung des Phallus. In: Haas, Norbert (Hg.): Jaques Lacan. Schriften II, Olten 1975.

Lacan, Jacques: Die Familie. In: Haas, Norbert (Hg.): Jaques Lacan. Schriften III, Olten 1980.

Lacan, Jaques: Die vier Grundbegriffe der Psychoanalyse. In: Haas, Norbert (Hg.): Das Seminar von Jaques Lacan. Buch XI. Olten 1978.

Lambotte, Paul: Hans Memling, der Meister des Schreins der heiligen Ursula. Wien 1939.

Landschaftsverband Rheinland (Hg.): Bildnerei von psychisch Kranken aus der Sammlung Prinzhorn Heidelberg. Kunst und Altertum am Rhein. Führer des Rheinischen Landesmuseums in Bonn. Bonn 1973.

Laplanche, J.; Pontalis, J.-B.: Das Vokabular der Psychoanalyse. Frankfurt a.M. 1996.

Lasalle, Andrea: „ ... ob ein Frauenzimmer ‚offen' oder ‚verschlossen' ist, kann natürlich nicht gleichgültig sein." Räume und Identitäten in Sigmund Freuds „Bruchstück einer Hysterie-Analyse". In: Hubrath, Margarete (Hg.): Geschlechter-Räume ... a.a.O.

Lauretis, Teresa de: Ästhetik und feministische Theorie. In: Eiblmayr, Silvia; Export, Valie; Prischl-Maier, Monika (Hg.): Kunst mit Eigen-Sinn ... a.a.O.

Lendle, Otto; Die ‚Pandorasage' bei Hesiod. Textkritische und motivgeschichtliche Untersuchungen. Würzburg 1957.

LeVitte Harten, Doreet: Das Kommende oder Ur-sula. In: Fehlemann, Sabine; u.a.; Van der Heydt Museum Wuppertal (Hg.): Ursula, Retrospektive .a.a.O.

Lichtenstern, Christa: Im weiten Schaffen von Nietzsche und Heraklit: André Massons Verwandlungsdarstellungen in der Mythologie de la nature und verwandten Zeichnungsalben der Jahre 1938-40. In: Sprengel-Museum Hannover; u.a. (Hg.): Die Erfindung der Natur ... a.a.O.

Lichtenstern, Christa: Metamorphose in der Kunst des 19. und 20. Jahrhunderts. Bd. I/II, Weinheim 1990/92.

Lindhoff, Lena: Einführung in die feministische Literaturtheorie. Stuttgart 1995.

Lindner, Ines; Wenk, Silke; u.a. (Hg.): Blick-Wechsel. Konstruktionen von Männlichkeit und Weiblichkeit in Kunst und Kunstgeschichte. Berlin 1989.

Link-Heer, Ursula: Maniera. Überlegungen zur Konkurrenz von Manier und Stil. Vasari, Diderot, Goethe. In: Gumbrecht, Hans Ulrich; Pfeifer, K. Ludwig (Hg.): Stil. Geschichte und Funktionen eines kulturwissenschaftlichen Diskurselements. Frankfurt a.M. 1986.

Lombroso, Cesare: Genie und Irrsinn in ihren Beziehungen zum Gesetz, zur Kritik und zur Geschichte. Leipzig 1887.

Loos, Adolf: Ornament und Erziehung (1924). In: Glück, Franz (Hg.): Sämtliche Schriften – Adolf Loos. Wien, München 1962.

Lorey, Isabell: Der Körper als Text und das aktuelle Selbst: Butler und Foucault. In: Feministische Studien. Jg. 11, H. 2, November 1993.

Lötsch, Bernd: Biologie der Schönheit. Ästhetik und Architekturkritik. In: Bogner, Dieter (Hg.): Kunst und Ökologie. In: Kunstforum International, Bd. 93, März 1988.

Löw, Martina: Der Körperraum als soziale Konstruktion. In: Hubrath, Margarete (Hg.): Geschlechter-Räume ... a.a.O.

Lummerding, Susanne: ‚Weibliche' Ästhetik? Möglichkeiten und Grenzen einer Subversion von Codes. Wien 1994.

Lummerding, Susanne: Zur Illusion des Bewusstseins ‚sich sich sehen zu sehen'. In: Sturm, Martin; Tholen, Georg Christoph (Hg.): Phantasma und Phantome ... a.a.O.

Maurer, Evan: Dada und Surrealismus. In: Rubin, William (Hg.): Primitivismus in ... a.a.O., S. 546ff.

Mayer, Mathias; Neumann, Gerhard (Hg.): Pygmalion. Die Geschichte des Mythos in der abendländischen Kultur. Freiburg i.B. 1997.

Menninghaus, Winfried: Ekel. Theorie und Geschichte einer starken Empfindung. Frankfurt a.M. 1999.

Messer, Thomas: Antoni Tàpies, eine Retrospektive. Köln 1993.

Messer, Thomas; Kulturgesellschaft Frankfurt mbH (Hg.): Jean Dubuffet. Ausstellungskatalog, Frankfurt 1990.

Metken, Günter: Gustave Courbet. Der Ursprung der Welt. Ein Lust-Stück. München, New York 1997.

Meuli, Karl (Hg.): Johann Jakob Bachofens Gesammelte Werke. Das Mutterrecht. Bd. II, Basel 1948.

Moog-Grünewald, Maria: Die Frau als Bild des Schicksals. Zur Ikonologie der Femme fatale. In: Arcadia. Zeitschrift für vergleichende Literaturwissenschaft. Bd. 18, Berlin, New York 1983.

Morell, Renate (Hg.): Weibliche Ästhetik? Kunststück! Pfaffenweiler 1993.

Morgenthaler, Walter: Ein Geisteskranker als Künstler. Arbeiten zur angewandten Psychiatrie. Bern, Leipzig 1921.

Müller, Richard: Die Cobra-Periode. In: Cobra 1997-1998. Lausanne, München 1997.

Müller, Ulrich A.: Die Last des Ideals. Zum Gegensinn des Opfers. In: Gesamthochschule Kassel (Hg.): Fragmente. Schriftenreihe für Kultur-, Medien- und Psychoanalyse. Melancholie und Trauer. H. 44/45, Juli 1994.

Mulvey, Laura: Pandora, Topographies of the Mask and Curiosity. In: Colomina, Beatriz (Hg.): Sexuality and Space ... a.a.O.

Mulvey, Laura: Visuelle Lust und narratives Kino. In: Nabakowski, Gislind; Sander, Helke; Gorsen, Peter: Frauen in der Kunst ... a.a.O.

Musée Cantonal des Beaux-Arts; u.a. (Hg.): Cobra 1997-1998. Lausanne, München 1997.

Museum Bochum (Hg.): Bernard Schultze 1960-1970, o.O., 1970.

Museum Bochum; u.a. (Hg.): Ursula, Bilder, Objekte, Zeichnungen. Ausstellungskatalog, Bochum 1989.

Nabakowski, Gislind; Sander, Helke; Gorsen, Peter: Frauen in der Kunst. 2 Bde. Frankfurt a.M. 1980.

Nationalgalerie Berlin (Hg.): Willi Baumeister. Stuttgart 1989.

Navratil, Leo: Die Künstler aus Gugging. Zustandsgebundene Kunst. Wien, Berlin 1983.

Navratil, Leo: Psychose und Kreativität. In: Hippokrates 40, 1969.

Navratil, Leo: Schizophrenie und Kunst. München 1965.

Nead, Lynda: The Female Nude. Art, Obscenity and Sexuality. London, New York 1992.

Neue Gesellschaft für Bildende Kunst (Hg.): Das Verborgene Museum. Dokumentation der Kunst von Frauen in Berliner öffentlichen Sammlungen. Ausstellungskatalog, 2 Bde. Berlin 1987.

Neue Gesellschaft für Bildende Kunst (Hg.): Erbeutete Sinne. Nachträge zur Berliner Ausstellung „Inszenierung der Macht, Ästhetische Faszination im Faschismus". Berlin 1988.

Neue Gesellschaft für Bildende Kunst (Hg.): Künstlerinnen International. Ausstellungskatalog, Berlin 1977.

Neue Gesellschaft für Bildende Kunst e.V. (Hg.): Unica Zürn. Bilder 1953-1970. Berlin 1998.

Neumann Erich: Eine Phänomenologie der weiblichen Gestaltungen des Unbewussten. Teil II, Olten, Freiburg im Breisgau 1974 (1956).

Neumann, Eckhardt: Künstlermythen. Eine psycho-historische Studie über Kreativität. Frankfurt a.M., New York 1986.

Neumann, Erich: Die große Mutter. Eine Phänomenologie der weiblichen Gestaltungen des Unbewussten. Olten, Freiburg i.B. 1974 (1956).

Neumer-Pfau, Wiltrud: Töten, Trauern, Sterben. Weiblichkeitsbilder in der antiken griechischen Kultur. In: Berger, Renate; Stephan, Inge (Hg.): Weiblichkeit und Tod in der ... a.a.O.

Nierhaus, Irene: $Arch^6$. Raum, Geschlecht, Architektur, Wien 1999.

Nochlin, Linda: Art, Woman and Power and Other Essays. New York 1988.

Öhlschläger, Claudia; Wiens, Birgit (Hg.): Körper-Gedächtnis-Schrift: Der Körper als Medium kultureller Erinnerung. Berlin 1997.

Oper Frankfurt: Lulu. Oper in einem Prolog und drei Akten von Alban Berg nach den Tragödien „Erdgeist" und „Die Büchse der Pandora" von Frank Wedekind. Programmheft, Frankfurt 1979.

Orchard, Karin: (Un)Ordnung schaffen. In: Sprengel-Museum Hannover; u.a. (Hg.): Die Erfindung der Natur ... a.a.O.
Ossege, Barbara: Mutter Hure. Weiblichkeit im Wechsel der Diskurse. Pfaffenweiler 1998.
Ost, Hans: Leonardo – Studien. In: Beiträge zur Kunstgeschichte. Bd. 11, Berlin, New York 1975.
Owens, Craig: Der Diskurs der Anderen. Feminismus und Postmoderne. In: Eiblmayr, Silvia; Export, Valie; Prischl-Maier, Monika (Hg.): Kunst mit Eigen-Sinn ... a.a.O.
Panofsky, Dora; Panofsky, Erwin: Die Büchse der Pandora. Bedeutungswandel eines mythischen Symbols. Frankfurt a.M. 1992.
Parker, Roszika; Pollock, Griselda: Old mistresses. Women, art and ideology. London 1981.
Pickerodt, Gerhart: Aufklärung und Exotismus. In: Koebner, Thomas; Peckerodt, Gerhard (Hg.): Die andere Welt ... a.a.O.
Pierre, José: Le luxuriant miroir des vanités essentielles. In: Museum Bochum (Hg.): Bernard Schultze 1960-1970 ... a.a.O.
Pinacoteca Communale; Caprile, Luciano (Hg.): Asgar Jorn – 1996. Milano 1996.
Pollock, Griselda: Die Räume der Wirklichkeit in der Moderne. In: Lindner, Ines; u.a. (Hg.): Blick-Wechsel: Konstruktionen von Männlichkeit und ... a.a.O.
Pollock, Griselda: Phantasie, Stimme und Macht. Feministische Kunstgeschichte und Marxismus. In: Das Argument, H. 161, 1987.
Postl, Gertrude: Weibliches Sprechen. Feministische Entwürfe zu Sprache und Geschlecht. Wien 1991.
Pratsch, Susanna: Klimt. Leben und Werk. Erlangen 1992.
Presler, Gerd: L'Art-Brut. Kunst zwischen Genialität und Wahnsinn. Köln 1981.
Price, Sally: Primitive Kunst in zivilisierter Gesellschaft. Frankfurt, New York 1992.
Prinzhorn, Hans: Bildnerei der Geisteskranken. Heidelberg, New York 1968 (1922).
Prinzhorn, Hans: Der Urvorgang der Gestaltung. In: Jahrbuch für historische Volkskunde 2, 1926.
Prokop, Ulrike: Weiblicher Lebenszusammenhang. Von der Beschränktheit der Strategien und der Unangemessenheit der Wünsche. Frankfurt a.M. 1976.
Ranke-Graves, Robert von: Griechische Mythologien, Quellen und Deutung. Bd. 1, Hamburg 1960.
Räthzel, Nora (Hg.): Hall, Stuart: Cultural Studies. Ein politisches Theorieprojekt. Ausgewählte Schriften 3. Hamburg 2000.

Reich, Thomas: Die Ästhetik des Unbewussten. Zum Verhältnis von Psychoanalyse, Kunst und Sprache zwischen Moderne und Postmoderne. Münster, Hamburg 1995.

Réja, Marcel: Die Kunst bei den Verrückten (1907). In: Navratil, Leo: Psychose und Kreativität ... a.a.O.

Renger, Almut-Barbara; Musäus, Immanuel (Hg.): Mythos Pandora. Texte von Hesiod bis Sloterdijk. Leipzig 2000.

Rennert, Helmut: Die Merkmale schizophrener Bildnerei. In: Schwarz, Hanns (Hg.): Sammlung zwangloser Abhandlungen aus dem Gebiet der Psychiatrie und Neurologie. H. 23, Jena 1966.

Rick, Karin; Trendl, Sylvia (Hg.): Frauen – Gewalt – Pornographie. Symposionsdokumentation. Wien 1989.

Rinnert, Andrea: Körper, Weiblichkeit, Autorschaft. Eine Inspektion feministischer Literaturtheorien. In: Bürger, Christa (Hg.): Frankfurter Feministische Texte. Literatur und Philosophie. Bd. 5, Königstein i. Taunus 2001.

Rodiek, Thorsten: Das Bild der Frau in der Plastik nach 1950. In: Wilhelm-Lehmbruck-Museum der Stadt Duisburg (Hg.): Das Bild der Frau ... a.a.O.

Rogoff, Irit: Er selbst – Konfigurationen von Männlichkeit und Autorität in der deutschen Moderne. In: Lindner, Ines; Schade, Sigrid; Werner, Gabriele; Wenk, Silke (Hg.): Blick-Wechsel. Konstruktionen von Männlichkeit und Weiblichkeit ... a.a.O.

Roh, Franz: ‚Entartete' Kunst im Dritten Reich. Hannover 1962.

Rohde-Dachser, Christa: Expedition in den dunklen Kontinent. Weiblichkeit im Diskurs der Psychoanalyse. Berlin 1992.

Romain, Lothar: Über Bernard Schultze. In: Künstler, Kritisches Lexikon der Gegenwartskunst. Bernard Schultze. Ausgabe 3, o.J.

Romain, Lothar: Wo Schein und Sein einander zusetzen. In: Fehlemann, Sabine; u.a.; Van der Heydt Museum Wuppertal (Hg.): Ursula, Retrospektive .a.a.O.

Romain, Lothar; Bluemler, Detlef (Hg.): Künstler. Kritisches Lexikon der Gegenwartskunst. Ursula. Ausgabe 5, 1989.

Romain, Lothar; Bluemler, Detlef (Hg.): Künstler. Kritisches Lexikon der Gegenwartskunst. Jean Dubuffet. Ausgabe 17, 1992.

Romain, Lothar; Wedewer, Rolf: Bernard Schultze. München 1991.

Roscher, W.H. (Hg.): Ausführliches Lexikon der griechischen und römischen Mythologie. Leipzig 1897-1902.

Rose, Jacqueline: Sexuality in the Field of Vision. London, New York 1986.

Röske, Thomas: Der Arzt als Künstler. Ästhetik und Psychoanalyse bei Hans Prinzhorn (1886-1933), Bielefeld 1995.

Rossum-Guyon, Francoise van: Kein weibliches Schreiben? Fragen an Julia Kristeva. (Übers: Rajewsky, Xenia; Ricke, Gabriele). In: Freibeuter 2. Zeitschrift für Kultur und Politik. Berlin 1979.

Rubin, William (Hg.): Primitivismus in der Kunst des zwanzigsten Jahrhunderts. Museum of Modern Art. New York, München 1984.

Ruhrberg, Karl: Kunst im 20. Jahrhundert, das Museum Ludwig Köln. Stuttgart 1986.

Ruhrberg, Karl: Mythen der Wirklichkeit. In: Fehlemann, Sabine; u.a.; Van der Heydt Museum Wuppertal (Hg.): Ursula, Retrospektive ... a.a.O.

Salomon, Nanette: Der kunsthistorische Kanon – Unterlassungssünden. In: Kritische Berichte. Zeitschrift für Kunst und Kulturwissenschaften. Jg. 21, H. 4, 1993.

Saporito, Jean-Luis; Vedel, Jean-Pierre: Die Kunst der Namenlosen – Art-Brut. Ein Themenabend. TV-Sendung vom 11.7.2000 auf Arte, Redaktion: Alain Wieder, Agnes Guerin.

Sármány-Parsons, Ilona: Gustav Klimt. Bindlach 1992.

Schade, Sigrid: ‚Der Spuk ist durchschaut!' Rück-Sichten auf Darstellbarkeit von Kubin bis zur Abject-Art. In: Sturm, Martin; Tholen, Georg Christoph (Hg.): Phantasma und Phantome ... a.a.O.

Schade, Sigrid: Andere Körper. Kunst, Politik und Repräsentation in den 80er und 90er Jahren. In: Dies.: (Hg.): Andere Körper. Katalog der Ausstellung im Offenen Kulturhaus Linz, 22.9.-30.10.1994, Wien 1994.

Schade, Sigrid: Charcot und das Schauspiel des hysterischen Körpers. Die ‚Pathosformel' als ästhetische Inszenierung des psychiatrischen Diskurses – ein blinder Fleck in der Warburg-Rezeption. In: Baumgart, Silvia; Fend, Mechthild; u.a. (Hg.): Denkräume zwischen Kunst ... a.a.O.

Schade, Sigrid: Cindy Sherman oder die Kunst der Verkleidung. In: Conrad, Judith; Konnertz, Ursula (Hg.): Weiblichkeit in der Moderne. Ansätze feministischer Vernunftkritik. Tübingen 1986.

Schade, Sigrid: Das Fest der Martern. Zur Ikonografie von Pornographie in der bildenden Kunst. In: Rick, Karin; Trendl, Sylvia (Hg.): Frauen – Gewalt – Pornographie ... a.a.O.

Schade, Sigrid: Das Selbstportrait im Zeitalter seiner Unmöglichkeit. In: Kulturzentrum Schlachthof (Hg.): für sieh. Ausstellungs- und Vortragsdokumentation. Bremen 1995.

Schade, Sigrid: Der Mythos des „Ganzen Körpers". Das Fragmentarische in der Kunst des 20. Jahrhunderts als Dekonstruktion bürgerlicher Totalitätskonzepte. In: Barta, Ilsebill; u.a. (Hg.): Frauen-Bilder, Männer-Mythen ... a.a.O.

Schade, Sigrid: Körper zwischen den Spiegeln. Selbst-Inszenierungen in Videos, Filmen und Kunst von Frauen. In: Barz, Sabine: u.a. (Hg.): KörperBilder – KörperPolitiken ... a.a.O.

Schade, Sigrid: Unbewusste Ästhetik – Ästhetik des Unbewussten. Zur psychologischen und psychoanalytischen Deutung von Kunst und Kreativität. In: Gesamthochschule Kassel (Hg.): Fragmente. Schriftenreihe zur Psychoanalyse. H. 20/21, 1986.

Schade, Sigrid: Verzeichnungen. Wo treffen sich Ästhetik und die Theorie des Weiblichen in den 80er Jahren des 20. Jahrhunderts? Über das Symposium „Weibliche Ästhetik: Fiktion, Idee oder realistisches Projekt?“ 29.-31.3.1985, Museum des 20. Jahrhunderts, Wien, anlässlich der Ausstellung „Kunst mit Eigen-Sinn“. In: Gesamthochschule Kassel (Hg.): Fragmente. Schriftenreihe zur Psychoanalyse. Bd. 20/21.

Schade, Sigrid: Vom Versagen der Spiegel. Das Selbst-Portrait im Zeitalter seiner Unmöglichkeit. In: Akashe-Böhme, Farideh (Hg.): Reflexionen vor dem Spiegel. Frankfurt a.M. 1992.

Schade, Sigrid: Was im Verborgenen blieb. Zur Ausstellung ‚Das Verborgene Museum'. In: Kritische Berichte. Zeitschrift für Kunst- und Kulturwissenschaften. Jg. 16, H. 2, 1988.

Schade, Sigrid: Zur verdrängten Medialität der modernen und zeitgenössischen Kunst. In: Dies.; Tholen, Georg Christoph (Hg.): Konfigurationen ... a.a.O.

Schade, Sigrid; Tholen, Georg Christoph (Hg.): Konfigurationen. Zwischen Kunst und Medien. München 1999.

Schade, Sigrid; Wagner, Monika; Weigel, Sigrid (Hg.): Allegorien und Geschlechterdifferenz. Köln, Weimar, Wien 1994.

Schade, Sigrid; Wenk, Silke: Inszenierungen des Sehens: Kunst, Geschichte und Geschlechterdifferenz. In: Bußmann, Hadumod; Hof, Renate (Hg.): Genus – zur Geschlechterdifferenz ... a.a.O.

Schade, Sigrid; Wenk, Silke: Orte und Weisen des Zu-Sehen-Gebens im kunsthistorischen Diskurs. In: Kreuzlin, Ulrike; Ulmer Verein für Kunst- und Kulturwissenschaften (Hg.): Kritische Berichte. Zeitschrift für Kunst- und Kulturwissenschaften. 4/1993.

Schäfke, Werner: Köln-Bild, geschriebene Landschaft – erzähltes Bild. In: Fehlemann, Sabine; u.a.; Van der Heydt Museum Wuppertal (Hg.): Ursula, Retrospektive .a.a.O.

Schirnding, Albert von (Hg.): Hesiodus: Theogonie. Werke und Tage. München 1991.

Schlesier, Renate: Das Heilige, das Unheimliche, das Unmenschliche. In: Kamper, Dietmar; Wulf, Christoph (Hg.): Das Heilige ... a.a.O.

Schlesier, Renate: Konstruktionen der Weiblichkeit bei Sigmund Freud. Zum Problem von Entmythologisierung und Remythologisierung in der psychoanalytischen Theorie. Frankfurt a.M. 1981.

Schmalenbach, Werner: Antonio Tàpies. In: Kestner-Gesellschaft Hannover (Hg.): Antonio Tàpies. Hannover 1962.

Schmid-Noerr, Gunzelin: Mythologie des Imaginären oder imaginäre Mythologie? Zur Geschichte und Kritik der psychoanalytischen Mythendeutung. In: Psyche. Zeitschrift für Psychoanalyse und ihre Anwendungen. Bd. 7, Jg. 36, Juli 1982.

Schmidt-Linsenhoff, Viktoria: Im Namen des Vaters. Die Allegorisierung der Künstlertochter in der Bildnismalerei des 18. Jahrhunderts. In: Schade, Sigrid; Wagner, Monika; Weigel, Sigrid (Hg.): Allegorien und ... a.a.O.

Schmied, Wieland: Ausgangspunkt und Verwandlung. Gedanken über Visionen, Expressionismus und Konstruktion in der deutschen Kunst 1905-1985. In: Joachimides, Christos M.; Rosenthal, Norman; Schmied, Wieland (Hg.): Deutsche Kunst im 20. Jahrhundert ... a.a.O.

Schmied, Wieland: Ursulas blühende Phantasie. In: Museum Städtische Kunstsammlungen Bonn (Hg.): Ursula, Bilder, Objekte, Zeichnungen. 1969.

Schneede, Uwe M.: Cobra-Chronologie. In: Kunstverein Hamburg (Hg.): Cobra 1948-1951 ... a.a.O.

Schneider, Manfred (Hg.): Jean Martin Charcot und Paul Richer. Die Besessenen in der Kunst. Göttingen 1988.

Schneider, Manfred: Die Allegorie der Hysterie und das Tête-à-tête der Wahrheit. In: Schade, Sigrid; Wagner, Monika; Weigel, Sigrid (Hg.): Allegorien und Geschlechterdifferenz ... a.a.O.

Schües, Christina: Die Frau, der Ort, die Schwelle. In: Hubrath, Margarete (Hg.): Geschlechter-Räume ... a.a.O.

Schultze, Bernard: Auf einem Tisch liegt die Leinwand. 1978. In: Museum Bochum, Kunstsammlung; u.a. (Hg.): Ursula, Bilder ... a.a.O.

Schultze, Bernard: Der Ariadnefaden des Auges und die Abenteuer des Mikrokosmos, Adam Elsheimer. In: Weiss, Evelyn (Hg.): Bernard Schultze. Das große Format ... a.a.O.

Schultze, Bernard: Ein durchaus deutsches Erbe. Immer wird der Machensvorgang in meinen Arbeiten bestimmt vom ‚unter dem Diktat des Unbewussten'. In: Kunstmagazin. 20. Jg. III, Mainz 1980.

Schultze, Bernard: Im Zeichen des Informel. Rückblick auf die fünfziger Jahre. In: Zeitzeichen – Stationen Bildender Kunst in Nordrhein-Westfalen. Ausstellungskatalog, Bonn, Duisburg, Köln 1989.

Schultze, Bernard: In meiner Malerei. In: Kestner-Gesellschaft Hannover (Hg.): Bernard Schultze ... a.a.O.

Schultze-Bluhm, Ursula: Im Verschiebebahnhof meiner Bildgedanken (1992). In: Fehlemann, Sabine; u.a.; Van der Heydt Museum Wuppertal (Hg.): Ursula, Retrospektive … a.a.O.

Schultze-Bluhm, Ursula: U. sagt zu U. In: Kunstverein für die Rheinlande und Westfalen, Düsseldorf (Hg.): Ursula. Werke ... a.a.O.

Schuster, Peter-Klaus; u.a. (Hg.): Dokumentation zum nationalsozialistischen Bildersturm am Bestand der Staatsgalerie moderner Kunst in München. München 1987.

Sohl, Gaby: Dämonen und Nonnen. Mehrfach-Persönlichkeiten und Hypnose: Verbannte Frauenstimmen aus vier Jahrhunderten. In: Wildwasser Bielefeld e.V. (Hg.): Der aufgestörte Blick. Multiple Persönlichkeiten, Frauenbewegung und Gewalt. Erweiterter Sammelband zum ersten Bundesdeutschen Kongress in Bielefeld mit dem Schwerpunkt Persönlichkeitsspaltung 29.9.-1.10.1994. Bielefeld 1997.

Spoerri, Theodor: Identität von Abbildung und Abgebildetem in der Bildnerei der Geisteskranken. In: documenta 5 ... a.a.O.

Sprengel-Museum Hannover; u.a. (Hg.): Die Erfindung der Natur. Max Ernst, Paul Klee, Wols und das surreale Universum. Freiburg im Breisgau 1994.

Stachelhaus, Heiner: Je phantastischer, umso realer. In: Fehlemann, Sabine; u.a.; Van der Heydt Museum Wuppertal (Hg.): Ursula, Retrospektive ... a.a.O.

Stachelhaus, Heiner: Über Ursula. In: Romain, Lothar; Bluemler, Deltef (Hg.): Kritisches Lexikon ... a.a.O.

Stachelhaus, Heiner: Zur Situation der Kunstkritik in den 50er Jahren. In: Ullrich, Ferdinand (Hg.): Kunst des Westens ... a.a.O.

Steinwachs, Ginka: Mythologie des Surrealismus oder die Rückverwandlung von Kultur in Natur. Frankfurt a.M. 1985.

Stockvis, Willemijn: Cobra. Eine internationale Bewegung in der Kunst nach dem zweiten Weltkrieg. Braunschweig 1989.

Storch, Wolfgang; Damerau, Burghard (Hg.): Mythos Prometheus. Texte von Hesiod bis René Char. Leipzig 1995.

Stuijvenberg, Coll. Karel P. van (Hg.): Cobra Liège '93. Musée d'Art Moderne. Liège 1993.

Sturm, Martin; Tholen, Georg Christoph; Offenes Kulturhaus Linz (Hg.): Phantasma und Phantome. Gestalten des Unheimlichen in Kunst und Psychoanalyse. Schriftenreihe Offenes Kulturhaus Fünfzehn, 1995.

Suleiman, Susan Rubin: Subversive Intent: Gender, Politics, and the Avant-Garde. London, u.a. 1990.

Sykora, Katharina: Pandora oder L'Eve future. Ästhetisches Denken und der Kunstcharakter des Weiblichen. In: Die Philosophin. H. 5, April 1992.

Sykora, Katharina: Selbst-Verortungen. Oder was haben der institutionelle Status der Kunsthistorikerin und ihre feministischen Körperdiskurse miteinander zu tun? In: Kritische Berichte. Zeitschrift für Kunst- und Kulturwissenschaften. Jg. 26, H. 3, 1998.

Szeemann, Harald: Individuelle Mythologien. Berlin 1985.

Taeger, Annemarie: Die Kunst Medusa zu töten. Zum Bild der Frau in der Literatur der Jahrhundertwende. Bielefeld 1987.

Tate Gallery London; u.a. (Hg.): Max Ernst. Retrospektive zum 100. Geburtstag. Ausstellungskatalog, München 1991.

Tayfun, Belgin; Museum am Ostwall (Hg.): Informel. Malerei und Skulptur nach 1952. Köln 1997.

Theresa, Georgen; Lindner, Ines; Radenhausen, Silke (Hg.): Ich bin nicht ich, wenn ich sehe. Dialoge – ästhetische Praxis in Kunst und Wissenschaft von Frauen. Berlin 1991.

Thèvoz, Michel: Art-Brut und Spiritismus. In: Bianchi, Paolo (Hg.): Bild und Seele ... a.a.O.

Thèvoz, Michel: Art-Brut. Kunst jenseits der Kunst. Aarau i. d. Schweiz 1990.

Thèvoz, Michel: Art-Brut. Von der Randexistenz bis zur kulturellen Abspaltung. In: Billeter, Fritz: Outside ... a.a.O.

Thèvoz, Michel: Einige Klarstellungen. In: Presler, Gerd: L'Art-Brut. Kunst zwischen Genialität ... a.a.O.

Thomashoff, Hans-Otto; Naber, Dieter (Hg.): Psyche und Kunst. Katalog zur Ausstellung anlässlich des XI. Weltkongresses für Psychiatrie in Hamburg 1999. Stuttgart, New York 1999.

Tickner, Lisa: Feminismus, Kunstgeschichte und der geschlechtsspezifische Unterschied. In: Kritische Berichte. Zeitschrift für Kunst- und Kulturwissenschaften. Jg. 18, H. 2, 1990.

Tuchman, Maurice; Eliel, Carol S.; Los Angeles County Museum of Art (Hg.): Parallel Visions. Modern Artists and Outsider Art. Los Angeles 1992.

Ullrich, Ferdinand (Hg.): Kunst des Westens. Deutsche Kunst 1945-1960. Köln 1996.

Ulmer Museum; u.a. (Hg.): Niki de Saint-Phalle. Liebe, Protest, Phantasie. 1999.

Varnedoe, Kirk: Abstrakter Expressionismus. In: Rubin, William (Hg.): Primitivismus in ... a.a.O.

Villa, Paula-Irene: Sexy Bodies. Eine soziologische Reise durch den Geschlechtskörper. Opladen 2000.

Vinken, Barbara (Hg.): Dekonstruktiver Feminismus. Literaturwissenschaft in Amerika. Frankfurt a.M. 1992.

Vogel, Gerhard: Der Mythos von Pandora. Die Rezeption eines griechischen Sinnbildes in der deutschen Literatur. Hamburg 1972.

Vogt, Paul: Geschichte der deutschen Malerei im 20. Jahrhundert. Köln 1972.

Vogt, Rolf: Psychoanalyse zwischen Mythos und Aufklärung oder: Das Rätsel der Sphinx. Frankfurt a.M. 1986.

Voss, Dietmar: Metamorphosen des Imaginären – nachmoderne Blicke auf Ästhetik, Poesie und Gesellschaft. In: Huyssen, Andreas; Scherpe, Klaus: Postmoderne, Zeichen eines kulturellen Wandels. Reinbek b. Hamburg 1986.

Wagner, Monika: Allegorie – Ornament – Abstraktion. In: Schade, Sigrid; Wagner, Monika; Weigel, Sigrid (Hg.): Allegorien und Geschlechterdifferenz ... a.a.O.

Wagner, Monika: Das Material der Kunst. Eine andere Geschichte der Moderne. München 2001.

Wagner, Monika: Form und Material im Geschlechterkampf oder: Aktionismus auf dem Flickenteppich. In: Caduff, Corina; Weigel, Sigrid (Hg.): Das Geschlecht der Künste ... a.a.O.

Wagner, Monika: Gustav Klimts ‚verruchtes Ornament'. In: Deicher, Susanne (Hg.): Die weibliche und die männliche ... a.a.O.

Walkers Art Gallery Baltimore (Hg.): Pandora, Frauen im klassischen Griechenland. In Zusammenarbeit mit dem Antikenmuseum Basel und der Sammlung Ludwig. Baltimore, Mainz 1996.

Warner, Maria: In weiblicher Gestalt. Die Verkörperung des Wahren, Guten und Schönen. Reinbek b. Hamburg 1989.

Warnke, Martin: Hofkünstler. Zur Vorgeschichte des modernen Künstlers. Köln 1985.

Wartmann, Brigitte: Die Grammatik des Patriarchats. Zur ‚Natur' des Weiblichen in der bürgerlichen Gesellschaft. In: Ästhetik und Kommunikation e.V. (Hg.): Weibliche Produktivität. 13.1982, H. 47.

Weber, Sam: Rückkehr zu Freud. Jacques Lacans Entstellung der Psychoanalyse. Frankfurt a.M., Berlin, Wien 1978.

Wedekind, Frank: Die Büchse der Pandora. In: Strich, Fritz (Hg.): Frank Wedekind. Ausgewählte Werke. Bd. 2, München 1923.

Wedekind, Frank: Erdgeist. In: Strich, Fritz (Hg.): Frank Wedekind. Ausgewählte Werke in 5 Bänden. Bd. 2, Berlin 1923.

Wedekind, Gregor: Geschlecht und Autonomie. Über die allmähliche Verfertigung der Abstraktion aus dem Geist des Mannes bei Paul Klee. In: Deicher, Susanne (Hg.): Die weibliche und die ... a.a.O.

Wedewer, Rolf: Informel. In: Ullrich, Ferdinand (Hg.): Kunst des Westens ... a.a.O.

Wedewer, Rolf: Tendenzen des Nach-Tachismus. In: Belgin, Tayfun (Hg.): Informel. Malerei und Skulptur ... a.a.O.

Weigel, Sigrid: Die nahe Fremde – das des ‚Weiblichen'. Zum Ver hältnis von ‚Wilden' und ‚Frauen' im Diskurs der Aufklärung. In: Koebner, Thomas; Peckerodt, Gerhard (Hg.): Die andere Welt ... a.a.O.

Weigel, Sigrid: Die Stimme der Medusa. Schreibweisen in der Gegenwartsliteratur von Frauen. Dülmen 1987.

Weigel, Sigrid: Musen und Junggesellenmaschinen – Mythen vom Geschlecht der Künste. In: Caduff, Corina; dies. (Hg.): Das Geschlecht der ... a.a.O.

Weigel, Sigrid: Topographien der Geschlechter. Kulturgeschichtliche Studien zur Literatur. Reinbek b. Hamburg 1990.

Weiss, Evelyn (Hg.): Bernard Schultze. Das große Format. München 1994.

Weiss, Evelyn: Ein Abenteuer in Basel. In: Fehlemann, Sabine; u.a.; Van der Heydt Museum Wuppertal (Hg.): Ursula, Retrospektive ... a.a.O.

Weiss, Evelyn: Ursula. Anmerkungen zum Werk. In: Museum Bochum, Kunstsammlung; u.a. (Hg.): Ursula, Bilder, Objekte, Zeichnungen. 1979.

Weisshaupt, Brigitte: Schatten des Geschlechts über der Vernunft. In: Arbeitsgemeinschaft Interdisziplinäre Frauenforschung u. -studien (Hg.): Feministische Erneuerung von Kunst und Wissenschaft. In: Frauenforschung und Kunst von Frauen. Frauen in Geschichte und Gesellschaft, Bd. 15. Pfaffenweiler 1990.

Wenk, Silke: Geschlechterdifferenz und visuelle Repräsentation des Politischen. In: Frauen Kunst Wissenschaft. 6/1999, H. 27.

Wenk, Silke: Hin-weg-sehen oder: Faschismus, Normalität und Sexismus. Notizen zur Faschismus-Rezeption anlässlich der Kritik der Ausstellung „Inszenierung der Macht". In: Neue Gesellschaft für Bildende Kunst (Hg.): Erbeutete Sinne ... a.a.O.

Wenk, Silke: Männlichkeit und Schöpfertum. Eine feministische Intervention in mythische Verflechtungen von Kunst und Technowissenschaften. In: Brand, Angelika: Wagner, Kirsten (Hg.): Kunstring(t). Oldenburg 1997.

Wenk, Silke: Moderne Transformationen der weiblichen Allegorie – Henry Moores Skulptur der Liegenden. In: Schade, Sigrid; Wagner, Monika; Weigel, Sigrid (Hg.): Allegorien und Geschlechterdifferenz ... a.a.O.

Wenk, Silke: Mythen von Autorschaft und Weiblichkeit. In: Hoffmann-Curtius; Dies.: Mythen von Autorschaft und Weiblichkeit ... a.a.O.

Wenk, Silke: Pygmalion hat keine Schwestern. Zum unmöglichen Versuch einer Bildhauerin, den Bildern erhöhter Weiblichkeit zu entkommen: z.B. Camille Claudel. In: Frauenbeauftragte der Universität Mainz (Hg.): Frauen in der Kunst. Dokumentation einer Vorlesungsreihe, Bd. 3, Mainz 1993.

Wenk, Silke: Versteinerte Weiblichkeit; Allegorien in der Skulptur der Moderne. Köln, Weimar, Wien 1996.

Widmer, Heiny: Ex-voto-Schreine. Alchemistenschreine – Meditationsschreine. Über Eva Wipf. In: Bianchi, Paolo (Hg.): Bild und Seele ... a.a.O.

Widmer, Peter: Subversion des Begehrens. Jacques Lacan oder die zweite Revolution der Psychoanalyse. Frankfurt a.M. 1990.

Wilhelm-Lehmbruck-Museum der Stadt Duisburg (Hg.): Das Bild der Frau in der Plastik des 20. Jahrhunderts. Oberhausen 1986.

Wilkonson, Alan G.: Henry Moore. In: Rubin, William (Hg.): Primitivismus ... a.a.O.

Wimmer, Otto (Hg.): Handbuch der Namen und Heiligen. Aufl. 2, Innsbruck, Wien, München 1959.

Zdenek, Felix; Schwander, Martin (Hg.): Cindy Sherman, Photoarbeiten 1975-1995.

Zentralinstitut für Sprachwissenschaft (Hg.): Etymologisches Wörterbuch des Deutschen. Bd. H-P: Berlin 1989.

Ziegler, Konrat (Hg.): Paulys Realencyclopädie der classischen Altertumswissenschaft. 36. Halbband, Stuttgart 1949.

Zimmermann, Anja: Skandalöse Bilder, skandalöse Körper. Abjekt-Art vom Surrealismus bis zu den Culture Wars. Berlin 2001.

Zimmermann, Anja: Talk dirty. Über den Zusammenhang von Ekel, Faszination und Politik. In: Schoppmann, Wolfgang; Neues Museum Weserburg (Hg.): Ohne Zögern. Die Sammlung Olbricht Teil 2. Ausstellungskatalog, 3.6.-30.10.1994, Wien 1994.

Zuschlag, Christoph: ‚Entartete Kunst'. Ausstellungsstrategien im Nazi-Deutschland. Worms a.R. 1995.